Photoshop 6

Copyright   © 2001   Data Becker GMBH & Co KG   © 2001 Micro Application
                                     Merowingerstr. 30   20-22, rue des Petits-Hôtels
                                     40223 Düsseldorf   75010 Paris

1ère Édition - Avril 2001

Auteur   GRADIAS Michael

Traduction   MOSTER Jean-Marc

ISBN : 2-7429-2011-0
REF. DB : 442115

MICRO APPLICATION
20,22 rue des Petits-Hôtels
75010 PARIS
Tél : (01) 53 34 20 20 - Fax : (01) 53 34 20 00
http://www.microapp.com

Support Technique :
Tél : (01) 53 34 20 46 - Fax : (01) 53 34 20 00
E-Mail : info-ma@microapp.com

 3011

Mister O'net, l'homme à la référence, vous montre le chemin !
Rendez-vous sur le site Internet de Micro Application www.microapp.com. Dans le module de recherche, sur la page d'accueil du site, retrouvez Mister O'net. Dans la zone de saisie, entrez la référence à 4 chiffres qu'il vous indique sur le présent livre. Vous accédez directement à la fiche produit de ce livre.

Avant propos

La collection *Grand Livre* s'adresse aussi bien aux débutants qu'aux utilisateurs chevronnés. Sans négliger les aspects théoriques, nous donnons toujours priorité à la pratique, afin que vous puissiez rapidement être autonome. Pour vous permettre de tirer un profit maximum de la somme d'informations contenue dans ce livre, nous mettons à votre disposition différents outils.

- Les **Ateliers pratiques** : les *Grand Livre* fournissent des solutions concrètes à des problèmes pratiques. Telle est la vocation des *Ateliers pratiques* qui décrivent, pas à pas, la mise en œuvre d'une technique particulière.

- Le **SuperIndex** : aussi exhaustif que possible, ce SuperIndex vous permettra de retrouver facilement et rapidement l'information qui vous manque.

Conventions typographiques

Afin de faciliter la compréhension des techniques décrites, nous avons adopté les conventions typographiques suivantes :

- **gras** : menu, commande, boîte de dialogue, bouton, onglet.
- *italique* : zone de texte, liste déroulante, case à cocher, bouton radio.
- `Police bâton` : instruction, listing, adresse Internet, texte à saisir.
- ➥ : indique un retour à la ligne volontaire dû aux contraintes de la mise en page.

Au cours de votre lecture, vous rencontrerez les encadrés suivants :

Astuce

Propose des trucs pratiques.

Attention

Met l'accent sur un point important, souvent d'ordre technique, qu'il ne faut négliger à aucun prix.

Conseil

Vous recommande une technique ou une marche à suivre.

Remarque

Il s'agit d'informations supplémentaires relatives au sujet traité.

Fait référence à un chapitre du Grand Livre où vous trouverez des informations complémentaires.

Fait référence à un fichier ou programme du CD d'accompagnement.

Reportez-vous au site indiqué pour obtenir plus d'informations.

Donne la définition d'un terme technique rencontré dans le texte.

Sommaire

Chapitre 1

Les nouveautés de Photoshop 6

P hotoshop a de tout temps été un outil de retouche et d'optimisation d'images extraordinairement puissant. Avec chaque nouvelle version, le spectr e des fonctionnalités est élargi.

Et c'est encore une fois le cas avec cette version 6. Beaucoup de nouveaux outils facilitent le travail avec le programme, de nombreuses nouvelles fonctions repoussent les limites de la créativité des concepteurs graphiques, etc. Sur le plan logique, le programme est plus clair et plus simple d'emploi.

Bien sûr, certains points restent dans l'ombre et il est toujours encore difficile d'en évaluer la portée. C'est par exemple le cas de la fourniture d'ImageReady sous la forme d'un logiciel indépendant, alors que beaucoup de ses fonctions sont intégrées dans Photoshop. De plus, les deux logiciels ont presque la même structure, même si des divergences existent et qu'elles ne font qu'embrouiller l'esprit de l'utilisateur.

Dans ce chapitre, nous allons vous présenter les principales innovations de Photoshop, à partir de petits exemples.

Si vous êtes débutant dans l'emploi de Photoshop et si ces nouveautés ne signifient pas grand chose pour vous, passez directement au chapitre *Corriger et retoucher les photos*. Mais vous passerez à côté de quelques exemples intéressants.

1.1. La nouvelle interface de travail

Une chose vous apparaîtra dès le démarrage du programme : l'interface a été modifiée.

Vous remarquerez certainement en premier lieu le nouveau contrôle placé par défaut en haut de la zone de travail : la barre d'options d'outils. Elle est extrêmement pratique et économise l'espace de la zone de travail. Certaines palettes des versions précédentes ont été remplacées par cette barre, par exemple la palette des formes d'outils.

En fonction de l'outil activé, cette barre en présente les options. N'ayant plus à vous frayer un chemin dans les différentes palettes, vous y gagnerez en temps de travail.

▲ **Fig. 1.1 :** *La nouvelle barre d'options d'outils*

Les nouvelles options des palettes

Comme le nombre de palettes a été réduit, l'interface est devenue plus lisible et plus claire. Mais les choses ont changé également au niveau des fonctionnalités. Vous pouvez désormais modifier la combinaison des palettes.

1. Pour déplacer une palette, cliquez sur son onglet et maintenez le bouton gauche de la souris enfoncé.

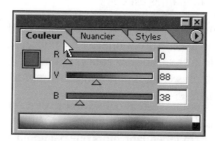

◄ **Fig. 1.2 :**
Déplacement d'une palette

2. Glissez la palette dans un nouveau groupe en la plaçant sur la bordure inférieure.

◄ **Fig. 1.3 :**
La barre d'aperçu sur la bordure inférieure

3. Si vous relâchez le bouton de la souris, les fenêtres sont accrochées l'une sous l'autre et séparées par une barre (Fig. 1.4).

4. Si vous appliquez cette technique pour l'ensemble des palettes, un autre avantage vous attend : vous pouvez enrouler toutes les palettes en une seule fois en cliquant sur le bouton de réduction de la barre de titre (Fig. 1.5).

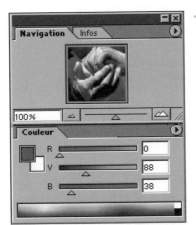

◄ Fig. 1.4 :
*Les deux palettes sont accrochées
l'une à l'autre*

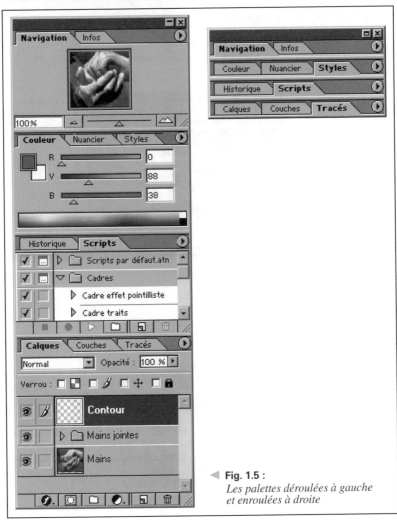

◄ Fig. 1.5 :
*Les palettes déroulées à gauche
et enroulées à droite*

Astuce

Réduire le temps de travail

Cette fonctionnalité permet de gagner beaucoup de temps. Contrairement aux versions précédentes, il n'est plus nécessaire de réduire
individuellement chaque fenêtre de palette. Un simple clic de souris
suffit pour tout fermer.

Encore plus d'espace

Et voici une autre fonction bien utile : il est possible d'avoir encore plus d'espace
de travail en plaçant les palettes les plus courantes dans la barre des options, dans
la zone réservée aux palettes.

1. Glissez l'onglet de la palette souhaitée vers la zone réservée aux palettes.

◀ **Fig. 1.6 :**
La zone réservée aux palettes

2. Lors du déplacement
    de la palette, un cadre
    matérialise la palette.

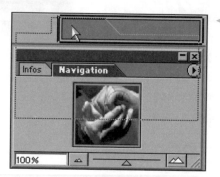

◀ **Fig. 1.7 :**
*Déplacement
de la palette
vers la zone
réservée
de la barre
d'options d'outils*

3. Cela fait, vous ne verrez dans la zone réservée aux palettes que les onglets.
    Après un clic sur l'onglet...

◀ **Fig. 1.8 :**
*Les palettes
dans leur zone*

4. ... la palette est ouverte et
    ses fonctions deviennent
    visibles. Un nouveau
    clic sur l'onglet referme
    la palette.

◀ **Fig. 1.9 :**
*La palette
ouverte*

Astuce

La zone réservée aux palettes de la barre d'options d'outils n'est pas visible ?

Cette zone n'est affichée que si vous travaillez avec une résolution supérieure à 800 x 600 pixels.

De nouveaux menus flyout

Les menus flyout ont également été modifiés. Ils l'ont d'ailleurs été plus sensible-ment dans ImageReady que dans Photoshop.

1. Si vous activez un menu flyout dans Photoshop, ce menu affiche désormais une description de la fonction ainsi que le raccourci clavier.

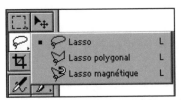

◀ **Fig. 1.10 :**
Les menus flyout

2. Si vous ouvrez un menu flyout d'ImageReady, vous découvri-rez au bas du menu une flèche. En cliquant dessus...

◀ **Fig. 1.11 :**
Les nouveaux menus flyout d'ImageReady

3. ... le menu flyout devient une barre d'outils indépendante et flottante, que vous pouvez déplacer librement à l'écran.

◀ **Fig. 1.12 :**
La barre d'outils indépendante

1.2. Les nouvelles fonctions

Nous allons vous présenter les neufs nouvelles fonctions dans leur environnement, sur la base d'exemples pratiques. Elles concernent plus particulièrement les effets de calques, le texte et la gestion des calques, et il faut bien reconnaître que les extensions sont importantes.

Vous aurez du mal à reconnaître Photoshop au niveau de ces fonctions et lorsque vous les aurez découvertes, vous ne pourrez plus vous en passer.

1. Créez un nouveau document par la commande **Fichier/Nouveau** ou la combinaison de touches [Ctrl]+[N]. Voici les paramètres que nous avons employés.

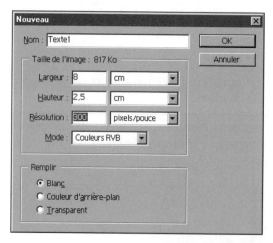

◀ **Fig. 1.13 :**
Création du nouveau document

2. Nous allons appliquer à l'arrière-plan une couleur unie. Dans la palette **Couleur**, définissez les options de l'illustration suivante : il s'agit d'un beige.

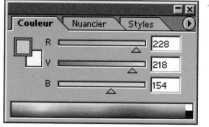

◀ **Fig. 1.14 :**
La couleur de l'arrière-plan

3. Activez la commande **Édition/Remplir** : nous allons remplir l'arrière-plan avec la couleur de premier plan.

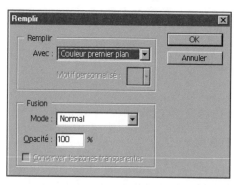

◀ **Fig. 1.15 :**
La boîte de dialogue Remplir

4. Après ces quelques préparatifs, le moment est venu d'enregistrer notre nouveau document. C'est l'occasion de découvrir une autre nouveauté. En parcourant

les menus, vous avez peut-être remarqué que l'ancienne commande **Fichier/Enregistrer une copie sous** a disparu. Cette fonction est désormais intégrée à la commande **Enregistrer sous**. Vous trouverez dans cette boîte de dialogue une case à cocher permettant l'enregistrement d'une copie.

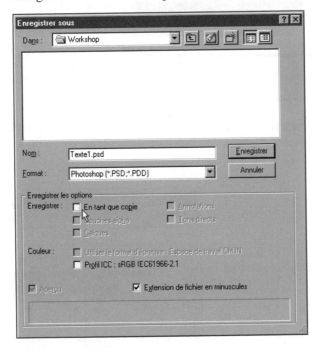

◄ **Fig. 1.16 :**
Enregistrer sous et son option d'enregistrement d'une copie

Astuce

Autres options

Cette boîte de dialogue permet également de définir si vous souhaitez enregistrer les calques, les profils de couleur, etc. Si, comme dans notre exemple, le document ne comporte aucun calque et aucune couche alpha, ces options sont désactivées.

Les nouveaux effets de calque

Lorsqu'il s'agissait de créer dans Photoshop un arrière-plan structuré, il fallait jusqu'à présent effectuer quelques opérations préparatoires ou disposer d'une vaste collection de modèles.

Avec la version 6, votre créativité ne connaîtra plus de limite.

1. Pour pouvoir utiliser les effets de calque, il faut bien évidemment disposer d'un calque. Le fond, pour sa part, n'est pas un calque. Double-cliquez sur le fond dans la palette **Calques**.

Dans la boîte de dialogue ainsi ouverte, vous pouvez fixer une couleur de calque. C'est une nouveauté qui permet une meilleure vue d'ensemble dans la palette **Calques**.

Fig. 1.17 :
Définition de la couleur pour un calque

2. Un coup d'œil sur cette palette **Calques** révèle d'autres nouveautés. Elle contient des icônes supplémentaires permettant de protéger et de fixer des parties d'image.

La première option verrouille les pixels transparents, la deuxième verrouille les pixels de l'image. Pour définir la position du calque, vous utiliserez la troisième option. La dernière case à cocher active en une fois les trois verrous.

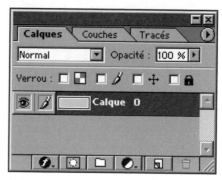

Au bas de la palette, les choses ont également changé quelque peu : vous y trouverez des boutons d'appel des effets de calque et des styles de calque. Vous évitez ainsi le détour par les menus.

Fig. 1.18 : *La nouvelle palette Calques*

Le premier bouton permet d'ajouter un style de calque, le quatrième a trait aux effets et aux réglages. Ces deux boutons cachent en fait un menu offrant toutes les commandes requises.

Autre nouveauté : l'icône de dossier. Car il est désormais possible de rassembler les calques dans un groupe, ce qui facilite la vue d'ensemble.

Astuce

Les contraintes ont disparu

Vous utilisez intensivement les calques ? Très intensivement ? Alors vous en connaissez la limitation : pas plus de 99 calques. Eh bien, cette contrainte a disparu dans la version 6. Si vous êtes parmi les rares utilisateurs que cette contrainte pénalisait, c'est une bonne nouvelle !

3. Après conversion du fond en calque, vous pouvez lui appliquer un style. Plutôt que de passer par la commande **Calque/Style de calque**, double-cliquez sur le nom du calque pour accéder à une boîte de dialogue totalement nouvelle permettant de choisir et de créer un style de calque.

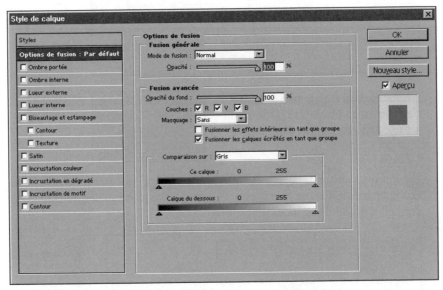

▲ **Fig. 1.19** : *La nouvelle boîte de dialogue de style de calque*

Là encore, beaucoup de nouvelles fonctions vous attendent. Les styles ont été étendus de nombreuses fonctions.

4. Pour appliquer un style au calque actuel, cochez la case correspondant au style requis. Nous allons utiliser dans cet exemple l'option *Incrustation de motif* de manière à appliquer une texture à l'arrière-plan.

◀ **Fig. 1.20** :
*Activation d'un style
de calque*

Dans la partie droite de la boîte de dialogue, les options correspondantes sont affichées. Il apparaît dès le premier abord que les options sont nombreuses et ceci pour chaque style. Les possibilités sont presque illimitées, elles incitent à l'expérimentation.

Commençons par les valeurs par défaut proposées par le programme.

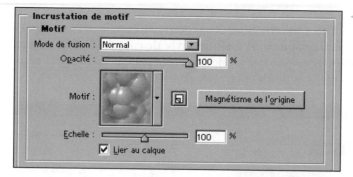

◀ **Fig. 1.21 :**
La texture
par défaut

5. Cliquez sur la flèche placée à droite de l'aperçu en miniature pour dérouler une liste de motifs disponibles.

◀ **Fig. 1.22 :**
La liste
des motifs

Par défaut, cette liste n'est pas très fournie. Mais Photoshop est livré avec un second jeu de motifs que vous pouvez charger par le menu déroulé par la flèche, en haut à droite de la liste des motifs.

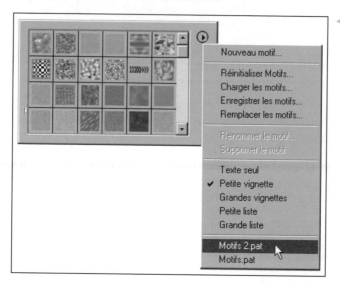

◀ **Fig. 1.23 :**
Le menu permet
d'accéder à
d'autres motifs

6. Indiquez que les motifs supplémentaires doivent être ajoutés aux motifs actuels.

◀ **Fig. 1.24 :**
Ajoutez les motifs

Astuce

Intégrer vos motifs personnels

La commande **Édition/Utiliser comme motif** permet d'utiliser la partie sélectionnée de l'image en guise de motif de remplissage. Ce motif sera intégré à la liste et peut être enregistré par la commande **Enregistrer les motifs** du menu fléché de la liste des motifs.

7. Nous avons choisi pour cet exercice un motif appelé *Pierre*, avec les options de l'illus- tration suivante. Le nom du motif est affiché si vous survolez le motif avec le pointeur de la souris.

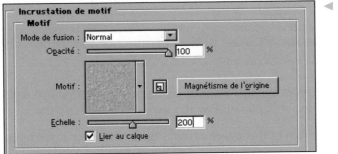

◀ **Fig. 1.25 :**
Les paramètres utilisés

8. Après validation, vous devriez obtenir le résultat suivant. Il est le fruit de l'application d'un style et a l'avantage d'être modifiable quand bon vous semble.

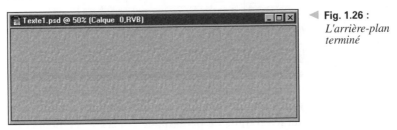

◀ **Fig. 1.26 :**
L'arrière-plan terminé

9. Dans la palette **Calques**, vous constatez que les styles sont répertoriés. Cette liste peut être affichée ou masquée par la flèche placée à droite du nom du calque. Un simple clic de souris suffit pour masquer les styles ou les afficher.

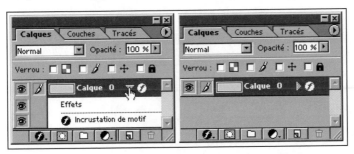

◀ **Fig. 1.27 :**
Les mentions de style dans la palette Calques

Nouvelles options de texte

Cet arrière-plan va nous servir pour placer un texte. Ce sera l'occasion d'aborder les nouvelles fonctions de texte, car dans ce domaine aussi, les choses ont changé.

Il est enfin possible de saisir le texte directement dans le document. L'ancienne boîte de saisie de texte n'existe plus. Autre nouveauté : les textes peuvent désormais être déformés. Plusieurs formes prédéfinies existent. Le texte reste bien sûr éditable, même après application d'effets ou de styles de calque.

1. **T** Activez l'outil Texte dans la boîte à outils ou utilisez le raccourci [T]. Les options suivantes apparaissent dans la barre d'options d'outils.

▲ **Fig. 1.28 :** *La barre d'options d'outils*

2. **Palettes** Il s'agit des options les plus courantes pour cet outil. La palette **Texte** est accessible par le bouton **Palettes**, tout à droite de la barre.

Dans cette palette, vous trouverez les attributs de caractères et de paragraphes.

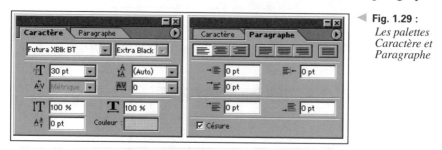

◀ **Fig. 1.29 :**
*Les palettes
Caractère et
Paragraphe*

Vous noterez tout particulièrement dans les attributs de paragraphe que Photoshop propose à peu près tout ce que l'on peut trouver dans un traitement de texte, jusqu'à la césure, les retraits de paragraphe et les espacements avant et après le paragraphe.

Le menu fléché permet d'accéder à des options complé- mentaires dont le crénage, qui fait l'objet d'une boîte de dialogue associée à la commande **Justification**.

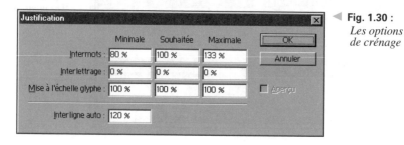

◀ **Fig. 1.30 :**
*Les options
de crénage*

3. Les paramètres que nous allons utiliser sont ceux des illustrations précédentes. Nous faisons appel à la couleur de premier plan définie précédemment. Le texte est saisi directement dans le document. En voici le résultat.

◄ **Fig. 1.31 :**
Le résultat

Le texte courbe

Pour mettre un terme au mode d'édition du texte, cliquez sur le bouton de validation, à la fin de la barre d'options d'outils.

Le texte terminé va maintenant être courbé, une autre nouveauté de Photoshop. Cliquez sur le bouton **Créer un texte déformé**.

1. Une boîte de dialogue apparaît, dans laquelle une seule liste déroulante est disponible.

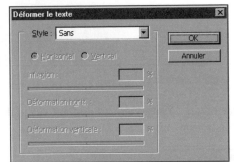

◄ **Fig. 1.32 :**
*La boîte
de dialogue
Déformer le texte*

2. Sur cette liste vous attendent 15 formes prédéfinies susceptibles d'être appliquées au texte. Les petites icônes devant chaque mention donnent une première indication sur le résultat. Pour notre exemple, nous avons opté pour **Onde**.

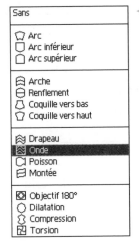

◄ **Fig. 1.33 :**
Les styles prédéfinis

3. Lorsque le style est choisi, les autres options deviennent disponibles. Elles permettent de modifier et d'affiner la déformation. Vous apprécierez certainement que les effets des modifications soient directement appliqués au document, sans qu'il soit nécessaire de passer par un aperçu. Placez cette boîte de dialogue de manière à voir également le texte.

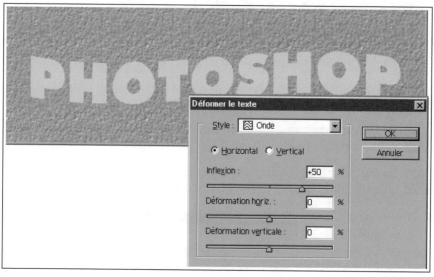

▲ **Fig. 1.34 :** *Les effets sur le texte*

4. Les options permettent d'intervenir largement sur la déformation. Essayez les options de l'illustration suivante.

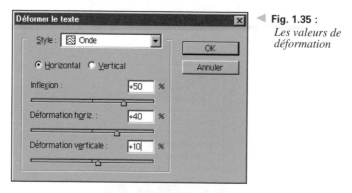

◀ **Fig. 1.35 :**
Les valeurs de déformation

5. En voici le résultat : intéressant, non ? Dans la palette **Calques**, vous trouverez une icône modifiée pour le calque de texte, ce qui permet de savoir immédiatement qu'un effet lui a été appliqué.

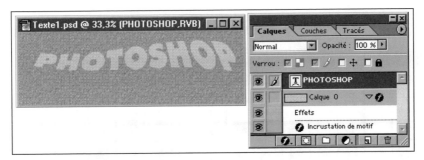

▲ **Fig. 1.36** : *Le résultat et la palette Calques*

6. Si vous cliquez dans le texte avec l'outil Texte, vous constaterez qu'il est toujours éditable. Très pratique !

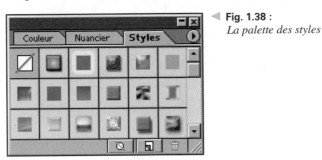

◄ **Fig. 1.37** :
Le texte reste éditable

1.3. Travailler avec des styles

Nous allons encore améliorer notre résultat. Avec la version 6, les choses vont être plus simples qu'avant : nous allons faire appel aux styles.

Inutile de réinventer la roue à chaque fois ; lorsque vous avez trouvé une combinaison de styles de calque adéquate, il suffit de l'enregistrer. Vous pourrez ensuite l'appliquer à d'autres calques par un simple clic de souris.

1. La gestion des styles est réalisée dans la palette **Styles**.

◄ **Fig. 1.38** :
La palette des styles

2. Au départ, les styles ne sont pas très nombreux, mais n'ayez crainte : il en existe bien d'autres. Par le menu fléché, vous pourrez charger au total six autres jeux de styles différents.

Il serait étonnant que vous ne trouviez pas votre bonheur dans une telle collection.

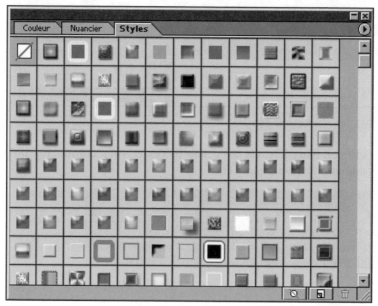

▲ **Fig. 1.39 :**   *Les styles disponibles*

3. Les styles sont appliqués au calque sélectionné par un simple clic de souris sur la pastille correspondante. Si le calque est déjà affecté d'un style, celui-ci est annulé et remplacé par le nouveau style. Si vous enfoncez la touche [Maj] en cliquant sur le nouveau style, les deux styles sont mélangés.

Pour notre exemple, nous avons appliqué le style *Lueur à double auréole*, puis nous l'avons combiné avec le style *En demi-cercle*. En voici le résultat.

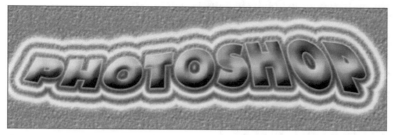

▲ **Fig. 1.40 :**   *Le résultat du style*

4. Dans la palette **Calques**, les styles appliqués sont affichés. Pour modifier un style, double-cliquez sur son nom dans cette palette (Fig. 1.41).

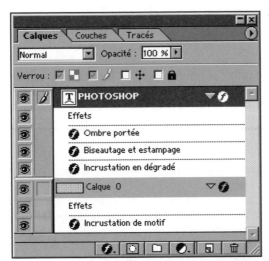

◀ **Fig. 1.41 :**
La palette Calques

5. Pour centrer le calque de texte sur le fond, vous ferez à nouveau appel à la barre d'options d'outils. Liez les deux calques par un clic sur l'option à droite de l'icône de l'œil, puis sélectionnez le calque de texte.

◀ **Fig. 1.42 :**
Liaison de deux calques

6. Activez l'outil Déplacement, par exemple par la touche V. Vous pouvez maintenant activer les boutons d'alignement de la barre d'options d'outils.

◀ **Fig. 1.43 :**
Les boutons d'alignement

1.4. Gestion efficace de la collection de paramètres prédéfinis

Vous l'avez certainement déjà remarqué : Photoshop propose plusieurs collections de paramètres prédéfinis pour faciliter la vie du concepteur. Ces paramètres sont extrêmement nombreux, ce qui permet à l'utilisateur de s'en inspirer lorsqu'il n'a pas envie d'agencer lui-même son document. Pour un travail rapide, c'est la solution idéale.

Mais un tel nombre de paramètres suppose une gestion efficace. À ce titre, Photoshop dispose d'une fonction spéciale.

1. Activez la commande **Edition/Gestionnaire des paramètres prédéfinis**. Par la zone de liste, vous pourrez ainsi choisir la collection requise.

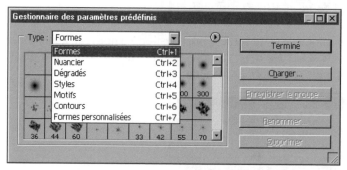

▲ **Fig. 1.44 :** *Le gestionnaire des paramètres prédéfinis*

2. Si la collection contient beaucoup de paramètres différents, vous avez la possibilité d'agrandir la boîte de dialogue par le bouton situé dans l'angle inférieur droit, comme vous en avez l'habitude avec les palettes.

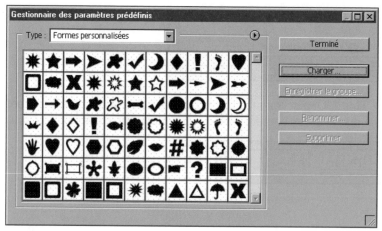

▲ **Fig. 1.45 :** *Mise à l'échelle de la boîte de dialogue*

3. Au départ, pour chaque collection, seul le jeu de paramètres est présenté par défaut. Par le menu fléché vous pouvez cependant charger divers jeux de paramètres complémentaires. Pour certaines collections il n'y a que quelques suppléments, mais pour d'autres ils sont très nombreux, nous en avons déjà vu un exemple pour les styles.

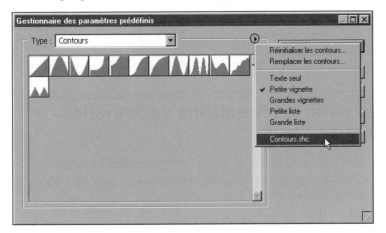

▲ **Fig. 1.46 :** *Chargement de jeux de paramètres complémentaires*

Astuce

Réinitialisation des paramètres

Le menu fléché propose une commande permettant de réinitialiser les jeux de paramètres pour retrouver l'état de départ.

4. Pour chaque collection, vous pouvez définir l'affichage. Les options sont proposées dans le menu fléché, par exemple un affichage sous forme de petite liste ou de grande liste ("petite" ou "grande" concernent la taille des miniatures).

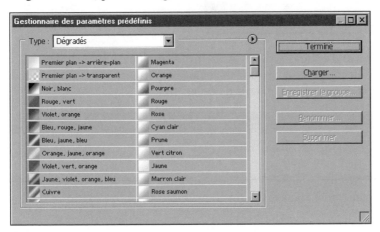

▲ **Fig. 1.47 :** *Une autre forme de présentation*

5. En double-cliquant sur l'un des paramètres, vous verrez apparaître une boîte de dialogue permettant de modifier le nom. Ces noms apparaissent dans des info-bulles lorsque vous survolez les paramètres avec le pointeur de la souris.

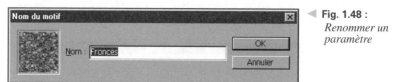

◀ **Fig. 1.48 :**
Renommer un paramètre

1.5. Travailler avec les fonctions vectorielles étendues

Dans la publicité sur la nouvelle version de Photoshop, la version 6, il est grandement fait état des nouvelles fonctions vectorielles. Mais en y regardant de plus près, ces fonctions ne sont pas aussi nouvelles que l'on voudrait nous le faire croire.

Nous allons les passer en revue sur la base d'un exemple et jeter un coup d'œil dans les coulisses.

1. La première nouveauté est l'apparition d'outils inconnus dans la boîte à outils. Ces outils, nous les connaissons déjà de la version précédente d'ImageReady : ils servent à créer des formes géométriques de base prédéfinies.

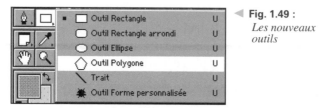

◀ **Fig. 1.49 :**
Les nouveaux outils

2. Dans la barre d'options d'outils, vous trouverez une foule d'options. L'outil activé dans le menu flyout n'a en fait aucune importance, vous pouvez modifier la sélection par la barre d'options d'outils.

▲ **Fig. 1.50 :**   *La barre d'options d'outils*

3. Pour notre exercice, nous avons créé un fond. Vous le trouverez sur le CD d'accompagnement, dans le dossier *Workshops/Chapitre 01/Form.psd*.

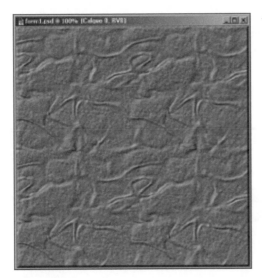

4. ▣▣▢ Les premiers boutons de la barre d'options d'outils définissent ce que vous allez créer : un nouveau calque de forme, un nouveau tracé de travail ou tout simplement une zone remplie. Il en était de même dans l'ancienne version.

5. ▢▢◯◇\✳▾ Avec les boutons suivants, vous définissez la forme que vous souhaitez tracer. Vous y trouverez les principales formes géométriques de base, elles sont amplement suffisantes pour créer presque n'importe quel dessin complexe.

6. Rayon : 10 px Si la forme s'y prête, l'option suivante sert à régler des options complémentaires. Dans notre cas de figure, avec la forme de rectangle à angles arrondis, nous pouvons fixer ici la forme des arrondis.

7. Style: ▣▾ Derrière ces options, voici les styles. Il est conseillé de définir le style si possible avant de dessiner, mais ce n'est pas une obligation. Nous avons choisi le style *Chrome brillant*. Si vous ne trouvez pas ce style, chargez des bibliothèques complémentaires.

8. Les dernières options de la barre ont trait à la méthode de remplissage ainsi qu'à l'opacité du nouveau calque, à condition que vous ayez activé l'option de calque.

Dessiner des formes géométriques

Lorsque vous avez défini toutes les options comme ci-dessus, vous pouvez attaquer le dessin de la forme. La procédure est simple :

1. Cliquez à l'emplacement ou la forme doit commencer, dans notre cas l'angle supérieur gauche. Maintenez le bouton de la souris enfoncé.

◁ **Fig. 1.52 :**
Le point de départ

2. Tracez la forme en maintenant toujours le bouton gauche de la souris enfoncé. La forme est matérialisée à l'écran par une ligne. Pour dessiner un carré, enfoncez et maintenez la touche [Maj].

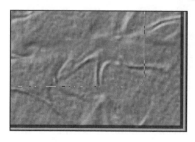

◁ **Fig. 1.53 :**
Le dessin du carré

3. Après avoir relâché le bouton de la souris, Photoshop dessine le carré en lui appliquant les options choisies. Comme nous avons choisi un style particulier, le résultat est étonnant. Chic, non ?

◁ **Fig. 1.54 :**
Le résultat intermédiaire

4. La barre d'options d'outils a changé en partie. Les premiers boutons sont nouveaux.

◁ **Fig. 1.55 :**
Les boutons modifiés

Ces boutons permettent d'ajouter, de soustraire à la forme vectorielle d'autres formes, de travailler sur les intersections ou de les exclure. Vous connaissez peut-être ces fonctions d'autres programmes graphiques, on les appelle parfois "opérations booléennes".

5. Activez le deuxième bouton, nous allons percer un trou dans notre première forme. Tracez un nouveau carré (avec la touche [Maj]) au centre du premier carré. Notez que le pointeur est accompagné d'un signe -, matérialisant le mode soustractif.

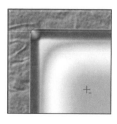

◁ **Fig. 1.56 :**
Le mode soustractif

6. Après le relâchement du bouton de la souris, la forme est dessinée et le style adapté. Difficile de faire plus simple !

◀ **Fig. 1.57 :**
Un trou dans la forme

Aligner les formes vectorielles

Les objets vectoriels sont bien évidemment modifiables par la suite. Nous allons vous présenter quelques-unes des options disponibles :

1. Pour aligner les formes entre elles, commencez par sélectionner les deux formes avec l'outil de sélection d'élément de tracé.

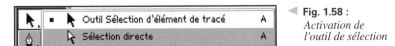

◀ **Fig. 1.58 :**
*Activation de
l'outil de sélection*

2. Cliquez sur l'une des formes pour la sélectionner. Vous reconnaîtrez la forme sélectionnée à ses poignées.

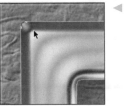

◀ **Fig. 1.59 :**
La forme sélectionnée

3. Pour étendre la sélection à la deuxième forme, maintenez la touche [Maj] enfoncée et cliquez sur l'autre forme. Maintenant, les deux formes sont dotées de poignées.

◀ **Fig. 1.60 :**
*Les deux formes
sont sélectionnées*

4. Vous pouvez désormais utiliser les boutons d'alignement de la barre d'options d'outils pour centrer les deux formes.

◀ **Fig. 1.61 :**
Les boutons d'alignement

5. Pour finir, vous pouvez centrer le calque de texte sur le fond. Cette opération est réalisée après la liaison des calques par la fonction **Calque/Aligner les calques liés**.

◀ **Fig. 1.62 :**
Le résultat intermédiaire (Form1.psd)

Analyse des formes vectorielles

Voyons en quoi ces formes vectorielles ne sont pas aussi nouvelles que l'on veut nous le laisser croire.

1. Jetez un coup d'œil à la palette **Calques**. Vous devriez y trouver des choses connues.

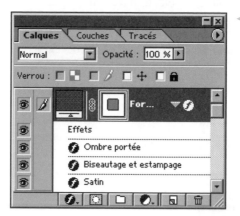

◀ **Fig. 1.63 :**
Le tracé dans la palette Calques

Cette palette montre clairement comment la forme a été construite. Elle se compose d'un remplissage de couleur qui s'étend sur tout le calque.

Astuce

Modifier la couleur des calques

Pour modifier la couleur d'un calque, il suffit de double-cliquer sur l'icône ci-contre. Vous pouvez ensuite choisir la nouvelle couleur dans le sélecteur de couleur.

2. L'icône ci-dessus montre qu'un tracé de masquage du calque a été employé. Les tracés vous sont certainement connus si vous avez travaillé avec les versions précédentes de Photoshop. Ce calque de tracé est lié au calque avec le remplissage de couleur.

Un coup d'œil dans la palette **Tracés** confirme d'ailleurs ce point : le tracé de travail y est mentionné.

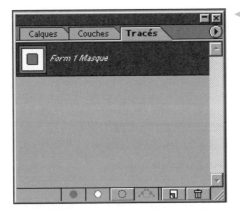

3. Dans la nouvelle version de Photoshop, les options de tracé sont simplement plus vastes et automatisées. Vous n'avez plus à vous soucier de la création du tracé de découpe, c'est le programme qui s'en charge à partir des outils de forme.

Modification ultérieure des zones de forme

Les formes vectorielles permettent de nombreuses éditions. Il est même possible de modifier par la suite les liaisons entre les divers objets tracés.

1. Sélectionnez le carré interne avec l'outil de sélection d'élément de tracé. Vous pouvez maintenant choisir dans la barre d'options d'outils une autre option de liaison, par exemple l'intersection des zones de forme.

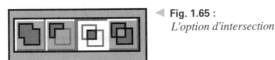

◄ **Fig. 1.65 :**
L'option d'intersection

2. Après un clic, la forme est instantanément modifiée, y compris le style. Très pratique !

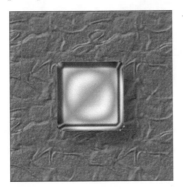

◄ **Fig. 1.66 :**
L'option d'intersection des zones de forme

Édition des points d'ancrage

Il n'est pas seulement possible de modifier le tracé dans son ensemble : les points d'ancrage individuels sont également éditables.

1. Pour cela, il vous faut le deuxième outil de sélection du menu flyout : l'outil de sélection directe.

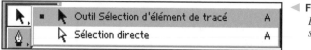

◀ **Fig. 1.67 :**
L'outil de
sélection directe

2. Après avoir cliqué sur le tracé, vous distinguez des points d'ancrage noirs. Pour éditer un point en particulier, cliquez dessus pour le sélectionner. Il apparaît en blanc. Si vous souhaitez sélectionner simultanément plusieurs points, vous pouvez tracer un cadre de sélection autour comme dans l'illustration suivante. Nous y avons activé deux points d'ancrage.

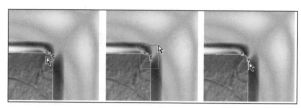

◀ **Fig. 1.68 :**
Un cadre de sélection
autour de deux points

3. Une fois sélectionnés, ces points peuvent être déplacés, par exemple avec les flèches de direction du clavier. Nous les avons déplacés de 50 pixels vers le bas.

Les deux points de l'angle inférieur droit ont subi le même traitement, mais vers le haut. Voici le résultat.

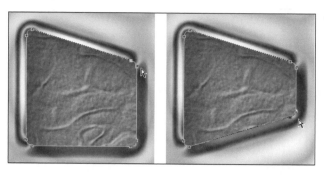

◀ **Fig. 1.69 :**
Déplacement de
points d'ancrage

4. Nous appliquons ensuite le même procédé pour déplacer les points d'ancrage de la forme externe de 110 pixels vers le haut et vers le bas. Il en résulte une forme résolument nouvelle.

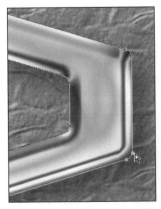

◀ **Fig. 1.70 :**
*Déformation de la forme
externe par les points
d'ancrage du tracé*

5. Dans la palette **Calques**, vous constaterez que la miniature de droite s'est adaptée à la nouvelle situation.

◀ **Fig. 1.71 :**
*La miniature
modifiée*

6. Si vous souhaitez sauvegarder la nouvelle forme, activez la commande **Édition/Créer une forme personnalisée** et donnez un nom à cette forme.

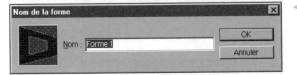

◀ **Fig. 1.72 :**
*Affectation d'un nom à
la forme personnalisée*

7. Vous retrouverez ensuite cette forme dans la palette **Formes**, en fin de liste.

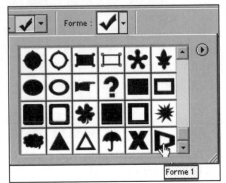

◀ **Fig. 1.73 :**
*La nouvelle
forme sur la liste*

8. Voici le deuxième résultat intermédiaire. Vous le trouverez sur le CD d'accompagnement sous le nom *Form2.psd*.

◄ **Fig. 1.74 :**
Le deuxième résultat

Obtenir rapidement d'autres résultats

À partir de ces premiers résultats, nous pouvons créer très rapidement beaucoup d'autres variantes, ne serait-ce qu'en appliquant d'autres styles ou en modifiant les formes de base.

1. Sélectionnez dans la barre d'options d'outils la flèche de la collection. Vous la trouverez dans la collection des formes prédéfinies.

2. Tracez cette flèche dans l'espace intérieur, à peu près comme dans l'illustration ci-contre. La taille exacte n'est pas importante. L'essentiel est que cette flèche soit superposée au départ à la forme existante.

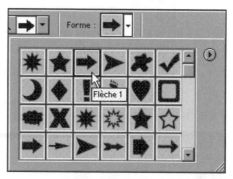

◄ **Fig. 1.75 :**
Insertion d'une nouvelle forme

3. Après le relâchement du bouton de la souris, les formes sont liées et le style est appliqué. Il en résulte un nouveau symbole que vous pourrez par exemple utiliser comme logo. (*Form3.psd* sur le CD d'accompagnement).

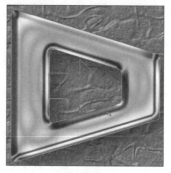

◄ **Fig. 1.76 :**
Un nouveau logo !

4. Vous pourrez de la même façon ajouter ou soustraire des formes en fonction de vos besoins et obtenir sans cesse des résultats différents.

1.7. Les images deviennent fluides

Avec la version précédente de Photoshop, nous avons découvert la fonction de recadrage. Dans la version 6, elle a été étendue et affinée.

Une autre fonction s'est également ajoutée : nous allons vous la présenter dans l'exercice suivant, il s'agit de la commande **Image/Fluidité**, que vous pouvez activer par la combinaison de touches [Maj]+[Ctrl]+[X]

Il est vrai qu'elle n'est pas passionnante, mais c'est justement pour cela que nous l'avons choisie.

◀ **Fig. 1.77 :**
*Comme base
de départ,
nous avons
choisi cette
photo*

Ne prenez pas cet exercice trop au sérieux. Si la photo de départ est triste, autant laisser libre cours à notre créativité et la traiter avec un peu d'humour.

1. L'image présente des zones inutiles que nous allons couper. Activez l'outil Recadrage dans la boîte à outils ou utilisez la touche [C].

Après le traçage du cadre, vous remarquerez aussitôt une autre nouveauté de Photoshop 6 : la zone coupée est assombrie.

◀ **Fig. 1.78 :**
*Le recadrage
en cours*

La couleur affectée à la zone à couper ainsi que son opacité sont réglables dans la barre d'options d'outils.

◀ **Fig. 1.79 :**
*La barre
d'options d'outils*

Astuce

Encore une nouveauté

Lorsque vous activez l'option *Perspective*, vous avez la possibilité de corriger par le recadrage des déformations liées à la perspective. Le cadre peut ainsi être incliné.

Si vous recadrez un calque, d'autres options vous sont encore proposées. Vous pouvez ainsi décider de supprimer les zones hors de la zone de recadrage ou de simplement les masquer (dans ce dernier cas, elles restent disponibles). Une nouveauté très discrète est à noter, car très pratique : si vous souhaitez que la zone de recadrage soit automatiquement alignée sur la bordure du document, activez la commande **Affichage/Magnétisme/Limites du document**.

2. Le recadrage peut être appliqué par la touche (Entrée) ou par le bouton marqué d'une coche, dans la barre d'options d'outils.

3. Comme notre photo ne nécessite pas de correction chromatique ou autre optimisation, nous activons maintenant la commande **Image/Fluidité**.

Une boîte de dialogue complexe apparaît à l'écran. La taille de cette boîte n'est malheureusement pas modifiable, elle est automatiquement ajustée à la résolution d'affichage. La taille de l'aperçu est également figée : à vous de vous débrouiller avec ce que Photoshop vous offre.

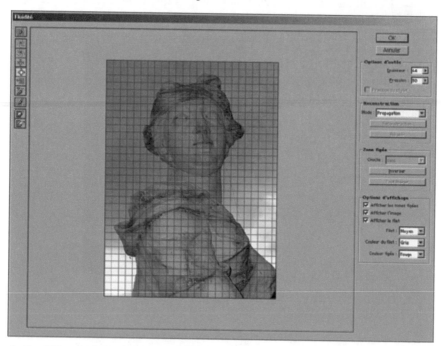

▲ **Fig. 1.80 :** *La boîte de dialogue Fluidité*

4. À gauche de la boîte de dialogue vous attendent plusieurs outils, à droite les options de ces effets. Si vous le souhaitez, vous pouvez afficher une grille pour vous guider dans vos opérations de déformation. Cochez pour cela la case *Afficher le filet*.

Commencez par définir la taille de la pointe de l'outil et la pression. La pression correspond à l'intensité de la déformation. Avec une valeur moyenne, vous contrôlerez mieux les changements. Si l'effet vous

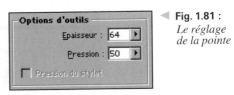

◁ **Fig. 1.81 :**
Le réglage de la pointe

convient, vous pourrez l'intensifier en repassant plusieurs fois sur la même zone.

5. Définissez les options de l'illustration précédente. Ainsi, les zones activées seront "gonflées".

Dans l'aperçu, vous distinguez la taille de l'outil. Cliquez plusieurs fois sur l'œil gauche de la statue.

L'œil est agrandi. Notez que l'effet est appliqué de manière circulaire autour du point de clic. Les deux photos ci-dessous sont un comparatif "avant/après".

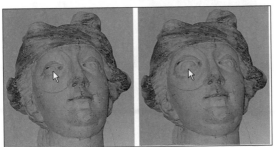

◁ **Fig. 1.82 :**
Agrandissement de l'œil gauche

6. La même action est entreprise ensuite pour l'œil droit, le nez et le menton. Voici les différentes étapes du traitement.

▲ **Fig. 1.83 :** *Les déformations successives*

7. Les zones suivantes de l'image ne vont pas être dilatées, mais affectées d'un effet de tourbillon. Deux boutons sont proposés à cet effet, l'un agissant dans le sens horaire et l'autre dans le sens contraire des aiguilles d'une montre. Commençons par le tourbillon en sens horaire.

Nous allons utiliser cet effet pour créer sur la tête de notre statue des cornes. Cliquez sur l'emplacement indiqué dans l'illustration et maintenez le bouton de la souris enfoncé jusqu'à arriver au résultat présenté à droite.

▲ **Fig. 1.84 :** *Application du tourbillon*

8. L'autre corne est le résultat du second bouton de tourbillon : le tourbillon anti-horaire. La procédure d'application est identique.

L'illustration vous en présente le résultat.

◀ **Fig. 1.85 :**
La seconde corne

9. Nous allons de la même façon créer de grandes boucles pour notre statue. Puis nous allons déplacer certaines zones de l'image. Pour cela, Photoshop propose l'outil Déformation. Nous l'utilisons pour déformer la bouche du personnage.

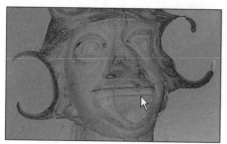

◀ **Fig. 1.86 :**
Déformation de la bouche

Nous profitons ensuite de cet outil pour déformer plusieurs zones du buste. Expérimentez jusqu'à arriver sensiblement à l'image présentée à droite dans l'illustration suivante.

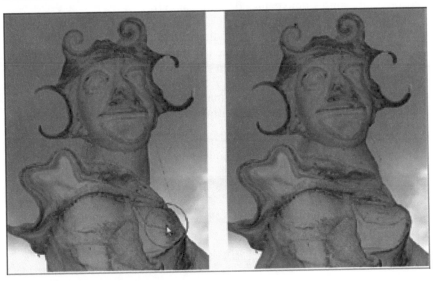

▲ **Fig. 1.87 :** *Déformation du corps*

10. Après validation de la boîte de dialogue et quelques instants d'attente, voici le résultat final qui apparaît à l'écran.

◀ **Fig. 1.88 :**
Le résultat final

Un peu de couleur dans l'image

Pour terminer cet exercice, nous allons donner un peu plus d'intérêt à notre image en découvrant d'autres nouveautés de Photoshop 6.

1. Nous avons appliqué l'effet de fluidité à un duplicata de calque. Ce n'est pas indispensable, mais cela nous donne l'avantage de conserver l'image originale. Nous pouvons donc y revenir par la suite si nous en avons besoin.

2. Pour ajouter un peu de couleur à l'image, nous créons un calque de réglage par la commande **Calque/Nouveau calque de réglage/Teinte /Saturation**.

    Dans la boîte de dialogue ainsi ouverte, vous pouvez régler les paramètres du calque. En ce qui nous concerne, nous reprenons le nom par défaut.

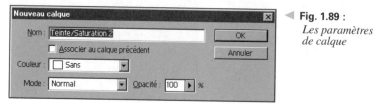

◀ **Fig. 1.89** :
Les paramètres
de calque

3. Nous allons utiliser des valeurs tout à fait inhabituelles. L'image doit devenir résolument avant-gardiste.

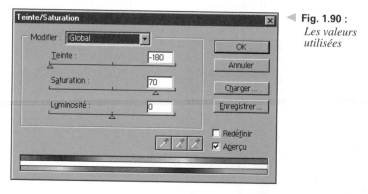

◀ **Fig. 1.90** :
Les valeurs
utilisées

4. Nous touchons ainsi au but. Pas mal, non (Fig. 1.91) ?

5. En cliquant sur la palette **Calques**, vous voyez apparaître de nouveaux symboles. C'est encore un moyen d'améliorer la lisibilité et la vue d'ensemble du document. Vous y découvrez d'un coup d'œil les effets qui ont été appliqués (Fig. 1.92).

6. La commande **Calque/Modifier le contenu du calque** est également intéressante. Elle permet de modifier ultérieurement le type de calque, par simple sélection dans le sous-menu (Fig. 1.93).

◀ **Fig. 1.91 :**
Le résultat final
(Statue1.psd)

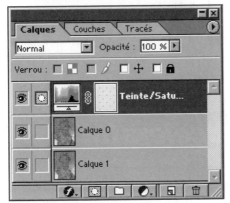

◀ **Fig. 1.92 :**
Les nouveaux symboles
dans la palette Calques

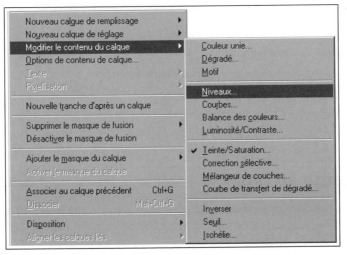

◀ **Fig. 1.93 :**
Modification
du contenu
du calque

1.8. Encore de nouvelles fonctions intéressantes

Pour clore ce chapitre consacré aux nouveautés, voici quelques autres fonctions proposées par Photoshop 6.

Des tranches comme ImageReady

Photoshop "apprend" de plus en plus de fonctions d'ImageReady. Nous espérons que le moment est proche où l'ensemble des fonctionnalités des deux programmes sera réuni dans un même logiciel.

Vous disposez désormais dans Photoshop d'un outil Tranches et des fonctions adéquates, les tranches étant reconstituées, dans une page web, dans un tableau.

Les deux outils de découpe et de sélection des tranches sont proposés dans un menu flyout.

◀ **Fig. 1.94 :**
Le menu flyout

L'affichage des tranches est réalisé de la même manière que dans ImageReady.

▲ **Fig. 1.95 :** *Affichage des tranches*

Astuce

Les tranches établies sur des calques

Autre fonction souvent bien pratique : **Calque/Nouvelle tranche d'après un calque**. Elle permet de créer une tranche de la taille du contenu du calque. Si par la suite le contenu du calque vient à être modifié, la tranche est automatiquement adaptée.

Prise en charge 16 bits

Contrairement aux versions précédentes, de nombreuses fonctions concernent les images en 16 bits. Elles permettent de mieux tirer profit de la profondeur de couleur si votre scanneur livre des images en 16 bits.

Ainsi est-il possible d'appliquer désormais des filtres importants ainsi que les fonctions d'optimisation de l'image.

Enfin, un aperçu avant impression

Il était grand temps ! Photoshop offre enfin un aperçu avant impression par la commande **Fichier/Options d'impression**. Vous pourrez y piloter la position de l'image dans la page et modifier l'échelle.

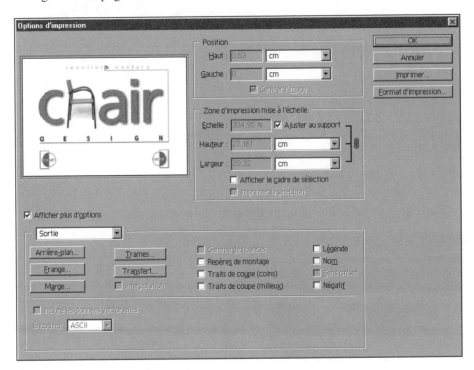

▲ **Fig. 1.96** : *Les options d'impression*

Galerie web étendue

Si vous souhaitez créer un album photo web, les nouvelles options dans ce domaine devraient vous faire plaisir. Désormais, il est possible de choisir divers agencements et de modifier de multiples paramètres.

Vous apprécierez certainement le style *Image horizontale* permettant de présenter des miniatures dans des cadres et de les faire défiler librement.

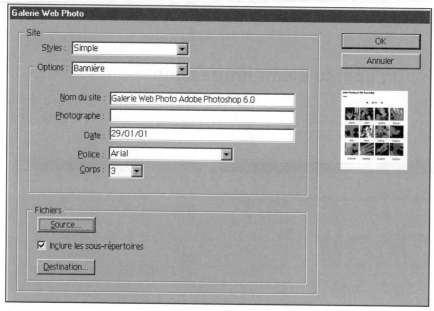

▲ **Fig. 1.97 :** *Les options de la galerie web*

Voici un exemple de ce que peut donner cette galerie.

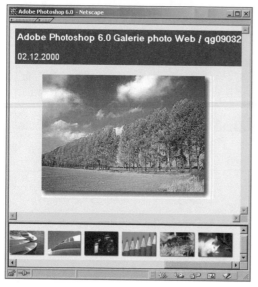

◀ **Fig. 1.98 :**
La galerie web

Gestion des couleurs actualisée

La gestion des couleurs a également été améliorée. Les options sont regroupées dans une même boîte de dialogue. Vous y accéderez par **Édition/Couleurs**.

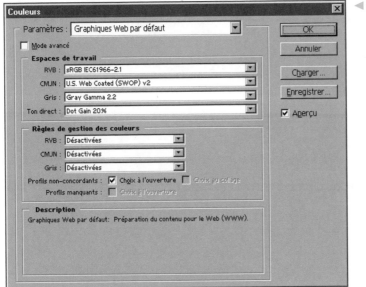

Automatisation améliorée

Si vous connaissez ImageReady et ses fonctions d'automatisation, vous apprécierez de les retrouver désormais dans Photoshop. Plus d'actions, plus d'options, il est
même possible d'intégrer des commentaires dans les actions.

Chapitre 2

Corriger et retoucher les photos

D ans ce chapitre, nous passons en revue plusieurs travaux d'optimisation et de correction pour vous donner une vue d'ensemble des innombrables fonctions que propose Photoshop dans ce domaine.

Pour cela, nous allons utiliser une image provenant d'un Photo-CD. Comme cette image ne peut être livrée sur le CD d'accompagnement de cet ouvrage, nous vous en fournissons l'équivalent au format TIF, que vous trouverez dans le dossier *Workshops/Chapitre 02/Ville.tif*.

Nous allons optimiser la luminosité et le contraste, puis corriger certaines zones de l'image et changer le ciel.

2.1. Ouvrir un Photo-CD

Si vous avez installé Photoshop et lancé le programme, nous pouvons commencer dès maintenant.

L'image de départ vient d'un Photo-CD. Vous n'avez jamais vu d'image d'un Photo-CD ? Le Photo-CD est une solution économique pour obtenir des images numérisées de vos photos. Vous donnez la diapositive ou le négatif à votre photographe et il vous livre en retour un CD capable de contenir jusqu'à 100 images.

Sur ce CD, les images sont stockées en un format spécial : le format PCD. Ce format a été développé par Kodak, il a l'avantage d'enregistrer l'image en cinq tailles différentes.

Les tailles disponibles et les tailles imprimables qui en résultent sont répertoriées dans le tableau ci-dessous.

▼ Tab. 2.1 : Les différentes tailles d'images sur les Photo-CD				
Désignation	Pixels	Taille en centimètre (résolution à 75 dpi)	Taille imprimable en centimètres (résolution à 300 dpi)	Utilisation
Base/16	128 x 192	4,3 x 6,5	1,1 x 1,6	Liste, aperçus web
Base/4	256 x 384	8,7 x 13	2,2 x 3,3	Très petite image

▼ Tab. 2.1 : Les différentes tailles d'images sur les Photo-CD

Désignation	Pixels	Taille en centimètre (résolution à 75 dpi)	Taille imprimable en centimètres (résolution à 300 dpi)	Utilisation
Base	512 x 768	17,3 x 26,1	4,3 x 6,5	Résolution écran
4 Base	1 024 x 1 536	34,7 x 52	8,7 x 13,0	Impression en taille normale
16 Base	2 048 x 3 072	69,4 x 104	17,3 x 26,0	Impression en grand format

La résolution de 75 dpi dans ce tableau correspond à peu près à la résolution d'écran, 300 dpi étant la valeur standard pour une sortie sur imprimante. Ce tableau est une première orientation et permet de choisir la taille correspondant à l'emploi que vous souhaitez faire de l'image. Les désignations de la première colonne sont celles de Kodak.

Ouverture d'images d'un Photo-CD

Pour ouvrir des images d'un Photo-CD, il existe une boîte de dialogue spéciale. Ses fonctionnalités ont été étendues par rapport à la version précédente de Photoshop. Voici comment procéder :

1.   Activez la commande **Fichier/Ouvrir** ou la combinaison de touches Ctrl+O. Passez au lecteur de CD-Rom : vous trouverez les images dans le dossier *\Photo_CD\Images*. Si vous avez pris la précaution de choisir sur la liste des types de fichier l'option *Tous les formats*, vous aurez sous les yeux tous les types de fichiers que connaît Photoshop.

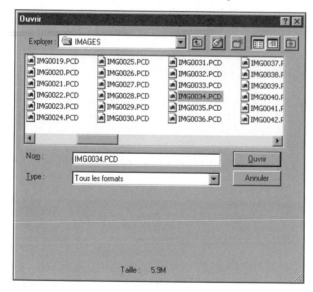

◀ **Fig. 2.1 :**
*Ouverture
d'une image*

2. Dans la boîte de dialogue qui apparaît alors, sélectionnez la taille requise sur la liste des tailles. Nous avons choisi la taille 1 536 x 1 024 pixels, ce qui nous permettra d'imprimer l'image en 13 cm de large. C'est amplement suffisant pour la grande majorité des arrière-plans. Notez que la taille du fichier est également affichée.

3. Sur la liste *Profil*, définissez si la photo originale provient du négatif ou d'une diapositive. Au bas de la boîte de dialogue, vous pourrez également régler la résolution et le spectre de couleurs.

4. Après validation, l'image est chargée. Le chargement peut durer un certain temps : Photoshop en profite pour corriger l'image aussitôt, car sur le Photo-CD les images sont enregistrées avec un spectre de couleurs spécifique, appelé YCC.

5. Photoshop ajuste ensuite l'affichage de manière à présenter l'intégralité de l'image à l'écran.

▲ **Fig. 2.2** : *L'image dans Photoshop*

2.2. Régler la taille de l'affichage

En fonction de la résolution de votre écran, il se peut que l'image soit trop petite par rapport à la zone de travail. Nous allons modifier la taille de l'affichage.

1. La taille de l'affichage est réglable par les fonctions du menu **Affichage** ou par l'outil Zoom de la boîte à outils.

2. Après l'activation de l'outil Zoom, la barre d'options d'outils est affichée.

▲ **Fig. 2.3** : *La barre d'options d'outils*

3. L'option qui nous intéresse plus particulièrement est *Taille écran*. Un autre moyen de déclencher cette option consiste à double-cliquer sur l'outil Main. Ce double clic a pour effet d'agrandir l'image de façon à ce qu'elle remplisse l'espace de travail disponible.

2.3. Supprimer les parties inutiles de l'image

Avec les images Photo-CD, il y a toujours une bordure noire autour de l'image. Elle provient de la numérisation. Nous allons supprimer cette bordure à l'aide de l'outil Recadrage que vous activerez par la touche $\boxed{C}$.

Les étapes du recadrage d'une image ont été brièvement abordées au chapitre *Les nouveautés de Photoshop 6*, car cette fonction a été modifiée. Voici comment procéder :

1. Cliquez sur l'emplacement de ce qui devra être par la suite l'angle supérieur gauche de l'image. Maintenez le bouton de la souris enfoncé et tracez un cadre rectangulaire. Vous noterez l'apparition d'un cadre en pointillé servant à l'orientation.

◀ **Fig. 2.4** :
Le départ du recadrage

Astuce

C'est le centre du pointeur qui compte

Lors de l'opération, le pointeur de la souris prend la forme de l'outil Recadrage. Lors de la définition du point de départ du cadre, notez que c'est le centre de ce pointeur qui détermine l'emplacement du clic. C'est il est vrai un peu surprenant, car rien ne matérialise le centre du pointeur. Si vous souhaitez modifier l'apparence du pointeur, activez la commande **Édition/Préférences/Affichage et pointeurs**.

2. Tracez le cadre jusque dans l'angle opposé, en bas à droite.

◄ **Fig. 2.5 :**
La fin du cadre

3. Lorsque vous relâchez le bouton de la souris, le cadre est doté de huit poignées. Ces poignées permettent d'ajuster la taille du cadre. En plaçant le pointeur sur une poignée d'angle, vous pourrez agrandir ou réduire le cadre en jouant de l'axe horizontal et vertical à la fois. Avec les poignées médianes, vous étirerez

le cadre dans le sens de la hauteur ou de la largeur. En plaçant le pointeur à proximité d'une poignée d'angle, vous verrez apparaître une double flèche courbe : le pointeur de rotation du cadre.

◄ **Fig. 2.6 :**
Étirement du cadre

4. Nous avons désactivé l'option *Protéger la zone recadrée* dans la barre d'options d'outils. L'assombrissement peut en irriter certains, mais si vous n'êtes pas de cet avis, conservez la coche.

◄ **Fig. 2.7 :**
La barre d'options d'outils

5. Un double clic sur le cadre ou l'activation du bouton marqué d'une coche dans la barre d'options d'outils déclenche le recadrage.

Astuce

Raccourcis clavier intéressants

Comme les autres outils, l'outil Recadrage connaît un certain nombre de raccourcis clavier permettant de piloter son action. Ainsi, si vous tracez le cadre tout en enfonçant la touche Maj, vous ne tracerez pas un cadre rectangulaire, mais carré. En réalisant la même opération en enfonçant la touche Alt, le cadre sera tracé en partant de son centre. Si, lors de la mise à l'échelle du cadre, vous enfoncez et maintenez la touche Maj, vous conserverez les proportions initiales du cadre. Si, en final, vous ne souhaitez pas recadrer l'image, appuyez sur la touche Échap.

2.4. La sécurité avant tout : enregistrer le travail

Après cette première étape, nous allons enregistrer l'image. L'enregistrement en format PCD n'étant pas possible, nous allons utiliser un autre format de fichier.

1. Activez la commande **Fichier/Enregistrer sous** ou activez la combinaison de touches [Maj]+[Ctrl]+[S].

2. Nommez le fichier et choisissez sur la liste le format Photoshop PSD. C'est le seul format permettant de sauvegarder toutes les options spécifiques de Photoshop.

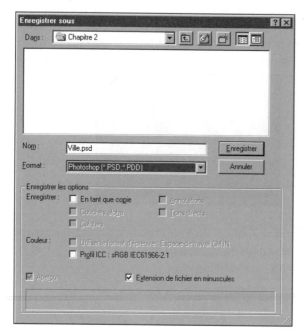

◀ **Fig. 2.8 :**
La boîte de dialogue
Enregistrer sous

La commande **Enregistrer sous** n'est à activer que lors du premier enregistrement du fichier. Par la suite, il suffit d'activer la commande **Fichier/Enregistrer** ou la combinaison de touches [Ctrl]+[S]. Le fichier sera ainsi enregistré sous le même nom et au même emplacement.

2.5. Modifier les images Photo-CD

Les images provenant des Photo-CD sont rarement parfaites, elles manquent souvent de netteté. Mais avec Photoshop, nous sommes bien armés pour corriger ces quelques défauts. Nous allons profiter des fonctions proposées par le menu **Image/Réglages**.

Les images bitmap, et c'est bien de cela qu'il s'agit avec l'image ouverte à l'écran, se composent d'une multitude de petits points : les pixels. Chaque pixel est doté de sa propre couleur. Si vous modifiez la couleur de pixels en changeant par exemple le contraste ou la luminosité, ces pixels conservent durablement la nouvelle couleur.

Ce type de modification est en principe définitif, il n'est pas possible de procéder à une annulation. Sauf... si vous faites appel à une fonction spéciale de Photoshop : les calques de réglage.

Travailler avec des calques de réglage

Avec cette fonction très spéciale, vous pourrez à tout moment corriger ou annuler les changements effectués : il suffit de supprimer le calque. Pour créer un calque de réglage, procédez ainsi :

1. Activez la commande **Calque/Nouveau calque de réglage/Niveaux**. Dans la boîte de dialogue qui apparaît, vous avez la possibilité de renommer ce calque.

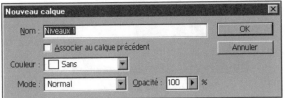

◄ **Fig. 2.9 :**
Les paramètres par défaut du calque de réglage

2. Après validation, vous arrivez dans la même boîte de dialogue que celle associée à la commande **Image/Réglages/Niveaux**.

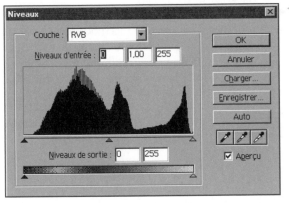

◄ **Fig. 2.10 :**
La boîte de dialogue Niveaux

3. Cette boîte de dialogue représente graphiquement la fréquence des couleurs dans l'image. À l'aide des champs de saisie, vous pouvez piloter très finement le contraste et la luminosité de l'image. Activez l'option *Aperçu* de manière à visualiser les changements.

4. La courbe permet de juger de la qualité de l'image. Il faut bien sûr un peu d'expérience, mais vous verrez que vous y arriverez très rapidement. Vous pourrez par exemple y noter, comme dans notre image, un manque de profondeur. La profondeur, c'est-à-dire les zones sombres, est représentée par la partie gauche de la courbe. La profondeur correspond en principe aux zones d'ombre. Le milieu de la courbe correspond aux demi-teintes et la partie droite correspond aux lumières, aux zones claires.

Dans notre exemple, vous constaterez que tout à gauche et tout à droite, le courbe est inexistante, d'où l'aspect fade et sans contraste de notre image.

5. Dans un prochain chapitre, vous apprendrez en détail comment piloter les différents contrôles de la boîte de dialogue. Pour l'instant, activez tout simplement le bouton **Auto**.

Notez les changements entrepris par Photoshop dans la courbe. Dans beaucoup de cas, le résultat est excellent et vous n'aurez rien de plus à faire.

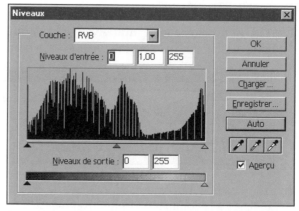

▲ **Fig. 2.11** : *La courbe après la correction automatique*

6. Avec l'option automatique, les demi-teintes ne sont pas modifiées. Nous allons y remédier manuellement. Nous utilisons à cet effet le champ de saisie central de la boîte de dialogue, au-dessus de la courbe. Ce champ modifie la valeur Gamma. Saisissez une valeur de 1,3. Plus cette valeur est élevée, plus l'image devient claire.

▲ **Fig. 2.12** : *Correction de la valeur Gamma*

7. Validez la saisie d'un clic sur OK. Le nouveau calque de réglage est créé : vous le voyez dans la palette **Calques**, il est placé au-dessus du fond (Fig. 2.13).

8. Voilà : notre image est déjà bien meilleure. Le contraste est optimisé, l'image est devenue plus brillante (Fig. 2.14).

◀ **Fig. 2.13 :**
La palette
Calques

▲ **Fig. 2.14 :** *Le résultat de l'optimisation*

Nous allons poursuivre l'optimisation. Une autre lacune des images Photo-CD est leur manque de netteté. En fait l'image n'est pas floue, elle pourrait simplement être un peu plus nette.

2.6. La souplesse : travailler avec de nouveaux calques

Nous effectuons toutes les modifications de cet atelier de manière à pouvoir les annuler ultérieurement si le besoin s'en fait sentir.

Vous pensez peut-être qu'il suffit d'utiliser à nouveau un calque de réglage : l'idée est bonne en soi, mais malheureusement, Photoshop ne prend pas (encore) cette fonction en charge. Il faut donc trouver une autre solution.

1. Ce dont nous avons besoin, c'est d'un nouveau calque. Cliquez dans la palette **Calques** sur le calque de fond.

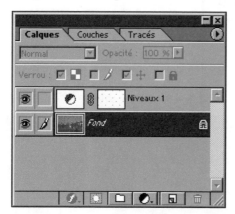

◀ **Fig. 2.15 :**
Sélection du calque de fond

2. Maintenez le bouton gauche de la souris enfoncé et glissez ce calque sur l'icône de la feuille de papier, au bas de la palette. Nous dupliquons ainsi le calque.

◀ **Fig. 2.16 :**
Duplication du calque de fond

3. Un nouveau calque est toujours placé au-dessus du calque original. Comme notre nouveau calque se trouve sous le calque de réglage, l'optimisation donne tous ses effets.

Le nouveau calque prend automatiquement le nom du calque original complété du mot "Copie". Immédiatement après sa création, le nouveau calque est sélectionné.

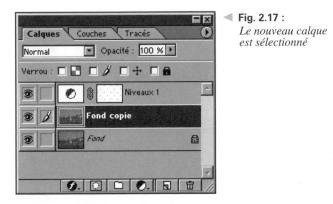

◄ **Fig. 2.17 :**
*Le nouveau calque
est sélectionné*

4. Pour une bonne visibilité dans le document, nous allons d'abord renommer le calque. Cliquez avec le bouton droit de la souris sur le nouveau calque et activez la commande **Propriétés de calque** dans le menu contextuel. Dans cette boîte de dialogue, vous pouvez modifier le nom du calque.

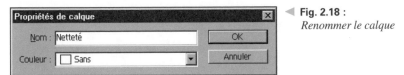

◄ **Fig. 2.18 :**
Renommer le calque

5. Après validation, le nouveau nom apparaît dans la palette **Calques**.

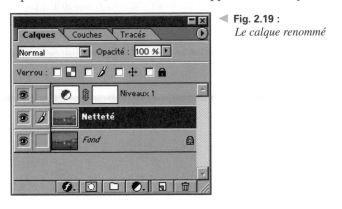

◄ **Fig. 2.19 :**
Le calque renommé

Améliorer l'image avec un filtre de netteté

Pour améliorer la netteté d'une image, nous pouvons lui appliquer l'un des quatre filtres de netteté proposés par la commande **Filtre/Renforcement**. Le seul qui permette un réglage en détail est le filtre *Accentuation*. C'est lui qui donne le meilleur résultat.

Un procédé traditionnel

L'effet de ce filtre correspond à un procédé utilisé dans le temps dans les laboratoires photos : un positif flou est exposé avec un négatif net. Ainsi, les contours sont accentués et l'image semble plus nette.

Voici comment appliquer ce filtre :

1.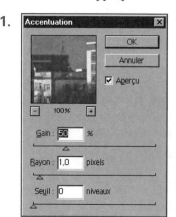

◀ **Fig. 2.20 :**
*La boîte de dialogue
Accentuation*

2. Dans cette boîte de dialogue, un aperçu de l'image permet de juger de l'effet des paramètres actuels sur l'image. Si vous souhaitez voir une autre partie de l'image, cliquez dans cet aperçu et déplacez l'image en maintenant le bouton gauche de la souris enfoncé. Autre solution : pendant que la boîte de dialogue est ouverte, cliquez dans l'image sur l'endroit que vous souhaitez voir dans l'aperçu.

3. La taille de l'extrait de l'image est modifiable par des clics sur les boutons + et -. L'affichage est agrandi ou réduit par pas fixe de 7 à 800 %.

4. Dans l'illustration 2.21 vous distinguerez l'effet du filtre. Pour cela nous avons fortement grossi l'affichage.

Il est évident dans ces illustrations que l'impression de plus grande netteté de l'image est obtenu par augmentation du contraste.

Les options individuelles

Plus la valeur de l'option *Gain* est élevée, plus la netteté est augmentée. La valeur *Rayon* influe sur l'environnement des pixels. Plus la résolution de l'image est importante, plus cette valeur doit être élevée. Avec l'option *Seuil*, vous définissez le niveau de contraste requis entre les pixels voisins pour que le contraste soit augmenté.

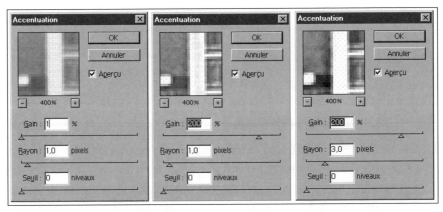

▲ **Fig. 2.21** : *Modification de la netteté*

5. Pour notre exemple, nous avons choisi un gain de 150 % pour un rayon de 2 pixels. La seuil a été conservé en l'état, sur la valeur *-0*. En voici le résultat.

▲ **Fig. 2.22** : *L'image plus nette*

2.7. Merci les masques : édition d'une partie de l'image

Pour sélectionner une partie de l'image, Photoshop propose plusieurs outils rassemblés dans deux menus flyout. S'y ajoute également la baguette magique, proposée comme outil indépendant.

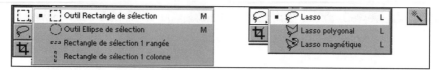

▲ **Fig. 2.23** : *Les outils de sélection*

Voyons ces outils dans la pratique :

1. Cliquez sur la baguette magique ou activez la touche W. Voici les options proposées pour cet outil.

▲ **Fig. 2.24** : *Les options de la baguette magique*

Cette baguette détermine automatiquement une zone, en prenant comme base la couleur du point sur lequel vous avez cliqué. Tous les points voisins présentant la même valeur de couleur sont intégrés dans la sélection.

2. En principe, les photos sont composées d'innombrables teintes différentes, avec des nuances très subtiles. Les différences de couleur sont en général à peine visibles. Ainsi pensez-vous peut-être que le ciel est composé en beaucoup d'endroits de la même couleur.

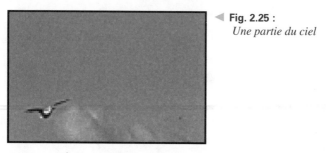

◀ **Fig. 2.25** :
Une partie du ciel

3. Mais si vous agrandissez cette zone avec l'outil Zoom, vous verrez que ce n'est pas le cas.

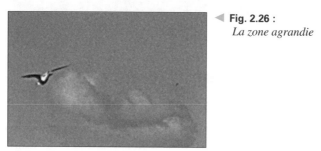

◀ **Fig. 2.26** :
La zone agrandie

4. Si la baguette magique ne permettait de sélectionner que les points de même couleur, la tâche serait ardue, car la zone sélectionnée se limiterait à quelques pixels. Heureusement, Photoshop propose une parade : l'option *Tolérance*.

La tolérance, que vous ajusterez dans la barre d'options d'outils, définit le spectre de couleurs qui est pris en compte dans la sélection. Plus la valeur est basse, plus les points doivent présenter une couleur similaire pour faire partie de la sélection.

◀ **Fig. 2.27 :**
La valeur de tolérance

5. Pour notre exemple, définissez une tolérance de 50. Cliquez ensuite sur l'emplacement matérialisé dans l'illustration suivante.

▲ **Fig. 2.28 :** *Un clic dans le ciel*

Astuce

"C'est en forgeant qu'on devient forgeron"

Si vous définissez une tolérance inadaptée, la sélection sera soit trop grande (avec des zones dont vous ne voulez pas), soit trop petite (certaines zones nécessaires n'y sont pas intégrées). Pour déterminer la bonne tolérance, il faut un peu d'expérience, mais sachez que la combinaison de touches [Ctrl]+[Z] permet à tout moment d'annuler la sélection si elle ne vous convient pas.

6. La valeur que nous avons choisie donne un résultat correct. La grande majorité du ciel a été sélectionnée. Vous reconnaîtrez la zone sélectionnée aux lignes en pointillé.

▲ **Fig. 2.29 :** *La sélection*

7. La zone sélectionnée doit être complétée par les nuages. Pour l'outil Baguette magique, la barre d'options d'outils propose également les divers modes de travail pour ajouter, soustraire ou sélectionner l'intersection. Activez le bouton **Ajouter à la sélection**, puisque l'objectif est d'étendre la sélection.

◀ **Fig. 2.30 :**
Le mode Ajouter à la sélection est activé

8. Cliquez sur un nuage, par exemple à l'emplacement matérialisé dans l'illustration suivante. Un signe + accompagne le pointeur, signe que le mode Ajout est à l'œuvre.

◀ **Fig. 2.31 :**
Ajout d'une nouvelle zone à la sélection

9. Avec ce clic, l'objectif est atteint. L'ensemble du nuage fait désormais partie de la sélection, comme le montre l'image suivante. Avec la même technique, comblez successivement tous les "trous" dans la sélection.

▲ **Fig. 2.32 :** *Le nuage est sélectionné*

Après plusieurs clics de souris, vous devez arriver au résultat suivant :

▲ **Fig. 2.33 :** *La sélection finale*

Contrôle de la zone de sélection

Vous ne pourrez juger de la sélection que si vous y jetez un coup d'œil de près, au minimum avec un facteur de zoom de 100 %. Mais l'idéal est de vérifier la sélection avec un agrandissement plus élevé, pour détecter toutes les éventuelles lacunes.

Pour obtenir très rapidement un zoom de 100 %, il suffit de double-cliquer sur l'outil Zoom de la boîte à outils. Vous reconnaîtrez facilement les "trous" provenant de pixels situés hors de la zone de tolérance : ils sont signalées par des pointillés.

◄ **Fig. 2.34 :**
Voici un exemple de trou

Astuce

La taille de l'image ne change pas

| 100 % | Doc : 4,02M/8,04M |

Si vous modifiez la taille de l'affichage par l'outil Zoom ou par la zone de zoom, au bas de la fenêtre de travail, retenez que les agrandissements ou les réductions ne modifient en rien la taille de l'image. Seule la taille de l'image à l'écran est changée.

Autres outils de sélection

Dans l'état actuel des choses, vous pourriez maintenant modifier la zone sélectionnée par la baguette magique. Mais il existe d'autres outils de sélection. Nous allons également les utiliser.

1.   Les zones à ajouter à la sélection sont en majorité des pixels individuels. Le plus simple est de faire appel pour cela à l'outil de sélection rectangulaire.

   Le mode de travail actuel est conservé : nous souhaitons ajouter à la sélection actuelle des zones complémentaires.

2.   Avec le rectangle de sélection, vous pouvez tracer dans l'image des zones de sélection rectangulaire englobant les trous.

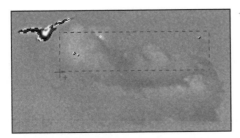

◁ **Fig. 2.35 :**
Un rectangle de sélection
étend la sélection précédente

3. 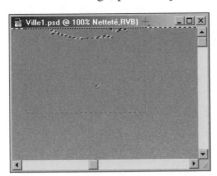 Faites défiler l'image dans la fenêtre de document à l'aide de l'outil Main (activé par la touche ⒣), et intégrez successivement tous les trous dans la sélection.

4. Par l'ajout des nouvelles zones, nous allons également pouvoir corriger certains défauts de l'image, par exemple la zone située près de la bordure supérieure.

◁ **Fig. 2.36 :**
Un défaut de l'image va être
corrigé

5. À cette occasion, nous allons également supprimer quelques tours qui ne font pas un bel effet à l'arrière-plan de la photo. Tout ce qui est sélectionné sera par la suite recouvert par un nouveau ciel.

◁ **Fig. 2.37 :**
Suppression de parties de
l'image

Encore d'autres outils de sélection

Agrandissez encore l'affichage et vérifiez point par point tous les contours des maisons et des bâtiments qui se découpent sur le ciel. Certaines zones nécessitent une intervention manuelle, mais avec les outils Rectangle de sélection ou Baguette magique, il est difficile de faire plus.

Avec un agrandissement de 200 ou 300 %, vous constaterez par exemple que sur le côté gauche de l'image, la pointe de la flèche de l'église a été intégrée en partie dans la sélection.

Cette correction n'est pas possible avec les outils de sélection que nous avons employés jusqu'à présent, car cette pointe est formée de lignes obliques.

Là encore, Photoshop a la solution.

◄ **Fig. 2.38 :**
*La pointe de l'église
est coupée*

1.  Appelez l'outil Lasso polygonal, vous le trouverez dans le menu flyout de l'outil Lasso.

   Avec cet outil, nous allons pouvoir définir des polygones formés de lignes droites, verticales, horizontales ou obliques.

2. Avant d'appliquer l'outil, nous allons changer de mode de travail pour la sélection, puisqu'il s'agit ici de soustraire une zone de la sélection.

◄ **Fig. 2.39 :**
Changement de mode de travail pour l'outil

3. Le pointeur est accompagné d'un signe -, nous sommes en mode de travail soustractif. Cliquez sur l'angle gauche de la pointe de la flèche, déplacez ensuite le pointeur jusqu'au sommet de la pointe. Photoshop affiche une ligne matérialisant le premier segment. Dans l'illustration suivante, l'image médiane montre ce stade. Cliquez pour fixer le point suivant du polygone. Détourez de cette façon la flèche jusqu'à revenir au point de départ. Un petit cercle près du pointeur indique que le prochain clic fermera le polygone.

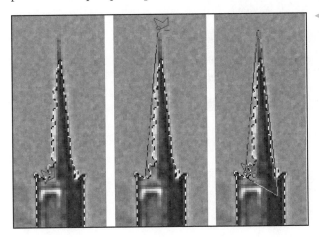

◀ **Fig. 2.40 :**
Sélection de la pointe de la flèche

4. Voici la sélection corrigée.

◀ **Fig. 2.41 :**
La sélection corrigée

5. Vérifiez tous les immeubles se détachant sur le ciel et corrigez les imperfections de sélection. Ce sera par exemple le cas du mât du drapeau, qui est intégré dans la sélection et qu'il faut soustraire.

◀ **Fig. 2.42 :**
*Le mât est à
retirer de la
sélection*

6. Notez que dans le ciel proprement dit, des corrections sont également à entreprendre autour du cygne.

◀ **Fig. 2.43 :**
Le cygne doit être corrigé

Astuce

Fermeture de la zone de sélection

Pour clore rapidement un polygone de sélection, double-cliquez à proximité du point de départ : Photoshop relie automatiquement ce point de départ au point du double clic.

Visualiser la sélection en mode Masque

La zone sélectionnée est matérialisée par un contour en pointillé. Cet affichage est valable, mais ne permet pas de juger avec suffisamment de précision les bordures de la zone.

Pour contrôler la sélection, Photoshop propose un autre mode d'affichage : le mode Masque. Cliquez dans la boîte à outils sur le bouton **Mode Masque**.

Ce mode peut aussi être activé par la touche [Q]. Dans la barre de titre, Photoshop indique que ce mode est activé. En mode Masque, la sélection est colorée, ce qui permet de repérer immédiatement les imperfections.

◄ **Fig. 2.44 :**
L'image en mode Masque

Un clic sur la palette **Cou-ches** permet de constater que cette zone est dotée de sa propre couche. Toutes les zones sélectionnées de l'image sont en noir. Cette couche n'a cependant qu'une vie temporaire, elle n'existe que tant que le mode Masque est actif.

◄ **Fig. 2.45 :**
La palette Couches

Si vous souhaitez modifier les paramètres du mode Masque, double cliquez sur le bouton **Mode Masque** dans la boîte à outils.

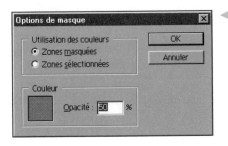

◄ **Fig. 2.46 :**
Les options du mode Masque

Enregistrer la sélection dans une couche

Jusqu'à présent, nous n'avons fait que sélectionner des zones de l'image. Cette sélection est tout à fait temporaire. Si vous fermez l'image et la rechargez, vous constaterez que la sélection a disparu. D'où l'importance de l'enregistrement de la sélection, de manière à la retrouver en toute circonstance. Les sélections sont sauvegardées dans des couches.

1. Pour enregistrer la sélection, activez la commande **Sélection/Mémoriser la sélection**. Elle ouvre la boîte de dialogue de l'illustration suivante. Sur les deux listes, vous pouvez définir si la sélection doit faire l'objet d'une nouvelle couche ou si elle doit écraser une couche existante.

   Les options situées dans la partie inférieure ne sont actives que si vous avez sélectionné une couche.

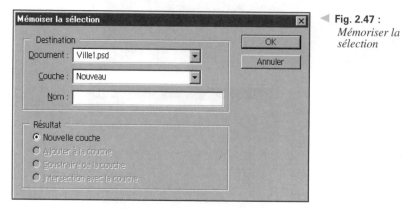

◄ **Fig. 2.47 :**
Mémoriser la sélection

2. L'affichage de la palette **Couches** correspond à ce que vous voyez en mode Masque. La couche a cependant un caractère durable, même après la fermeture du fichier. Les spécialistes appellent ces couches des couches alpha.

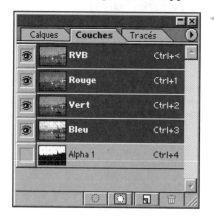

◄ **Fig. 2.48 :**
La palette Couches

Enregistrer toutes les sélections

Vous pouvez enregistrer autant de sélections que vous le souhaitez sous forme de couches. Ces couches sont en principe numérotées. Pour les renommer, double-cliquez sur la couche voulue dans la palette et modifiez son nom dans la boîte de dialogue qui s'ouvre.

Si vous cliquez sur une couche, un masque noir et blanc est affiché dans l'image. Voici le résultat dans notre image.

◀ **Fig. 2.49 :**
Le contenu de la couche

Astuce

Les effets du masque

Si vous utilisez ultérieurement ce masque, notez le point suivant : les zones noires de la couche protègent l'image de toute modification. Les opérations d'édition ne sont possibles que dans les zones blanches de la couche. Une couche admet également des demi-teintes ; plus une zone est sombre, plus elle est protégée.

Modifier manuellement le masque

En regardant de près le masque, vous constaterez que certaines zones du ciel présentent des pixels grisés. Pour un résultat absolument parfait, ces pixels doivent être corrigés.

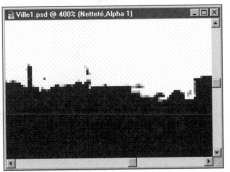

◀ **Fig. 2.50 :**
Imperfections du masque

Voyons comment procéder :

1. La sélection actuelle peut être annulée par **Sélection/Annuler la sélection** ou la combinaison de touches [Ctrl]+[D]. Comme nous l'avons mémorisée, nous la retrouverons le moment opportun.

2. Activez l'outil Pinceau dans la boîte à outils. Vous le trouverez dans un menu flyout, associé à l'outil Crayon de couleur.

   Veillez à ce que la couleur de premier plan soit sélectionnée comme couleur de dessin. Par défaut, il s'agit du blanc, le noir étant sélectionné comme couleur d'arrière-plan.

3. Dans la barre d'options d'outils, choisissez la pointe comme dans l'illustration suivante. Affectez-lui un contour dur.

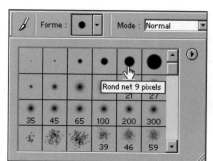

◄ **Fig. 2.51 :**
Les options de pinceau

4. Peignez les pixels imparfaits. Ne s'agissant que de quelques pixels, un simple clic suffit en principe. Faites défiler toute la zone blanche et corrigez toutes les imperfections.

◄ **Fig. 2.52 :**
Correction du masque

5. Pour finir, cliquez sur *RVB* dans la palette **Couches** pour revenir à l'affichage normal.

◄ **Fig. 2.53 :**
La palette Couches

Recharger une sélection

Nous allons maintenant utiliser le masque pour procéder à l'échange du ciel dans l'image. Il n'est pas nécessaire d'enregistrer les changements du masque, comme nous avons travaillé sur la couche alpha, les modifications sont présentes dès le chargement du masque.

1. Les masques mémorisés sont activés par la commande **Sélection/Récupérer la sélection**. Pour ce chargement, il existe quelques options complémentaires, permettant par exemple de soustraire la sélection d'une autre sélection ou de former des intersections de sélections.

    Mais il y a encore plus rapide : si vous n'avez besoin d'aucune option particulière, cliquez sur la couche alpha en maintenant la touche [Ctrl] enfoncée. Vous distinguez ainsi une icône différente.

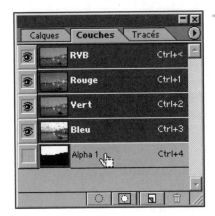

◀ **Fig. 2.54 :**
Récupération d'un masque

2. Il nous faut l'inverse de la sélection du ciel. Activez la combinaison de touches [Ctrl]+[Maj]+[I] ou la commande **Sélection/Intervertir**. Désormais, c'est le reste de l'image qui est sélectionné.

▲ **Fig. 2.55 :** *Inversion de la sélection*

2.8. Travailler avec plusieurs calques

Le moment est venu de changer le ciel. Pour cela, nous allons désolidariser la nouvelle sélection du reste de l'image.

1. Activez la commande **Calque/Nouveau/Calque par copier** ou la combinaison de touches [Ctrl]+[J]. Ainsi, Photoshop copie tous les pixels de la sélection sur un nouveau calque. Veillez à ce que le calque *Netteté* soit sélectionné avant d'activer la commande.

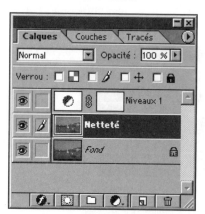

◄ **Fig. 2.56 :**
*Le calque sélectionné
est en vidéo inversée*

Astuce

Attention au calque actif !

La vérification du calque actif est importante, car lors de la copie des pixels Photoshop utilise le calque actif. Si vous aviez sélectionné le fond avant d'activer la commande de copie, c'est la version floue qui aurait servi de base à la copie.

2. Le nouveau calque est placé invariablement par-dessus le calque précédemment sélectionné. Après la commande, aucune modification n'est visible à l'écran en ce qui concerne l'image. Comme tous les calques sous le nouveau calque sont toujours visibles, c'est tout à fait logique.

    Les calques visibles sont reconnaissables dans la palette **Calques** à l'icône de l'œil, devant leur nom.

3. Cliquez sur l'icône de l'œil des deux derniers calques, pour les masquer. Lorsque vous voudrez les afficher, il suffira de cliquer à nouveau à l'emplacement de l'œil (Fig. 2.57).

4. Maintenant, l'effet de la copie apparaît au grand jour. Le ciel a disparu dans l'image. Il est remplacé par un damier signalant une zone transparente. La taille et la couleur de ce damier sont modifiables par la commande **Édition/Préférences/Transparence et couleurs non imprimables** (Fig. 2.58).

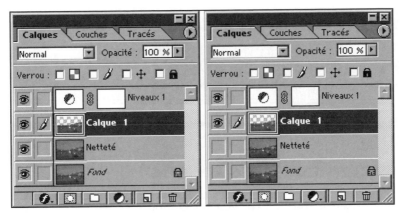

▲ **Fig. 2.57** : *Afficher ou masquer les calques*

▲ **Fig. 2.58** : *Le fond transparent*

2.9. Combiner plusieurs images

Dans la zone transparente de l'image, nous allons placer une autre image. Pour cela, nous avons ouvert une image de ciel que vous trouverez sur le CD d'accompagnement sous le nom *Ciel.tif*.

Lors de combinaisons de ce style, veillez à ce que les tailles des images soient bien adaptées, sinon l'astuce sera rapidement découverte.

◀ **Fig. 2.59 :**
Le nouveau ciel

Pour combiner les deux images, voici comment procéder :

1. 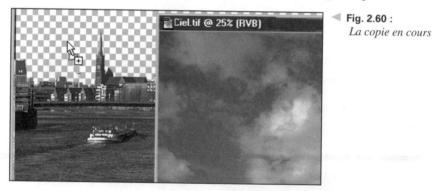 Activez l'outil Déplacement de la boîte à outils ou la touche [V].

2. Cliquez sur l'image du ciel et maintenez le bouton de la souris enfoncé. Glissez ensuite le pointeur dans l'autre document. Le pointeur est accompagné d'un signe + indiquant qu'une copie du premier document va y être placée.

◀ **Fig. 2.60 :**
La copie en cours

3. Lorsque vous relâchez le bouton de la souris, un duplicata du ciel est inséré dans le document. Dans la palette **Calques**, notez la présence d'un nouveau calque, placé tout en haut de la pile. Pour le moment, il masque totalement les autres calques.

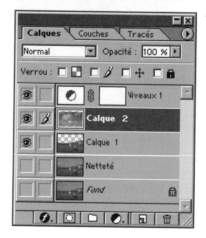

◀ **Fig. 2.61 :**
Le nouveau calque

4. Pour déplacer le calque du ciel dans la pile des calques, cliquez dans la palette **Calques** sur ce calque, maintenez le bouton gauche de la souris enfoncé et glissez le calque entre le calque *Netteté* et le calque 1. Un trait matérialise l'endroit de l'insertion comme dans l'illustration gauche, ci-dessous.

Lorsque vous relâchez le bouton de la souris, le calque prend place à la nouvelle position.

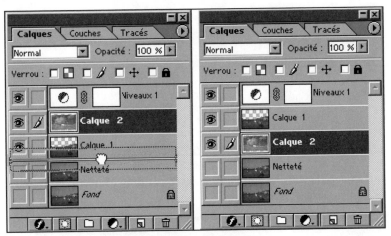

▲ **Fig. 2.62** : *Le déplacement du calque et le résultat*

5. Dans l'image, vous constaterez comme nous que le ciel ne couvre pas le reste de l'image, mais il faut le disposer de manière plus précise.

◄ **Fig. 2.63** :
Le ciel est mal placé

6. Pour déplacer le calque du ciel en bonne position, le plus simple est d'utiliser l'outil Déplacement. Vous pouvez utiliser les flèches de direction du clavier pour un déplacement très précis.

Nous avons déplacé le ciel loin vers le haut, comme le montre l'illustration suivante. Pour une meilleure orientation, nous avons masqué momentanément les autres calques.

◀ **Fig. 2.64 :**
Le ciel a été déplacé

7. Après affichage de tous les calques, voici le résultat : l'image a un tout autre caractère qu'au départ, non ?

▲ **Fig. 2.65 :**   *L'image après modification du ciel*

Autres opérations d'optimisation

Nous pourrions conserver cette image en l'état, mais il est un détail que nous pouvons encore améliorer : l'image pourrait accepter des couleurs un peu plus saturées. Pour cela, nous allons utiliser une nouvelle fois un calque de réglage.

1. Veillez à ce que le calque supérieur, celui qui contient l'image de la ville et non celui du ciel, soit activé.

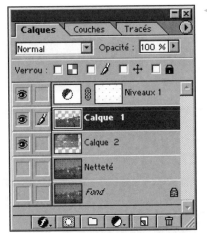

◄ **Fig. 2.66 :**
Le calque 1 est sélectionné

2. Activez la commande **Calque/Nouveau calque de réglage/Teinte/Saturation**. Définissez les paramètres de la boîte de dialogue suivante.

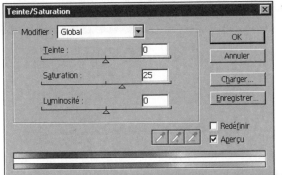

◄ **Fig. 2.67 :**
Augmentation de la saturation

3. Dans la palette **Calques**, notez la nouvelle organisation. Comme les calques de réglage sont sur le dessus de la pile, ils agissent sur tous les calques se trouvant en dessous.

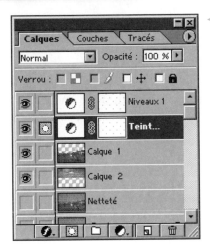

◄ **Fig. 2.68 :**
La nouvelle structure des calques

4. Nous touchons au but : voici le résultat final.

▲ **Fig. 2.69 :** *L'image finale*

Résumé

Notre image a été sensiblement améliorée par rapport à la version de départ, vous ne trouvez pas ? Et ce résultat a été obtenu avec peu de travail. L'important, pour ce genre de montage est de créer un masque aussi précis que possible et d'utiliser des images bien adaptées.

Les différences de netteté et de qualité apparaissent immédiatement dans les montages.

Dans ce chapitre, vous avez découvert un bon nombre de fonctions de Photoshop. Et vous avez constaté qu'à partir d'une image tout à fait moyenne, il est possible de réaliser une image très correcte : comparez l'image de départ et le résultat obtenu.

Chapitre 3

Les paramètres pour un travail optimal

D ans ce chapitre, nous allons nous préoccuper principalement de l'installation optimale de l'interface de travail et des préférences proposées à ce titre par Photoshop. Il est possible d'optimiser cette interface et de faciliter ainsi le travail effectif. Pour cela, nous utiliserons à nouveau de petits exemples.

3.1. Les préférences principales de Photoshop

Les préférences sont regroupées dans le menu **Édition/Préférences**. C'est là que sont proposés les divers thèmes de préférences. Par la combinaison de touches Ctrl+K, vous passez directement aux préférences générales.

Tous les autres thèmes sont accessibles par cette boîte de dialogue, inutile de passer à chaque fois par les menus. Dans la partie supérieure de la boîte de dialogue, une liste permet de choisir le thème requis et les boutons **Précédente** et **Suivante** servent à les visualiser les uns après les autres.

Les modifications sont automatiquement et durablement enregistrées, vous les retrouverez à chaque démarrage de Photoshop. Comme dans toutes les boîtes de dialogue Photoshop, le bouton **Annuler** de cette boîte se transforme en **Rétablir** si vous enfoncez la touche Alt. Cela permet d'annuler les paramètres que vous venez de définir (Fig.3.1).

Astuce

Retour aux valeurs par défaut

Il est possible de réinitialiser toutes les préférences de Photoshop. Lors de l'installation standard du logiciel, retenez que le dossier *C:\WINDOWS\Application Data\Adobe\Photoshop\6.0* contient un fichier appelé *Paramètres Adobe Photoshop 6.psd*. ainsi que d'autres fichiers avec la même extension dans lesquels sont stockées les préférences pour les outils, les formes, les styles, etc. L'emplacement exact où sont rangés ces fichiers varie selon le système d'exploitation utilisé, mais si vous les supprimez, Photoshop les recrée au prochain démarrage, en prenant les valeurs par défaut prévues par les concepteurs.

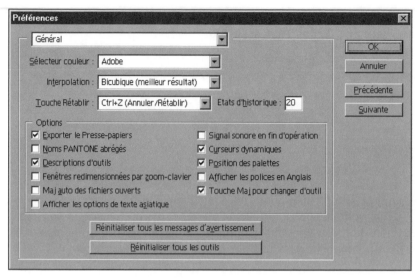

▲ **Fig. 3.1 :** *La boîte de dialogue des préférences de Photoshop*

Les préférences générales

Cette boîte de dialogue contient les préférences de base. En voici la liste.

Sélecteur de couleur - version Windows ou Photoshop

Sur cette liste ne sont proposées que deux options. Avec l'option *Windows*, les couleurs seront choisies avec le sélecteur de couleurs de Windows. Avec l'option *Adobe*, vous bénéficierez du sélecteur de Photoshop. Comme ce sélecteur Adobe dispose de fonctions complémentaires, il serait dommage de vous en priver.

Interpolation : un nouveau calcul des images

Lorsque vous recalculez les images, opération que vous ne devriez effectuer que rarement pour obtenir la meilleure qualité possible, ou lorsque vous modifiez des zones de sélection, Photoshop applique différents procédés. La méthode proposée par défaut dépend de l'option retenue dans cette liste *Interpolation*. Mais cette option est modifiable dans la boîte de dialogue associée à la commande **Image/Taille de l'image**.

Pour vous en démontrer les effets, nous avons utilisé une image dont la moitié droite a été modifiée par la commande **Calque/Nouveau calque de réglage/Seuil**. Nous avons utilisé comme valeur de seuil *128*. Pour protéger la moitié gauche de l'image, nous avons rempli le masque de calque, à gauche, de noir.

Le nouveau calcul donne des résultats différents selon qu'il est effectué pour une photo ou une image graphique avec des transitions de couleur très franches. Pour distinguer les différences, nous avons volontairement choisi une image contenant les deux types de zones et nous avons agrandi l'affichage.

L'image originale est présentée à gauche (fichier *Mur1.psd*), à droite il s'agit d'un agrandissement (*Mur2.psd*) que nous utilisons pour les exemples.

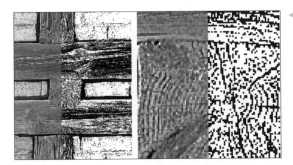

◄ **Fig. 3.2 :**
Le document et à droite
l'agrandissement

Les divers modes d'interpolation

Le premier mode d'interpolation est *Au plus proche (plus rapide)*. Lors du nouveau calcul, les nouveaux pixels de l'image sont simplement colorés de la teinte des pixels voisins. La méthode est rapide.

Avec une photo, cette technique n'est cependant pas recommandée, car le résultat n'est pas parfait. L'image perd nettement en qualité. Ce mode est plus approprié pour le recalcul de graphiques ou de copies d'écran.

Pour en tester les effets, il suffit d'activer la commande **Image/Taille de l'image** et de modifier très légèrement les dimensions de l'image. Même en n'agrandissant l'image que d'un pixel, c'est l'ensemble de l'image qui est recalculée. C'est ce que nous avons fait dans l'illustration suivante.

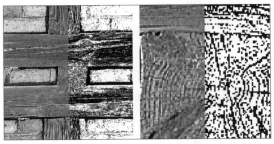

◄ **Fig. 3.3 :**
Le mode d'interpolation
Au plus proche

Avec la deuxième option, *Bilinéaire*, la qualité est moyenne. Les nouveaux pixels sont colorés en prenant comme base les couleurs des pixels placés au-dessus et en dessous. Notez que le traitement, le recalcul, prend sensiblement plus de temps qu'avec la première option.

Pour des images avec des contours bien nets, comme dans l'illustration ci-dessous, ce procédé ne donne pas de très bons résultats, l'image semble floue. Le résultat sera meilleur avec des photos.

Amélioration de la netteté

Après le nouveau calcul de l'image, vous noterez l'apparition d'un flou, que vous pouvez corriger par exemple avec le filtre *Accentuation*. Pour ce filtre (**Filtre/Renforcement/Accentuation**), nous avons utilisé un rayon de 1 pixel. Dans la partie droite de l'illustration, le résultat est nettement meilleur que dans la partie gauche.

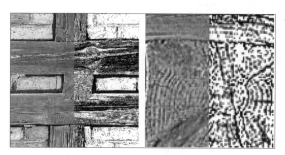

◀ **Fig. 3.4 :**
Interpolation bilinéaire

La dernière méthode d'interpolation s'appelle *Bicubique (meilleur résultat)*. C'est la plus précise, elle prend en compte pour les nouveaux pixels les couleurs de tous les pixels voisins.

◀ **Fig. 3.5 :**
Interpolation bicubique

Là aussi, le filtre *Accentuation* permet d'améliorer le résultat.

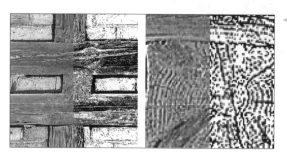

◀ **Fig. 3.6 :**
Interpolation bicubique, puis accentuation de la netteté

Utilisation de la valeur par défaut

Lors d'une transformation libre, les résultats sont affichés en cours d'opération dans la répétition des pixels. C'est un moyen de voir comment la méthode d'interpolation agit. L'option retenue dans la boîte de dialogue des préférences générales est modifiable dans la boîte de dialogue **Taille de l'image**. En revanche, lors de la transformation, la préférence choisie est automatiquement appliquée.

Touche Rétablir

Sur la liste suivante, vous définirez la combinaison de touches à utiliser pour annuler une commande. Trois options sont proposées.

Dans le champ de saisie *États d'historique*, vous définissez le nombre d'opérations qui seront enregistrées dans la palette **Historique**. Plus cette valeur est élevée, plus il vous faudra de la mémoire.

La zone options

Cette zone *Options* permet d'activer d'autres paramètres. Les voici dans le détail.

- *Exporter le Presse-papiers* : si cette option est cochée, vous pouvez transférer le contenu de zones sélectionnées de l'image dans d'autres programmes, sous forme d'images bitmap. En l'absence de coche, le Presse-papiers ne peut être utilisé que pour des actions de copies internes à Photoshop.

Presse-papiers vide

Même lorsque l'option est désactivée, le Presse-papiers est malgré tout utilisé. Les données qui peuvent y être contenues, en provenance d'autres programmes, sont perdues. Lors du passage de Photoshop à un autre programme, le Presse-papiers est automatiquement vidé.

- *Noms PANTONE abrégés* : les couleurs PANTONE forment un nuancier fréquemment utilisé en imprimerie. Si vous travaillez avec des couleurs PANTONE dans un document, pensez à activer cette option. Vous aurez ainsi l'assurance que les noms pourront être repris dans les programmes de PAO (par exemple Page-Maker) ou les programmes graphiques (par exemple Adobe Illustrator).

- *Description d'outils* : si la case est cochée et si vous survolez un bouton de la boîte à outils ou d'une fenêtre avec le pointeur de la souris, vous verrez apparaître une petite info-bulle avec une brève description de la fonction.

- *Fenêtre redimensionnées par Zoom clavier* : si la case est cochée, la taille de la fenêtre de document sera ajustée lorsque vous agrandissez ou réduisez l'affichage par les combinaisons de touches [Ctrl]+[+] ou [Ctrl]+[-].

■ *Maj auto des fichiers ouverts* : si la case est cochée, les fichiers sont automatiquement mis à jour lors du passage de Photoshop vers ImageReady ou inversement.

■ *Afficher les options de texte asiatique* : cette option est rarement activée en France, elle permet d'afficher dans les boîtes de dialogue des propriétés de caractères et de paragraphes des options spécifiques au japonais, au chinois et au coréen.

■ *Signal sonore en fin d'opération* : si la case est cochée, vous serez averti de la fin des traitements par un signal sonore. Nous vous conseillons de la désactiver, car elle devient rapidement lassante, voire énervante.

■ *Curseurs dynamiques* : si la case est cochée, les couleurs de l'aperçu sont mises à jour en permanence lorsque vous déplacez les curseurs dans la palette **Couleur**.

■ *Position des palettes* : si la case est cochée, vous retrouverez, au prochain chargement de Photoshop, toutes les palettes à l'emplacement où vous les aviez laissées lors de la session précédente. À défaut, elles reprennent à chaque fois leur position par défaut.

Astuce

Appel modifié

Pour restaurer les palettes dans leur position initiale, le long de la bordure droite de la fenêtre, faites appel à la commande **Fenêtre/Réinitialiser la position des palettes**.

■ *Afficher les polices en anglais* : cette case permet de définir si les polices non Roman sont affichées ou non sous leur nom Roman.

■ *Touche Maj pour changer d'outil* : cette option définit comment se passe le changement d'outils dans le cadre des groupes d'outils.

Astuce

Sélection rapide par raccourci clavier

Pour passer à la boîte de dialogue **Préférences** suivante, utilisez la liste placée en haut de la boîte de dialogue, les menus ou la touche [Ctrl] accompagnée d'un chiffre. Par exemple [Ctrl]+[2] permet d'accéder à la deuxième boîte. Pensez aussi aux boutons **Précédente** et **Suivante**.

Pour finir, deux boutons : **Réinitialiser tous les messages d'avertissement** et **Réinitialiser tous les outils**. Le premier permet d'afficher à nouveau tous les messages pour lesquels vous aviez coché la case *Ne plus afficher*. Le second restaure pour tous les outils les valeurs par défaut.

Préférences : Enregistrement des fichiers

Ici il n'y a que quelques options à définir, concernant l'enregistrement des documents par Photoshop.

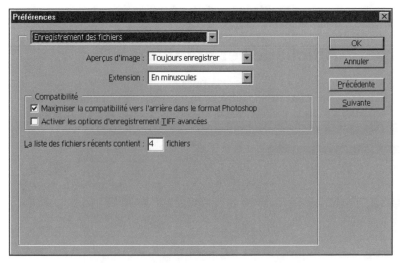

▲ **Fig. 3.7 :** *Les préférences d'enregistrement des fichiers*

- *Aperçus d'image* : à l'ouverture d'images, les miniatures ou aperçus sont appréciables. Elles permettent de juger immédiatement du contenu du document. C'est pourquoi nous vous conseillons d'activer l'option *Toujours enregistrer*, même si la taille du fichier s'en ressent un peu. Ces aperçus sont enregistrés dans le document.

  Si vous choisissez l'option *Choix à l'enregistrement*, vous déciderez au cas par cas de l'utilité d'enregistrer l'aperçu pour le document concerné.

- *Extension* : sous Windows, le fait que l'extension soit écrite en minuscules ou en majuscules n'a pas d'importance. Cette option est principalement destinée à assurer la compatibilité entre PC et Macintosh.

- *Maximiser la compatibilité vers l'arrière dans le format Photoshop* : cette option permet d'enregistrer, en plus de la version avec calques, une version lissée de l'image (c'est-à-dire avec fusion de tous les calques), de manière à ce que les programmes ne reconnaissant pas le format Photoshop actuel puissent malgré tout ouvrir ces images.

Astuce

Attention à la taille des fichiers !

En format 2.5, Photoshop enregistre par défaut une version fusionnée du document. Bien sûr, la taille du fichier s'en ressent. N'activez cette option qu'en cas de besoin.

- *Activer les options d'enregistrement TIFF avancées* : si cette case est cochée, Photoshop propose lors de l'enregistrement de documents TIFF des options de compression ZIP et JPEG pour les calques.

- *La liste des fichiers récents contient x fichiers* : il s'agit du nombre de fichiers proposés par le sous-menu **Fichier/Ouvrir les fichiers récents**.

Préférences : Affichages et pointeurs

Dans cette boîte de dialogue sont réunies les options d'affichage des images et les options d'apparence du pointeur de la souris.

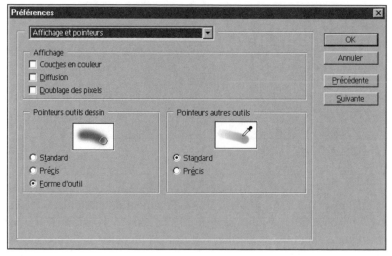

▲ **Fig. 3.8** : *La boîte de dialogue Affichages et pointeurs*

- *Couches en couleur* : en désactivant cette option, les diverses couches sont affichées sous forme d'images en nuances de gris. Si vous préférez la couleur, cochez cette case.

- *Diffusion* : si votre carte graphique est paramétrée sur 256 couleurs ou moins, vous pouvez choisir ici comment l'affichage écran doit être effectué. Mais une telle carte graphique est totalement déconseillée pour des travaux de retouche d'images, car elle ne permet pas une vision correcte de l'image.

    Sans cette option, les images sont affichées en mode 256 couleurs à l'aide d'une trame de points, appelée Pattern Dithering. Il peut en résulter des motifs déplaisants à l'écran.

    Pour réduire ce défaut, il existe des trames de diffusion, appelées Diffusion Dither, avec lesquelles les points sont mélangés de manière à fournir une impression d'ensemble correcte. Vous connaissez peut-être ces options de conversions d'images en 256 couleurs.

■ *Doublage des pixels* : cette option détermine si l'image doit être affichée en résolution réduite lors des déplacements.

Le choix du bon pointeur

Sous la rubrique *Pointeurs outils de dessin* sont proposés trois types de pointeurs. Comme le laisse entrevoir le nom, ces options ne concernent que les outils de dessin et de peinture, en l'occurrence la gomme, le crayon, l'Aérographe, le pinceau, le tampon, le doigt, l'éponge, etc.

Par défaut, le pointeur prend la forme de l'icône de l'outil actif. Voici les trois options, *Standard*, *Précis* et *Forme de l'outil*, présentées dans la même image.

◀ **Fig. 3.9 :**
Les trois pointeurs de l'outil Pinceau

Le choix dépendra de vos habitudes et de vos préférences personnelles, il n'y a pas de règle. Le pointeur *Précis* est parfait pour des travaux de précision ; *Forme de l'outil* permet de juger de la largeur des traits et de la zone concernée par l'action de l'outil.

Astuce

Changement de pointeur au clavier

Le type de pointeur est modifiable au clavier. En fonction de l'option retenue dans cette boîte de dialogue, les touches du clavier auront des effets différents. La touche [Maj] permet ainsi de passer du pointeur *Standard* au pointeur *Forme de l'outil* ou de *Forme de l'outil* à *Précis*.

Pour les autres outils, il n'y a que deux options : *Standard* ou *Précis*. Ces autres outils sont par exemple le rectangle, l'ellipse, le

◀ **Fig. 3.10 :**
Les deux pointeurs de l'outil de remplissage

lasso, la baguette magique, la pipette, la plume, l'outil de dégradé ou de remplissage, etc.

Préférences : Transparence et couleurs non imprimables

Bien que les images bitmap soient en principe de forme rectangulaire, il est possible d'y insérer des zones transparentes pour simuler une forme d'image moins classique. Ces zones ne peuvent pas tout simplement être affichées en blanc ou en couleur, la transparence ne serait pas clairement identifiable. C'est pourquoi vous

trouverez dans cette boîte de dialogue l'option de représentation des zones transparentes sous forme d'un damier, d'une grille de carrés blancs et gris. La première
option, *Grille*, sert à définir la taille des carreaux.

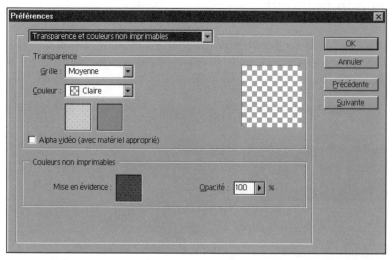

▲ **Fig. 3.11** : *Les préférences Transparence et couleurs non imprimables*

L'illustration suivante montre le résultat des trois tailles de grille et de l'option
Alpha vidéo. Bien évidemment, ces grilles ne sont pas enregistrées dans l'image,
elles ne sont visibles qu'à l'écran. Sur cette illustration, vous noterez que la grille
est également visible au travers de l'ombre portée de la pièce de monnaie. Dans
cette zone, l'image n'est que partiellement transparente.

Si votre carte graphique
prend en charge un affi-
chage en 32 bits, vous
pouvez aussi afficher la
transparence par le canal
Alpha vidéo de la carte
graphique.

▲ **Fig. 3.12** : *Les trois tailles de grille et l'option Alpha vidéo*

La liste *Couleur* permet de choisir entre des carreaux clairs ou foncés. Elle permet
aussi de choisir des couleurs personnelles par la boîte de sélection des couleurs.

Un clic sur l'un des deux champs de couleur ouvre automatiquement cette boîte de dialogue.

Couleurs non imprimables

Avec des images RVB, rappelez-vous le point suivant : toutes les couleurs du modèle colorimétrique RVB n'ont pas une correspondance dans le modèle CMJN. Ces couleurs sont dites non imprimables. Pour vous permettre de repérer ces couleurs à l'écran, Photoshop propose la commande **Affichage/Couleurs non imprimables**. Lorsque l'option est activée, toutes les couleurs non imprimables sont recouvertes d'un masque dont la couleur et l'opacité sont définies dans cette boîte de dialogue. L'image située à droite montre cette composition. Le ciel bleu et certaines parties de verdure sont presque exclusivement constitués de couleurs non imprimables.

▲ **Fig. 3.13 :** *Affichage des couleurs non imprimables*

Dans un prochain chapitre, nous reviendrons en détail sur cette problématique. En général, ces couleurs non imprimables sont produites par une sursaturation de la couleur. Avec l'outil Éponge, il est cependant possible de réduire la saturation. Si vous avez activé

◀ **Fig. 3.14 :**
Réduction de la saturation avec l'éponge

pour cela le masquage, vous verrez aussitôt lors de l'application de l'outil si la réduction est suffisante pour rendre la couleur imprimable.

Préférences : Unités et règles

Dans cette boîte de dialogue, vous définirez les options de colonnes et de règles.

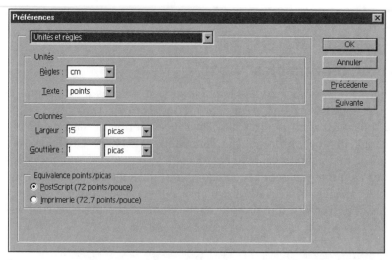

▲ **Fig. 3.15 :** *La boîte de dialogue Unités et règles*

■ *Règles* : dans le premier champ de la rubrique *Unités* est définie l'unité de mesure à afficher sur les règles. À vous de choisir entre pixels, pouces, centimètres, points, picas ou pourcentages.

■ *Texte* : ici, vous choisirez l'unité de mesure des textes, en millimètres, points ou pixels.

■ *Colonnes* : si vous travaillez avec des largeurs de colonnes, par exemple pour une réutilisation dans un programme de PAO, vous pouvez définir ici la largeur standard des colonnes ainsi que la gouttière, c'est-à-dire l'espacement entre ces colonnes. Avec l'outil de recadrage, vous pouvez utiliser ces indications pour rogner l'image et l'adapter à la largeur de la colonne. Nous reviendrons sur cette fonction par la suite.

■ *Equivalence points/picas* : si la taille d'un point doit être calculée avec la valeur traditionnelle de 72,27 points/pouce, cochez la deuxième option. Avec une imprimante PostScript, vous ferez appel à l'autre option. Quel que soit votre choix, il n'a pas grande importance.

Astuce

Double clic sur la règle

Cette boîte de dialogue apparaît également si vous double-cliquez sur une règle.

Préférences : Repères et grille

Si vous travaillez avec des repères et une grille, cette boîte de dialogue a son importance.

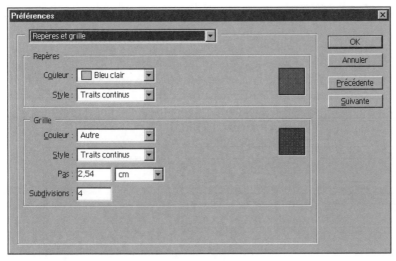

▲ **Fig. 3.16 :** *La boîte de dialogue Repères et grille*

■ *Repères* : un clic sur un des champs de couleur permet d'ouvrir le sélecteur de couleur et de choisir une autre teinte. La liste propose un ensemble de neuf couleurs prédéfinies ou l'accès au sélecteur.

Le deuxième champ, *Style*, permet de choisir le type de représentation des repères, sous forme de ligne continue ou en pointillé. La variante en pointillé est un peu plus claire que les traits continus, elle permet de mieux voir l'image.

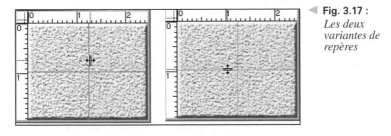

◄ **Fig. 3.17 :**
Les deux variantes de repères

Astuce

Préférences sans passer par les menus

Cette boîte de dialogue apparaît également si vous double-cliquez sur un repère. Cette technique est plus rapide que le détour par les menus.

■ *Grille* : en ce qui concerne les couleurs de la grille, vous trouverez les mêmes options que pour les repères. Attention cependant à ne pas choisir une couleur trop proche de celle des repères !

En ce qui concerne le style de la grille, trois options vous sont proposées : *Traits continus*, *Traits pointillés* et *Points*. La première variante affiche les lignes principales en continues et les subdivisions secondaires en pointillé. Avec la deuxième option, toutes les lignes sont en pointillé. La dernière permet de voir la plus grande partie de l'image, c'est celle que nous vous conseillons d'activer. L'espacement entre les lignes principales et le nombre de lignes secondaires est défini dans les deux derniers champs de la rubrique. Notez que le nombre de subdivisions maximal est de 100.

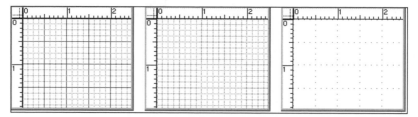

▲ **Fig. 3.18** : *Les trois options de grille*

Préférences : Modules externes et disque de travail

Vous indiquerez ici à quel endroit Photoshop doit chercher les modules externes et quels disques durs il doit utiliser pour le stockage temporaire de ses données.

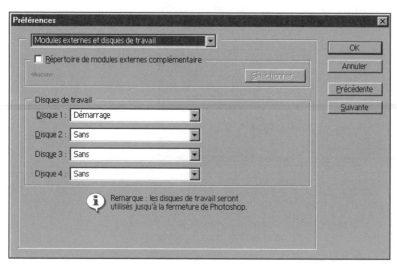

▲ **Fig. 3.19** :   *Les préférences Modules externes et disque de travail*

■ *Répertoire de modules externes complémentaires* : les modules externes, appelés également filtres plug-in, étendent les fonctionnalités de Photoshop. Il s'agit de fichiers indépendants, enregistrés dans un dossier spécifique du disque dur. Par défaut, les modules externes sont rangés par Photoshop dans le dossier *Modules externes* du dossier d'installation du programme. Photoshop lit également tous les sous-dossiers de ce dossier de modules.

Il n'y a aucun intérêt à modifier cette organisation. Mais il est intéressant de copier dans des sous-dossiers spéciaux, tous les modules externes dont vous disposez pour d'autres applications.

■ *Disque de travail* : si la mémoire centrale se révèle insuffisante pur l'édition d'une image, Photoshop stocke temporairement les données sur le disque dur. Vous lui indiquerez sous cette rubrique les disques qu'il doit utiliser à cet effet. Il est possible de sélectionner au mieux quatre disques, sachant qu'il doit s'agir dans la mesure du possible de disques locaux. Par défaut, les fichiers *.*tmp* sont déposés dans le dossier *Temp* de Windows.

Comme les fonctions d'historique et d'annulation travaillent beaucoup avec les fichiers d'échange, il faut un grand espace pour ces fichiers temporaires. Photoshop accepte jusqu'à 200 Go d'espace de stockage.

Astuce

Attention à la mémoire de travail !

L'espace libre sur le disque de travail doit être au moins égal à la taille de la mémoire de travail affectée à Photoshop. Il faut savoir à ce titre que Photoshop écrit l'intégralité du contenu de la mémoire de travail sur le disque de travail. Si cette mémoire virtuelle est saturée, Photoshop n'utilise pas plus de mémoire de travail, même si celle-ci est libre.

Préférences : Mémoire et mémoire cache

Cette boîte de dialogue traite également de mémoire.

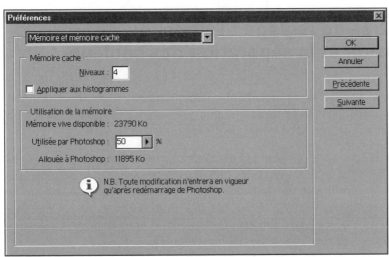

▲ **Fig. 3.20** : *La boîte de dialogue Mémoire et mémoire cache*

■ *Mémoire cache* : pour accélérer l'affichage des images en haute résolution, Photoshop fait appel à un cache d'image. L'image est utilisée en basse résolution pour certaines opérations simples. Parmi ces opérations, citons la réorganisation de la pile des calques ou les corrections de couleurs. Dans le champ de saisie, les valeurs possibles vont de 1 à 8. Pour des fichiers ordinaires, conservez la valeur par défaut de 4. Mais si vous travaillez avec de grandes images, nous vous conseillons d'augmenter cette valeur.

■ *Appliquer aux histogrammes* : si vous cochez cette case, les fichiers qui se trouvent dans le cache pour accélérer l'affichage sont supprimés lors de la création d'un histogramme. Cela permet d'accélérer l'affichage des boîtes de dialogue contenant un histogramme.

■ *Utilisation de la mémoire* : pour un travail performant avec Photoshop, le critère déterminant est la taille de la mémoire centrale. Il est conseillé un minimum de 128 Mo de mémoire Ram. Vous pouvez indiquer ici le pourcentage de cette mémoire que vous souhaitez affecter à Photoshop. Cette option dépend bien évidemment des autres applications ouvertes simultanément. En principe, une valeur de 75 % fait l'affaire.

Astuce

Vérifier l'emploi de la mémoire

Pendant l'édition d'une image, vous pouvez vérifier si la mémoire centrale est suffisante. À droite du deuxième champ de la barre d'état se trouve une flèche. Cliquez sur cette flèche et sélectionnez *Fichier de travail* pour afficher les informations correspondantes. Les deux valeurs indiquent la taille de la mémoire de travail du fichier en cours d'édition et la mémoire disponible.

3.2. Paramètres de réglage : l'affichage, l'impression et la séparation des couleurs

Dans le menu **Edition**, vous trouvez la commande **Couleurs**, grâce à laquelle vous entreprendrez le réglage de l'affichage, de l'impression et de la séparation des couleurs. Elle ouvre une vaste boîte de dialogue que vous pouvez également activer par la combinaison de touches $\boxed{\text{Ctrl}}+\boxed{\text{Maj}}+\boxed{\text{K}}$ (Fig. 3.21).

Les fonctions de cette boîte ont pour but d'assurer que les couleurs que vous voyez à l'écran sont bien les mêmes que celles que vous obtiendrez sur le périphérique de sortie choisi, imprimante ou flasheuse. Pour cela, toutes les couleurs qui ne peuvent être représentées à l'écran du fait des différences entre les modèles colorimétriques RVB et CMJN doivent être converties correctement. La gestion de ces couleurs est réalisée à l'aide de fichiers de profil.

Sur la liste *Paramètres*, vous trouverez quelques valeurs par défaut. Vous pouvez y faire appel si vous souhaitez ajuster automatiquement tous les paramètres, solution intéressante pour les débutants. Vous n'avez dans ce cas à vous préoccuper de rien, sachant que les paramètres automatiques livrent le plus souvent d'excellents résultats.

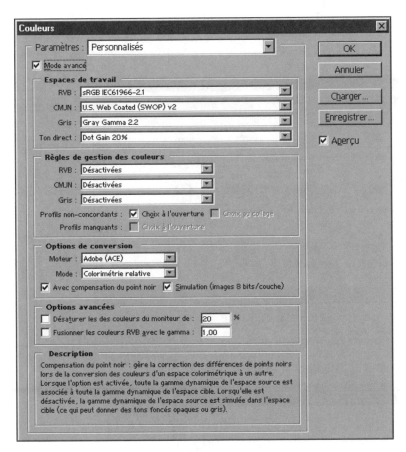

▲ **Fig. 3.21 :** *La boîte de dialogue Couleurs*

Calibrage du moniteur

Pour pouvoir juger du résultat de l'impression d'un document, le moniteur doit être réglé, calibré de manière à refléter aussi fidèlement que possible les couleurs utilisées lors de l'impression.

Photoshop 6 contourne dans ce domaine un dilemme qui a longtemps préoccupé tous les programmes de retouche d'images : lorsque vous aviez parfaitement calibré le moniteur pour un programme X, tout ce travail était perdu, car au moment de la fin de la session de travail les paramètres étaient perdus. Si vous démarriez alors un programme Y, l'image pouvait être totalement autre. Cette situation était hautement irritante et souvent source d'erreur dans les impressions. Photoshop livre un programme spécial pour le calibrage, intégré dans le Panneau de configuration de votre ordinateur.

Les paramètres définis dans ce programme s'appliquent à tous les programmes Windows, qu'il s'agisse de programmes de retouche d'images ou de n'importe quelle autre application. L'intérêt de cette procédure est que l'image que vous éditez dans Photoshop conserve la même apparence lorsque vous l'intégrez dans un document dans le cadre de votre logiciel de PAO. Voici ce programme.

▲ **Fig. 3.22** : *Le programme Adobe Gamma dans le Panneau de configuration*

Au démarrage du programme, vous choisirez entre l'exécution du calibrage sous la surveillance d'un assistant ou le Panneau de configuration.

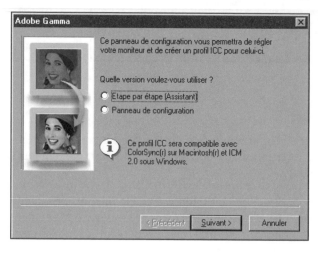

◄ **Fig. 3.23** :
*L'assistant
de calibrage*

Pour un utilisateur débutant, l'assistant est sans conteste la meilleure solution. Dans les diverses boîtes de dialogue, vous obtiendrez ainsi des instructions détaillées sur le travail à réaliser : il n'y a presque pas de risque d'erreur.

Par l'option *Panneau de configuration*, vous ouvrez la boîte de dialogue suivante. Vous pouvez également y définir tous les paramètres, mais cette version est plutôt destinée à des spécialistes. Les fonctions individuelles et leurs effets ont déjà été abordés précédemment, nous n'y reviendrons pas ici. Si votre moniteur présente un piqué de couleur, désactivez l'option *Afficher une seule courbe Gamma.* La valeur gamma est réglable individuellement pour chacun des trois canaux de couleur, ce qui permet de corriger le piqué.

Adobe Gamma
Description : Adobe Monitor Profile
Charger...
Luminosité et contraste
Luminophores
Luminophores : HDTV (CCIR 709)
Gamma
Afficher une seule courbe gamma
Point blanc
Matériel : 6500° K (lumière du jour)
Mesurer...
OK
Annuler
Assistant

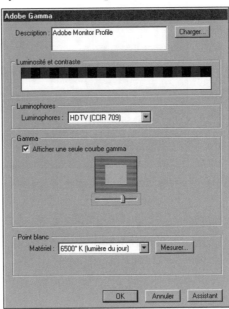

Fig. 3.24 : *Modification par le Panneau de configuration*

Modifier les paramètres d'affichage dans Photoshop

Vous ne pourrez pas recourir en toutes circonstances à Adobe Gamma, l'affichage de ce module dans le Panneau de configuration dépend de votre système d'exploitation. Avec Windows NT/2000, vous ne pourrez par exemple pas l'utiliser. Dans ce cas, vous effectuerez le calibrage de votre moniteur par la commande **Edition/ Couleurs** de Photoshop.

Sur la liste *RVB*, plusieurs valeurs par défaut vous sont proposées. Pour prendre connaissance des détails de ces paramètres, reportez-vous au champ *Description*, au bas de la boîte de dialogue, après avoir placé le pointeur sur une des options.

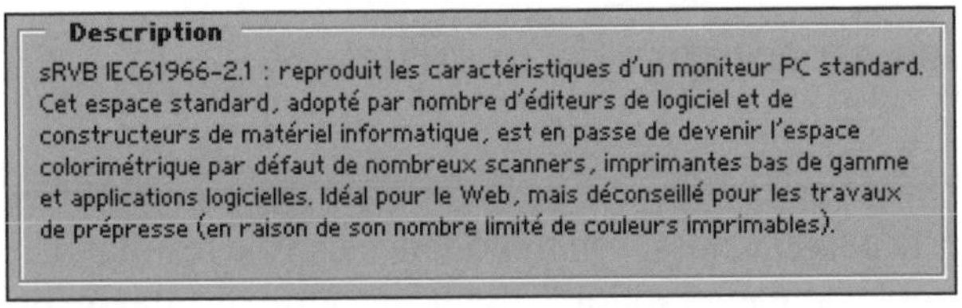

Description
sRVB IEC61966-2.1 : reproduit les caractéristiques d'un moniteur PC standard. Cet espace standard, adopté par nombre d'éditeurs de logiciel et de constructeurs de matériel informatique, est en passe de devenir l'espace colorimétrique par défaut de nombreux scanners, imprimantes bas de gamme et applications logicielles. Idéal pour le Web, mais déconseillé pour les travaux de prépresse (en raison de son nombre limité de couleurs imprimables).

Fig. 3.25 : *Description du calibrage du moniteur*

Ajuster individuellement les séparations CMJN

Les options de la liste *CMJN* ne vous seront utiles que si vous envisagez d'imprimer vos images en couleur ou de créer des séparations de couleurs. Si vous ne souhaitez pas utiliser de modèle prédéfini, choisissez sur cette liste l'option *CMJN personnalisé*. Elle ouvre une boîte de dialogue offrant tous les paramètres requis.

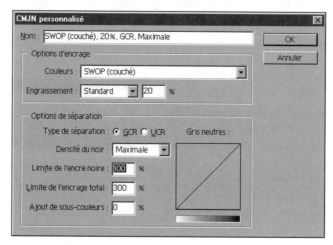

▲ **Fig. 3.26 :** *Les valeurs de séparation*

Pour ces paramètres, gardez à l'esprit les points suivants :

- Les paramètres standard de Photoshop sont un excellent point de départ. Dans bien des cas, ils feront parfaitement l'affaire.

- L'option *Engraissement* est de loin la plus importante. Mais vous aurez rarement à la modifier.

- Les paramètres que vous définissez ici n'ont d'effet que sur la conversion d'une image RVB en format CMJN.

- Si vous travaillez exclusivement avec des images RVB, par exemple des images destinées à votre site web, ces options n'ont aucune incidence.

- Si votre module de numérisation maîtrise la conversion en CMJN, vous n'aurez en principe pas besoin de ces options.

- Effectuez des impressions de test et corrigez ces options en fonction des résultats.

- Prenez conseil auprès de votre imprimeur quant à la détermination du paramètre d'engraissement correct.

La liste Couleurs : prise en compte de la structure des pigments

L'aspect de l'image imprimée peut varier en raison de la structure des pigments des encres d'imprimerie. Bien sûr, le papier a aussi son importance dans le résultat. Un papier très absorbant, par exemple un papier journal, donne un autre résultat qu'un papier glacé, comme celui qui est utilisé pour les magazines.

La valeur retenue par Photoshop est en principe *SWOP* (*Standard Web Offset Proofing*). Ces couleurs d'impressionne sont pas courantes en Europe. Il est conseillé de sélectionner plutôt l'option *Eurostandard (couché)*.

Engraissement : attention aux papiers trop absorbants

Modifiez la valeur choisie par défaut par Photoshop en matière d'engraissement pour l'adapter au papier utilisé. Si vous travaillez avec un papier très absorbant, la couleur aura tendance à s'étaler davantage que sur un papier glacé, et les points constituant l'impression seront plus gros, avec pour conséquence un résultat final plus sombre.

Ce phénomène peut être corrigé par l'option *Engraissement*. Plus cette valeur est élevée et plus la taille des points d'impression sera réduite. L'affichage à l'écran devient plus sombre au fur et à mesure que la valeur d'engraissement augmente.

La valeur exacte de cette option peut aussi être déterminée en mesurant la densité du document imprimé avec un densimètre. Imprimez par exemple une zone de couleurs avec une valeur de gris de 50 % et mesurez la valeur réelle à partir du résultat imprimé. Si cette valeur n'est pas de 50 %, des corrections s'imposent.

Si vous n'avez pas un appareil de mesure adéquat, faites confiance à Photoshop. La valeur proposée de 20 % avec les couleurs SWOP (couché) peut être employée sans souci.

Influence directe et précise : la courbe

La liste *Engraissement* propose une option *Courbes* qui ouvre la boîte de dialogue suivante.

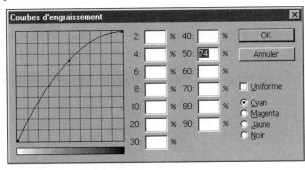

▲ **Fig. 3.27** : *Influence grâce à la courbe*

Les paramètres de séparation

Si les paramètres évoqués précédemment concernent exclusivement l'affichage à l'écran, les options de la boîte de dialogue **CMJN personnalisé** concernent la conversion d'images RVB en CMJN et permettent d'influer sur la séparation des couleurs.

Pourquoi une séparation des couleurs ?

Pour bien comprendre le problème de la séparation des couleurs, rappelez-vous ceci : une image en couleur se compose de plusieurs couches de couleur.

Photoshop vous les présente dans la palette **Couches**. Une image RVB est formée de trois couches, une pour le rouge, une pour le vert et une pour le bleu. Ces couches sont visibles dans la palette.

◀ **Fig. 3.28 :**
Les couches dans la palette Couches

Chaque couche contient une image en nuances de gris. Toutes les parties de l'image contenant la couleur concernée sont représentées en 256 nuances de gris au maximum. En superposant ces trois couches, Photoshop forme l'image couleur. Par la palette **Couches**, vous pouvez visualiser individuellement les couches : il suffit de masquer (icône de l'œil) les autres couches.

Astuce

Affichage en couleur des couches

Pour notre exemple, nous avons activé dans les préférences de la rubrique *Affichages et pointeurs* l'option *Couches en couleur*. Vous les reconnaîtrez ainsi plus facilement.

Comme exemple, nous avons utilisé la photo d'un ensemble de fruits et de légumes bien coloré. L'image contient des couleurs très variées, ce qui explique que chaque couche de couleur contient une image. Voici les contenus des trois couches de couleur d'une image RVB.

Lors de la séparation, ces trois couches doivent être converties, car l'impression est réalisée à partir des couleurs primaires cyan (un bleu clair), magenta (un violet), jaune et noir.

▲ **Fig. 3.29 :** *L'image RVB de départ et les trois couches*

En principe, le noir pourrait aussi être créé par superposition des trois autres couleurs de base, mais il en résulterait des pixels imprécis, contenant des couleurs variées. Pour éviter cet inconvénient, le noir est imprimé en complément. L'intensité de cette couche permet de modifier sensiblement l'apparence de l'image.

Il existe plusieurs procédés de séparation des couleurs.

GCR : les parties grises des couleurs sont transférées sur la couche noire

GCR est l'abréviation de *Gray Component Replacement*. Nous avons évoqué précédemment le fait que le noir pouvait être créé par combinaison des trois autres couleurs. Imaginez une couleur composée de 40 unités de cyan, 60 unités de magenta, 80 unités de jaune. La combinaison de ces trois couleurs de base donne un jaune-brun.

Avec le procédé GCR, il est possible de supprimer dans cette couleur la partie grise et de la transférer sur la couche noire. Cette teinte grise est formée des gris contenus dans les trois couleurs de base. C'est la couleur cyan qui en contient le moins, il est possible de soustraire des autres couleurs les 40 unités concernées. La valeur maximale serait dans ce cas de 0 C, 20 M, 40 J et 40 N. Avec les valeurs GCR, vous définissez le nombre d'unités de noir à supprimer dans chacune des autres couleurs et à transférer dans la couche noire. Une autre variante pourrait être par exemple 20 C, 40 M, 60 J et 20 N si vous décidez de ne transférer que 20 unités sur la couche noire.

Sur la liste de la boîte de dialogue **CMJN personnalisé**, le champ *Densité du noir* propose cinq options pour le paramétrage du procédé GCR : *Sans*, *Faible*, *Moyenne*, *Elevée* et *Maximale*. Comme le nom de ces options le laisse entrevoir, elles transfèrent plus ou moins de noir dans la couche noire. En principe, c'est la valeur *Moyenne* qui donne les meilleurs résultats. Nous allons vous expliquer à partir de quelques exemples comment agissent ces différentes options.

Si vous optez pour *Sans* sur la liste *Densité du noir*, vous obtenez une image avec les quatre couches CMJN, mais les couleurs sont réparties sur les trois couches de couleur et le canal noir reste vide.

◀ **Fig. 3.30 :**
*Les couches
CMJN,
avec la couche
noire vide*

Astuce

Juger le caractère des couleurs à partir des couches de couleur

À partir de l'observation des couches, il est possible de tirer des conclusions sur le caractère de l'image. Les couches dominantes jaune et magenta montrent que l'image est formée d'un fort pourcentage de rouge.

Le diagramme de la boîte de dialogue de séparation montre comment sont séparées les couleurs qui sont composées des mêmes unités de cyan, de magenta et de jaune. L'axe X montre les valeurs de couleur neutres, une barre de couleur en indiquant le sens. Sur l'axe Y est représentée la quantité de chaque couleur créée avec les valeurs spécifiées.

Comme il faut toujours une quantité un peu supérieure de cyan pour arriver à une couleur véritablement neutre, la courbe du cyan dépasse légèrement les autres.

Avec les deux options *Limite de l'encre noire* et *Limite de l'encrage total*, vous définirez la quantité de couleur utilisée pour la couleur d'impression. Dans la pratique, cela signifie simplement que les points d'impression individuels seront un peu plus petits.

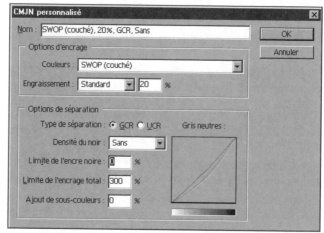

▲ **Fig. 3.31** : *Les paramètre GCR Sans*

Si la couche noire reste vide, l'image finale manque de contraste. Tous les tons sombres tirent vers le brun, il n'y a pas de véritable noir. On dit dans ce cas que l'image manque de profondeur, la profondeur étant le nom donné aux zones d'ombres. Si ces zones ne contiennent pas de noir, l'image n'est pas parfaite. Il n'y a aucune raison de laisser la couche noire vide.

Comparez les images des couches individuelles de l'illustration ci-contre. Notez les différences flagrantes entre les couches. La couche jaune est nettement prédominante, alors que la couche cyan est trop pâle.

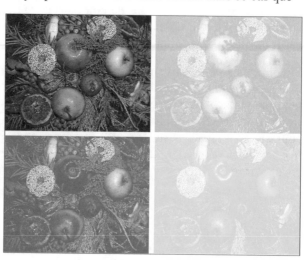

▲ **Fig. 3.32** : *GCR Sans : l'image originale en haut à gauche, la couche cyan en haut à droite et en bas les couches magenta et jaune, la couche noire est vide*

Avec l'option *Moyenne*, vous obtiendrez en général le meilleur résultat, l'image est bien équilibrée. La ligne noire du diagramme indique les couleurs qui sont coupées.

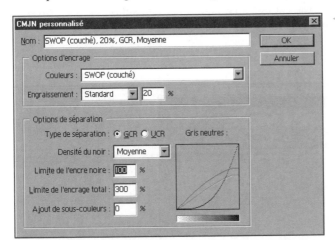

◄ **Fig. 3.33 :**
GCR Moyenne

◄ **Fig. 3.34 :**
GCR Moyenne : l'image originale en haut à gauche, la couche cyan en haut à droite et en bas les couches magenta, jaune et noire

Si vous souhaitez une image nette, avec des ombres profondes, faites appel aux options *Elevée* ou *Maximale*. Les images montrent les effets de l'option *Maximale*. La différence est surtout visible au niveau de la couche noire, elle est beaucoup plus fournie qu'auparavant. En revanche, les autres couches sont moins remplies.

Revenons à notre exemple de base : avec l'option *Maximale*, la couleur composée de 40 C, 60 M, 80 J devient 0 C, 20 M, 40 J et 40 N. Bien sûr, cet exemple n'est pas très clair, car la conversion est liée à l'image RVB, mais il permet de voir d'où viennent les unités qui sont transférées sur la couche noire.

Dans le diagramme suivant, vous reconnaîtrez que les lignes de couleur ont disparu.

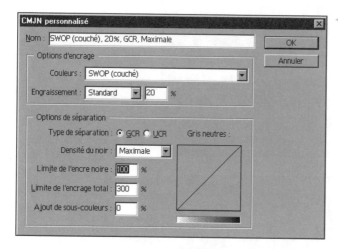

◀ **Fig. 3.35 :**
GCR avec l'option Maximale

Astuce

Conversion arrière

Gardez à l'esprit que les paramètres modifiés n'ont d'effet que sur les données de l'image lors de la conversion de RVB en CMJN. Si vous souhaitez appliquer d'autres valeurs à une image CMJN, il vous faudra au préalable la reconvertir en RVB, avec la perte de qualité inévitable liée à cette opération. Si vous avez pris la précaution de conserver une copie de la version RVB, vous êtes sauvé !

L'exemple montre la profondeur et la belle netteté des zones d'ombre.

◀ **Fig. 3.36 :**
GCR avec l'option Maximale

La conversion avec l'option *Maximale* a les effets suivants sur les couches individuelles. Remarquez combien les couches de couleur semblent maintenant claires. De plus, toutes les zones d'ombre des couches de couleur sont maintenant des trous. Les parties manquantes ont été envoyées sur la couche noire, cette couche étant devenue sensiblement plus contrastée et plus sombre.

◄ **Fig. 3.37 :**
GCR avec l'option Maximale : d'en haut à gauche jusqu'au bas à droite, les couches cyan, magenta, jaune et noire

Ajout de sous-couleurs

Comme vous le savez désormais, la quantité de couleurs retirée des couches de couleur est transférée sur la couche noire. L'option *Ajout de sous-couleurs* a pour effet de retirer moins de couleurs des couches. Les valeurs possibles vont de 0 à 100 % .

Cette option permet d'augmenter la saturation des zones sombres. Les ombres moyennes deviennent plus brillantes. De plus, l'ajout de sous-couleurs empêche des différences trop nettes de couleur dans les détails des zones sombres. Elle n'est disponible que pour le procédé GCR.

UCR : mise en valeur des gris

UCR est l'abréviation de *Under Colour Removal*, que l'on peut traduire par "réduction des sous-couleurs". Avec ce procédé la couche noire est utilisée pour mettre en valeur les zones sombres et les couleurs neutres, les gris. Le choix entre GCR et UCR dépend du type de papier utilisé.

Vous reconnaîtrez une certaine similitude avec l'ajout des sous-couleurs en regardant les courbes du diagramme. Comparez ces courbes avec celles du procédé GCR *Moyenne*. Ici, l'ajout des sous-couleurs n'a pas cours.

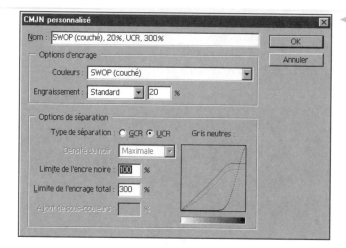

◀ **Fig. 3.38 :**
   Le procédé UCR

Astuce

Détail

En principe, vous utiliserez le procédé GCR avec l'option *Moyenne*. La différence avec le procédé UCR est très mince.

Dans les couches individuelles de notre image, voici les effets de ce procédé.

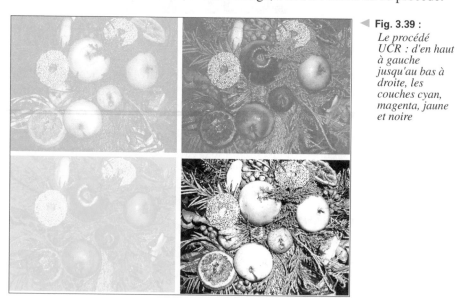

◀ **Fig. 3.39 :**
   Le procédé UCR : d'en haut à gauche jusqu'au bas à droite, les couches cyan, magenta, jaune et noire

Avec les paramètres présentés précédemment, le résultat obtenu est le suivant.

◀ **Fig. 3.40 :**
L'image après conversion
avec le procédé UCR

Astuce

Enregistrer les paramètres

Le bouton **Enregistrer** de la boîte de dialogue **Couleurs** permet de
sauvegarder vos paramètres de séparation de couleurs dans un
fichier portant l'extension *.csf*. Le bouton **Charger** permet ensuite
d'accéder à ces paramètres.

Ajuster les images en nuances de gris et en tons directs

Pour ces images, il est également possible de régler des valeurs d'engraissement.
Il existe un certain nombre de valeurs par défaut dans les champs *Gris* et *Ton direct*.

Profils de couleur d'autres fichiers

Sous cette rubrique, vous définirez comment Photoshop doit se comporter avec les
fichiers dans lesquels un profil de couleur est enregistré. Il est conseillé de
désactiver toutes les options et de décider au cas par cas, à l'ouverture du fichier,
ce qui doit advenir du profil. Il peut par exemple être repris ou converti en l'espace
colorimétrique actuel.

◀ **Fig. 3.41 :**
Les options
pour les profils
de couleur intégrés
dans des fichiers

Utiliser le mode avancé

Si vous cochez en haut de la boîte de dialogue **Couleurs** la case *Mode avancé*,
Photoshop affiche des options complémentaires. Nous n'entrerons cependant pas

dans ce détail, car vous en aurez très rarement besoin et leurs descriptions sont parfaitement claires.

◄ **Fig. 3.42 :**
*Les options du
mode avancé*

3.3. L'espace de travail de Photoshop

L'espace de travail de Photoshop est un peu différent de ce que vous connaissez des autres programmes Windows. C'est certainement dû à l'origine de Photoshop : le monde Macintosh. Les barres d'outils dont vous avez l'habitude n'existent pas dans Photoshop, mais vous trouverez un certain nombre de fenêtres originales à l'écran : les palettes. Par défaut, l'espace de travail de Photoshop est tel que dans l'illustration ci-dessous. L'image *Maison1.tif* se trouve sur le CD d'accompagnement, dans le dossier *Workshops/Chapitre 03*.

▲ **Fig. 3.43 :** *L'apparence standard de l'environnement de travail de Photoshop*

Dans le cas de la structure par défaut, les palettes sont alignées sur le côté droit de la l'écran. Sur le côté gauche est affichée la boîte à outils. Dans la barre d'état, au bas de l'écran, sont présentées de nombreuses informations intéressantes.

Les palettes, à l'instar de la boîte à outils, peuvent être déplacées librement à l'écran, il n'y a aucun ancrage avec la zone de travail. Si vous réduisez la fenêtre de Photoshop, vous constaterez que ces palettes peuvent même être placées en dehors de la fenêtre de travail.

Un environnement de travail clair

Pour assurer la clarté de l'environnement de travail, Photoshop propose plusieurs options.

Avec la touche [Tab], toutes les palettes, y compris la boîte à outils sont masquées. Si vous activez en même temps la touche [Maj], la boîte à outils reste visible. Une nouvelle action sur la touche [Tab] rouvre les palettes et la boîte à outils. Pour ne rouvrir que les palettes, mais pas la boîte à outils, maintenez la touche [Maj] enfoncée.

Différents modes d'affichage

Les trois avant-derniers boutons de la boîte à outils permettent de changer de mode d'affichage. Le bouton gauche active le mode d'affichage standard. Pour changer de mode d'affichage au clavier, utilisez la touche [F].

Le deuxième bouton active le mode Plein écran avec menus, dans lequel l'image occupe le centre de l'écran. Photoshop occupe l'intégralité de l'écran et va jusqu'à masquer la barre des tâches de Windows, même si l'option qui demande de conserver en toute circonstance cette barre au premier plan est activée. Dans ce mode, la barre des menus et la barre d'état restent toutes deux affichées. Sachez qu'il est possible de colorer l'arrière-plan de l'image de la couleur de premier plan active, avec l'outil Remplissage, si vous enfoncez la touche [Maj] tout en cliquant dans cet arrière-plan. Ce mode permet de travailler de manière très agréable, et vous pourrez en cas de besoin masquer les palettes.

Le troisième bouton active le mode Plein écran sans menus. Il s'agit du même affichage que le précédent, mais la barre des menus disparaît également et l'arrière-plan est affiché en noir.

Intéressant, mais sans avantage particulier, le gain au niveau de l'espace de travail est des plus minimes. D'autre part, vous devrez activer toutes les fonctions par des raccourcis clavier. Si vous appréciez l'arrière-plan noir, nous vous conseillons plutôt de choisir le mode Plein écran avec menus et de colorer l'arrière-plan en noir.

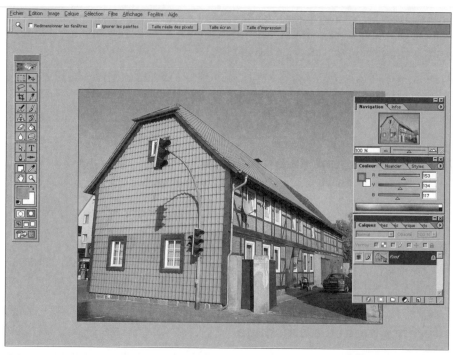

▲ **Fig. 3.44** : *Le mode Plein écran avec menus*

▲ **Fig. 3.45** : *Le mode Plein écran sans menus*

Les informations dans la barre d'état

La barre d'état remplit diverses fonctions. Elle est affichée par la commande **Fenêtre/Afficher la Barre d'état**. Elle se compose de trois parties distinctes.

Modification de la taille de l'affichage avec le zoom

90 %   En bas à gauche de cette barre, se trouve un champ de saisie permettant de modifier le facteur de zoom de l'image. Même si vous aurez rarement besoin d'une telle précision, retenez que la valeur que vous pouvez y définir peut comporter jusqu'à deux décimales. Un double clic dans ce champ sélectionne la valeur actuelle et permet de la modifier. Si vous ne souhaitez changer qu'un chiffre, un clic simple suffit.

Les champs d'information

La barre d'état contient également deux champs d'information. Dans le champ gauche sont affichées diverses informations détaillées. Cliquez sur la flèche placée à droite de ce champ pour en dérouler le menu et accéder aux options.

Ce menu permet de choisir parmi six options.

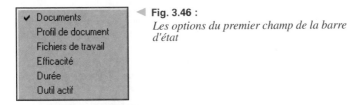

✔ Documents
Profil de document
Fichiers de travail
Efficacité
Durée
Outil actif

◀ **Fig. 3.46 :**
Les options du premier champ de la barre d'état

Doc : 3,48M/3,48M ▶   *Document* : avec cette option, le champ affiche deux valeurs ; à gauche la taille du fichier qui résulterait de l'enregistrement du document sans calque en un format compressé et à droite la taille du fichier avec tous ses calques. Si plusieurs images sont ouvertes à l'écran, ces informations concernent l'image active.

RVB sans description ▶   *Profil de document* : il s'agit des profils colorimétriques utilisés dans le document.

Trv : 4,5M/11,2M ▶   *Fichiers de travail* : la valeur gauche indique la mémoire requise par l'ensemble des fenêtres ouvertes, celle de droite la mémoire effectivement disponible. Si la valeur gauche est supérieure à celle de droite, le disque de travail intervient pour le stockage temporaire des données. Les traitements s'en trouvent bien évidemment ralentis. Pendant votre travail, surveillez la valeur gauche. Vous remarquerez qu'elle augmente pour chaque action que vous effectuez. C'est dû au fait que les actions sont enregistrées temporairement dans la mémoire pour permettre leur éventuelle annulation.

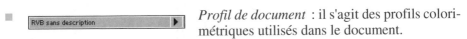

■ `Eff : 64%` ▶ *Efficacité* : cette valeur indique également l'occupation de la mémoire de travail. Si la valeur est inférieure à 100 %, c'est le signe que des données sont stockées sur le disque de travail, d'où ralentissement de l'ensemble du système.

■ `11,2s` ▶ *Durée* : cette valeur indique le temps qui a été nécessaire pour effectuer la dernière action. Si vous enfoncez la touche [Alt] au moment de la sélection de cette option, la durée est remise à 0.

■ `Rectangle de sélection` ▶ *Outil actif* : cette information n'a pas grand intérêt, car il suffit de jeter un coup d'œil à la boîte à outils pour obtenir la même information.

Autres options

Lors des traitements, une barre affiche dans ce champ l'avancement de l'opération. Si vous trouvez que ce traitement est trop long, vous pouvez l'interrompre à tout moment par la touche [Échap].

Derrière ce champ se cachent encore d'autres informations. En cliquant sur le champ d'affichage des informations et en maintenant le bouton de la souris enfoncé, vous verrez quel espace l'image actuelle occupe sur la page d'impression.

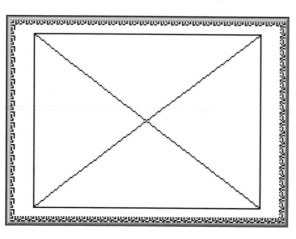

◀ **Fig. 3.47 :**
La taille de l'image par rapport à la page

Si vous cliquez sur cette zone en maintenant la touche [Alt] enfoncée, Photoshop affiche les dimensions de l'image. Si vous avez choisi, dans les préférences, une unité de mesure autre que le pixel, les mesures dans cette unité sont affichées entre parenthèses.

Si vous cliquez sur cette zone en maintenant la touche [Ctrl] enfoncée, vous obtenez les dimensions de l'image en pixels et en carreaux. L'image située à droite de l'illustration suivante montre ces informations.

◄ **Fig. 3.48 :**
*Les dimensions
de l'image*

Informations d'aide sur l'outil actif

Photoshop affiche également des informations sur l'outil actif dans le deuxième champ de la barre d'état. Ces informations sont particulièrement utiles pour les options complémentaires de l'outil liées à l'activation d'une touche du clavier, [Ctrl], [Alt] ou [Maj] par exemple. Si vous n'avez pas ces raccourcis clavier en mémoire, pensez à jeter un coup d'œil sur ce champ. Ces informations sont plus claires que les info-bulles des outils.

▲ **Fig. 3.49 :** *Les informations concernant le rectangle de sélection*

Informations intéressantes de la barre de titre

L'image active est reconnaissable à sa barre de titre bleue.

Cette barre contient également des informations sur l'image. Vous y trouverez le nom du fichier, le facteur de zoom ainsi que, entre parenthèses, le calque et la couche active.

Ciel.tif @ 90% (RVB)

◄ **Fig. 3.50 :**
La barre de titre

Si vous survolez cette barre de titre avec la souris, vous verrez apparaître une info-bulle reprenant toutes ces informations. Cette fonction est bien pratique lorsque l'image est trop petite pour afficher toutes les informations.

◄ **Fig. 3.51 :**
*La barre de titre
et l'info-bulle*

Comme il est d'usage dans les programmes Windows, la fenêtre est agrandie si vous double-cliquez sur cette barre de titre. Les trois boutons placés tout à droite correspondent aux conventions classiques des fenêtres Windows : **Réduire**, **Agrandir** et **Fermer**.

Toujours les commandes nécessaires dans le menu contextuel

Pensez à faire appel aux menus contextuels. Ils sont activés par un clic avec le bouton droit de la souris. En fonction de l'outil actif, ces menus proposent des fonctions diverses.

Même la barre de titre des images est dotée d'un menu contextuel, comme le montre l'image gauche. Le menu de l'image droite apparaît si vous avez activé l'outil de sélection.

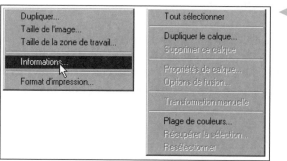

◀ **Fig. 3.52 :**
Les menus contextuels

Astuce

Gagner du temps grâce aux menus contextuels

L'emploi du menu contextuel permet de gagner beaucoup de temps. Il évite le détour par la barre des menus.

Toutes les options à portée de main

Les palettes proposent des options complémentaires. Vous pourrez y choisir couleurs et styles, enregistrer des actions, afficher ou masquer calques et couches, etc.

Photoshop propose près de 12 palettes, affichées ou masquées par le menu **Fenêtre**. Ces palettes sont organisées en cinq groupes thématiques.

Dans le menu **Fenêtre**, ces groupes sont séparés les uns des autres par un trait horizontal, mais vous pouvez les réaménager à loisir.

1. Saisissez une palette avec la souris, par son onglet.

2. Maintenez le bouton de la souris enfoncé.

3. Glissez la palette hors de son groupe, comme dans l'illustration 3.53.

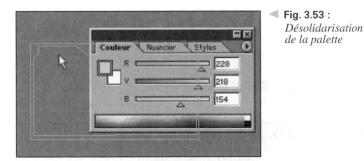

◀ **Fig. 3.53 :**
*Désolidarisation
de la palette*

4. Lorsque vous relâchez le bouton de la souris, la palette devient autonome.

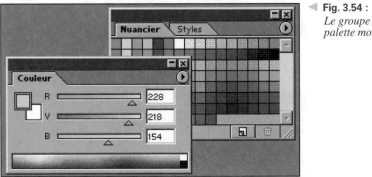

◀ **Fig. 3.54 :**
*Le groupe de
palette modifié*

5. Saisissez la palette par sa barre de titre et placez-la à votre guise.

Dans le cadre d'un groupe, vous changerez de palette en cliquant sur l'onglet de celle que vous souhaitez utiliser.

Astuce

Éviter le désordre

Soyez prudent lors de la réorganisation des groupes et des palettes, car vous risquez d'obtenir très rapidement un désordre magistral à l'écran.

Créer un nouveau groupe

Vous pouvez également déplacer une palette d'un groupe vers un autre groupe.

1. Cliquez sur l'onglet de la palette et maintenez le bouton gauche de la souris enfoncé.

2. Glissez cette palette sur un autre groupe.

3. Un cadre épais indique que la palette va être placée dans ce groupe.

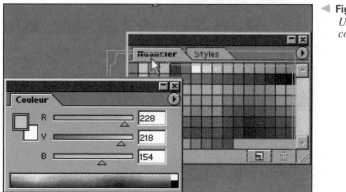

◀ **Fig. 3.55 :**
*Une palette en
cours de transfert*

4. Relâchez le bouton de la souris : la palette prend place dans le groupe.

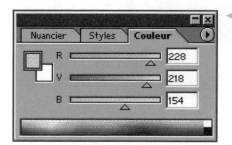

◀ **Fig. 3.56 :**
*Un nouveau membre
pour ce groupe*

5. Si l'onglet de la palette en cours de déplacement est placé sur la bordure inférieure ou supérieure d'un autre groupe...

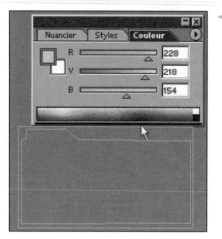

◀ **Fig. 3.57 :**
*La palette à proximité
de la bordure du groupe*

6. ... la palette vient s'accrocher en dessous ou au-dessus du groupe.

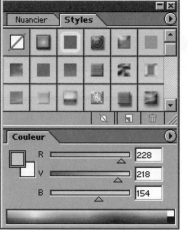

◄ **Fig. 3.58 :**
Autre disposition

De plus, quelle que soit l'organisation que vous mettez en place à l'écran, le menu **Fenêtre** n'en est pas affecté.

Autres fonctions de palette

Si vous distinguez dans l'angle inférieur droit d'une palette un triangle hachuré, comme c'est le cas par exemple de la palette **Navigation**, c'est le signe que la palette peut être redimensionnée. Certaines sont redimensionnables librement, d'autres ne le sont que dans le sens de la hauteur.

Astuce

Palettes magnétiques

Lors du déplacement des palettes à l'écran, ces palettes deviennent magnétiques. Elles se comportent comme des repères. Cela facilite leur positionnement.

Vous fermez les palettes en cliquant sur le bouton marqué d'une croix dans la barre de menu. Si la palette a été redimensionnée, vous pouvez restaurer la taille initiale à l'aide du deuxième bouton de cette zone. Un nouveau clic sur l'icône déroule partiellement la palette pour en présenter uniquement les options les plus importantes.

◄ **Fig. 3.59 :**
*La palette Calques
partiellement déroulée*

Un double clic sur l'onglet de la palette enroule également et totalement les options, seul l'onglet reste visible. Un autre double clic, et la palette est de nouveau ouverte.

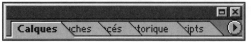

◀ **Fig. 3.60 :**
*La palette Calques
entièrement enroulée*

Si, lors de la fermeture de la palette, vous maintenez la touche [Alt] enfoncée, la palette est fermée, mais sans qu'elle reprenne sa taille initiale. La petite flèche donne accès à un menu proposant des options complémentaires. Nous y reviendrons lors de l'étude détaillée des palettes.

Astuce

Restaurer la position des palettes

Si vous avez apporté des modifications aux palettes et souhaitez retrouver leur état d'origine, activez la commande **Fenêtre/Réinitialiser la position des palettes**.

Chapitre 4

La bonne résolution d'image

C omme vous cherchez très certainement à obtenir en toute circonstance la meilleure qualité d'image sans pour autant gaspiller inutilement de l'espace sur votre disque dur, nous allons nous préoccuper de manière intensive dans ce chapitre de la taille des images, de la résolution, etc. À la fin de ce chapitre, vous n'aurez plus aucun problème pour travailler avec le nombre de pixels adéquat.

4.1. Image bitmap ou image vectorielle

Il existe deux types d'images informatiques : les images bitmap, orientées "pixels", et les images vectorielles. Pour chacun de ces types d'images, il existe des logiciels d'édition spécialisés. Adobe Illustrator, Macromedia Freehand et CorelDRAW! sont des représentants typiques des programmes vectoriels. Adobe Photoshop, Adobe Photo-Deluxe, Corel PhotoPAINT et ULead PhotoImpact sont des programmes de retouche d'images bitmap.

Au fil du temps, ces deux groupes de logiciels ont eu tendance à se rapprocher les uns des autres et il en est résulté des programmes hybrides. À l'heure actuelle, beaucoup de programmes vectoriels contiennent des fonctions bitmap. À l'inverse, Photoshop dispose désormais de fonctions vectorielles permettant de travailler avec des tracés comme en ont l'habitude les programmes vectoriels.

Éditer les images bitmap

Les programmes de retouche d'images orientés bitmap ne jouent en principe qu'un seul rôle : ils modifient la luminosité de pixels individuels ou de groupes de pixels. Au fil de ce chapitre, vous en apprendrez plus à ce sujet. Chaque image bitmap est composée d'un nombre fixe de petites cases minuscules, les points d'image ou pixels. Plus l'image contient de pixels, plus elle est détaillée.

Chaque pixel a besoin d'un certain espace sur le disque dur lors de l'enregistrement de l'image et c'est justement là que le bât blesse : plus le fichier est volumineux, plus il occupe de place sur le disque. Des images bitmap d'une taille de 10 Mo ne sont pas rares. Pour pouvoir éditer correctement ces images, il vous faut également une mémoire centrale conséquente et un processeur hautement performant.

Avec les programmes bitmap, il est très facile de dessiner. Vous y trouverez des outils que vous connaissez si vous pratiquez la peinture manuelle : brosses, pinceaux, Aérographe, crayon, etc. Placer un coup de pinceau est un jeu d'enfant, surtout si vous travaillez avec une tablette graphique en lieu et place de la souris.

Créer des images avec des logiciels vectoriels

Les programmes vectoriels fonctionnent sur la base d'un principe totalement différent. Si dans un programme bitmap un trait est formé d'une multitude de pixels agencés les uns à côté des autres, dans un programme vectoriel ce trait est en fait une formule mathématique. Le programme mémorise le point de départ et le point d'arrivée, le type de ligne de liaison à mettre en place, les attributs de la ligne (couleur, épaisseur) et... c'est tout. Il n'a besoin de rien d'autre !

Les contenus des dessins vectoriels sont enregistrés selon ce principe mathématique, d'où des fichiers de taille extrêmement réduite. De plus, en redimensionnant une image vectorielle, cette image ne subit aucune perte de qualité, le programme se contente de recalculer les formules pour les adapter à la nouvelle taille.

Mais les images vectorielles ont un inconvénient majeur : chaque élément individuel doit être construit. Chaque image se compose d'un grand nombre de nœuds définissant le tracé des courbes. Ces points doivent d'abord être placés avant que la courbe ne puisse être créée.

Convertir des photos en dessins vectoriels

Théoriquement, un tel programme vectoriel permettrait de convertir une photo (donc une image bitmap) en un ensemble de vecteurs. Mais du fait des changements de couleur très subtils dans les photos, il en résulterait une telle multitude d'objets vectoriels que toute édition ultérieure serait impossible. De plus, cette opération ne permet pas d'obtenir une qualité photo.

C'est pourquoi vous devrez vous contenter des fonctions d'édition bitmap pour les photos, il n'est pas possible de travailler autrement avec des images bitmap.

4.2. Définir le nombre de pixels

Résolution d'image, taille d'image, trame... tous ces concepts interviennent sans cesse et leur définition pose souvent problème. Et pourtant, les choses sont relativement simples. Il n'existe qu'un seul étalon permettant de juger de la qualité d'une image : le nombre de pixels.

Si vous connaissez le nombre de pixels de votre image, il est possible d'en déduire toutes les autres dimensions. Cette valeur vous sera livrée dans Photoshop grâce à la commande **Image/Taille de l'image** ou par la barre d'état. Une autre solution consiste à cliquer avec le bouton droit de la souris dans la barre de titre : dans le menu contextuel, la taille de l'image est indiquée.

Voici la boîte de dialogue qui apparaît : c'est ici que vous pourrez lire et modifier tous les facteurs concernant les dimensions de l'image.

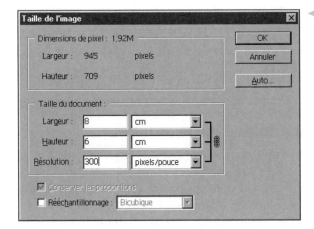

◀ **Fig. 4.1 :**
La boîte de dialogue
Taille de l'image

Pour cette première approche, nous nous contenterons des deux valeurs présentées dans les champs de la rubrique *Dimension de pixel*. C'est là qu'est indiqué le nombre de pixels contenus dans l'image. Dans cet exemple, l'image fait 945 pixels de large sur 709 pixels de haut. À partir de ces deux nombres, vous pouvez calculer le nombre de pixels de l'image : 945 x 709 = 670 005 pixels.

Ce qu'indique la taille du fichier

Cette valeur indique d'abord la dimension d'une image en nuances de gris de cette taille, en l'occurrence 670 005 octets. Cette valeur correspond à 654,3 ko (1 ko = 1 024 octets). Parallèlement aux dimensions de l'image, Photoshop présente également une valeur dans le titre de la rubrique : *1,92 M*.

Vous savez que les images couleur ne se composent que d'images en nuances de gris. Chaque couche colorimétrique contient une image en nuances de gris. C'est pourquoi, à partir de cette valeur de 1,92 M qui représente la taille du fichier en mégaoctets, sans compression, nous pouvons en déduire qu'il s'agit d'une image avec trois couches colorimétriques (654,3 x 3 = 1 962,9 ko = 1,917 Mo).

Nous n'avons pas encore vu l'image, mais savons déjà qu'il s'agit à n'en pas douter d'une image RVB ou LAB. Exceptionnellement, il pourrait aussi s'agir d'une image multicouche avec trois couches.

Vous pouvez donc déterminer immédiatement le nombre de mégaoctets nécessaires si vous décidiez de convertir l'image en CMJN : 2,6 Mo (654,3 x 4 couches =

2,617,2 ko, soit 2,55 Mo. Comme vous le constatez, ces deux nombres permettent de tirer une foule de conclusions.

Astuce

> **Taille de fichier sans calque**
>
> La taille de fichier est indiquée par Photoshop sans prise en compte des calques. Cela explique que la taille réelle du fichier peut différer de l'indication. Les informations livrées par Photoshop sans la compression ont un autre intérêt : en mémoire centrale, les images ne sont pas compressées et l'information permet de voir l'occupation de la mémoire centrale.

Créer des images compatibles avec le moniteur

À partir de ces deux chiffres, nous pouvons également juger du niveau de compatibilité de cette image avec l'écran. Cette notion est importante, ne serait-ce que pour déterminer dans quelle mesure l'image pourra être utilisée pour des présentations Internet. Les dimensions de l'écran sont également mesurées en pixels. Vous connaissez certainement les standards actuels : 640 x 480 pixels pour un écran VGA normal, 800 x 600 pixels pour un écran Super VGA et 1 024 x 768 pixels pour un affichage en haute résolution.

Notre image a une largeur de 945 pixels et s'adapte donc aux trois résolutions d'écran, mais avec la résolution la plus haute, elle ne remplira pas l'écran.

Déterminer la résolution du moniteur

Vous pouvez facilement vérifier la résolution de votre moniteur. Mesurez avec une règle la largeur de l'affichage de Windows. Comme hypothèse, admettons que vous obteniez une valeur d'environ 32 cm. Cette valeur correspond à peu près à un moniteur de 17 pouces. Admettons ensuite que vous travaillez avec une résolution de 1 024 x 769 pixels.

À partir de ces deux valeurs, nous déduisons que vous travaillez avec une résolution d'environ 80 dpi, ce qui correspond dans les grandes lignes au standard. Le calcul est le suivant : 1 024 pixels divisés par 32 cm = 31 pixels (points) par centimètre. Cette valeur correspond à la mesure anglaise de 80 points par pouce (dots per inch). Un pouce est l'équivalent de 2,54 cm.

Derrière cette résolution se cache donc tout simplement le nombre de pixels sur une largeur donnée. Ces nombres nous permettent également de déduire que l'image exemple occupera environ 30 cm à l'écran (945 pixels divisés par 31 pixels au centimètre).

À votre calculatrice

Astuce

Nous vous conseillons de refaire ces calculs : ils sont déterminants pour la bonne compréhension de la suite des explications.

Différences entre sortie à l'écran et sortie sur imprimante

Fort de ces chiffres, vous pensez peut-être qu'avec votre imprimante en 300 ou 600 dpi, vous obtiendrez une impression de qualité superbe. Erreur ! Il y a un autre écueil à franchir !

Les moniteurs peuvent faire varier la luminosité de chacun de leur point. S'agissant de périphériques RVB, un écran est en mesure de représenter pour chaque couche colorimétrique jusqu'à 256 nuances. Il en résulte une profondeur de couleur de 16,7 millions de couleurs (256 x 256 x 256), appelé mode TrueColor.

Dans ce domaine, les imprimantes sont soumises à des contraintes toutes différentes : elles ne savent représenter qu'une seule couleur. Dans la situation normale, il s'agit du noir. La deuxième couleur est fournie par l'arrière-plan sur lequel l'impression est effectuée, c'est-à-dire le papier. Si ce papier est blanc, on parle d'une impression en noir et blanc.

L'imprimante contourne cette lacune en composant l'image à partir d'une multitude de points de trame. Nous allons vous présenter le principe de la trame à partir d'un exemple. Nous avons créé une image avec un dégradé allant du noir au blanc. Puis nous avons converti l'image en une bitmap en noir et blanc. Nous avons volontairement choisi une résolution très faible pour que l'effet soit plus net.

À droite, il apparaît clairement que l'image est constituée d'une nuée de petits points noirs et blancs. Le dégradé est représenté bien que nous ne disposions que de deux couleurs.

L'effet de dégradé est le fruit de cette multitude de petits points. Dans l'image bitmap, à gauche, il y a une grande densité de points noirs, la zone est sombre. À droite, en revanche, les points noirs sont nettement moins denses et la zone est claire.

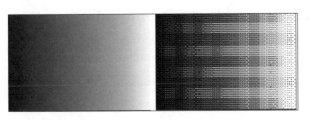

◄ **Fig. 4.2 :**
Un dégradé à gauche et l'image bitmap à droite

Le procédé selon lequel travaille l'imprimante fonctionne selon le même principe. L'imprimante place des points, en général des points ronds, de tailles diverses. Plus le point de trame est grand, plus la zone est sombre. Les petits points, en revanche, donnent une image claire. On appelle point de trame le point que vous pouvez distinguer si vous observez un document imprimé avec une loupe. Les différentes tailles de points permettent de simuler le dégradé.

Créer des nuances de gris avec des points de trame

Les points de trame de l'impression ne correspondent pas aux pixels que nous connaissons de l'image. Comme l'imprimante ne connaît que des points noirs, le principe est différent. Le point de trame, qui vous apparaît comme une entité, est formé en réalité d'un ensemble de points d'impression minuscules. Cet ensemble de points forme une matrice dont la taille est variable.

Dans l'illustration suivante, vous distinguez deux champs de taille différente. La matrice de gauche est formée de 8 x 8 points d'impression, celle du centre de 16 x 16 points d'impression et celle de droite de 3 x 3 points d'impression.

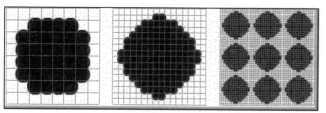

◀ **Fig. 4.3 :**
*Des matrices
de tailles différentes*

Le rapport entre profondeur de trame et nuances de gris est facile à calculer. Le nombre de nuances possibles est obtenu par la division de la résolution par la profondeur de trame.

Nombre de nuances de gris disponibles = résolution / profondeur de trame.

Avec un périphérique de sortie de faible résolution, par exemple une imprimante laser, vous devrez faire un choix entre des dégradés de qualité et la profondeur de trame. Beaucoup de périphériques PostScript permettent, par les options d'impression, de changer la profondeur de trame.

Images en nuances de gris en résolution moindre

Des faits que nous venons d'évoquer, il résulte que les périphériques de sortie ont deux valeurs de résolution. Une valeur utilisée pour l'impression des textes et une valeur pour les demi-teintes. La désignation 600 dpi pour une imprimante laser a trait uniquement à l'impression des textes.

Avec une image en nuances de gris, cette même imprimante n'a qu'une résolution de 75 dpi si vous partez de la matrice la plus grande en 8 x 8 points, nécessaire pour la représentation de 64 nuances de gris. La valeur par défaut est un peu plus élevée pour certains modèles, mais dans ce cas le nombre de nuances de gris est réduit.

Vous êtes troublé ? Alors revenons à nos calculs pour clarifier les choses.

La meilleure qualité : le flashage

Partons de la valeur maximale de flashage : 2 540 dpi. Une longueur d'un pouce (2,54 cm) est formée de 2 540 points d'impression, ce qui nous donne pour 1 cm 1 000 points.

Comme il faut une matrice de 16 points d'impression pour pouvoir représenter 256 nuances de gris, il ne reste donc que 62,5 points de trame par centimètre (1 000 dp/cm divisé par 16 points d'impression par point de trame). Cette résolution restante peut être définie comme résolution de demi-teintes. Ce n'est d'ailleurs pas un hasard si cette valeur correspond à peu près au soixantième de la trame.

Dans le dessin suivant, nous revenons sur le rapport entre points d'impression et points de trame. La série supérieure représente les points d'impression, ceux utilisés pour les textes. Il s'agit ici d'une matrice de 16 x 16.

En dessous, vous constatez qu'il faut 16 points d'impression pour chaque point de trame pour arriver à représenter les nuances de gris. Notez qu'un point de trame se compose d'un ensemble de points d'impression.

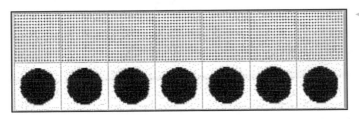

◄ **Fig. 4.4 :**
Points d'impression et points de trame

Lors de la conversion des pixels en points de trame, il se peut que certaines informations soient perdues. D'où le conseil des constructeurs d'imprimantes de garder une certaine marge de sécurité lors de la définition de la résolution.

La marge de sécurité

La valeur indiquée comme marge de sécurité se situe entre 1,5 et 2,0. Cela signifie, avec 159 dpi, une augmentation de la résolution en 238, voire en 318 dpi. L'augmentation de la résolution est bien évidemment liée à une augmentation de la taille du fichier.

Les illustrations suivantes ont été créées avec les valeurs évoquées précédemment. Nous avons ajouté un exemple en 400 dpi. Essayez de juger des différences.

▲ **Fig. 4.5** : *À gauche 159 dpi, à droite 238 dpi*

▲ **Fig. 4.6** : *À gauche 318 dpi, à droite 400 dpi*

Préserver les possibilités d'édition ultérieure

Du fait des différences relativement minimes, il est bien sûr délicat d'émettre un jugement, d'autant que le sujet a également son importance. Pour certains motifs, l'agrandissement de la taille de l'image a plus d'incidence que pour d'autres. Notre image avait dans tous les cas 5,6 cm de large. Les résolutions utilisées ainsi que le nombre de pixels et la taille du fichier sont répertoriés dans le tableau suivant. Il s'agit d'une image RVB couleur.

Du fait du grand nombre de détails, une compression n'aurait pas donné de résultat extraordinaire. Pour un jugement objectif, les tailles spécifiées sont les tailles sans compression.

▼ Tab. 4.1 : Comparatifs des quatre versions		
Résolution	**Taille de l'image en pixels**	**Taille de fichier en kilo-octets (sans compression)**
159	351 x 263	250 588
238	525 x 394	544 916
138	701 x 256	970 544
400	882 x 661	1 547 148

Pour juger en connaissance de cause, il vous faut d'abord analyser si l'augmentation de la taille de fichier est justifiée au vu de l'amélioration de qualité. Notez que les écarts sont de 1 à 6 au niveau des tailles de fichier.

D'un autre côté, prenez aussi en compte dans vos réflexions qu'une augmentation ultérieure de la taille de l'image ne sera possible qu'avec une perte notable de qualité. En utilisant le plus petit fichier, vous n'aurez pratiquement pas de possibilité d'agrandissement, les limites de la résolution sont atteintes.

Conseil : ne pas travailler à moins de 300 dpi

Les constructeurs de périphériques vont certainement se réjouir de nos affirmations : nous vous recommandons de ne pas travailler sous la limite des 300 dpi, même si vous perdez ainsi de l'espace disque et si la vitesse de traitement est ralentie. Cette valeur permet de conserver des possibilités d'édition ultérieure.

Vous pourrez agrandir l'image si le besoin s'en fait sentir, sans une perte trop importante de qualité. Même si vous envisagez pour l'instant une impression laser, il se peut que dans quelques mois, vous ayez besoin d'une impression de type professionnelle de cette image. Si tel est le cas et si, à ce moment précis, vous ne disposez plus de l'original, vous pourrez vous en sortir avec votre image numérique. Dans toutes les réflexions à venir dans cet ouvrage, nous partons d'une valeur de base de 300 dpi.

4.3. Tester les diverses résolutions d'image

Nous allons utiliser notre image exemple pour tester diverses valeurs de résolution et expliciter les différences de paramètres. Admettons que vous disposiez d'un document original, une image numérisée, de 8 cm de large sur 6 cm de haut et une résolution de 300 dpi. Cela signifie que l'image contient au total 945 x 709 pixels. Le fichier non compressé a une taille de 1,75 Mo. Nous avons choisi cette image du fait des nombreux détails qu'elle présente.

◀ **Fig. 4.7 :**
L'image de départ

Modifier la taille de l'image

Par la boîte de dialogue **Image/Taille de l'image**, que nous avons déjà rencontrée à plusieurs reprises, nous allons modifier toutes les dimensions de l'image. L'image de départ se présente ainsi dans la boîte de dialogue.

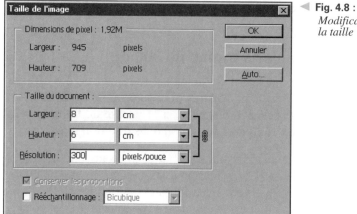

◄ **Fig. 4.8 :**
Modification de la taille

Réduction proportionnelle de l'image

Pour commencer, nous allons changer les dimensions de l'image. Elle doit passer de 8 cm de large à 5,6 cm. La hauteur doit être ajustée avec les proportions initiales.

Voici les réflexions préliminaires qu'il est bon de mener : l'image contient 945 x 709 pixels, soit 670 005 pixels. Ce sont ces pixels qui sont en charge de la qualité de l'image. Chaque pixel représente quelque chose, un détail de l'image. C'est pourquoi l'objectif de base de toute action doit être de préserver ces pixels. La quantité de pixels ne doit être réduite ou augmentée que dans des circonstances tout à fait spéciales.

Les calculs nécessaires

D'après les explications livrées précédemment, nous savons que sur une longueur de 1 cm, il faut environ 118 pixels pour obtenir une image de bonne qualité (118,11 dp/cm = 300 dpi). C'est pourquoi notre image de 8 cm contient 945 pixels en largeur.

Ce calcul standard permet d'entrevoir que, pour la nouvelle dimension de l'image (5,6 cm), il ne nous faut plus que 661 pixels. Il est donc possible de retirer 284 pixels de l'image.

Photoshop offre la possibilité de supprimer ces pixels de l'image. Pour cela, il faut activer dans la boîte de dialogue l'option *Rééchantillonnage*. Une fois l'option activée, vous choisirez entre trois méthodes, sachant que la méthode *Au plus proche* livre les plus mauvais résultats et *Bicubique* les meilleurs.

En revanche, si l'option est désactivée, Photoshop augmente automatiquement la résolution pour arriver à la largeur requise. Dans ce cas, le nombre de pixels est inchangé, comme le montre la boîte de dialogue de droite.

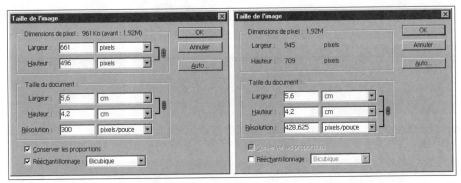

▲ **Fig. 4.9** : *À gauche le nombre de pixels a changé, à droite, c'est la résolution qui a augmenté*

Regardons les effets des différentes options avant d'en tirer des conclusions. L'image de droite est un agrandissement d'un détail de l'image, avec un facteur de 1:5.

▲ **Fig. 4.10** : *Pas d'interpolation, mais augmentation de la résolution*

▲ **Fig. 4.11** : *Interpolation par la méthode Au plus proche*

▲ **Fig. 4.12** : *Interpolation par la méthode Bilinéaire*

▲ **Fig. 4.13** : *Interpolation par la méthode Bicubique*

Conserver les pixels existants

Dans la première série de tests, nous avons décoché l'option *Rééchantillonnage*. De ce fait, la première rubrique de la boîte de dialogue est désactivée. Le nombre de pixels est figé.

Cela permet de voir que le nombre de pixels ne change pas, pas plus que la taille du fichier. Sous la rubrique *Taille du document*, les trois champs sont chaînés : une ligne et une icône de maillon matérialisent cet état. Dans ce mode, les proportions de l'image sont conservées, puisque tous les pixels restent en place.

Si vous modifiez sous la rubrique *Taille du document* soit la largeur, soit la hauteur, soit la résolution, les autres valeurs sont automatiquement ajustées. Il en va de même en cas de changement d'unité de mesure.

Si l'unité de mesure affichée n'est pas le centimètre, sélectionnez *cm* sur les listes correspondantes. L'objectif est de réduire l'image de 2,4 cm dans sa largeur. Après saisie de la nouvelle largeur, la nouvelle hauteur est automatiquement affichée : *4,2 cm*. De plus, Photoshop calcule la nouvelle résolution, *428 dpi*, qui en résulte.

Nous savons que la marge de sécurité prévoit au maximum un doublement de la résolution de demi-teintes, c'est-à-dire environ 300 dpi. Avec 300 dpi, la résolution est beaucoup trop élevée.

Et pourtant, c'est cette variante que nous vous conseillons de choisir. En jetant un coup d'œil à l'image, vous pouvez constater que le résultat est excellent. C'est le procédé qui donne la meilleure image. C'est dû au fait que le nombre de pixels n'a pas changé. Si vous optez pour cette solution, vous avez de plus l'avantage de pouvoir à tout moment revenir sur votre décision. Il est possible, sans aucune perte de qualité, de retrouver la taille initiale de l'image.

Bien sûr, cette variante est plus longue au niveau de l'impression, car l'imprimante doit convertir un plus grand nombre de pixels en points de trame et elle ne permet pas d'économiser de l'espace disque.

Supprimer des pixels

Le deuxième procédé travaille de manière radicalement différente. Si l'option *Rééchantillonnage* est activée, vous pouvez également saisir des valeurs sous la rubrique *Dimension de pixel*. La case *Conserver les proportions* évite la déformation ou l'étirement de l'image. Avec elle, la largeur est automatiquement ajustée en cas de changement de la hauteur et inversement.

La liaison entre les deux valeurs est matérialisée par le symbole de maillon affiché à droite des champs. Dans le champ *Largeur*, saisissez la nouvelle valeur de 5,6 cm : Photoshop recalcule automatiquement le nouveau nombre de pixels nécessaire pour la même résolution, soit 661 pixels.

Comme nous l'avons constaté, il reste 284 pixels inutiles dans la largeur et 213 pixels inutiles dans la hauteur. Nous pouvons donc supprimer dans l'image près de 60 492 pixels, qui ne sont plus nécessaires avec la nouvelle résolution. Du fait de la réduction de la taille de l'image, la taille du fichier suit la même tendance réductrice. La nouvelle valeur est affichée derrière la mention *Dimension de pixel*. Elle change dès la moindre modification d'une des autres valeurs. L'ancienne valeur est affichée entre parenthèses, ce qui facilite la comparaison.

Photoshop sait supprimer des pixels selon trois procédés différents.

Ces trois procédés, Au plus proche, Bilinéaire et Bicubique, ont été abordés au chapitre *Les paramètres pour un travail optimal*. Vous pouvez vous y reporter pour un complément d'information.

Les effets des trois procédés ont été démontrés dans les divers exemples. Si l'option *Bicubique* livre en principe les meilleurs résultats, la qualité obtenue n'est cependant pas comparable avec le résultat de l'augmentation de la résolution. Du fait de l'interpolation des valeurs, l'image est toujours légèrement floue.

Corriger les zones floues

Vous pouvez essayer de remédier à cette lacune avec la commande **Filtre/ Renforcement/Accentuation**.
Nous avons utilisé à cet effet les paramètres de l'illustration ci-contre.

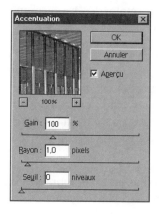

◄ **Fig. 4.14 :**
Le filtre Accentuation

La figure suivante montre le résultat avec un gain de 100 %. Nous avons utilisé pour cela le meilleur des exemples précédents, l'interpolation bicubique.

▲ **Fig. 4.15 :** *Amélioration par le filtre Accentuation*

Mais malgré les améliorations l'image n'est pas aussi bonne qu'avec l'augmentation de résolution. Et voici pourquoi.

Chaque pixel de l'image a un rôle précis, sinon il n'existerait pas. Les détails du panneau d'arrêt de bus de notre image se composent d'un ensemble de pixels disposant d'une luminosité donnée. Certains pixels sont peut-être inutiles, mais un programme de retouche d'images tel que Photoshop ne sait pas distinguer les pixels importants de ceux qui le sont moins. Le programme travaille sur une base mathématique. Il vérifie la luminosité des pixels voisins et en calcule une moyenne. Cette moyenne ne crée cependant pas de pixels correspondant à l'image originale.

Jetons un coup d'œil à un agrandissement de facteur 1:6. Dans l'image de droite est présentée la variante d'interpolation bicubique, à gauche se trouve l'image originale. Dans l'original, la lettre H est parfaitement lisible, ce qui n'est pas le cas à droite. De plus, l'image de droite donne une impression de flou.

Fig. 4.16 :
À droite, le résultat de l'interpolation bicubique, à gauche, l'image originale

Amélioration par augmentation de la netteté ?

Voyons maintenant si une accentuation de la netteté permettrait de résoudre le problème. L'illustration suivante montre que l'effet obtenu n'est pas satisfaisant. Il est vrai que le cercle est plus net, mais la lettre H n'est pas plus lisible qu'auparavant. De plus, les zones claires de l'image sont devenues encore plus claires et les parties sombre plus sombres : en fait, c'est le contraste qui a été augmenté.

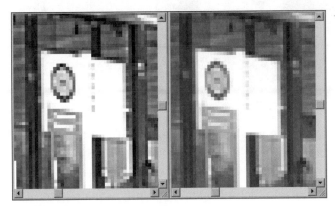

Fig. 4.17 :
À gauche, l'image après accentuation, à droite, le résultat de l'interpolation bicubique

Les zones critiques ont bien été modifiées, mais nous ne retrouvons en rien l'original. Le filtre *Accentuation* n'ajoute aucun détail à l'image, les détails perdus lors de l'interpolation le sont définitivement.

Ce que savent faire les programmes de retouche d'images

Pour juger de la netteté de l'image, il faut être conscient d'un point : les programmes de retouche d'images, et Photoshop en premier lieu, ne savent rien faire d'autre que de modifier la luminosité de certains pixels de l'image.

Nous en avions déjà parlé précédemment. Vous êtes sceptique ? Nous vous le prouverons tout au long de cet ouvrage : toutes les fonctions de retouche d'images n'ont toujours pour seul effet que de modifier la luminosité de certains pixels, même si cette affirmation peut vous sembler extravagante.

Comme première preuve, prenons l'accentuation de la netteté de l'image. Vous serez certainement d'accord avec nous pour affirmer que les pixels de l'image originale sont tout aussi carrés que ceux de l'image accentuée. Les pixels n'ont pas la même taille, mais il s'agit toujours de points carrés.

Qu'est-ce que la netteté ?

L'impression de netteté d'une image doit donc avoir une autre origine. Comparons les deux images de l'illustration suivante. Pour un comparatif direct, nous les avons placées côte à côte, sachant que la version accentuée est à droite.

En quoi l'impression de netteté diffère-t-elle dans ces deux images ?

◄ **Fig. 4.18 :**
À gauche, l'image non accentuée, à droite, l'image plus nette

En considérant l'image dans son ensemble, vous constaterez d'abord que l'image accentuée semble plus claire. Cette impression de plus grande luminosité est assez proche de celle de l'original.

Que se passe-t-il réellement lors de l'accentuation ? Photoshop analyse tous les pixels sur la base de leur valeur colorimétrique. Les zones ne contenant que peu de différences de luminosité ne sont pas affectées par la fonction d'accentuation. En revanche, dans les endroits où des pixels clairs sont voisins de pixels sombres, les pixels clairs sont éclaircis et les pixels sombres sont assombris. Cet effet est facilement reconnaissable si vous regardez en détail les barres blanches de l'image Du fait de cette modification de la luminosité à certains endroits, l'image donne une impression de plus grande netteté.

Comparons maintenant les zones individuelles des deux exemples. Vous constaterez comme nous qu'à tous les endroits où se trouvent des arêtes ou des bordures la luminosité des pixels a été modifiée. Une arête est toujours matérialisée par des pixels clairs directement voisins de pixels sombres.

Astuce

Comprendre les fonctions

Essayez de décrypter les autres fonctions selon le même principe. Vous constaterez facilement que Photoshop n'est pas un magicien : toutes ses fonctions, filtres et effets d'optimisation sont fondés sur le même principe.

Modifier la résolution au lieu de rééchantillonner

Revenons à notre problème initial. Bien sûr, les modifications précédentes de l'image n'ont généralement pas un effet aussi dramatique que sur ce détail extrême. Pour bien des motifs, la réduction du nombre de pixels sera à peine discernable, au point qu'une comparaison directe des deux images ne laissera rien entrevoir.

Nous avons simplement voulu prouver par cet exemple que la réduction d'une image faisait apparaître des différences qui ne peuvent avoir qu'un effet négatif sur l'image. L'importance de la perte de qualité dépend de la taille du motif et de la qualité de l'image de départ.

Dans la mesure du possible, nous vous conseillons de modifier la résolution de l'image et de ne pas procéder à un rééchantillonnage.

Astuce

Les causes des déperditions

Ces pertes de qualité ne sont pas dues au fait que l'image rééchantillonnée contenait moins de pixels que l'original, mais parce que des pixels ont été supprimés arbitrairement. Cet arbitraire aboutit à la suppression de pixels importants, contenant des détails décisifs de l'image. De plus, lors du rééchantillonnage, les pixels voisins de ceux qui sont supprimés sont également modifiés.

Agrandissement d'un document

Le prochain travail consiste à agrandir une image. Le procédé ressemble de près à la réduction, mais les résultats sont sensiblement différents.

Comme exemple, nous avons utilisé la version réduite de l'image précédente. Pour pouvoir vous les présenter sur une page, nous avons recadré ces images pour arriver à peu près à une largeur de 5,6 cm. L'image de gauche représente à chaque fois l'image de départ, celle de droite étant le résultat de l'agrandissement par réduction de la résolution, et des différentes méthodes d'interpolation.

Il est indéniable que l'image de gauche, l'originale, est à chaque fois la meilleure.

Dans le premier exemple, nous avons réduit l'image originale en augmentant la résolution. Au cours de cette opération, aucun pixel n'a été supprimé. Nous avons simplement restauré la taille de départ de 8 cm en désactivant l'option *Rééchantillonnage*. Pour les trois autres exemples, nous avons demandé le rééchantillonnage et avons fixé la même taille de 8 cm de large.

▲ **Fig. 4.19** : *Pas d'interpolation, simplement restauration de la résolution d'origine*

▲ **Fig. 4.20** : *Interpolation par la méthode Au plus proche*

▲ **Fig. 4.21** : *Interpolation par la méthode Bilinéaire*

▲ **Fig. 4.22** : *Interpolation par la méthode Bicubique*

Des différences sensibles apparaissent dans les agrandissements.

Astuce

Facteur d'agrandissement indifférent

Même si vous n'agrandissez l'image que de quelques pixels, Photoshop exécute un rééchantillonnage des données et le résultat est systématiquement pus mauvais que l'original : l'image devient légèrement floue !

Nous allons à nouveau essayer d'améliorer la version bicubique avec le filtre d'accentuation et un gain de 100 %. En voici le résultat.

▲ **Fig. 4.23** : *La version bicubique a été accentuée*

Que s'est-il passé au cours de cette opération ? Le rôle de Photoshop a été de passer l'image de 709 pixels à 945 pixels. Comme le montre le résultat, il y est parvenu.

Contrairement à la réduction, l'interpolation est cependant beaucoup plus complexe pour l'agrandissement que pour la réduction. De nouveaux pixels sont mis en place après analyse de la luminosité des pixels de départ. La luminosité des nouveaux pixels correspond là encore à la moyenne de luminosité des pixels voisins. Mais comme Photoshop ne connaît pas les détails qui devaient se trouver à la position des nouveaux pixels, il n'est pas en mesure de créer de nouvelles informations correctes. Même avec les meilleures fonctions mathématiques, le problème est sans solution.

Pour en rester à notre exemple : Photoshop est incapable de créer des détails supplémentaires dans l'image, il ne sait qu'insérer des pixels neutres en fonction des valeurs de luminosité des voisins.

C'est la raison pour laquelle l'agrandissement est beaucoup plus problématique que la réduction d'une image. Lors de la suppression de pixels, il est vrai que des informations peuvent se perdre, mais avec l'agrandissement, il est certain qu'aucune nouvelle information ne sera ajoutée à l'image.

Les effets de l'interpolation

Regardons de plus près les résultats. Comparons d'abord l'interpolation bicubique (à gauche dans l'illustration suivante) avec l'image de départ (à droite). Il n'y a pas à se tromper, le résultat est flou et plus sombre que l'original.

L'impression de flou n'est pas l'apanage des petites zones de détail de l'image, c'est un sentiment général dégagé par l'image. La difficulté essentielle de l'algorithme de rééchantillonnage de Photoshop est de disséminer dans l'original les 60 492 nouveaux pixels.

S'y ajoute encore le fait que nous avons choisi un facteur d'agrandissement non standard. Avec un doublement exact de la taille de l'image, chaque ligne serait suivie d'une nouvelle ligne et la luminosité des pixels serait simplement la moyenne des pixels voisins. Mais dans notre exemple, les nouveaux pixels ne peuvent pas suivre ce schéma très simple.

Pire encore : le résultat est pour ainsi dire une nouvelle image. Aucune zone ne correspond réellement à l'image de départ. Du fait du calcul des moyennes des luminosités, il coule de source qu'aucune zone de l'image agrandie ne peut être plus claire que dans l'original.

Même en calculant la moyenne entre un pixel blanc et un pixel clair, le résultat ne sera jamais un blanc pur. C'est ce qui explique la première impression que nous avions eue : l'image est devenue plus sombre.

Amélioration par augmentation de la netteté ?

Avec ce dernier exemple, nous avions constaté que l'application du filtre d'accentuation aboutissait à une image plus claire. Pourquoi ne pas essayer sur notre agrandissement ? Nous avons à nouveau appliqué un gain de 100 %.

L' illustration 4.25 montre que l'absence de netteté peut être partiellement corrigée. La luminosité d'ensemble de l'image peut également être améliorée. Bien sûr, nous pourrions augmenter le pourcentage pour accentuer encore l'effet, mais même avec une valeur plus élevée, nous n'arriverons jamais à la qualité de l'original. Les informations de détail manquantes, par exemple le H du panneau restent absentes définitivement.

◀ **Fig. 4.24 :**
Le résultat flou de l'interpolation à gauche et l'original à droite

◀ **Fig. 4.25 :**
À gauche, l'agrandissement accentué, à droite, l'original

Résumé

L'interpolation pour agrandissement est de bien plus mauvaise qualité que pour la réduction. Et le facteur d'agrandissement ne fait rien à l'affaire. Même le plus minime des agrandissements aboutit invariablement à un résultat flou.

Essayez, si possible, d'éviter l'agrandissement des images si vous voulez mettre l'accent sur la qualité. Avec le filtre d'accentuation, quelques améliorations sont obtenues, mais le résultat est à peine satisfaisant.

Augmentation de la résolution d'image

Maintenons que nous connaissons les raisons pour lesquelles la résolution de l'image ne doit pas être modifiée par changement du nombre de pixels, nous allons essayer de voir les répercussions de la modification de la résolution sur la qualité de l'image. Pour cela, nous allons activer pour les prochains essais l'option *Rééchantillonnage*.

Admettons que vous vouliez rééchantillonner l'image en vue de son insertion dans votre site web. Avec ses 945 pixels d'origine, elle serait bien évidemment beaucoup trop grande pour l'écran, car pour un emploi dans une page web, le paramètre d'affichage à prendre en compte est une résolution VGA standard (640 x 480 pixels). Pour des images à l'écran, on utilise en principe une valeur de résolution de 72 dpi. 72 pixels au pouce ou 29 pixels au centimètre suffisent amplement pour obtenir une bonne qualité à l'écran. Saisissez cette valeur dans le champ *Résolution* : Photoshop se charge d'ajuster toutes les autres valeurs.

Astuce

Attention aux unités de mesure !

Veillez impérativement à l'unité de mesure que vous avez choisie. Comme 1 pouce est l'équivalent de 2,54 cm, il est clair que si vous définissez une résolution de 72 pixels au centimètre la différence sera énorme. Vous obtiendriez ainsi une résolution de 183 dpi !

Pour notre image, cette réduction aboutit à une largeur de 227 pixels. La taille du fichier n'est plus que de 114 ko, soit une diminution drastique. L'illustration suivante montre les paramètres de la boîte de dialogue.

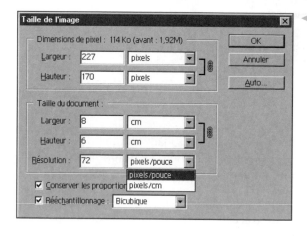

◄ **Fig. 4.26 :**
Modification de la résolution à 72 dpi

Lors des changements de résolution, rappelez-vous qu'une réduction de moitié de cette résolution a pour conséquence une diminution des trois quarts de la taille du fichier. Ce point est facile à vérifier : une image de 10 x 10 pixels a une taille de 100 (10 x 10) octets, une image de 5 x 5 pixels a une taille de 25 (5 x 5) octets. À l'inverse, en doublant la taille de l'image, vous obtenez une taille de fichier multipliée par quatre.

Après le rééchantillonnage, vous remarquerez aussitôt que l'image à l'écran s'est singulièrement réduite. Photoshop utilise après le rééchantillonnage la taille d'affichage précédemment active, ce qui explique que l'image est plus petite.

Pour pouvoir visualiser l'image sans déformation, passez dans un autre mode d'affichage : activez la commande **Affichage/Taille réelle des pixels** ou activez la combinaison de touches Alt+Ctrl+0. Ce n'est que dans ce mode que vous pourrez juger en toute connaissance de cause de la qualité de l'image.

Astuce

Enregistrer une copie

Comme vous savez que la mise à l'échelle de l'image ne peut pas être annulée ultérieurement, pensez à travailler sur une copie de l'original sauf si vous êtes certain de ne plus avoir besoin de l'original.

À l'impression, les 72 dpi ont l'effet suivant : comme la largeur de l'image n'a pas été modifiée, cette image mesure toujours 8 cm de large. Mais si cette image doit être imprimée, elle ne doit pas dépasser 3,6 cm pour atteindre les 159 dpi indispensables pour une impression à peu près correcte.

Les deux images suivantes ont le même nombre de pixels. À gauche, il s'agit de la version en 72 pixels avec la largeur actuelle de 8 cm, à droite, la même image réduite en largeur, sans rééchantillonnage, qui présente une résolution de 159 dpi.

▲ **Fig. 4.27** : *À gauche, 72 dpi, à droite, 159 dpi avec le même nombre de pixels*

Comme vous le constatez, l'image de droite est de bonne qualité, même si elle est de petite taille. Celle de gauche en revanche n'est adaptée qu'à l'affichage, le résultat imprimé est inutilisable.

Modifier les proportions de l'image

Jusqu'à présent, dans tous nos essais, nous avons conservé les proportions de l'image originale. Pour cela, nous avions coché l'option *Conserver les proportions*, au bas de la boîte de dialogue **Taille de l'image**. Lorsque cette case est désactivée, vous pouvez saisir d'autres valeurs pour la largeur, mais aussi pour la hauteur : il n'y a plus de lien entre les deux valeurs. Si l'option *Rééchantillonnage* est désactivée, les proportions sont automatiquement maintenues.

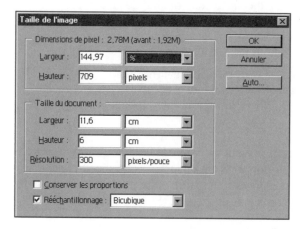

◀ **Fig. 4.28** :
*Les proportions
ont été changées*

Lors d'une modification des proportions, il est en général judicieux de ne pas travailler en pixels, mais en pourcentage, comme dans l'illustration précédente. Il vous suffit ainsi de modifier la valeur d'un côté.

Pour l'illustration ci-dessous, nous avons défini une nouvelle largeur : 11,6 cm. En voici le résultat.

▲ **Fig. 4.29** :   *La largeur a été passée à 11,6 cm*

Calculer automatiquement la résolution

Dans la boîte de dialogue **Taille de l'image**, vous trouverez également un bouton **Auto**. Ce bouton ouvre la boîte de dialogue suivante, par laquelle Photoshop propose le rééchantillonnage automatique de la résolution requise.

◄ **Fig. 4.30 :**
*Calcul automatique
de la résolution*

Astuce

> **Inutile**
>
> Cette boîte de dialogue ne contient rien que nous ne connaissions déjà, vous pouvez l'éviter sans remords. Au mieux elle ne fera que vous embrouiller.

Que faire dans cette boîte de dialogue ? Saisissez d'abord la valeur de trame dans le premier champ. Photoshop propose de choisir entre les unités de mesure anglaises ou françaises. Sous la rubrique *Qualité*, trois options sont offertes. En voici le détail.

■ *Brouillon* : la résolution de la boîte de dialogue **Taille de l'image** est placée sur la valeur de 72 dpi. La valeur du champ *Trame* est totalement ignorée. Vous obtenez le même effet si vous saisissez directement 72 dpi dans la boîte de dialogue **Taille de l'image**.

■ *Normale* : avec cette option, la valeur que vous avez saisie dans le champ *Trame* est multipliée par 1,5 et transférée dans le champ *Résolution* de la boîte de dialogue **Taille de l'image**. Mais vous pouvez effectuer aussi le calcul de tête et contourner la boîte de dialogue **Résolution automatique**.

■ *Supérieure* : cette option double la valeur. Là encore, le calcul de tête est facile et vous pouvez saisir la valeur directement dans la boîte de dialogue **Taille de l'image**.

Les facteurs de multiplication sont fondés, vous l'avez certainement noté, sur les facteurs de marges de sécurité. Il n'y a aucun intérêt particulier à utiliser le bouton **Auto**.

Redimensionnement d'image avec un assistant

Photoshop dispose encore d'une autre fonction de mise à l'échelle des images. Elle s'adresse plutôt aux débutants. Vous la trouverez dans le menu **Aide**, il s'agit de la commande **Redimensionnement de l'image**.

Au travers de plusieurs boîtes de dialogue, Photoshop s'enquiert des données dont il a besoin pour changer la taille de l'image. Après définition du domaine d'utilisation de l'image, vous en indiquerez les dimensions.

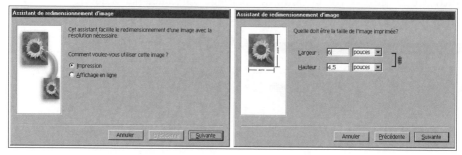

▲ **Fig. 4.31** :   *Les deux premières boîtes de dialogue de l'assistant*

Puis résolution et marge de sécurité sont demandées.

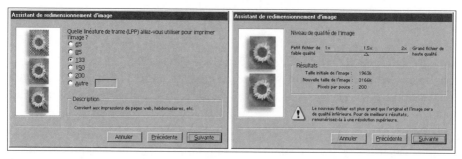

▲ **Fig. 4.32** :   *Les boîtes de dialogue suivantes*

Dans la dernière boîte, Photoshop livre des informations complémentaires. Un clic sur **Terminer** lance l'opération.

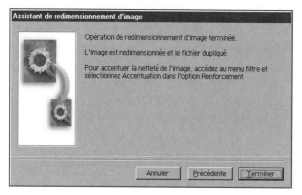

◄ **Fig. 4.33** :
*La dernière boîte
de dialogue*

Pas à pas, les différentes étapes sont exécutées à l'arrière-plan. Un coup d'œil sur la palette **Historique** vous en livrera le détail. En réalité, l'assistant n'a fait que deux choses : il a dupliqué l'image, puis a modifié sa taille.

◄ **Fig. 4.34 :**
La palette Historique

Par mesure de précaution, les opérations sont effectuées sur un duplicata de l'image. Ainsi, l'original est conservé en l'état. Un coup d'œil à la barre de titre de l'image montre qu'il faut encore enregistrer cette image. Photoshop propose un nom décrivant le rôle de l'assistant.

Si vous avez suivi de bout en bout ce chapitre, vous pouvez éviter l'assistant : il ne facilite en rien le travail, à condition que vous ayez une bonne connaissance des relations entre résolution et taille de l'image.

◄ **Fig. 4.35 :**
L'image dupliquée

Modification de la taille de la zone de travail

La fonction **Image/Taille de la zone de travail** propose un tout autre type d'agrandissement ou de réduction. Avec cette fonction, vous agrandirez ou réduirez l'image en lui ajoutant une surface vierge remplie de la couleur d'arrière-plan.

Il n'y a aucun rééchantillonnage de l'image, les nouveaux pixels sont ajoutés sur les bords de l'image. La boîte de dialogue ci-dessous présente la taille actuelle de l'image ainsi que sa nouvelle taille. Les zones de liste permettent de choisir l'unité de mesure voulue. La boîte indique également l'incidence des changements au niveau de la taille du fichier.

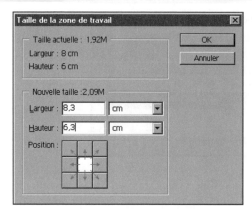

◀ **Fig. 4.36 :**
*La taille de la zone
de travail*

La hauteur et la largeur ne sont pas couplées. Pour ajouter des pixels tout autour de l'image, il vous faut modifier à la fois la largeur et la hauteur.

Position de l'image

Avant d'activer cette fonction, assurez-vous que la couleur d'arrière-plan est bien celle que vous souhaitez affecter aux nouveaux pixels. En ce qui nous concerne, nous avons choisi la couleur RVB 0/102/153.

Dans le champ *Position*, Photoshop présente une matrice de neuf boutons. Le bouton activé matérialise la position de l'image actuelle dans la nouvelle image. Si le bouton central est enfoncé, les nouveaux pixels seront placés tout autour de l'image et cette dernière sera centrée.

La condition est bien évidemment que vous indiquiez une nouvelle valeur pour la hauteur et la largeur. Nous avons voulu insérer à l'aide des paramètres de la boîte de dialogue précédente une bordure de 1,5 mm autour de l'image : nous avons donc augmenté la hauteur et la largeur de 3 mm.

◀ **Fig. 4.37 :**
*Le résultat de
l'opération*

Cette fonction peut être activée à répétition, avec des couleurs à chaque fois différentes. Dans l'illustration suivante, nous avons d'abord mis en place une bordure bleue, puis une bordure noire de 3 pixels de large, une bordure blanche de 3 pixels également et enfin une bordure noire.

Veillez toujours à spécifier comme nouvelle hauteur et largeur le double de l'épaisseur voulue pour la bordure.

◄ **Fig. 4.38 :**
*Les quatre
bordures forment
un cadre autour
de l'image*

Cette fonction est intéressante à un autre titre : elle permet également de recadrer une image. Vous ferez appel à elle si vous cherchez à supprimer dans plusieurs images la même largeur en pixels d'un ou des deux côtés.

Pour recadrer l'image, il suffit de définir dans la boîte de dialogue des dimensions inférieures aux dimensions de départ de l'image et de placer cette image comme vous l'entendez. Nous allons couper notre image en haut et à droite de manière à ce qu'elle n'ait plus qu'une taille de 6 cm x 4 cm.

Voici les paramètres utilisés.

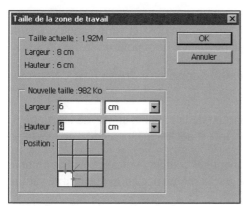

◄ **Fig. 4.39 :**
*L'image va être
réduite*

Après une demande de confirmation, les parties de l'image sont coupées. Cette opération n'a aucune incidence sur la résolution et aucune interpolation n'est effectuée : c'est un simple recadrage.

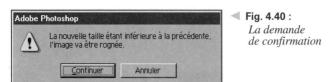

◀ **Fig. 4.40 :**
La demande
de confirmation

Ces paramètres aboutissent au résultat suivant : notez qu'il manque bien des parties de l'image en haut et à droite.

◀ **Fig. 4.41 :**
L'image recadrée

Créer un cadre avec des scripts

Photoshop est accompagné en standard de scripts étonnants. Il faut absolument les expérimenter. Voici des scripts permettant de créer automatiquement un cadre autour de l'image.

1. Passez à la palette **Scripts**. Vous y trouverez un dossier fermé appelé *Scripts par défaut.atn*. Cliquez sur le triangle devant ce nom pour ouvrir le dossier.

2. Cherchez sur la liste des scripts celui qui s'appelle *Cadre en bois - 50 pixels*. Le voici (Fig. 4.42).

3. Cliquez sur le troisième bouton en partant de la gauche, au bas de la palette. Il s'appelle **Exécuter la sélection**. Le script est déclenché, précédé d'un message.

4. Lorsque toutes les étapes du script ont été exécutées, voici le résultat obtenu. L'image est dotée d'un cadre qui jette par la même occasion une ombre subtile sur l'image (Fig. 4.43).

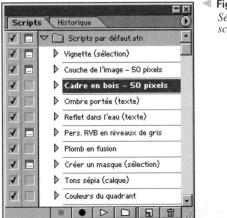

◀ **Fig. 4.42 :**
*Sélection d'un
script*

◀ **Fig. 4.43 :**
L'image encadrée

5. Il existe beaucoup d'autres cadres. Ouvrez pour cela le menu de palette : vous y trouverez, tout au bas du menu, un autre jeu de scripts appelé *Cadres.atn*.

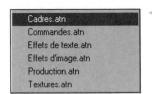

◀ **Fig. 4.44 :**
*Un extrait du
menu de palette*

6. Si vous ouvrez ce jeu de scripts, vous trouverez beaucoup d'autres scripts créant des cadres. Essayez celui-ci : *Coins de photo* (Fig. 4.45).

7. Le résultat peut ensuite encore être adapté à vos besoins. Cette action crée en effet deux nouveaux calques, comme le montre un coup d'œil rapide à la palette **Calques**. Modifiez au besoin les effets de calque qui ont été appliqués ou remplissez le calque de l'arrière-plan d'une autre couleur (Fig. 4.46).

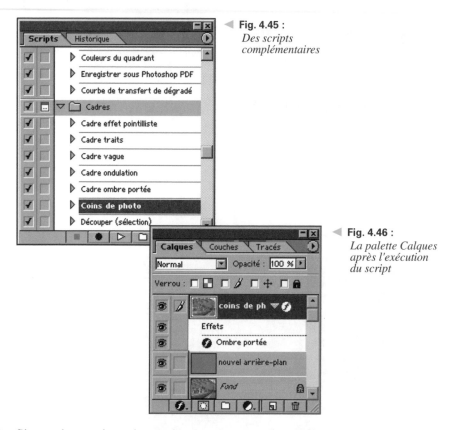

◀ **Fig. 4.45 :**
*Des scripts
complémentaires*

◀ **Fig. 4.46 :**
*La palette Calques
après l'exécution
du script*

8. Si vous êtes curieux de savoir comment ce cadre a été créé, jetez un œil sur la palette **Historique**. Vous y trouverez la liste de toutes les actions entreprises et pourrez suivre pas à pas le déroulement du script. Cliquez simplement sur les objets de l'historique.

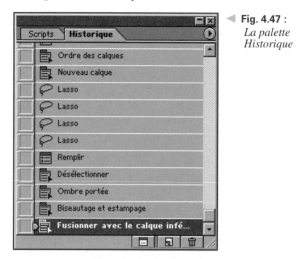

◀ **Fig. 4.47 :**
*La palette
Historique*

9. Et voici le résultat final.

◀ **Fig. 4.48 :**
Le résultat

Astuce

Afficher plus d'objets d'historique

Comme les scripts sont souvent composés d'un grand nombre d'opérations individuelles, le nombre par défaut d'entrées de l'historique
peut se révéler insuffisant. Nous avons augmenté cette valeur à 50,
sachant cependant que plus cette valeur est importante, plus il faut
d'espace disque pour stocker le tout.

Chapitre 5

Montage - création d'une composition d'images

D ans ce chapitre, nous allons vous montrer qu'il est possible de transformer totalement une image. Les modifications seront réalisées à partir de zones de sélection, d'outils et d'édition de divers types de calques.

L'image que nous avons choisie pour ce chapitre est jolie, mais pas captivante. Elle a déjà été optimisée et ses propriétés n'ont plus à être améliorées.

◀ **Fig. 5.1 :**
L'image de départ (Herisson.tif)

5.1. Suppression de l'arrière-plan

Dans cette première étape, nous allons supprimer l'arrière-plan de l'image et mettre en place un nouveau fond graphique personnalisé. Pour cela, nous avons à nouveau besoin des outils de sélection. L'outil Baguette magique est le plus adapté.

1. Dans la barre d'options d'outils, définissez les paramètres de l'illustration suivante. Comme plusieurs clics de souris sont nécessaires pour sélectionner l'intégralité du fond, activez le bouton **Ajouter à la sélection** de la barre d'options d'outils.

---

2. Avec une valeur *Tolérance* de 40, nous allons sélectionner de grandes parties de l'arrière-plan. Activez l'option *Lissage* pour éviter des contours trop nets de la sélection. Les pixels de bordure deviennent alors semi-transparents.

Les bons paramètres dès le début

Comme les zones de sélection ne peuvent pas être lissées par la suite, nous vous conseillons d'activer cette option dès le départ. La commande **Sélection/Contour progressif** permet d'adoucir le contour ultérieurement, mais cette fonction mélange les pixels de la sélection avec l'arrière-plan, ce qui donne un résultat imparfait et risque de détruire des détails de la sélection.

3. Avec l'option *Pixels contigus*, les pixels voisins de même couleur sont intégrés dans la sélection. Si elle est désactivée, l'ensemble de l'image est parcouru à la recherche de pixels de cette teinte. Des "trous" peuvent ainsi être repérés, mais des erreurs risquent de s'y glisser, par ajout de zones qui n'auraient en principe rien à faire dans la sélection.

4. La dernière option n'a pas d'importance pour notre exemple, puisque notre image n'est composée pour l'instant que d'un seul calque. Lorsque vous travaillez avec plusieurs calques, pensez à cocher *Utiliser tous les calques* si vous souhaitez sélectionner les pixels de l'ensemble des calques et pas seulement ceux du calque actif.

▲ **Fig. 5.2** : *La barre d'options d'outils de l'outil Baguette magique*

5. Cliquez avec la baguette à la position approximative de l'illustration suivante. Cette position permet de sélectionner du premier coup une grande partie de l'image.

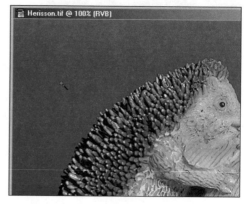

▲ **Fig. 5.3** : *La position du clic*

6. En quelques clics de souris vous aurez sélectionné la plus grande partie de l'arrière-plan. Il reste à y ajouter quelques zones de détail.

◀ **Fig. 5.4 :**
La première sélection

7. Cliquez dans la zone inférieure de l'arrière-plan pour étendre la sélection.

Astuce

Pensez aux nouvelles fonctions

Rappelez-vous que dans cette version de Photoshop il n'y a plus de touche de clavier à activer pour étendre une sélection. Il suffit d'activer le bouton **Ajouter à la sélection** de la barre d'options d'outils. Si vous avez du mal à perdre vos anciennes habitudes et activez malgré tout la touche [Maj], sachez qu'elle fonctionne toujours.

Voici la sélection à laquelle vous devez arriver. Les petits trous qui subsistent vont être corrigés rapidement avec un autre outil (Fig. 5.5).

8. Modifiez la taille de l'affichage pour corriger plus facilement la sélection, passez par exemple à un facteur de 200 %. Prenez ensuite un autre outil de sélection, par exemple l'outil Lasso ou Rectangle de sélection, pour englober en une fois tous les petits trous restants (Fig. 5.6).

◀ **Fig. 5.5 :**
*La sélection
étendue*

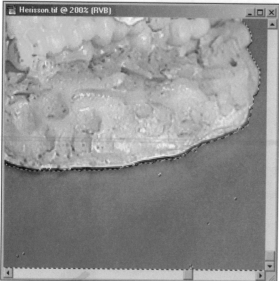

◀ **Fig. 5.6 :**
*Il reste à corriger
quelques trous*

Astuce

Attention au changement de mode !

Si vous passez de la baguette magique au groupe des autres outils de
sélection, il se peut que le mode de sélection change. Vérifiez que vous
êtes bien en mode *Ajouter à la sélection*.

9. Après correction, vous devez aboutir à la sélection suivante. Notez qu'au beau milieu du hérisson, il y a également une zone d'arrière-plan à intégrer dans la sélection. Vous pouvez ensuite enregistrer ce masque par la commande **Sélection/Mémoriser la sélection** pour placer la sélection dans une couche spécifique si vous envisagez de la réutiliser.

◀ **Fig. 5.7 :**
La sélection est finie

5.2. Création d'un nouvel arrière-plan

Le moment est venu de masquer l'arrière-plan. Nous le remplacerons dans un moment par un dégradé, ce qui vous permettra de découvrir tous les paramètres que propose Photoshop dans ce domaine.

1. Comme le hérisson doit être copié sur un nouveau calque, nous allons inverser la sélection par la commande **Sélection/Intervertir** ou la combinaison de touches Ctrl+Maj+I.

2. Par **Calque/Nouveau/Calque par copier** ou Ctrl+J, le hérisson est copié sur un nouveau calque sur lequel il n'y a pas d'arrière-plan. Vous pouvez le vérifier si vous masquez d'un clic sur l'icône de l'œil le calque *Fond* (Fig. 5.8).

3. Lorsque le fond est masqué, profitez-en pour vérifier la qualité de la sélection et corrigez les éventuelles imperfections (Fig. 5.9).

◄ **Fig. 5.8 :**
Le fond est masqué

◄ **Fig. 5.9 :**
Le sujet sans arrière-plan

Astuce

Pas d'excès de zèle

Inutile d'être trop précis dans cette sélection. Comme nous ajouterons dans un moment un autre arrière-plan, les petits défauts seront automatiquement masqués.

4. Pour ce nouvel arrière-plan, nous avons besoin d'un calque. Nous ne souhaitons pas toucher à l'image originale, afin de conserver une plus grande souplesse, même si la taille du fichier et la vitesse de travail s'en ressentent.

Sélectionnez l'arrière-plan, puis cliquez sur l'icône de feuille de papier au bas de la palette **Calques**. Vous créez ainsi un nouveau calque placé au-dessus du calque actif. Le nouveau calque est immédiatement sélectionné.

◁ **Fig. 5.10 :**
Le nouveau calque

Des dégradés intéressants

En matière de dégradé, les choses ont changé depuis la version précédente de Photoshop. De nouvelles options étonnantes s'y sont ajoutées, et nous allons les appliquer à notre image.

1. Activez l'outil Dégradé de la boîte à outils ou la touche [G] du clavier. Si l'outil n'apparaît pas dans la boîte à outils, c'est qu'il est caché dans le menu flyout de l'outil Remplissage.

▲ **Fig. 5.11 :** *Activation de l'outil Dégradé*

2. Dans la barre d'options d'outils, vous pouvez choisir le type de dégradé. La barre propose cinq boutons : **Dégradé Linéaire**, **Dégradé radial**, **Dégradé incliné**, **Dégradé réfléchi** et **Dégradé en losange**.

◁ **Fig. 5.12 :**
Les divers types de dégradés

3. La zone de liste placée à droite de ces boutons permet de choisir la méthode de fusion. Utilisez cette fonction avec précaution. En effet, le mélange n'est pas réalisé avec le calque placé en dessous, mais avec le contenu du calque que vous remplissez du dégradé. Dans notre exemple, il ne se passerait rien puisque ce calque est vide. Cette fonction est à employer pour mélanger des dégradés.

Astuce

Plus judicieux

Au lieu de la fonction de fusion, il vaut mieux utiliser la méthode de fusion de calques. Il faut bien sûr créer deux calques, mais cela permet de mieux piloter les effets du mélange, car le dégradé n'a pas besoin d'être recalculé à chaque fois. Un dégradé terminé ne peut pas être modifié par la suite, alors qu'avec la méthode de fusion des calques les changements restent possibles.

4. L'option *Inverser* permet d'inverser le sens du dégradé. C'est une solution plus simple que de redéfinir les couleurs de début et de fin. Pour éviter les bandes disgracieuses dans le dégradé, nous vous conseillons d'activer la case *Simuler*. Si le dégradé doit contenir une transparence, cochez également la dernière option.

▲ **Fig. 5.13** : *Les options de la barre d'options d'outils*

5. Pour utiliser l'un des nombreux dégradés prédéfinis livrés avec Photoshop, cliquez sur le bouton fléché à droite du premier champ de liste. Voici la bibliothèque des dégradés.

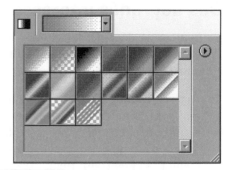

▲ **Fig. 5.14** : *La bibliothèque des dégradés*

6. Par le menu fléché de cette bibliothèque, vous avez la possibilité de charger d'autres dégradés prédéfinis. Parmi l'ensemble de 77 dégradés disponibles, vous devriez en principe trouver votre bonheur. Si vous chargez un grand nombre de dégradés, notez que la fenêtre de la bibliothèque peut être redimensionnée, ce qui permet une bonne vue d'ensemble.

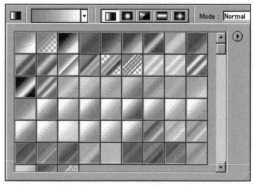

▲ **Fig. 5.15** : *D'autres dégradés*

Créer des dégradés personnalisés

Malgré cette diversité de dégradés, il peut bien sûr arriver que vous ne trouviez pas ce dont vous avez besoin. Mais vous vous doutez bien que Photoshop permet de modifier des dégradés prédéfinis ou de créer des dégradés personnalisés. Nous allons vous présenter ces options.

1. Pour modifier un dégradé, cliquez sur l'aperçu de ce dégradé dans la barre d'options d'outils. Dans notre exemple, nous sommes partis d'un dégradé standard noir, blanc.

◄ **Fig. 5.16 :**
Cliquez sur cet aperçu

2. Une boîte de dialogue apparaît, offrant une foule d'options. Si vous souhaitez créer un nouveau dégradé, saisissez son nom dans le champ *Nom*.

Le dégradé par défaut est de type *Uniforme*, le dégradé s'étend de la couleur de départ à la couleur d'arrivée. En complément, certaines zones du dégradé peuvent devenir transparentes. C'est ce à quoi servent les curseurs de réglage au-dessus de la barre des couleurs.

3. Les curseurs sous la barre des couleurs sont utilisés pour ajuster les couleurs du dégradé. Cliquez sur l'un de ces curseurs pour...

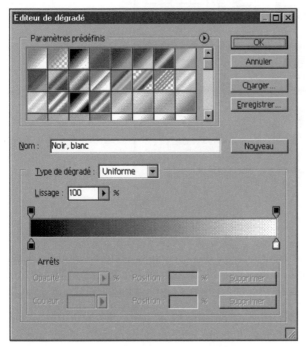

◄ **Fig. 5.17 :**
Les fonctions
d'édition du dégradé

4. ... régler par les champs de la zone inférieure la position exacte du curseur et sa couleur.

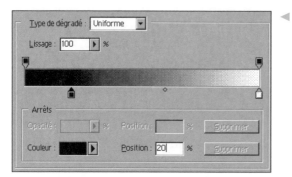

◀ **Fig. 5.18 :**
*Modification
d'un curseur*

5. Pour notre exemple, nous allons utiliser le deuxième type de dégradé, *Bruit*. Sélectionnez cette option dans le champ *Type de dégradé*.

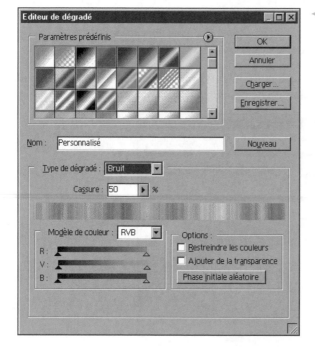

◀ **Fig. 5.19 :**
Le type Bruit

Avec cette option, Photoshop utilise des couleurs aléatoires pour le dégradé. Ce dernier prend la forme d'un ensemble de barres. Par le bouton **Phase initiale aléatoire**, vous pouvez déclencher d'autres combinaisons de couleurs.

La valeur de l'option *Cassure* détermine la douceur des transitions dans le dégradé. Plus la valeur est élevée, moins le dégradé sera doux. Avec une valeur faible, le résultat correspond à un dégradé de deux couleurs.

6. Les trois curseurs de couleur permettent de régler les couleurs du dégradé. Pour cela, Photoshop propose les trois modèles colorimétriques *RVB*, *TSL* et *LAB*, sur la liste déroulante *Modèle de couleur*. Cette option permet de créer des dégradés étonnants. Déplacez les curseurs de réglage des couleurs pour juger des effets. Mais attention, vous risquez d'y prendre goût plus que de raison !

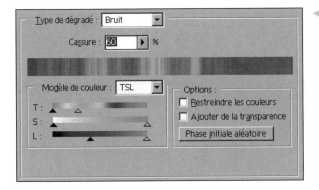

◄ **Fig. 5.20 :**
Des dégradés intéressants grâce aux différents modèles de couleur

Avec l'option *Restreindre les couleurs*, les couleurs fortement saturées sont exclues des dégradés. Notez également la présence d'une option *Ajouter de la transparence*.

Astuce

Important pour l'impression

L'exclusion des couleurs très saturées est importante pour les documents destinés à l'impression et nécessitant de ce fait une conversion en CMJN. Il faut savoir que les couleurs saturées font défaut dans le spectre de couleurs CMJN.

7. Voici les paramètres que nous avons appliqués pour notre dégradé.

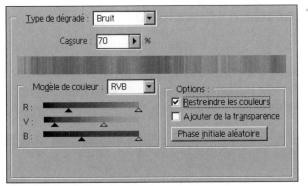

◄ **Fig. 5.21 :**
Nos paramètres

8. Pour intégrer ce dégradé dans la bibliothèque, cliquez simplement sur la zone vierge de l'aperçu, sous les pastilles représentant les dégradés existants. Une nouvelle pastille représentant le dégradé personnalisé est ainsi mise en place. Pour enregistrer durablement ce dégradé, cliquez sur le bouton **Enregistrer**. Ce bouton a pour effet d'enregistrer tous les dégradés du jeu. Vous conserverez ainsi vos dégradés personnels, même si vous activez la fonction de réinitialisation des dégradés du menu fléché. Les fichiers de dégradés portent une extension *.grd*.

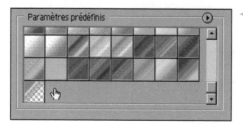

◀ **Fig. 5.22 :**
Cliquez ici pour intégrer votre dégradé à la bibliothèque

Astuce

Le dégradé sur le CD

Le dégradé que nous avons utilisé est fourni sur le CD d'accompagnement, il s'appelle *Herisson.grd*.

9. Pour enregistrer un dégradé individuel, vous devrez au préalable retirer du jeu des dégradés tous les dégradés prédéfinis. Pour cela, cliquez avec le bouton droit de la souris sur les pastilles et activez dans le menu contextuel les commandes permettant de renommer ou de supprimer ces dégradés.

Après l'enregistrement, activez l'option **Réinitialiser les dégradés** pour accéder à nouveau aux dégradés standard.

Appliquer un dégradé à un calque

Maintenant que le dégradé est au point, nous allons l'appliquer. Voici comment :

1. Vérifiez que le nouveau calque, encore vide, est toujours bien sélectionné. Cliquez à l'emplacement où le dégradé doit commencer : dans l'exemple, il s'agit de la bordure supérieure de l'image.

2. Maintenez la touche [Maj] enfoncée et tirez un trait jusqu'au bas de l'image. Lorsque vous relâchez le bouton de la souris, le calque est rempli du dégradé.

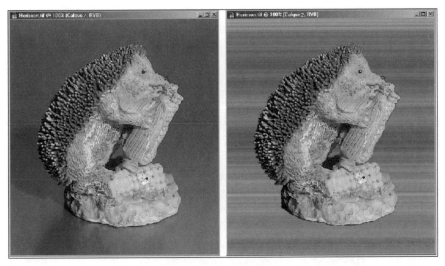

▲ **Fig. 5.23** : *Remplissage du calque par notre dégradé*

Astuce

Contraintes de l'angle

En activant la touche [Maj] lors d'un dessin, Photoshop contraint l'angle à des multiples de 45°. C'est un bon moyen de tracer des lignes horizontales ou verticales.

3. Comme le nouveau calque est placé au-dessus de l'ancienne image d'arrière-plan, cette dernière n'est plus visible. Le nouvel arrière-plan va encore être modifié. Activez la commande **Filtre/Atténuation/ Flou gaussien** et définissez dans la boîte de dialogue un rayon de 3 pixels.

◀ **Fig. 5.24** :
*La boîte
de dialogue
de flou gaussien*

Le léger effet de flou n'aurait pas pu être obtenu avec une valeur supérieure de l'option *Lissage*, dans la boîte de dialogue **Editeur de dégradé**. Seul le nombre de teintes aurait été réduit (Fig. 5.25).

4. Pour améliorer encore ce fond, activez la commande **Filtre/Bruit/Ajout de bruit** et fixez un facteur de 5 %. Ce filtre ajoute de manière aléatoire des points (dont l'ensemble est appelé "bruit") dans l'image. Le résultat ressemble à une photo prise avec un film à forte sensibilité (Fig. 5.26).

5. Voici le résultat (Fig. 5.27).

◀ **Fig. 5.25 :**
L'arrière-plan adouci

▲ **Fig. 5.26 :** *Le filtre Ajout
de bruit*

▲ **Fig. 5.27 :** *Le résultat avec le bruit*

Assombrir l'arrière-plan

L'étape suivante va consister à assombrir un peu l'arrière-plan pour lui donner un peu plus de volume, de profondeur. Pour cela, il nous faut encore un autre calque.

1. Vérifiez que le calque du nouvel arrière-plan est bien sélectionné dans la palette **Calques**. Cliquez ensuite sur le bouton portant l'icône de la feuille de papier, au bas de la palette. Ainsi, le nouveau calque prend place sur l'arrière-plan. Voici la structure de la palette **Calques** après cette insertion.

◀ **Fig. 5.28 :**
La palette Calques

2. L'assombrissement sera également réalisé à l'aide d'un dégradé. Nous utilisons cette fois le dégradé standard *noir, blanc*.

◀ **Fig. 5.29 :**
Le dégradé standard

3. Tracez le dégradé sur le nouveau calque, comme précédemment de haut en bas. Voici le résultat obtenu.

▲ **Fig. 5.30 :** *Le nouveau dégradé*

4. Ce nouveau calque ne doit bien évidemment pas masquer ce qui se trouve en dessous, il doit seulement l'assombrir. Nous allons utiliser pour cela des fonctions que Photoshop propose dans la zone d'en-tête de la palette **Calques**. La liste gauche propose 16 méthodes de fusion.

Ces méthodes de fusion déterminent la façon dont les pixels seront mélangés avec les pixels placés en dessous. Sélectionnez la méthode *Produit* : chaque valeur de couleur de pixel de ce calque sera multipliée par la valeur de couleur du pixel correspondant du calque placé en dessous.

Le résultat est toujours plus foncé que l'image de départ : avec notre dégradé du noir au blanc, les couleurs ne changent pas, seule la luminosité est réduite.

◄ **Fig. 5.31 :**
La méthode de fusion Produit

5. Cette méthode de fusion a pour effet d'assombrir la zone sombre de notre dégradé tout en conservant les couleurs de l'autre arrière-plan dans la zone des blancs du dégradé.

▲ **Fig. 5.32 :**   *L'image assombrie*

6. Le champ gauche de l'en-tête de la palette **Calques**, *Opacité*, permet de fixer l'opacité du calque. Plus la valeur est faible, plus le calque est transparent. Pour que la zone sombre laisse également entrevoir l'arrière-plan en dessous, nous saisissons la valeur 75 %.

◄ Fig. 5.33 :
Modification de l'opacité du calque

7. Voilà, l'arrière-plan est terminé. Le résultat intermédiaire est le suivant.

▲ Fig. 5.34 : *L'étape intermédiaire*

Construction d'une ombre

En raison des modifications apportées à l'image, un élément est totalement irréaliste : notre hérisson n'a absolument aucune ombre. L'ombre d'origine a été supprimée avec l'arrière-plan de départ. Nous allons y remédier et en créer une nouvelle.

Photoshop propose une commande **Calque/Style de calque/Ombre portée** qui permet d'appliquer à un calque une ombre douce. Mais dans notre exemple, elle est inapplicable, car elle ne permet pas de déformer l'ombre pour recréer une perspective. Nous allons donc utiliser un autre procédé. Si vous êtes un utilisateur de longue date de Photoshop, vous connaissez certainement cette opération.

1. Créez un duplicata du calque contenant le hérisson. Cliquez sur ce calque du hérisson et glissez-le sur l'icône de la feuille de papier au bas de la palette **Calques**.

    Le duplicata est placé au-dessus du calque original et est renommé. Il conserve l'ancien nom complété de la mention "copie".

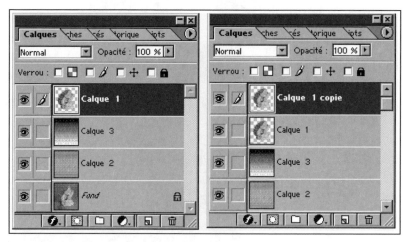

▲ **Fig. 5.35** : *Duplication d'un calque*

2. Sélectionnez le calque initial du hérisson dans la palette **Calques**. Ce calque va être transformé en ombre. Activez pour cela la commande **Édition/Remplir**. Sur la liste *Avec*, sélectionner la mention *Noir*.

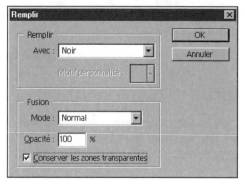

◀ **Fig. 5.36** :
Remplissage d'un calque

Astuce

Protéger les zones transparentes

Si vous ne protégez pas les zones transparentes, c'est l'ensemble du calque qui est rempli de noir. Pour ne remplir que l'image du hérisson, pensez à cocher l'option *Conserver les zones transparentes*.

3. Dans l'image, vous ne constaterez à première vue aucune différence. Et c'est normal puisque le calque sur lequel nous venons de travailler est masqué par le duplicata. Un coup d'œil dans la palette **Calques** nous le confirme. Mais dans cette palette, la forme noire est visible.

◄ **Fig. 5.37 :**
La palette Calques

4. Appliquez encore au calque que vous venez de remplir de noir un flou gaussien par la commande **Filtre/Atténuation/Flou gaussien**.

◄ **Fig. 5.38 :**
Le flou gaussien

5. La valeur assez élevée définie dans cette boîte de dialogue permet d'aboutir à un adoucissement substantiel du contour de la forme du hérisson. Pour que l'arrière-plan transparaisse, nous avons défini une opacité de 60 %.

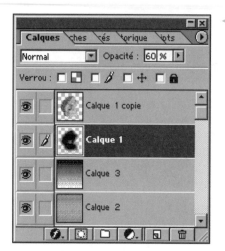

◄ **Fig. 5.39 :**
Modification de l'opacité

6. Si vous masquez momentanément la copie du calque, vous pourrez juger de l'effet obtenu. On dirait presque une ombre, vous ne trouvez pas ?

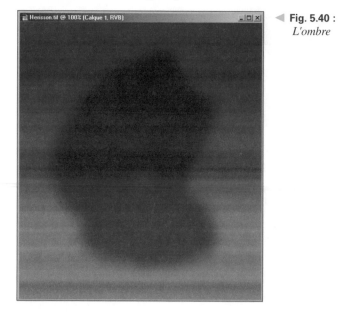

◄ **Fig. 5.40 :**
L'ombre

Déformer un calque

C'est maintenant que nous allons faire la différence avec la fonction d'ombre portée du style de calque. Dans le menu **Édition**, pointez sur la commande **Transformer** pour accéder au sous-menu correspondant.

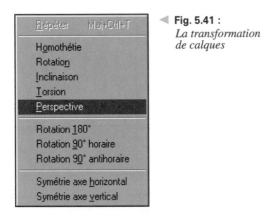

◀ **Fig. 5.41 :**
La transformation
de calques

1. Bien que la fonction **Perspective** soit proposée dans le sous-menu, nous avons préféré une solution plus efficace et plus simple : la commande **Édition/Transformation manuelle**. Vous pouvez aussi l'activer par la combinaison de touches [Ctrl]+[T].

2. Comme nous souhaitons dépasser les limites du document pour cette fonction, nous allons d'abord réduire la taille de l'affichage. Activez pour cela l'outil Zoom dans la boîte à outils et veillez à ce que l'option *Redimensionner les fenêtres* de la barre d'options d'outils soit désactivée.

▲ **Fig. 5.42 :** *Les options de la barre d'options d'outils de l'outil Zoom*

Vous évitez ainsi que la fenêtre soit réduite lors de la réduction de la taille d'affichage de l'image. Pour réduire l'affichage, maintenez la touche [Alt] enfoncée et cliquez dans l'image.

3. Si vous activez la commande **Édition/Transformation manuelle**, vous verrez apparaître un cadre doté de huit poignées (Fig. 5.43).

4. Si vous placez le pointeur sur une des poignées d'angle, un symbole indique que vous pouvez ainsi redimensionner le calque. Avec les poignées médianes, il ne s'agit pas de mise à l'échelle, mais de déformation, d'étirement du calque. En enfonçant simultanément la touche [Ctrl], vous pouvez même déplacer individuellement une poignée d'angle ou incliner le cadre en jouant d'une poignée médiane (Fig. 5.44).

5. Nous allons faire appel aux possibilités d'inclinaison. Cliquez sur la poignée médiane du haut du cadre et déplacez cette poignée vers le bas et la gauche tout en maintenant la touche [Ctrl] enfoncée. Puis élargissez un peu le cadre vers la droite, à l'aide de la poignée médiane de la bordure droite du cadre (Fig. 5.45).

◀ **Fig. 5.43 :**
*Le cadre avec
ses poignées*

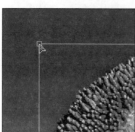

◀ **Fig. 5.44 :**
*Déplacement
des poignées*

◀ **Fig. 5.45 :**
Déformation de l'ombre

6. Après le déplacement individuel des poignées d'angle (avec activation simultanée de la touche (Ctrl)), nous obtenons le résultat ci-après. Pour appliquer définitivement cette transformation, vous pouvez par exemple double-cliquer sur le cadre. Autre solution : cliquez sur le symbole de validation de la barre d'options d'outils ou appuyez tout simplement sur la touche (Entrée).

◀ **Fig. 5.46 :**
La transformation
est au point

7. Les champs de saisie de la barre d'options d'outils ont également leur utilité : ils permettent de décrire numériquement la transformation, d'où une plus grande précision. Les valeurs que nous avons utilisées sont les suivantes.

▲ **Fig. 5.47 :** *Les valeurs de transformation*

8. Après validation, les pixels du calque sont recalculés avec la méthode que vous avez spécifiée dans les paramètres : espérons que vous avez suivi notre conseil et opté pour la meilleure qualité : l'interpolation bicubique.

Astuce

Les modifications n'interviennent qu'après validation

Tant que les poignées sont déplacées sans confirmation de l'opération, il ne se passe absolument rien avec les pixels du calque. Ce n'est qu'après validation des paramètres que le calcul des pixels est exécuté. Mais si vous appliquez une deuxième fois la fonction de transformation, les effets seront dommageables pour la qualité de l'image.

5.3. Appliquer des effets de calque

Nous souhaitons augmenter un peu l'effet "plastique" de notre sujet. Pour cela, nous allons faire appel à une nouveauté de cette version 6 de Photoshop : les effets de calque.

1. Pour ouvrir la boîte de dialogue des effets de calque, vous avez plusieurs solutions. Vous pouvez activer la commande **Calque/Style de calque/ Lueur externe** ou cliquer sur le premier bouton au bas de la palette **Calques** et choisir l'effet dans le menu ou encore double-cliquer sur le calque concerné dans la palette **Calques**.

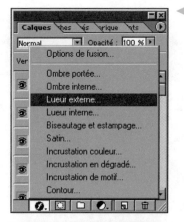

◀ **Fig. 5.48 :**
Sélection de l'effet de calque

2. Lorsque la boîte de dialogue est ouverte par le double clic, sélectionnez à gauche l'effet requis. En ce qui nous concerne, il s'appelle *Lueur externe*.

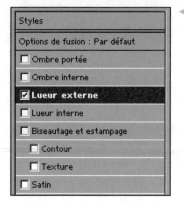

◀ **Fig. 5.49 :**
Sélection de l'effet

3. Après l'activation de l'effet, la partie droite de la boîte de dialogue présente les paramètres par défaut (Fig. 5.50).

4. Nous ne vous décrirons pas le sens de chacune de ces options, il suffit de placer le pointeur sur un des champs pour voir apparaître une info-bulle expliquant l'option (Fig. 5.51).

Astuce

Aperçu immédiat

Vous pouvez aussi expérimenter librement ces effets : l'image est immédiatement actualisée pour vous en montrer le résultat.

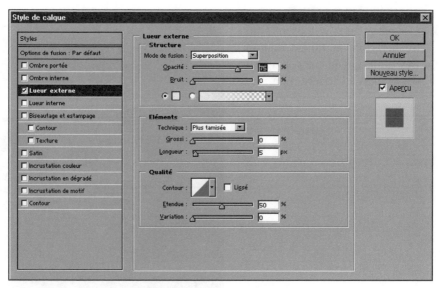

▲ **Fig. 5.50 :** *Les paramètres par défaut*

◀ **Fig. 5.51 :**
*L'explication
d'une option*

5. Pour notre exemple, nous avons choisi les paramètres suivants.

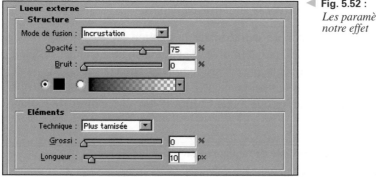

◀ **Fig. 5.52 :**
*Les paramètres de
notre effet*

6. Ces paramètres confèrent à notre hérisson un mince contour
très doux qui le met en valeur
par rapport à l'arrière-plan.

▲ **Fig. 5.53** : *L'étape intermédiaire suivante*

5.4. Utiliser les calques de réglage

La dernière optimisation que nous allons entreprendre dans notre image est
l'occasion de vous présenter un autre type de calque : le calque de réglage. Nous
allons faire appel à ces calques de réglage pour augmenter le contraste du nouvel
arrière-plan et de l'ombre.

Une réflexion préalable : vous pouvez utiliser directement une commande du
sous-menu **Image/Réglage**, par exemple la commande **Luminosité/Contraste**.
Mais après l'application de l'effet, l'image est irrémédiablement modifiée. Si
certains paramètres se révèlent par la suite inadaptés et nécessitent un changement,
il sera impossible de retrouver la situation de départ.

Pour travailler avec une souplesse maximale, la solution est le calque de réglage. La
modification de l'image n'est pas définitive : si vous souhaitez annuler l'effet, il suffit
de détruire le calque de réglage et vous retrouvez l'image originale. Nous vous
conseillons de recourir systématiquement à ces calques de réglage si l'opération
envisagée est proposée par le sous-menu **Calques/Nouveau calque de réglage**.

Astuce

Attention, toutes les fonctions de réglage ne sont pas présentes !

Si ce sous-menu propose de nombreuses fonctions de réglage, il ne
contient cependant pas toutes les fonctions de réglage du menu **Image**.

1. Sélectionnez le calque de l'ombre. Nous allons créer le calque de réglage par-dessus, ses effets s'appliqueront ainsi à tous les calques placés en dessous et non au hérisson.

2. Activez la commande **Calque/Nouveau calque de réglage/Niveaux**. Dans la boîte de dialogue, vous pouvez affecter un nom au calque, choisir sa couleur, définir la méthode de fusion, ainsi que son opacité.

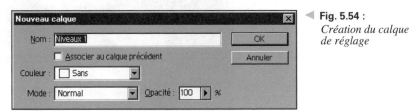

◀ **Fig. 5.54 :**
Création du calque de réglage

3. Après validation de cette boîte de dialogue, vous voici devant la courbe : vous la connaissez déjà pour l'avoir utilisée précédemment.

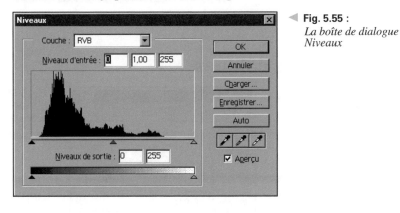

◀ **Fig. 5.55 :**
La boîte de dialogue Niveaux

4. Pour augmenter le contraste des calques placés en dessous, il suffit de déplacer les triangles extérieurs vers le centre. Voici les valeurs que nous avons utilisées.

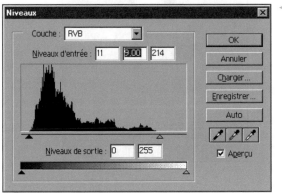

◀ **Fig. 5.56 :**
Les paramètres permettant d'augmenter le contraste

5. Nous avons ainsi atteint l'objectif de notre exercice. L'image a bien changé depuis la version originale, non ?

▲ **Fig. 5.57 :** *Le résultat final*

5.5. Gestion facile des calques

Avec toutes ces opérations, la palette **Calques** s'est considérablement meublée.

Pour garder une bonne vision d'ensemble, nous allons clore cet exercice en mettant un peu d'ordre dans cette palette.

◀ **Fig. 5.58 :**
La palette
Calques

C'est l'occasion de découvrir d'autres nouvelles fonctions de Photoshop.

1. Photoshop permet de rassembler des calques dans des groupes. Ces groupes
   sont représentés par des dossiers. Pour créer un nouveau dossier, cliquez dans
   la zone inférieure de la palette **Calques** sur le bouton marqué d'une icône de
   dossier. Dans la boîte de dialogue suivante, vous avez la possibilité d'affecter
   un nom expressif à ce dossier de groupe.

◀ **Fig. 5.59 :**
Renommer le groupe

2. Le nouveau groupe vient prendre place au-dessus du calque actif. Il peut être
   ouvert et fermé d'un clic sur le triangle placé devant son nom.

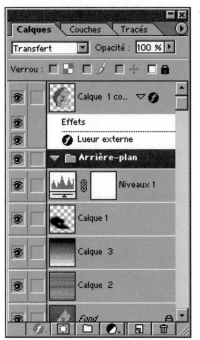

◀ **Fig. 5.60 :**
Le nouveau dossier

3. Glissez les calques à regrouper sur le dossier. Nous avons ainsi déplacé tous
   les calques de l'arrière-plan, plus l'ombre. Voici la situation à laquelle nous
   arrivons (Fig. 5.61).

4. Fermez ensuite le dossier en cliquant sur le triangle placé devant son nom. La
   palette **Calques** est bien rangée (Fig. 5.62).

◀ **Fig. 5.61 :**
Les calques ont été déplacés dans le groupe

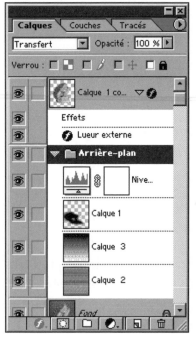

◀ **Fig. 5.62 :**
De l'ordre, enfin !

5.6. Copier les calques les uns dans les autres

Pour ce deuxième exercice, nous allons appliquer ce que nous venons d'apprendre sur les calques à un autre exemple. Pour cela, nous avons choisi deux images que vous trouverez sur le CD d'accompagnement : *Herisson1.tif* et *Pierre.tif*.

◀ **Fig. 5.63 :**
Les deux images de départ

Nous voulons copier ce second hérisson dans la pierre pour obtenir une image de hérisson peinte sur la pierre.

Chargez les deux images dans Photoshop. Ces photos ont déjà été optimisées, il n'y a rien de plus à y apporter.

Découpe de l'arrière-plan

La première étape consiste à nouveau à libérer le hérisson de son arrière-plan, comme nous l'avons fait dans l'exercice précédent. En voici un bref résumé.

1. L'outil idéal pour cette opération est la Baguette magique. Voici les options que nous avons mises en place dans la barre d'options d'outils.

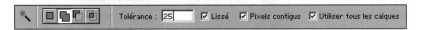

▲ **Fig. 5.64 :** *La barre d'options d'outils de l'outil Baguette magique*

2. Cliquez à l'emplacement indiqué dans l'illustration suivante : il permet la sélection immédiate d'une grande zone.

◀ **Fig. 5.65 :**
La position du clic

3. Voici la première sélection effectuée par Photoshop. Il nous reste à l'étendre.

◄ **Fig. 5.66 :**
La première sélection

4. Cliquez dans les autres zones de l'arrière-plan après avoir vérifié que vous travaillez bien en mode *Ajouter à la sélection*. Si vous n'arrivez pas à cette sélection ou si cette tâche vous semble trop fastidieuse, vous pouvez charger le masque que nous avons enregistré à votre intention.

Il se trouve dans la palette **Couches** et s'appelle *Alpha 1*. Pour le charger, cliquez dessus en maintenant la touche [Ctrl] enfoncée.

◄ **Fig. 5.67 :**
Le masque enregistré

Découper et faire pivoter une image

Préparons maintenant l'autre image. L'image du galet est mal cadrée, et de plus nous souhaitons faire pivoter cette pierre. Les deux opérations vont être réglées en une fois :

1. Activez l'outil Recadrage de la boîte à outils. Tracez un cadre autour de la pierre, à peu près comme dans l'image suivante.

◀ **Fig. 5.68 :**
Le cadre

2. Si vous placez le pointeur à côté d'une des poignées d'angle, vous verrez apparaître le symbole de rotation. Cliquez en maintenant le bouton de la souris enfoncé.

◀ **Fig. 5.69 :**
Le symbole de rotation

3. Vous pouvez ainsi faire pivoter le cadre de sélection avec la souris. Voici le stade à atteindre.

◀ **Fig. 5.70 :**
Le cadre de sélection après pivotement

4. Puis il faut corriger les dimensions du cadre. Facile : il suffit de jouer des poignées d'angles ou des poignées médianes du cadre. Voici le résultat auquel vous devez arriver.

◀ **Fig. 5.71 :**
Le cadre après
correction

5. ☑ Cliquez sur le bouton de validation de la barre d'options d'outils.

Il reste à retourner l'image : activez la commande **Image/Rotation de la zone de travail/90° horaire**.

◀ **Fig. 5.72 :**
L'image
recadrée
est pivotée

6. Maintenant que l'image est en bonne position, vous pouvez encore ajuster sa taille. Voici les paramètres que nous avons utilisés.

◀ **Fig. 5.73 :**
Changement
de taille

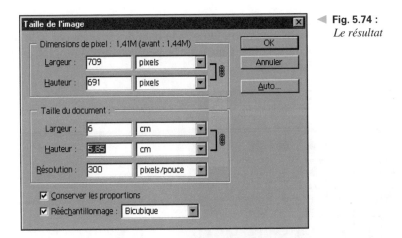

◄ **Fig. 5.74 :**
Le résultat

Astuce

Utilité de la modification

Comme nous ne redimensionnons que légèrement l'image (elle passe de 6,59 cm à 6 cm de haut), nous aurions pu adapter la résolution. Rappelez-vous les principes évoqués dans le chapitre *La bonne résolution d'image* : tout redimensionnement de l'image entraîne des pertes de qualité.

7. Vous avez certainement remarqué que l'image présente une erreur : dans l'angle inférieur droit il y a une tâche noire. Cette tâche résulte de la rotation du cadre de sélection.

Comme Photoshop n'est pas en mesure d'ajouter des informations dans une image, il s'est contenté de remplir cette zone de la couleur d'arrière-plan. Nous allons corriger ce défaut.

Corriger les erreurs avec l'outil Tampon

 Cet outil est disponible dans la boîte à outils, vous pouvez aussi l'activer par la touche S.

Son effet est simple à comprendre : il permet de réparer des zones endommagées ou défectueuses de l'image en copiant dans ces zones d'autres parties de l'image. Voici comment :

1. Après activation de l'outil, définissez dans la barre d'options d'outils les paramètres suivants.

▲ **Fig. 5.75 :** *La barre d'options d'outils et les paramètres de l'outil Tampon*

2. Définissez d'abord la taille de l'outil. Ouvrez la liste des formes par le bouton fléché placé à droite du champ. Ces formes peuvent être complétées par d'autres à l'aide du menu fléché.

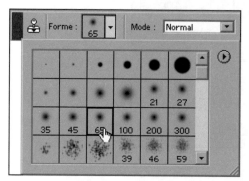

◀ **Fig. 5.76 :**
    Les formes standard

3. Dans les formes par défaut, vous trouverez d'abord quelques pointes à bord net, puis des formes de diverses tailles avec des bords adoucis.

   La taille de la forme doit dépendre de l'erreur à corriger. Dans notre cas, la bonne taille est la forme de 65 pixels. Choisissez des contours adoucis pour que la correction ne soit pas trop visible.

4. Avant de commencer la correction, définissez l'emplacement de l'image que vous souhaitez utiliser comme modèle, c'est-à-dire le point de référence de l'outil Tampon. Cliquez pour cela tout en maintenant la touche [Alt] enfoncée sur l'endroit à copier. Un petit triangle dans l'icône de l'outil est alors rempli.

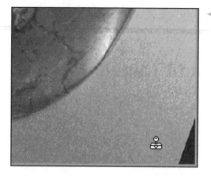

◀ **Fig. 5.77 :**
    Définition du point de
    référence

5. Un deuxième clic de souris démarre la correction : le point de référence est transféré, copié à l'emplacement de ce deuxième clic. Si vous avez activé dans la barre d'options d'outils l'option *Aligné*, l'espacement entre le point de départ et le tampon ne change pas, même si vous relâchez entre temps le bouton de la souris. Ce point de référence se déplace pour ainsi dire avec l'outil. Lors de la correction, le point de référence est matérialisé par une petite croix.

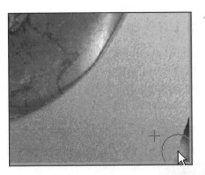

◀ **Fig. 5.78 :**
Copie de la zone

6. Peignez ainsi la zone défectueuse de notre image.
Que vous procédiez par
petites touches ou par
grands coups de pinceau
n'a pas d'importance. Voici le résultat obtenu.

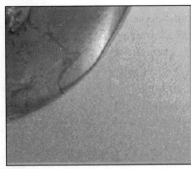

◀ **Fig. 5.79 :**
*La zone
est corrigée*

Astuce

Aligné ou non aligné

Si l'option *Aligné* est désactivée dans la barre d'options d'outils, la
distance entre tampon et point de référence reste identique tant que
vous maintenez le bouton de la souris enfoncé. Mais à chaque fois
que vous relâchez le bouton et recommencez ailleurs une correction,
Photoshop repart du point de référence initial. Cela permet de dupliquer plusieurs fois la même zone dans l'image.

7. Voici à quoi ressemble désormais notre galet.

◀ **Fig. 5.80 :**
Le galet corrigé

Déplacer une sélection dans une autre image

Les préparatifs des deux images sont maintenant terminés, il reste à combiner les deux images en une seule. Et cette opération est toute simple : il suffit d'utiliser le glisser-déposer. Seule condition : les deux images doivent être ouvertes simultanément à l'écran.

1. Passez à l'image du hérisson et inversez la sélection en place par la commande **Sélection/Intervertir** ou la combinaison de touches [Ctrl]+[Maj]+[I]. Ainsi, ce n'est plus l'arrière-plan, mais le hérisson qui est sélectionné.

2. Activez un outil de sélection quelconque. Avec la combinaison de touches [Ctrl]+[Alt], le pointeur de la souris change. Cela indique que le contenu de la sélection sera dupliqué en cas de déplacement.

▲ **Fig. 5.81** : *Duplication du contenu*

3. Le duplicata devient visible dès que vous commencez le déplacement.

◀ **Fig. 5.82** :
Le déplacement a commencé : voici le duplicata de la sélection

4. La sélection peut non seulement être déplacée dans le cadre de la même image, mais aussi vers une autre image. Si vous déplacez la sélection dans l'image du galet, le pointeur est accompagné d'un signe + indiquant que le duplicata sera collé ici.

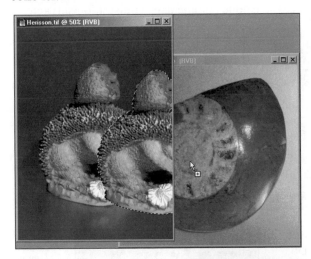

◀ **Fig. 5.83 :**
Déplacement dans une autre image

5. Lorsque vous relâchez le bouton de la souris, le hérisson est déposé dans l'image du galet. Voici la nouvelle situation.

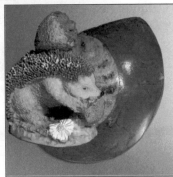

◀ **Fig. 5.84 :**
Le hérisson dans l'image du galet

6. La palette **Calques** montre que ce hérisson a fait l'objet d'un nouveau calque que vous pouvez maintenant modifier.

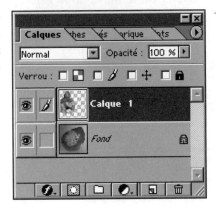

◀ **Fig. 5.85 :**
La palette Calques

Ajustement du calque

Pour ajuster l'image du hérisson, il faut transformer le nouveau calque. Activez la fonction de transformation manuelle par la combinaison de touches ⌈Ctrl⌉+⌈T⌉.

1. Redimensionnez et placez le calque comme dans l'illustration suivante.

◀ **Fig. 5.86** :
*Ajustement du
calque*

2. Pour inscrire le hérisson sur le galet, activez dans la palette **Calques** le mode de fusion *Luminosité*.

◀ **Fig. 5.87** :
*Le mode
Luminosité*

3. Voilà, cet exercice est terminé, notre galet "préhistorique" est achevé.

◀ **Fig. 5.88** :
Le résultat final

Chapitre 6

Une photo colorisée manuellement

D ans ce chapitre, nous allons traiter de la couleur. Qu'est-ce que la couleur, quels sont les modèles de couleur disponibles, comment les employer à bon escient ? Ce sujet donne souvent lieu à des incertitudes, bien que les règles de base soient assez faciles à comprendre.

Nous appliquerons ensuite les connaissances théoriques à un exemple pratique pour transformer manuellement une photo en noir et blanc en une superbe photo couleur.

6.1. Qu'est-ce que la couleur ?

La question de base est : qu'est-ce que la couleur ? Jetons un coup d'œil sur un objet en couleur. Prenons par exemple une jolie fleur. Vous êtes d'avis qu'elle est rouge ? Regardez cette même fleur en pleine nuit ! Elle est toujours rouge ? La couleur doit avoir un rapport avec l'environnement, vous ne pensez pas ?

En 1666, Isaac Newton a découvert que la lumière "blanche" pouvait être scindée en couleurs. Il découvrit ainsi le rapport entre la lumière et la matière. Si vous avez déjà regardé au travers d'un prisme, vous savez que le prisme décompose la lumière. Et des prismes, vous en voyez souvent, ne serait-ce que les gouttes de pluie ! Les gouttes de pluie agissent dans l'atmosphère comme des prismes, d'où l'effet d'arc-en-ciel. Les gouttes individuelles décomposent la lumière blanche en des couleurs visibles : le spectre des couleurs.

Newton a découvert à cette occasion que le prisme décomposait la lumière en un spectre. Le spectre des couleurs s'étend du pourpre au rouge, orange, jaune, vert, bleu et se termine au violet. Si ces couleurs sont à nouveau rassemblées dans une lentille, leur combinaison donne à nouveau une lumière blanche. L'illustration suivante montre la décomposition, puis la recomposition de la lumière blanche.

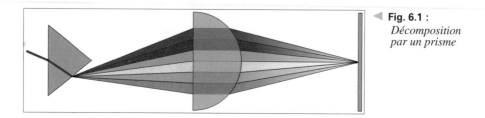

◀ **Fig. 6.1 :**
Décomposition par un prisme

Pourquoi la couleur existe

Newton ne s'arrêta pas là et fit une autre découverte de taille. Lorsqu'il masquait une seule couleur devant la lentille de recomposition, la lumière délivrée par la lentille n'était plus blanche, mais d'une autre couleur. Prenons un exemple : si la couleur verte est masquée à l'entrée de la lentille, la lumière à la sortie sera de couleur magenta, c'est-à-dire la couleur complémentaire du vert. Cet effet est représenté dans l'illustration suivante.

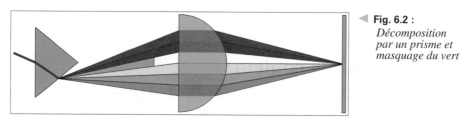

◀ **Fig. 6.2 :**
Décomposition par un prisme et masquage du vert

Newton en déduisit que les couleurs naissaient du fait que des obstacles masquaient certaines couleurs. Cet obstacle absorbe la couleur, les autres étant réfléchies. Les couleurs réfléchies définissent pour nos yeux la couleur de l'obstacle.

Revenons un instant à notre fleur. Une lumière blanche éclaire le feuillage vert. Les feuilles réfléchissent cette lumière. Les feuilles absorbent toutes les couleurs hormis la zone verte du spectre. Cette zone est réfléchie et à nos yeux les feuilles sont vertes. Mais comme dans la pénombre il n'y a pas de lumière, les feuilles ne réfléchissent rien et deviennent noires.

La lumière absorbée n'est pas perdue, elle se transforme en chaleur. Vous connaissez certainement cet effet si vous conduisez une voiture noire. C'est pour cette raison que vous trouverez très rarement des ombrelles ou des parasols noirs. La couleur est donc la résultante de la lumière et de la structure d'une surface. La lumière perçue par nos yeux n'est cependant qu'une toute petite partie de la lumière réelle. Les rayons X et la lumière infrarouge, par exemple, ne sont pas visibles à l'œil humain.

Détermination de la température de couleur

La couleur de la lumière n'est pas toujours la même. Vous connaissez peut-être cet effet si vous pratiquez la photo. Si vous photographiez un paysage sous la neige le matin, vous obtiendrez une neige tirant sur le rouge. En revanche, avec la même photo prise à midi, la neige sera d'un blanc immaculé.

La couleur de la lumière est mesurée en degrés Kelvin (K), même si la notion de degré n'a rien à voir ici avec l'idée de température.

Tout part d'une valeur de 0° K l'équivalant à -273,2° C (Celsius), le zéro absolu. Le contraire, le noir absolu, absorbe l'intégralité de la lumière. Prenons comme exemple un morceau de fer. Si ce morceau de fer est chauffé à 1 000°K, il change de couleur. Il commence à émettre des rayonnements rouges.

Si nous augmentons encore la température à environ 6 000°K, le métal rayonne d'une lumière blanche. Cette température correspond à peu près à la température du soleil. Plus le métal est chauffé, plus il devient bleu. Le spectre est ouvert vers le haut.

La température de couleur n'a rien à voir avec une température mesurable. Mais pour pouvoir définir la lumière, les hommes ont opté pour cette définition. En photo, vous travaillez beaucoup avec la température de couleur. Vous connaissez certainement les films pour la lumière naturelle ou ceux pour la lumière artificielle, qui se chargent de livrer des couleurs neutres même si la lumière contient un piqué de couleur.

Dans le tableau suivant, nous avons répertorié quelques valeurs Kelvin significatives. Dans les remarques, nous indiquons quelles sources de lumière créent la valeur Kelvin correspondante. Ce tableau montre également la couleur de la lumière. Comparez ces informations avec l'exemple évoqué précédemment de la photo d'un paysage enneigé.

▼ Tab. 6.1 : La température de couleur et les couleurs		
Degré Kelvin	**Source de lumière**	**Couleur**
1 000	Chandelle	Rouge/orange
2 000	Ampoule électrique jusqu'à 1 000 W	Jaune/orange
3 000	Éclairage de studio	Jaune
4 000	Flash	Jaune clair
5 000	Lumière du jour (moyenne)	Blanc
6 000	Soleil par temps clair et ciel bleu	Blanc
7 000	Soleil par temps légèrement voilé	Bleuâtre pâle
8 000	Soleil par temps couvert	Bleuâtre
9 000	Soleil par temps très couvert	Bleu

Organiser les nuances de couleurs

Dans le spectre des couleurs, il existe un nombre illimité de variations et de nuances. Pour accéder à toutes ces couleurs individuelles et leur donner un nom, il a fallu mettre au point des normes permettant de différencier les couleurs et de les définir.

C'est la raison pour laquelle, bien avant l'avènement de l'ère informatique, ont été mis au point des modèles colorimétriques servant à définir les couleurs visibles par l'œil humain. Les photographes et les peintres ont largement contribué à la création de ces modèles.

6.2. Les modèles colorimétriques CMJN, RVB, LAB et TSL

En fonction du média de sortie que vous utilisez, les modèles colorimétriques changent. Les impressions quadri sont réalisées sur la base du modèle CMJN (cyan, magenta, jaune, noir), ces quatre couleurs de base correspondant aux quatre couleurs d'impression.

Dans un mélange de couleur soustractif, chaque surface imprimée diminue la capacité de réflexion du papier. Si toutes les couleurs sont imprimées les unes sur les autres, le papier ne réfléchit plus aucune lumière : il en résulte la couleur noire. Les impressions et les photos sont des documents sur lesquels tombe la lumière, ces documents réfléchissant plus ou moins la lumière.

Le moniteur de votre PC travaille selon le modèle additif. RVB (rouge, vert, bleu). Ici, l'effet est inversé. Plus le rayon lumineux émis par les particules de phosphore rouges, vertes ou bleues est intense, plus le point à l'écran sera blanc. Si le rayon est éteint, il en résulte la couleur noire. Dans ce procédé, la lumière est projetée par l'arrière sur une surface.

Ce système permet des résultats plus brillants que les modèles soustractifs. Il est également utilisé pour les diapositives. Votre diapo est lumineuse et présente de superbes couleurs lors de la projection. Mais si vous en réalisez un tirage papier, le résultat est en général beaucoup moins bon que l'original. Mais comme il n'y a rien à changer à ces contraintes physiques, il faut retenir que l'image de votre moniteur ne donnera jamais un résultat absolument identique à l'impression.

Moniteur et imprimante : des spectres de couleurs différents

On appelle plage de couleurs le spectre que le périphérique en question (moniteur ou imprimante) est en mesure de représenter.

En comparant les modèles CMJN et RVB, il apparaît que la plage CMJN est plus réduite que la plage RVB. Le modèle CMJN ne sait donc pas représenter toutes les couleurs affichées par le modèle RVB. Les couleurs RVB inexistantes dans le modèle CMJN ne peuvent donc pas être imprimées.

Mais comme elles sont affichées à l'écran, il est clair qu'elles sont sources de problèmes. Photoshop affiche un avertissement si vous utilisez dans une image RVB des couleurs non imprimables. Ces messages peuvent être activés par la commande **Affichage/Couleurs non imprimables** ou la combinaison de touches [Maj]+[Ctrl]+[Y]. Dans ce cas, toutes les couleurs non imprimables contenues dans l'image sont masquées par de la couleur.

Le problème se pose bien évidemment aussi dans l'autre sens. Un véritable cyan ou un jaune pur sont des couleurs qui ne peuvent pas être affichées à l'écran : elles n'existent pas dans le modèle RVB.

La connaissance de ces contraintes est importante. Imaginez la situation suivante : vous utilisez pour le calibrage une de vos photos de vacances. Il s'agit d'une photo superbe de soleil dans un ciel d'un bleu lumineux.

Vous essayez d'ajuster l'écran et l'imprimante, de les calibrer. Mais vous n'arriverez jamais à un résultat satisfaisant. C'est tout simplement dû au fait que le bleu lumineux et le rouge lumineux font partie des couleurs non imprimables. Grâce au masque de couleur sur les couleurs non imprimables, Photoshop met en évidence cette lacune et vous indique les couleurs que vous perdrez lors de la conversion en CMJN.

D'un autre côté, rappelez-vous lors du calibrage du moniteur que ce dernier ne sait pas afficher toutes les couleurs. Si vous comparez les zones cyan ou jaunes avec l'image affichée, vous constaterez qu'il n'y a pas de correspondance.

Pour un résultat correct lors de l'opération de calibrage, la seule solution est d'employer un motif adapté. Photoshop propose une image de test sur le CD du programme (*Goodies/ Etalonnage/Testpict.tif*).

Quels sont les modèles colorimétriques pris en charge par Photoshop ? Commençons avec le plus important !

▲ **Fig. 6.3 :** *L'image de calibrage*

LAB : un modèle de couleurs indépendant des périphériques

Le modèle LAB existe depuis 1931. Il s'agit d'une norme internationale de mesure des couleurs établie par la Commission internationale d'éclairage (CIE). Ce modèle colorimétrique travaille en totale indépendance d'avec les périphériques et englobe tout le spectre de couleurs visible par l'œil humain.

Les couleurs LAB se composent d'une couche de luminosité et de deux couches de valeurs chromatiques (les valeurs de couleur). Dans la couche A se trouvent les nuances du vert au rouge, dans la couche B les couleurs du bleu au jaune.

Le côté intéressant de ce modèle colorimétrique est qu'il contient, entre autres, toutes les couleurs des modèles RVB et CMJN. Il est donc parfaitement adapté pour intervenir lors des conversions d'un modèle vers l'autre. L'illustration suivante représente schématiquement la position du modèle colorimétrique LAB par rapport aux deux autres modèles. Elle montre aussi que les principales différences entre RVB et CMJN concernent la zone supérieure, celle des couleurs bleu-vert.

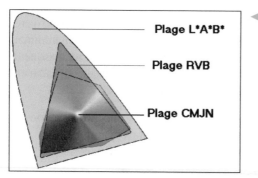

Plage L*A*B*

Plage RVB

Plage CMJN

◄ **Fig. 6.4 :**
Les trois modèles colorimétriques

Un modèle de couleur de conversion

Même si vous n'aurez que peu l'occasion d'utiliser ce modèle colorimétrique, il est d'une importance vitale. Il est utilisé en interne par Photoshop lors des conversions d'un modèle colorimétrique vers un autre.

Et il également parfait lorsqu'il est question de convertir des images Photo-CD en CMJN ou en RVB. Les images Photo-CD travaillent d'après un modèle colorimétrique conçu pour un affichage parfait sur un téléviseur (le modèle YCC) L'intégralité des couleurs de ce modèle est également incluse dans le modèle LAB.

La palette Couleur

Dans la palette **Couleur** de Photoshop, il est facile de reconnaître la structure de ce modèle si vous choisissez comme couleur de premier plan le blanc.

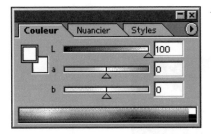

◄ **Fig. 6.5** :
*Le modèle LAB
dans la palette
Couleur*

Vous constatez que la première couche contient les informations de luminosité de l'image, sans aucune information de couleur. Le premier curseur ne contient qu'une échelle de nuances de gris.

Dans la deuxième couche, sont présentées les couleurs du vert au rouge. Au milieu de l'échelle se trouve le blanc. La dernière couche est identique quant à sa structure à la deuxième, mais elle s'étend du bleu au jaune.

Exemple

Voyons ce modèle colorimétrique sur la base d'un exemple. Nous avons affirmé plus haut que le modèle colorimétrique LAB était bien adapté aux images en format Photo-CD, car le modèle LAB et le modèle YCC travaillent selon les mêmes principes. Nous allons utiliser une image Photo-CD complexe comme modèle. L'image contient beaucoup de nuances de rouge, qui n'existent pas dans le modèle CMJN et sont donc non imprimables.

Lors de l'importation de cette image, vous avez la possibilité de choisir le modèle colorimétrique LAB dans la boîte de dialogue d'importation.

Dans la palette **Couches**, vous accéderez ainsi aux trois couches formant l'image. Les miniatures montrent à l'évidence que la structure des couches est totalement différente de ce que nous connaissons des modèles colorimétriques RVB et CMJN.

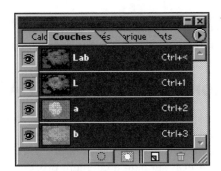

◄ **Fig. 6.6** :
*Les couches
du modèle LAB*

Astuce

LAB et PostScript

Si vous disposez d'une imprimante laser PostScript niveau 2, vous pouvez imprimer directement les images en mode LAB. Dans le cas contraire, vous devrez convertir l'image avant l'impression.

L'illustration suivante montre les trois couches de ce modèle colorimétrique. En haut à gauche se trouve l'image originale, à sa droite la couche de luminosité.

◀ **Fig. 6.7 :**
*L'image
et ses trois couches*

Astuce

Images en nuances de gris

La couche de luminosité peut par exemple aussi servir si vous souhaitez convertir l'image en nuances de gris. Dans certaines circonstances, vous obtiendrez même un meilleur résultat qu'en convertissant la version CMJN ou RVB en nuances de gris. De plus, cette couche permet de piloter en finesse la luminosité et le contraste, car les valeurs colorimétriques ne changent pas.

Les deux couches de couleur ne sont que difficilement éditables, les interventions sur les couleurs ne donnent en général que de piteux résultats.

6.3. Optimisation avec le modèle LAB

Pour commencer, nous allons utiliser la couche de luminosité du modèle colorimétrique LAB pour créer une image en nuances de gris. La commande **Image/Mode/Niveaux de gris** n'est pas applicable. Lors de la conversion, les pixels des couches A et B seraient également pris en compte.

Nous activons de ce fait la commande **Sélection/Tout sélectionner** ou la combinaison de touches [Ctrl]+[A].

Passez ensuite dans la palette **Couches**, sélectionnez la couche A et supprimez son contenu par la touche [Suppr]. Répétez l'opération pour la couche B.

Il ne subsiste dans l'image que les informations de luminosité. Une conversion par **Image/Mode/Niveaux de gris** est désormais possible. Le résultat correspondra trait pour trait au contenu de la couche de luminosité.

Variante de cette technique : activez dans la palette **Calques** la commande du menu fléché **Séparer les couches**, puis enregistrez l'image de la couche de luminosité dans un nouveau fichier.

Astuce

> **Différences avec RVB ou CMJN**
>
> Si l'image avait existé dans l'un des deux modèles colorimétriques RVB ou CMJN, une telle conversion n'aurait pas été possible. En RVB, il n'existe pas de couche contenant les nuances de gris de l'image. De même, la couche noire du mode CMJN n'est pas adaptée à cette opération, puisqu'elle ne contient que des informations partielles.

Supprimer les couleurs non imprimables

Nous allons maintenant utiliser les avantages du modèle colorimétrique LAB pour retirer de l'image les couleurs non imprimables. Pour savoir combien l'image contient de ces couleurs non imprimables, activez la commande **Affichage/Couleurs non imprimables** ou la combinaison de touches [Maj]+[Ctrl]+[Y].

1. Dans notre image, il y a beaucoup de couleurs non imprimables dans les zones de feuillage. Pour bien le voir, nous avons choisi un gris clair dans les préférences de Photoshop, pour matérialiser ces zones.

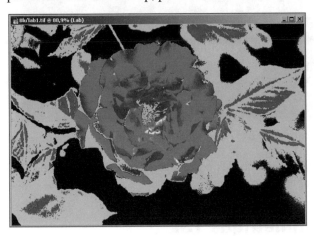

◀ **Fig. 6.8 :**
Les couleurs non imprimables

2. Pour supprimer ces couleurs, il suffit souvent d'utiliser la commande **Image/Réglages/Teinte/Saturation** ([Ctrl]+[U]). Nous avons réduit la saturation de -25.

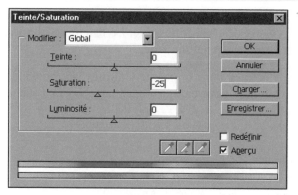

◀ **Fig. 6.9 :**
*Réduction
de la saturation*

3. Immédiatement après le changement, vous constaterez combien la zone des couleurs non imprimables se réduit en peau de chagrin. Cette technique donne souvent d'excellents résultats.

▲ **Fig. 6.10 :** *La zone des couleurs non imprimables a diminué considérablement*

4. Vous pouvez ensuite poursuivre les corrections par les fonctions de la commande **Image/Réglages**.

Le modèle colorimétrique TSL

Un autre modèle colorimétrique permettant de définir des couleurs est le modèle TSL. Avec ce modèle, la définition des couleurs est réalisée à partir des valeurs de teinte (T), saturation (S) et luminosité (L).

Dans la barre de couleur ce modèle ne peut pas être affiché. Ses indications se rapportent à la roue chromatique et ne sont pas représentables sur une barre.

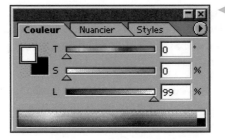

◄ **Fig. 6.11 :**
Le modèle colorimétrique TSL

Avec le premier curseur, vous définissez la position de la couleur dans la roue chromatique standard. La saisie est effectuée de ce fait en degrés, avec une plage allant de 0° à 360°. La saturation détermine la pureté de la couleur. Plus vous mélangez de blanc avec une couleur, et moins cette couleur est saturée. La saisie intervient en pourcentage, de 0 à 100. Le dernier curseur est responsable de la luminosité de la couleur. Avec une valeur de 0 %, la couleur est noire, avec 100 % elle est blanche.

6.4. Les autres modèles colorimétriques

Les divers modèles colorimétriques en lesquels une image peut être convertie sont regroupés dans le sous-menu de la commande **Image/Mode**. Parallèlement aux modèles colorimétriques, vous y trouverez également des modèles pour les images ne contenant qu'une seule couche. Voici ces modes.

Le mode RVB pour les moniteurs et les périphériques vidéo

Ce mode est utilisé pour les images affichées sur un périphérique RVB, par exemple un écran d'ordinateur ou un appareil vidéo. Comme ce modèle colorimétrique est conçu pour des appareils projetant une lumière, vous distinguez à l'écran les couleurs exactes, puisque l'écran travaille également en RVB.

Vous aurez souvent affaire à ce mode. Avec lui, vous disposerez de toutes les fonctions d'édition et de filtre de Photoshop. Dans les autres modes, certaines fonctions sont désactivées. C'est pourquoi aussi le mode RVB est de loin le plus utilisé.

Les trois couleurs de base, le rouge, le vert et le bleu, sont appelées couleurs primaires. Si deux de ces couleurs sont mélangées, vous obtenez une couleur secondaire.

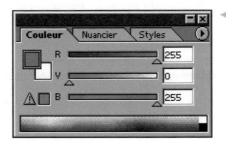

◄ **Fig. 6.12 :**
Le mélange de rouge et de bleu donne du magenta

Le mélange de rouge et de vert donne du jaune et le vert mélangé avec du bleu donne du cyan. Un mélange des trois couleurs aboutit au blanc, d'où le qualificatif de ce modèle : additif. Si vous réglez la même valeur pour les trois curseurs, vous obtenez la "couleur" grise.

La saisie des valeurs s'étend sur une plage de 0 à 255. Cette plage permet ainsi 256 nuances pour chaque couleur primaire, soit un total de 1,7 millions de nuances en mélangeant les trois couleurs (256 x 256 x 256). Ce mode est appelé également TrueColor.

Pour le calcul des teintes possibles, une réflexion s'impose.

D'où viennent les bits ?

Comment est-on arrivé à la notion de bit dans le monde de la retouche d'images ?

Même si c'est difficile à croire aujourd'hui, l'ordinateur ne connaît que deux états : On ou Off (1 ou 0). Cette information est enregistrée dans 1 bit. Un ensemble de 8 de ces bits forme 1 octet, la plus petite unité de mémoire. Comme chaque bit admet un état parmi un ensemble de deux, un calcul binaire sur les 8 bits permet de représenter 256 états différents, les 256 niveaux de gris de chaque couche de gris.

Les images en 24 bits, par exemple les images RVB, sont les résultantes de trois couches de couleur contenant chacune une image 8 bits (8 + 8 + 8 = 24 bits).

Photoshop permet également d'ouvrir des images avec 16 bits par couche et de les éditer partiellement. Les images RVB peuvent être converties dans ce mode, mais rares sont ensuite les possibilités d'édition. Pour l'enregistrement, vous ne pourrez choisir que les formats RAW, TIF et PSD.

Le mode CMJN pour les impressions

Ce mode n'est nécessaire que pour les impressions. Les couleurs cyan, magenta, jaune et le noir (qui représente le contraste) correspondent aux quatre couleurs de base de l'impression quadri.

Pour éditer ces images, Photoshop rencontre un problème fondamental. Comme les moniteurs travaillent selon le principe RVB, il se peut que toutes les couleurs de l'image CMJN ne puissent pas être affichées. On pourrait parler à ce titre de couleurs non affichables. Photoshop contourne ce problème en remplaçant les couleurs non affichables à l'écran. Les données du fichier sont bien sûr conservées, seul l'affichage est concerné. La qualité de l'affichage est modifiable dans les préférences. La conversion pour l'affichage à l'écran peut être réalisée plus rapidement ou mieux.

La commande **Affichage/Couleur de l'épreuve**, activée également par ⌈Ctrl⌉+⌈Y⌉, permet d'entreprendre la conversion écran sans que les données de l'image ne soient modifiées. Sélectionnez au préalable, dans le sous-menu **Format d'épreuve**, l'option *Espace de travail CMJN*.

Pour chacune des quatre couleurs, vous trouverez un curseur dans la palette **Couleur**. L'indication des couleurs est réalisée en pourcentage. Ces valeurs définissent le pourcentage de la couleur de base contenue dans la couleur choisie.

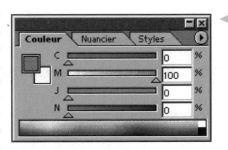

◄ Fig. 6.13 :
*La palette
du mode CMJN*

Comme les images CMJN disposent d'une couche de niveaux de gris supplémentaire, il est tout à fait normal que la taille des fichiers soit supérieure de 30 % par rapport à la même image en RVB. Avec des images de grande taille, cette situation se traduit souvent par un travail plus lent, car la mémoire est mise à l'épreuve plus rudement.

Il existe quelques filtres que vous ne pourrez pas appliquer dans ce mode, par exemple les filtres de dessin et de peinture. Les travaux créatifs avec Photoshop sont donc plutôt limités.

Astuce

Attention, conversion !

Il est bien sûr possible de convertir à tout moment une image CMJN en RVB pour utiliser l'ensemble des filtres du programme, mais gardez à l'esprit qu'une conversion se solde invariablement par une perte de qualité.

La séparation : scission en quatre couleurs d'impression

Si vous convertissez les images RVB en CMJN, les quatre couleurs d'impression, vous séparez les couleurs. Lors de cette opération, toutes les couleurs qui n'existent pas dans le modèle CMJN sont remplacées.

Pour la conversion, Photoshop utilise les paramètres définis dans la commande **Édition/Couleur**.

Renvoi

Nous les avons décrites en détail au chapitre *Les paramètres pour un travail optimal*.

> **Préparation de la séparation**
>
> Pour contourner le remplacement des couleurs par Photoshop lors de la séparation, nous vous conseillons de jouer de prudence et de supprimer manuellement les couleurs non imprimables avant de lancer la séparation.

CMJ-Couleur : impression sans noir

En principe, selon nos explications, le modèle CMJN sait créer le noir sans la composante noire, puisque nous savons que l'impression superposée des trois autres couleurs primaires donne du noir. Théoriquement, c'est tout à fait possible. Mais dans la pratique les choses sont différentes. Le résultat de l'impression des trois autres couleurs ne donne pas du noir pur, mais un brun très foncé. De plus, le fait d'effectuer un passage de noir permet d'économiser les autres couleurs, puisque la quote-part de noir qui y est intégrée est supprimée.

Il est intéressant de voir les effets de ce procédé dans la boîte de dialogue **Sélecteur de couleur**. Saisissez les valeurs 100, 100, 100 et 0 dans les champs CMJN, ce qui devrait en principe donner la couleur noire. Notez la position de la couleur active dans le spectre et dans la barre de luminosité : ce ne sont aucunement les positions attendues. Expérimentez également les valeurs RVB 255/0/255, ce qui devrait donner un magenta pur. Convertie en CMJN, la couleur devient 69/63/0/0. L'inverse ne fonctionne pas non plus : en principe 100/0/0/0, soit le cyan, devrait donner en RVB 0/255/255. Mais en réalité, la valeur est 0/168/236. Et c'est là que réside toute la problématique des modèles colorimétriques.

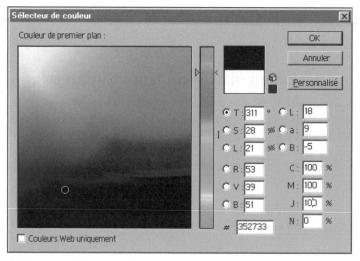

▲ **Fig. 6.14** : *Le noir dans la boîte de dialogue Sélecteur de couleur*

Prévenir des couleurs manquantes

Nous savons désormais que les modèles colorimétriques ne contiennent pas toutes les couleurs. Pour limiter les problèmes lors des conversions, Photoshop propose quelques informations sur les couleurs. La solution idéale est bien sûr de ne travailler qu'avec des couleurs existant dans tous les modèles. Mais dans la pratique ce n'est que difficilement réalisable.

Si vous vous trouvez dans le sélecteur de couleur, un triangle d'avertissement vous indique que vous avez choisi une couleur qui n'existe pas dans le modèle CMJN. Sous ce triangle, un autre champ de couleur propose une couleur de remplacement.

Cliquez sur ce champ pour reprendre la couleur proposée. Si vous travaillez en CMJN et sélectionnez une couleur non imprimable, Photoshop la remplace automatiquement lors de son application.

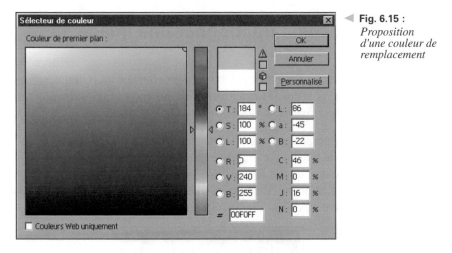

◄ **Fig. 6.15 :**
*Proposition
d'une couleur de
remplacement*

Dans la palette **Couleur** vous trouverez ce même avertissement avec la couleur de remplacement proposée. Là encore, il suffit d'un clic sur le champ de couleur pour sélectionner cette couleur comme couleur active.

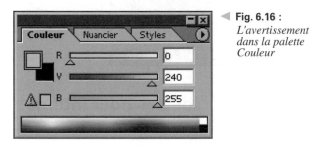

◄ **Fig. 6.16 :**
*L'avertissement
dans la palette
Couleur*

Astuce

Couleur de remplacement

Cette couleur de remplacement est également employée lors de la conversion de l'image en un autre modèle colorimétrique.

Dans la palette **Infos**, une couleur non imprimable est dotée de points d'exclamation derrière les valeurs CMJN. L'affichage à l'écran montre dans ce cas la couleur de remplacement.

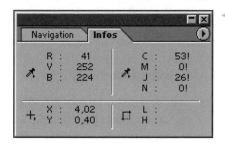

◀ **Fig. 6.17 :**
La palette Infos

Image multicouche : fractionner une image en couches

En mode Multicouche, l'image actuelle est scindée en couches individuelles. Les couches ne sont plus liées à des informations de couleur, il s'agit d'images en niveaux de gris. Après la conversion, une seule couche est affichée.

C'est pourquoi l'image apparaît en niveaux de gris après cette conversion. Tant que vous ne supprimez pas de couche, une conversion arrière reste possible. Si vous supprimez une couche d'une image RVB, LAB ou CMJN, il en résulte automatiquement une image multicouche. L'enregistrement de ces images multicouches n'est possible qu'en format RAW ou Photoshop.

Ce type de fichier a un intérêt si vous envisagez une impression non CMJN, mais avec d'autres couleurs. Autre domaine d'utilisation : le procédé bichrome.

◀ **Fig. 6.18 :**
Une image multicouche

Images en couleurs indexées : idéales pour Internet

Nous avons déjà évoqué le fait que chaque couche en niveaux de gris pouvait représenter 256 nuances de couleur. Dans les modèles colorimétriques précédents, la couleur provenait de la combinaison de plusieurs couches en niveaux de gris. Dans le mode Couleurs indexées, ces nuances possibles sont utilisées différemment.

Dans ce mode il n'y a qu'une seule couche, ce qui permet d'obtenir des fichiers de petite taille. Dans cette couche, ce ne sont pas des niveaux de gris qui sont enregistrés, mais des couleurs. Ces 256 couleurs possibles sont stockées dans une palette, cette dernière étant modifiable.

Si les 256 couleurs de la palette ne sont pas utilisées, il est encore possible de réduire le besoin en mémoire. L'inconvénient est cependant une perte de qualité de l'image. Pour représenter des dégradés très subtils, le nombre de couleurs est en général insuffisant.

Les GIF sur le World Wide Web

Ce mode a connu un regain d'intérêt grâce au Web. Un des formats standard sur le Web, le format GIF89a, utilise ce mode. Les couleurs indexées interviennent également dans des films Windows, par exemple les clips en format FLC d'AutoDesk.

Images teintées en mode Bichrome

Ce mode permet de créer des images teintées. C'est un excellent moyen de simuler de vieilles photos. Vous connaissez certainement ces photos en noir et blanc, teintées de sépia, que produisaient les laboratoires photo il y a quelques décennies. Avec le procédé bichrome, vous pourrez très facilement créer ce genre d'images. En imprimerie, ce procédé est appelé Duotone. Le point de départ est une image en niveaux de gris. Si votre original est en couleur, vous devrez au préalable le convertir.

Le mode Bichrome travaille avec quatre types d'images. Vous pouvez, au choix, travailler avec une encre, deux encres (bichromie), trois encres (trichromie) ou avec un total de quatre encres. Dans ce dernier cas, les images sont dites quadrichromes.

Activez la commande **Image/Mode/Bichrome**. Dans la boîte de dialogue qui apparaît, vous définirez les paramètres de l'image.

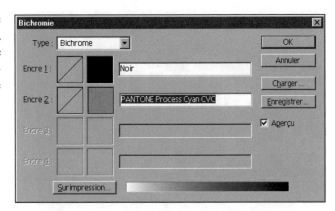

▲ **Fig. 6.19** : *Les options de bichromie*

En guise d'expérimentation, nous allons partir des options prédéfinies dans Photoshop. Vous trouverez des jeux de paramètres, liés à des types d'images, dans divers sous-dossiers du dossier *Paramètres prédéfinis/Bichromie* de Photoshop.

Les paramètres de bichromie sont enregistrés avec une extension *.ado*. Si vous y effectuez des modifications, pensez à les enregistrer pour pouvoir les réutiliser si besoin.

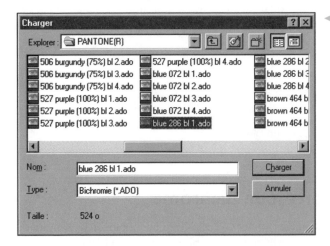

◀ **Fig. 6.20 :**
Utilisation de paramètres prédéfinis

Astuce

Choix du bon motif

Faites attention à choisir un motif d'image adapté au procédé bichrome. Tous les motifs ou sujets donnant un bon résultat en noir et blanc peuvent faire l'objet d'un traitement bichrome. Il s'agit en principe des images bien contrastées. Voici un exemple d'image s'y prêtant bien.

◀ **Fig. 6.21 :**
Une image appropriée à la bichromie

Bien que les images bichro-mes utilisent plusieurs cou-leurs, elles ne sont composées que d'une seule couche, comme le montre la palette **Couches**.

◀ **Fig. 6.22 :**
Une couche bichrome

Pour constater qu'avec plusieurs couleurs il existe bien plusieurs couches, nous allons prendre un détour. Activez la commande **Image/Mode/Multicouche** pour scinder les couches. Dans la première couche est affichée l'image noir et blanc, dans la seconde la teinte.

◀ **Fig. 6.23 :**
Le mode multicouche

Astuce

Pas de retour possible !

Malheureusement, il n'est pas possible de convertir une image mul-ticouche en image bichrome. Annulez la conversion par la commande d'annulation ou par la palette **Historique**.

Enregistrement limité

L'enregistrement d'une image bichrome n'est possible qu'en format Photoshop, EPS ou RAW. Au cours du prochain exercice, nous contournerons cette lacune.

6.5. Créer une image CMJN à partir d'une image bichrome

Dans cet exercice, nous allons tenter de construire une image CMJN comme une image bichrome, pour conserver une plus grande souplesse dans l'édition des pixels.

Créez l'image bichrome. Le procédé fonctionne au mieux si vous faites appel à l'une des trois couleurs primaires jaune, magenta ou cyan. En ce qui nous concerne, nous avons opté pour le cyan.

Transformez ensuite cette image bichrome en multicouche. L'illustration suivante montre les couches individuelles. À gauche, le contenu de la couche noire, à droite celui de la couche de couleur.

▲ **Fig. 6.24** : *Les deux couches de l'image multicouche (à gauche, noir, à droite, cyan)*

1. Passez dans la palette **Couches** et sélectionnez la première couche de l'image multicouche. Sélectionnez l'intégralité de l'image par la combinaison de touches Ctrl+A.

2. Copiez la sélection par la commande **Édition/Copier** ou la combinaison de touches Ctrl+C.

3. Activez la commande **Fichier/Nouveau** (Ctrl+N). En ce qui concerne la hauteur et la largeur, Photoshop propose automatiquement les dimensions de l'image contenue dans le Presse-papiers. Vous n'avez de ce fait rien à modifier. Comme mode, choisissez *Couleurs CMJN*.

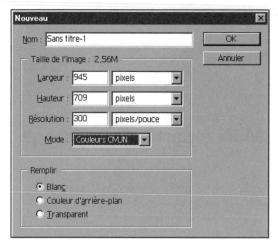

◄ **Fig. 6.25** :
La nouvelle image

4. Passez à la nouvelle image. Activez la palette **Couches** et la couche noire. Insérez le contenu du Presse-papiers par la commande **Édition/Coller** ou la combinaison de touches [Ctrl]+[V].

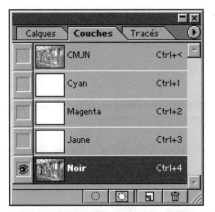

◀ **Fig. 6.26 :**
La couche noire après collage

Astuce

Plus rapide avec la souris

Au lieu de suivre la voie passant par le Presse-papiers, vous pouvez aussi glisser l'image avec la souris jusque dans la couche noire de la nouvelle image CMJN. Pour cela, il faut que la couche noire soit sélectionnée.

5. Répétez cette opération avec la deuxième couche de l'image multicouche. Il suffit d'activer dans la palette **Couches** l'autre couche, la sélection n'est pas à refaire, puisque la sélection s'applique toujours à la couche active.

Collez la copie de cette deuxième couche dans la couche cyan de la nouvelle image. Voici la palette **Couches** après cette opération. Dans l'image CMJN, seules les couches noire et cyan contiennent des données, les deux autres sont vides.

◀ **Fig. 6.27 :**
L'image CMJN terminée

Astuce

Plus de couleurs en bichromie

Cette solution est également applicable si vous utilisez un plus grand nombre de couleurs en bichromie. Les contenus peuvent être copiés dans les diverses couches de l'image CMJN.

6. L'image que nous venons de construire est un peu différente de l'image bichrome, si cette dernière a été construite avec une couleur autre qu'une des couleurs primaires.

Le procédé décrit a l'avantage de faciliter les manipulations des couches de couleur. Vous pouvez ainsi diriger l'intensité de la couleur en modifiant pour la couche cyan les valeurs de luminosité ou de contraste.

En mode Bichrome, la palette **Infos** affiche à gauche les valeurs de couleurs des diverses couches. L'illustration suivante permet de constater que les même valeurs interviennent également en mode CMJN et que les deux autres couches sont bien vides.

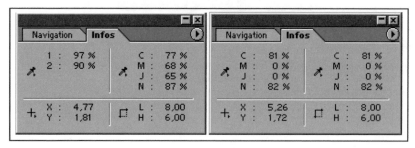

▲ **Fig. 6.28** : *Les palettes Infos de l'image bichrome (à gauche) et CMJN (à droite)*

Au lieu de créer un nouveau fichier, nous aurions aussi pu convertir l'image en multicouche et insérer deux nouvelles couches.

Organisez dans ce cas les couches dans la palette pour retrouver l'ordre des couches CMJN, puis convertissez l'image en mode CMJN.

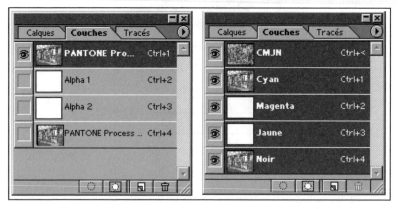

▲ **Fig. 6.29** : *Les deux palettes Couches, à gauche l'image multicouche,*
       à droite l'image CMJN

Les options de bichromie

Jetons un coup d'œil aux options de bichromie proposées par Photoshop. La première zone de liste permet de définir le nombre de couleurs à utiliser. Les quatre options disponibles permettent l'emploi d'une à quatre encres. En fonction du choix effectué sur cette liste, les champs situés en dessous deviennent accessibles.

Dans ces champs, vous pourrez ainsi modifier les noms des couleurs pour assurer une exportation sans problème vers un autre programme.

Si vous n'utilisez qu'une seule couleur, le résultat ne sera pas noir et blanc, mais un blanc coloré. Le noir est remplacé par la couleur spécifiée, le blanc restant en place. Là encore, 256 nuances sont possibles.

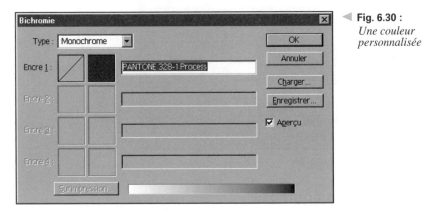

◀ **Fig. 6.30 :**
Une couleur personnalisée

En cliquant sur la pastille de couleur, vous avez la possibilité de modifier cette couleur. Il est conseillé de faire appel au nuancier PANTONE, car les images bichromes sont souvent imprimées à partir de ce nuancier.

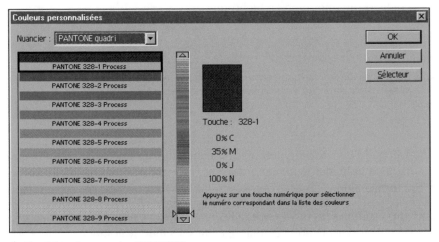

▲ **Fig. 6.31 :** *Le nuancier PANTONE*

La courbe de bichromie

Par un clic sur le carré barré, à gauche de la pastille de couleur, dans la boîte de dialogue **Bichromie**, vous accédez à une boîte de dialogue permettant d'éditer la courbe de bichromie. Cette courbe détermine comment la couleur choisie sera imprimée dans les zones claires et sombres de l'image. Nous reviendrons par la suite sur une description détaillée de cette courbe.

La courbe est modifiable avec la souris ou par saisie de valeurs numériques dans les champs. Elle peut être modifiée en 13 points. Cette courbe peut être sauvegardée dans un fichier avec extension *.atf*.

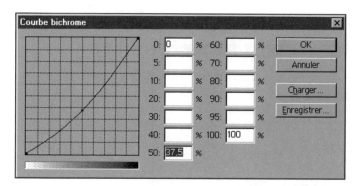

◀ **Fig. 6.32 :**
La courbe

Surimpression des couleurs

Cette option sert au calibrage du moniteur. Lors d'une surimpression des couleurs, les effets peuvent être très variés. Si vous imprimez par exemple du cyan sur du jaune, vous obtenez du vert; ce vert peut être différent si vous imprimez du jaune sur du cyan. L'option est disponible uniquement si vous avez travaillé avec plusieurs couleurs, au minimum en bichromie.

Astuce

> **Attention à l'ordre des couleurs !**
>
> Veillez à définir vos différentes couleurs en partant de la plus sombre à la plus claire. C'est ainsi que vous obtiendrez les couleurs les plus saturées.

Photoshop montre à quoi ressembleront les couleurs surimprimées dans les champs de couleurs de la boîte de dialogue ci-dessous. Elle apparaît après un clic sur le bouton **Surimpression**.

Pour pouvoir distinguer les différences à l'écran, cliquez sur la couleur concernée et réglez la couleur dans la boîte de dialogue du sélecteur de couleur.

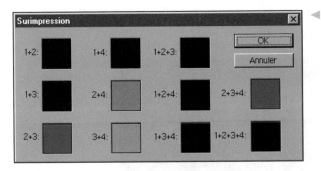

◀ **Fig. 6.33 :**
Correction de
l'affichage écran

Le mode Niveaux de gris

Le mode Niveaux de gris a déjà été abordé. Chaque image couleur contient une image en niveaux de gris dans ses couches de couleur individuelles. La taille du fichier correspond à un tiers de la même image RVB ou LAB et à un quart de l'image en CMJN. Cette image peut contenir jusqu'à 256 niveaux de gris.

Lors de la conversion en un autre mode, vous déciderez si les calques (dans la mesure où l'image en contient) doivent être fusionnés sur le calque de fin ou non.

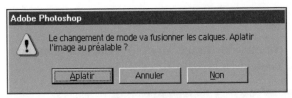

◀ **Fig. 6.34 :**
La demande
de confirmation
lors de la conversion

Conversion en niveaux de gris

À l'époque de la photo manuelle, c'était un véritable art de prendre des clichés en noir et blanc et de les modifier en laboratoire. On utilisait à l'époque des filtres de couleur pour mettre en valeur certaines parties de l'image ou les fondre dans l'arrière-plan.

Une méthode similaire peut aussi être employée avec Photoshop. Il existe plusieurs possibilités de créer des images en niveaux de gris. Nous avons volontairement recherché un exemple d'image permettant de bien reconnaître les effets. Notez combien toutes les images que nous allons réaliser diffèrent, surtout au niveau des couleurs de la voiture.

Nuances de gris avec l'imprimante

La méthode la plus simple de créer une image en niveaux de gris consiste à intégrer cette image couleur dans un programme de PAO et de laisser la responsabilité de la conversion à l'imprimante. Ce procédé ne peut bien évidemment pas être dirigé et n'offre qu'une qualité limitée.

◀ **Fig. 6.35 :**
*Une image
en couleur
(Ferrari.psd)*

Conversion automatique

Vous pouvez aussi utiliser la commande **Image/Mode/Niveaux de gris** pour transformer les informations de couleur en niveaux de gris.

◀ **Fig. 6.36 :**
*Conversion
avec la fonction
Niveaux de gris*

Par ce procédé, vous n'avez pas non plus de possibilité d'agir sur la conversion.

Conversion par désaturation des couleurs

Vous obtiendrez de mauvais résultats si vous utilisez la commande **Image/Réglages/Désaturation** ou si vous activez la commande **Image/Réglages/Teinte/Saturation** et placez la saturation sur la valeur *-100*.

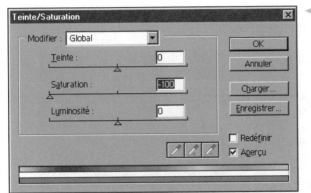

◀ **Fig. 6.37 :**
Désaturation de l'image

Avec cette variante, vous obtiendrez le résultat suivant.

▲ **Fig. 6.38 :** *Conversion par désaturation*

Photoshop utilise les informations des diverses couches de couleur pour calculer les niveaux de gris. De ce fait, les informations de bleu de l'image RVB interviennent moins dans la conversion que les informations de vert.

Créer une image en nuances de gris par les couches RVB

Avant la conversion, examinez les couches de couleur de l'image. Commençons par les images en niveaux de gris d'une image RVB. Comme le montrent les illustrations suivantes, les informations sont très différentes.

Dans la couche de bleu et de vert, l'image est très sombre, la voiture est presque noire. Dans la couche de rouge, en revanche, la voiture semble très claire.

▲ **Fig. 6.39** : *Les couches RVB de l'image : rouge en haut à gauche, puis vert et enfin bleu*

Utiliser les couches CMJN comme image en nuances de gris

Notre prochaine tentative part d'une image en mode CMJN. Nous séparons à nouveau les couches de couleur. Le plus simple est de faire appel à la palette **Couches** et sa fonction **Séparer les couches**.

Astuce

Modifier les valeurs de séparation

Lors de cette conversion, veillez tout particulièrement à ce que, dans la boîte de dialogue de la commande **Édition/Couleur**, dans le champ *CMJN/CMJN personnalisé*, l'option *Densité du noir* soit sur *Sans*. Ainsi toutes les informations seront-elles exclusivement réparties dans les couches de couleur et non dans la couche noire.

Dans cette variante, les images ont un autre aspect. La couche jaune est inutilisable comme image indépendante. Les deux autres sont plus sombres que les variantes RVB.

Dans la couche cyan l'image est plus contrastée que dans la couche rouge. En revanche, c'est l'inverse pour la couche magenta, qui est moins contrastée que les couches verte et bleue en RVB.

Le fait que les images s'approchent de la variante RVB tient à la couleur rouge de la voiture. Elle se compose de magenta et de jaune. La même couleur est obtenue en RVB par un mélange de vert et de bleu.

▲ **Fig. 6.40 :** *Les couches CMJN : en haut à gauche, cyan, à droite, magenta et en bas, jaune*

Coupler plusieurs couches

La commande **Image/Opérations** permet de regrouper deux couches de niveaux de gris. Pour cela, vous disposerez des différents modes de fusion également proposés par les calques. Sélectionnez les deux couches sources dans les champs *Source 1* et *Source 2*. En plus de l'opération, vous pourrez également définir l'opacité. Dans le champ *Résultat*, sélectionnez le but de cette opération : nouvelle couche ou nouveau document.

Voici les paramètres que nous avons utilisés pour cette opération.

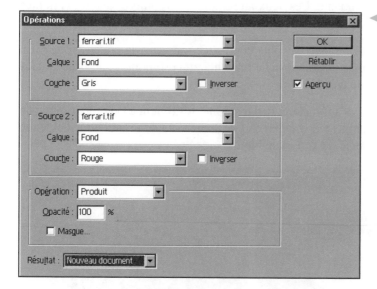

◀ **Fig. 6.41 :**
*La boîte
de dialogue
Opérations et
nos paramètres*

Et voici le résultat que nous avons obtenu.

◀ **Fig. 6.42 :**
*Une image
en noir et
blanc par
opération sur
les couches*

Utiliser LAB

Les possibilités du modèle colorimétrique LAB ont déjà été évoquées. Dans cet exemple, nous avons obtenu l'image suivante en utilisant la couche Luminosité.

C'est de loin le résultat le plus brillant obtenu jusqu'à présent. La "couleur" de la voiture est bien rendue par un gris très agréable.

◄ **Fig. 6.43 :**
Le résultat
de l'emploi
de la couche
Luminosité

Le côté intéressant de ce procédé est qu'il permet lui aussi de coupler des couches : la couche Luminosité et l'une des deux autres couches, A ou B. Voici nos paramètres.

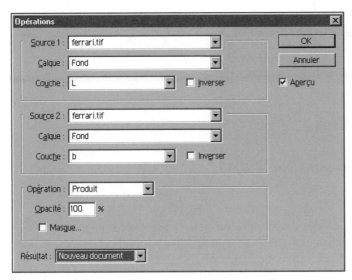

◄ **Fig. 6.44 :**
Le couplage
de la couche
de luminosité
avec la couche B

Voici côte à côte les deux possibilités. La différence entre les deux est minime, mais avec d'autres images elle peut être nettement plus importante.

▲ **Fig. 6.45 :**   *Couplage L + A à gauche et L + B à droite*

Mode bitmap : noir et blanc

En mode Bitmap, les images sont composées uniquement de deux couleurs : le noir et le blanc. Seules des images en niveaux de gris peuvent être converties en ce mode. Les calques et les couches alpha ne sont pas pris en compte, ils sont supprimés après une demande de confirmation.

Dans la boîte de dialogue suivante, vous trouverez divers types de conversion. Dans le champ *Sortie*, définissez d'abord la résolution de sortie. Avec des images bitmap, la résolution ne doit en aucun cas être modifiée par la suite, car les résultats seraient aussi exécrables qu'avec des couleurs indexées.

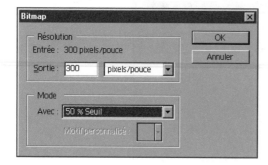

◀ **Fig. 6.46 :**
Les méthodes de conversion

Seuil : 50 %

Avec ce procédé sont créées des images en noir et blanc ne contenant que des surfaces noires ou blanches, il n'y a pas de tramage. Tous les pixels de l'image dont la luminosité dépasse 50 % sont colorés de noir, le reste est blanc.

Comme cette méthode ne permet aucun contrôle de la part de l'utilisateur, il vaut mieux faire appel à la commande **Image/Réglages/Seuil** et ne convertir l'image que par la suite. L'avantage de cette commande est qu'elle permet de régler le seuil.

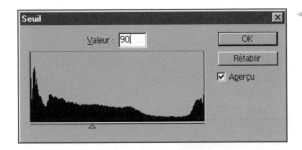

◀ **Fig. 6.47 :**
*Modification de
la valeur du seuil*

Avec la procédure automatique, nous avons obtenu l'image située à gauche.
L'image de droite a été créée après modification du seuil sur la valeur *90*.

◀ **Fig. 6.48 :**
*Deux variantes
à base de seuil*

Motif géométrique

Toutes les autres options sont fondées sur des trames. Avec la trame à motif
géométrique, le motif est parfaitement régulier. Vous connaissez déjà cette variante de la conversion en couleurs indexées. Ce procédé n'est pas conseillé, il est
trop régulier pour donner un résultat de qualité.

◀ **Fig. 6.49 :**
Le motif géométrique

Diffusion

La trame de diffusion permet un résultat bien plus élégant, les pixels sont répartis de manière plus discrète, au point que la trame est presque invisible. Les points sont placés de manière aléatoire dans l'image.

Là encore, sur le plan de la qualité, nous préconisons plutôt la conversion en couleurs indexées.

◄ **Fig. 6.50 :**
La trame de diffusion

Astuce

À ne regarder qu'avec un facteur de zoom de 1:1

Pour visualiser les images tramées, n'utilisez qu'un facteur d'affichage de 1:1, correspondant à la commande **Affichage/Taille réelle des pixels**. Vous l'activerez également par la combinaison de touches [Alt]+[Ctrl]+[O]. Dans les autres affichages, l'image est méconnaissable.

Trames de demi-teintes

Avec les trames de demi-teintes, vous pouvez choisir entre six types différents de trames. Dans la boîte de dialogue ci-dessous, vous indiquerez au préalable la linéature et l'angle de la trame. Pour notre exemple, nous avons choisi les paramètres suivants.

◄ **Fig. 6.51 :**
Sélection d'une trame de demi-teinte

Avec *Croix* et *Losange*, nous sommes arrivés aux résultats suivants.

▲ **Fig. 6.52** : *À gauche, une trame en forme de croix, à droite, une trame en losange*

Astuce

Motifs personnalisés

Cette option n'est disponible que si vous avez déclaré un motif à l'aide de la commande **Édition/Utiliser comme motif**. C'est ce motif qui sera ensuite utilisé pour la trame.

6.6. Coloriser une image en noir et blanc

Pour la seconde partie de ce chapitre, nous avons choisi un exercice passionnant. Ce sera une occasion rêvée de vous présenter les outils de peinture de Photoshop et de revoir les méthodes de remplissage et les outils de sélection.

Vous avez à créer une carte d'invitation et souhaitez la décorer d'une photo. Mais pas d'une photo ordinaire, non : une photo colorisée à la main ! Cet exercice vous servira également si vous disposez d'une vieille photo noir et blanc que vous souhaitez améliorer.

◀ **Fig. 6.53** :
L'image de départ (Dame.psd)

Vous n'avez pas de photo noir et blanc. Ce n'est pas grave. Notre image de départ est également une image en couleur. Mais nous allons la convertir en une véritable photo en noir et blanc, mais en conservant la plus grande souplesse : nous aurons peut-être à modifier ultérieurement certaines parties de cette image.

Conversion en image noir et blanc

Nous connaissons désormais les différentes techniques permettant de convertir une image en couleur en une image en noir et blanc. Nous avons décidé pour cet exercice de partir d'une version LAB et d'en récupérer la couche Luminosité, car elle donne un résultat très brillant.

Mais comme nous voulons profiter d'une souplesse maximale, nous allons conserver l'image originale dans le même fichier. "Impossible de garder dans un même fichier une image en couleur et une image en niveaux de gris ! " nous direz-vous.

Mais si, voici comment.

1. Convertissez l'image de départ RVB par la commande **Image/Mode/ Couleurs LAB**, puis passez dans la palette **Courbes** pour sélectionner la couche *Luminosité*.

◀ **Fig. 6.54 :**
Conversion en mode LAB

2. Sélectionnez l'ensemble de l'image par Ctrl+A et copiez-la dans le Presse-papiers par Ctrl+C.

◀ **Fig. 6.55 :**
L'image sélectionnée

Annuler des actions

Nous ne voulons bien évidemment pas convertir définitivement l'image de départ en mode LAB. Ce n'est qu'une étape intermédiaire pour aboutir à une image noir et blanc. Photoshop propose cependant des fonctions pour annuler les opérations. Nous allons vous les présenter.

1. Ouvrez la palette **Historique** : vous y trouverez une mention pour chacune des opérations effectuées auparavant.

◄ **Fig. 6.56 :**
Les entrées de la palette Historique

Astuce

Un grand espace disque est nécessaire

Rappelez-vous que pour cette fonction d'historique il faut beaucoup d'espace disque. Il est conseillé de bien réfléchir sur le nombre d'entrées d'historique que vous souhaitez voir gérées par Photoshop (dans les préférences générales). Le nombre maximal est de 99 actions, mais il obère très fortement le système, surtout si vous travaillez sur grand écran.

2. Par le menu fléché de cette palette, activez la commande **Options d'historique**. Vous pourrez ainsi définir si le premier instantané doit être créé automatiquement.

On appelle "instantané" les mentions de la palette **Historique** placées au-dessus du trait horizontal épais. Vous avez la possibilité de créer de nouveaux instantanés en cliquant sur la deuxième icône dans la partie inférieure de la palette. Un instantané est un enregistrement d'un état donné du document.

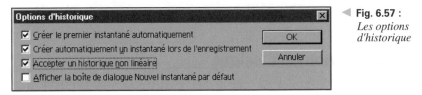

◄ **Fig. 6.57 :**
Les options d'historique

Astuce

> **Créer un nouveau fichier**
>
> Le premier bouton situé dans la partie inférieure de la palette **Historique** permet de créer un nouveau document à partir de l'instantané sélectionné dans l'historique. C'est une solution bien pratique si vous souhaitez garder une trace de certaines situations intermédiaires sous forme de fichiers autonomes.

Ces options permettent également de créer automatiquement un instantané lors de l'enregistrement du fichier. Avec *Accepter un historique non linéaire*, la suppression d'une étape de travail n'élimine que cette étape, les étapes suivantes restant en place.

3. Un instantané peut être renommé : double-cliquez sur l'entrée concernée et affectez-lui un nom dans la boîte de dialogue ci-contre.

▲ **Fig. 6.58** : *Renommer un instantané*

Astuce

> **Répéter des actions**
>
> Si vous souhaitez exécuter à nouveau une action de la palette **Historique**, cliquez sur l'entrée en maintenant la touche [Alt] enfoncée. Cette solution est intéressante si vous souhaitez par exemple appliquer à nouveau un filtre d'effet défini précédemment.

4. Pour annuler les opérations effectuées, cliquez sur la première mention sous le trait de séparation horizontal. Les opérations de copie de sélection ne sont pas concernées, elles n'apparaissent d'ailleurs pas sur la liste de l'historique.

◄ **Fig. 6.59** :
Retour à la case départ

5. L'image retrouve le mode RVB qui était le sien à l'ouverture et la sélection est annulée.

Création d'un nouveau calque

Nous allons maintenant coller le contenu du Presse-papiers sur un nouveau calque de l'image de départ. Cela permet de garder la souplesse requise. Nous pourrons à tout moment faire appel à la version couleur de l'image.

1. Cliquez sur l'icône de la feuille de papier, au bas de la palette **Calques**. Ce bouton met en place un nouveau calque au-dessus du calque *Fond*. Le nouveau calque est vide et automatiquement sélectionné.

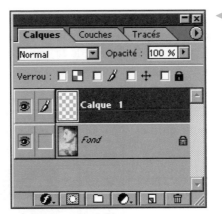

◀ **Fig. 6.60 :** *Le nouveau calque*

2. Activez la combinaison de touches [Ctrl]+[V] pour coller le contenu du Presse-papiers sur ce calque : le calque d'arrière-plan contient l'image en couleur, le calque du dessus l'image en noir et blanc.

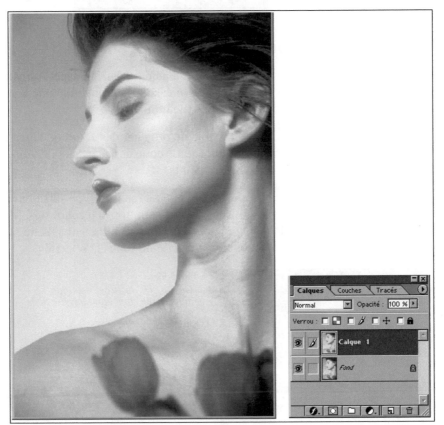

▲ **Fig. 6.61 :** *Le calque rempli*

3. Il nous faut un autre calque au-dessus de ce nouveau calque. C'est sur lui que nous peindrons les couleurs. Activez la commande **Calque/Nouveau/Calque** ou cliquez à nouveau sur l'icône de la feuille de papier au bas de la palette **Calques**.

S'il est vrai que chaque nouveau calque augmente le besoin en mémoire, nous vous conseillons malgré tout de suivre cette voie pour conserver la souplesse requise.

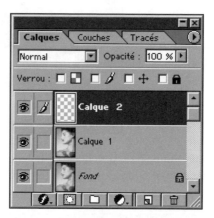

◄ **Fig. 6.62 :**
Le nouveau calque vide

Préparatifs de la peinture

Nous ne pouvons pas directement commencer à peindre dans l'image. Admettons que nous voulions peindre le visage avec un pinceau. La probabilité que vous ne débordiez pas dans l'arrière-plan est extrêmement mince.

Pour éviter ces désagréments, il est possible de protéger des zones de l'image de la peinture. Pour cela, nous utiliserons une vieille connaissance : la sélection. Car seule les zones sélectionnées peuvent être peintes.

Mais avec notre sujet, la sélection n'est pas simple à réaliser, il ne suffit pas d'un coup de baguette magique, car les niveaux de gris sont trop peu contrastés. Même avec une tolérance très faible dans la barre d'options d'outils, la baguette sélectionne des zones du visage qui ne devraient pas figurer dans la sélection.

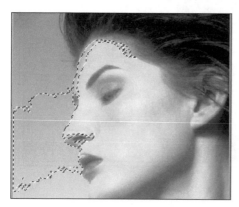

◄ **Fig. 6.63 :**
Des parties du visage sont intégrées dans la sélection alors qu'elles ne le devraient pas

Travailler avec l'outil Lasso

Pour notre opération, il nous faut un autre outil. Les outils de sélection de formes irrégulières sont proposés par Photoshop dans un menu flyout que vous pourrez ouvrir par la touche L.

◄ **Fig. 6.64 :**
Les autres outils de sélection

Le premier outil de ce menu flyout est le lasso. Vous n'y ferez appel que rarement, car il est d'un emploi délicat : il est difficile de suivre parfaitement un contour avec la souris. Si vous disposez d'une tablette graphique, vous l'emploierez plus souvent, car la précision de la tablette est bien supérieure à celle de la souris.

Astuce

Adaptation

Vous pouvez utiliser l'outil Lasso pour supprimer par exemple des trous dans un masque, car dans ce cas la précision n'a pas grande importance.

Pour le travail que nous avons à réaliser, le deuxième outil, le lasso polygonal, est bien plus adapté. À l'inverse du lasso traditionnel, il permet un travail tout en précision. La zone de sélection est définie par des segments de droite. Voici comment créer la sélection.

1. Cliquez sur le point de départ de la sélection.

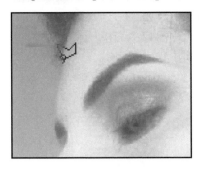

◄ **Fig. 6.65 :**
Le point de départ

2. Placez successivement des points en suivant le contour du visage. Avec cet outil, pas besoin de garder le bouton de la souris enfoncé.

Pour bien voir les détails, agrandissez l'affichage, passez à 200 %, voire à 300 %. Lorsque le premier point est placé, vous ne pourrez plus recourir à la loupe ou aux commandes du menu **Affichage**. D'où l'intérêt de mémoriser les touches ⊞ et ⊟ du pavé numérique : elles agrandissent ou réduisent l'affichage.

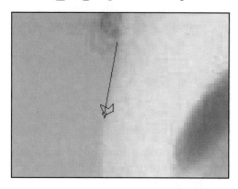

◀ **Fig. 6.66 :**
Le point suivant

3. Lorsque vous atteignez la bordure de la fenêtre, Photoshop déclenche automatiquement un défilement. Attention, le pointeur de la souris est très sensible !

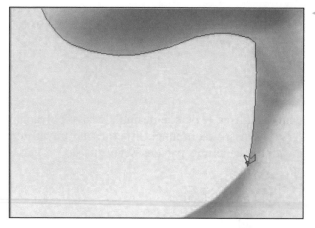

◀ **Fig. 6.67 :**
*Défilement
de l'extrait
de l'image*

Comme il est possible de placer les points très près les uns des autres, il est également possible de créer des contours arrondis. C'est tout l'intérêt de cet outil.

Astuce

Les deux outils Lasso simultanément

Vous pouvez utiliser les deux outils Lasso en même temps. Commencez par exemple la sélection avec le lasso traditionnel pour créer une forme à main levée. Si vous enfoncez et maintenez la touche [Alt], Photoshop passe au lasso polygonal et vous avez la possibilité de placer des points en cliquant. Pour revenir au lasso ordinaire, il suffit de relâcher la touche [Alt]. Veillez lors de cette commutation à garder le bouton de la souris enfoncé, sinon Photoshop ferme automatiquement la sélection.

4. Sur le côté gauche de l'image, la sélection doit s'étendre jusqu'aux limites de l'image. Pour cela, n'hésitez pas à placer des points en dehors de l'image.

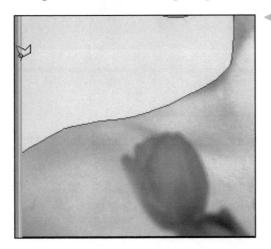

◄ **Fig. 6.68** :
*Des points hors
de l'image*

5. Suivez ensuite la bordure jusqu'à arriver en haut de l'image.

◄ **Fig. 6.69** :
Le dernier point

Astuce

Une fausse manœuvre ! Pas de problème

Vous avez placé un point à un endroit qui ne convient pas ? Activez la touche Retour arrière. Elle permet de revenir sur vos pas point par point.

6. Pour fermer la sélection, double-cliquez pour placer le point final. Photoshop ferme automatiquement la sélection en reliant le point final au point de départ par une droite.

7. Une autre solution consiste à cliquer pour finir sur le point de départ. Si le pointeur se trouve sur ce point, un cercle à côté du pointeur signale que vous êtes en bonne position.

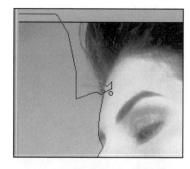

◀ **Fig. 6.70 :**
Fermeture de la sélection

8. Voici la sélection à laquelle vous devez aboutir.

◀ **Fig. 6.71 :**
La sélection (presque) terminée

Vous l'avez certainement remarqué : dans la zone de la chevelure, il manque une partie. Pour cette zone, l'outil Lasso polygonal n'est pas approprié. Nous affinerons la sélection avec un autre outil.

Combiner les outils de sélection

Dans la pratique, il arrive rarement que vous puissiez créer une sélection correcte avec un seul et même outil. En général, vous combinerez plusieurs outils pour arriver à vos fins.

1. Pour la zone qui nous manque, au niveau du front, nous utiliserons la baguette magique. Du fait des subtiles nuances de couleur, nous avons opté pour une tolérance de 10. Veillez à activer le mode Ajouter à la sélection, le deuxième bouton en partant de la gauche dans la barre d'options d'outils.

▲ **Fig. 6.72 :** *La barre d'options d'outils*

2. Cliquez avec l'outil Baguette magique sur l'emplacement matérialisé dans l'illustration suivante. Nous avons agrandi l'affichage à 200 %.

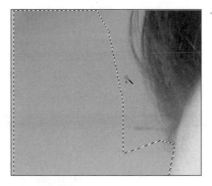

◀ **Fig. 6.73 :**
La bonne position

3. Une grande partie de la zone est sélectionnée. Il reste à peaufiner la sélection de quelques points.

◀ **Fig. 6.74 :**
La nouvelle sélection

4. Terminez par quelques clics de souris sur les zones restantes pour arriver au résultat suivant.

◀ **Fig. 6.75 :**
La sélection est finie

Mémoriser les sélections

La première sélection est terminée. Nous allons l'enregistrer. Cet enregistrement est important, car pour l'instant la sélection n'est que temporaire. Dès que vous refaites une autre sélection, la première disparaît.

1. Activez la commande **Sélection/mémoriser la sélection**. Comme nous aurons encore d'autres masques à créer, donnez-lui un nom pertinent. Nous avons opté pour "Arrière-plan". Vous pourrez ainsi maîtriser sans problème la situation par la palette **Couches**.

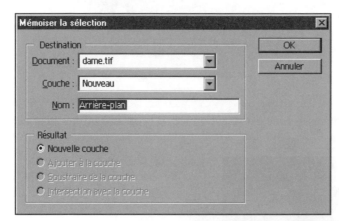

◀ **Fig. 6.76 :**
*Mémorisation
du masque*

2. Vous retrouvez ainsi la sélection dans la palette **Couches**.

◀ **Fig. 6.77 :**
*Le masque
enregistré*

Astuce

Renommer les couches

Pour renommer une couche par la suite, il suffit de double-cliquer sur son nom dans la palette **Couches**.

Former des intersections de sélection

Il nous faut ensuite une sélection de la bouche. Nous pouvons utiliser pour cela une partie de la première sélection, en l'occurrence la bordure gauche de la bouche. Nous allons donc utiliser un nouveau mode de travail.

1. Activez l'outil Lasso polygonal et définissez dans la barre d'options d'outils les paramètres suivants. Notez que nous avons choisi cette fois le mode Sélectionner l'intersection, le dernier des quatre boutons à gauche de la barre. Ce mode n'intègre dans la sélection que les zones de sélection en place et la nouvelle sélection.

◄ **Fig. 6.78 :**
*La barre
d'options d'outils*

2. En ce qui concerne la sélection en place, nous allons l'inverser : activez pour cela la commande **Sélection/Intervertir**. Ainsi, ce n'est plus l'arrière-plan mais le visage qui est sélectionné.

Détourez les lèvres après avoir agrandi l'affichage à 300 %.

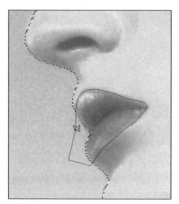

◄ **Fig. 6.79 :**
*Détourage
des lèvres*

3. La bordure gauche des lèvres n'a pas d'importance, cette bordure sera automatiquement créée par l'intersection. Vous vous en apercevrez lors de la fermeture de la nouvelle sélection. Voici le résultat : nous l'enregistrons également dans une nouvelle couche, sous le nom "Bouche".

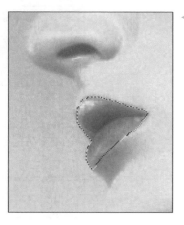

◄ **Fig. 6.80 :**
*La deuxième
sélection*

Les autres sélections

Deux autres sélections sont nécessaires. Pour le masquage des yeux, vous utiliserez à nouveau l'outil Lasso polygonal. Une fois la sélection en place, enregistrez-la sous le nom "Yeux".

▲ **Fig. 6.81** : *La sélection des yeux*

Pour finir, il reste à sélectionner les fleurs dans le bas de l'image. Cette sélection présente une petite particularité, car la bordure de la tulipe est très floue. Commencez par masquer la zone comme dans l'illustration ci-contre. L'outil n'a pas d'importance, vous pouvez utiliser au choix la baguette magique ou le lasso polygonal.

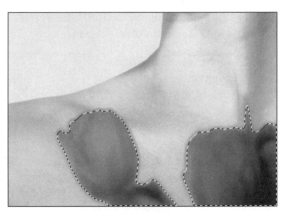

▲ **Fig. 6.82** : *Sélection de la fleur*

Après mémorisation de cette sélection, la palette **Couches** se présente comme suit.

◀ **Fig. 6.83** :
*La palette
Couches*

Éditer les couches de masque

Nous avons déjà étudié les techniques permettant de modifier des zones de sélection, nous allons cette fois employer une variante.

1. Avec la commande **Sélection/Contour progressif** ou la combinaison de touches [Alt]+[Ctrl]+[D], vous avez la possibilité d'adoucir les contours de la sélection.

◀ **Fig. 6.84 :**
Création d'un contour progressif

2. Les effets ne sont pas directement visibles. Avec un autre procédé, il apparaît cependant clairement. Activez pour cela la couche *Fleur* dans la palette **Couches**. Annulez la sélection en cours par la commande **Sélection/Désélectionner** ou la combinaison de touches [Ctrl]+[D].

◀ **Fig. 6.85 :**
Affichage du masque de la fleur

3. À l'écran apparaît une image en noir et blanc. Toutes les parties noires sont protégées. Ne peuvent être modifiées que les zones de l'image correspondant aux zones blanches du masque.

◀ **Fig. 6.86 :**
Le masque

Astuce

Effets partiels de masque

Les emplacements de l'image ne correspondant ni à du noir pur, ni à du blanc pur au niveau du masque, ce dernier ne protège que partiellement.

4. Cette image noir et blanc peut être éditée avec tous les outils et toutes les fonctions ordinaires de Photoshop. Activez par exemple la commande **Filtre/Atténuation/Flou gaussien**. Définissez un rayon de 4 pixels.

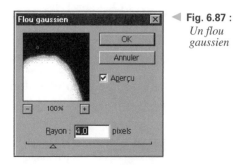

◀ **Fig. 6.87 :**
Un flou gaussien

5. Après validation, voici le contour adouci du masque. Cette opération a exactement le même effet que la commande **Contour progressif** évoquée précédemment. Sur le contour adouci, le masque n'agit que partiellement.

Astuce

Dommage, ce n'est pas de la magie

Beaucoup de fonctions Photoshop peuvent être décryptées de manière très simple. Auriez-vous pensé que cette fonction de filtre se cachait derrière le contour progressif ?

Combiner judicieusement les masques

Le moment est venu de charger le premier masque pour commencer la peinture. Il nous faut pour cela un masque qui ne libère que les zones de l'épiderme, tout le reste doit être masqué. Nous n'avons pas encore créé un tel masque, mais nous allons le réaliser en combinant les masques existants.

1. Un masque peut être rechargé : il suffit de cliquer sur son nom dans la palette **Couches** tout en maintenant la touche [Ctrl] enfoncée.

2. Par la commande **Sélection/Récupérer la sélection**, vous accédez à des options complémentaires. Elles permettent par exemple d'inverser le masque dès son chargement.

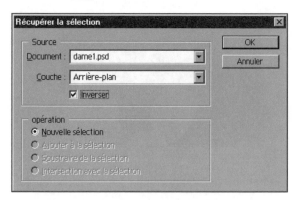

▲ **Fig. 6.88 :** *Inversion du masque à l'ouverture*

3. Pour que la bordure de l'arrière-plan ne soit pas trop nette, nous appliquons à nouveau la commande **Sélection/Contour progressif**, avec un rayon de 2 pixels. Dans ce cas de figure, nous n'avons pas modifié la couche du masque.

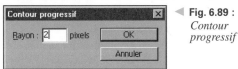

◄ **Fig. 6.89 :**
Contour progressif

4. De cette sélection, il faut ensuite soustraire les autres masques. Chargez pour cela le masque *Bouche* en activant dans la boîte de dialogue le mode *Soustraire de la sélection*.

Répétez cette action pour les fleurs et les yeux.

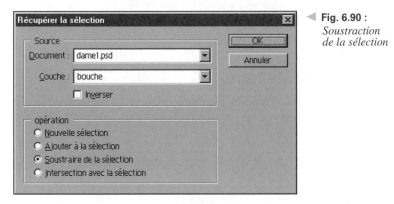

◄ **Fig. 6.90 :**
Soustraction de la sélection

Astuce

Plus rapide au clavier

La soustraction peut aussi être obtenue par la palette **Couches**. Cliquez sur la couche à soustraire en maintenant les touches [Ctrl]+[Alt] enfoncées. Ce mode est matérialisé par un signe - accompagnant le pointeur.

5. Voici le résultat auquel vous devez en principe aboutir. Si vous le souhaitez, vous pouvez mémoriser cette nouvelle sélection, mais comme elle est très facile à recréer, l'enregistrement n'est pas indispensable.

Dessiner avec le pinceau

La surface de cette sélection va maintenant être peinte. Pour cela, il nous faut encore activer la couche supérieure, toujours vide, que nous utiliserons pour la peinture. Nous l'avons d'ailleurs créée à cet effet.

Pour peindre, la première chose à faire est de sélectionner un outil de peinture dans la boîte à outils. Photoshop propose pour cela l'outil Aérographe, accessible par la touche [J], ainsi qu'un menu flyout contenant les outils Pinceau et Crayon.

◀ **Fig. 6.91 :**
Les outils de peinture

Astuce

La sélection de l'outil n'a pas d'importance

L'outil de peinture que vous sélectionnez n'a aucune espèce d'importance, la seule différence entre les outils de peinture se situe au niveau de la pointe, de la forme de l'outil. Mais comme ces pointes sont réglables individuellement, vous pouvez facilement convertir un crayon en Aérographe. Le seul avantage de l'activation du bon outil est d'éviter l'ajustement de la forme de l'outil.

Réglage de la forme de l'outil

Pour cet exercice, nous utiliserons le pinceau. Activez cet outil dans la boîte à outils. Avant de commencer, nous allons en définir la taille, c'est-à-dire choisir sa forme.

1. Dans la barre d'outils de l'outil Pinceau, vous attendent les paramètres suivants.

◀ **Fig. 6.92 :**
La barre d'options d'outils

2. Les formes de l'outil sont accessibles par le bouton fléché de la première zone de liste. Un clic sur ce bouton ouvre une fenêtre présentant les formes disponibles.

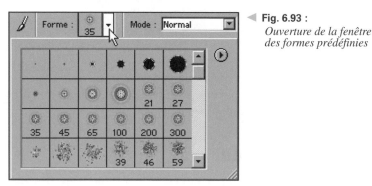

◀ **Fig. 6.93 :**
Ouverture de la fenêtre des formes prédéfinies

3. Le menu fléché de cette fenêtre permet au besoin de charger d'autres jeux de formes, dont certaines sont très exotiques.

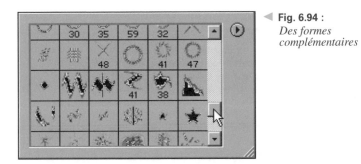

◀ **Fig. 6.94 :**
*Des formes
complémentaires*

4. Un clic sur la pastille d'aperçu de la forme de l'outil, dans la barre d'options d'outils permet d'accéder aux options de cette forme.

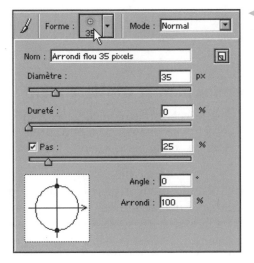

◀ **Fig. 6.95 :**
Les options de la forme

Dans cette fenêtre, vous avez la possibilité de définir des formes personnalisées, si vous ne trouvez pas votre bonheur dans les formes prédéfinies.

Le premier champ permet de régler le diamètre de la forme. Pour cela, déplacez le curseur ou saisissez une valeur numérique : les deux solutions sont acceptées. L'option *Dureté* concerne les contours du trait que vous allez peindre avec l'outil. Plus la valeur est élevée, plus les bords sont durs, nets. Avec *Pas* est définie la densité des pixels mis en place par l'outil. Si la valeur est élevée, un trait de pinceau ne sera formé que de quelques pixels. Avec une valeur faible, le coup de pinceau aboutit à un ligne continue.

En désactivant cette option, le pinceau réagit à la vitesse d'application. Plus la souris se déplace rapidement et plus la densité sera faible.

Pour finir, vous pouvez choisir entre une forme circulaire ou elliptique pour l'outil et définir l'angle de la pointe. Ces réglages peuvent aussi être entrepris directement dans la petite zone graphique, par déplacement des points.

Nommer les formes personnalisées

Si vous créez une nouvelle forme en modifiant une forme prédéfinie, nous vous conseillons de lui affecter un nom par le champ *Nom*. Vous pourrez ainsi retrouver votre forme par la suite. Pour intégrer la nouvelle forme sur la liste, cliquez sur la feuille de papier, en regard du champ *Nom*.

5. Pour cet exercice, nous commencerons par une forme de grande taille. Comme nous travaillons avec des masques, la précision n'est pas un facteur déterminant. Choisissez sans remords la forme libellée *100* et dotée de contours adoucis.

Avec des formes plus petites, la taille originale est affichée, pour les formes plus grandes, la taille est indiquée dans le libellé.

Sélection de couleur de premier plan et d'arrière-plan

 La dernière étape préparatoire consiste à choisir les couleurs avec lesquelles nous souhaitons dessiner : les couleurs de premier plan et d'arrière-plan. Les deux pastilles de couleur affichées au bas de la boîte à outils, indiquent les couleurs actives.

Par défaut, ces couleurs sont le noir pour le premier plan et le blanc pour l'arrière-plan. Pour restaurer ces couleurs par défaut, utilisez le petit symbole à gauche des deux pastilles principales ou la touche D. Avec le petit symbole de flèche courbe en haut à droite ou la touche X, il est possible d'intervertir les couleurs de premier plan et d'arrière-plan.

La couleur de premier plan est la couleur de dessin. La couleur d'arrière-plan n'est nécessaire qu'en certaines occasions, par exemple pour des dégradés ou le remplissage de surfaces.

Utilisation des deux champs de couleur

Lors des opérations de peinture, vous pouvez faire appel aux deux couleurs. Il suffit de les inverser par la touche X.

La sélection de la couleur de dessin peut être entreprise par la palette **Couleur**. Vous y définirez la couleur à l'aide des curseurs ou les champs de saisie. Vous pouvez aussi reprendre une couleur à partir d'une couche colorimétrique. L'affichage de la barre de couleur permet de basculer entre RVB, CMJN et niveaux de gris : cliquez dans la barre en maintenant la touche Maj enfoncée.

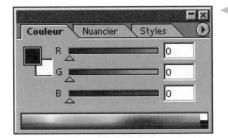

◀ **Fig. 6.96 :**
La palette Couleur

Le menu fléché de cette palette sert à sélectionner un modèle colorimétrique. Pour définir une couleur très précise, vous passerez par le sélecteur de couleur. Il est ouvert par un clic sur la pastille de la couleur active, de premier plan ou d'arrière-plan. La couleur active est matérialisée par un cadre double.

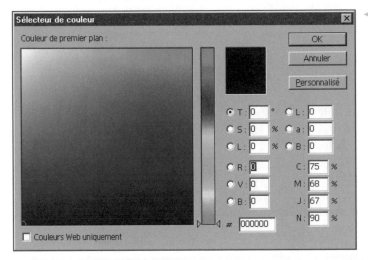

◀ **Fig. 6.97 :**
*Le sélecteur
de couleur*

Dans ce sélecteur, vous trouverez des zones de saisie numérique permettant de définir une teinte avec une grande précision. Si vous modifiez une valeur, les valeurs des autres modèles colorimétriques sont automatiquement actualisées.

Dans le spectre de couleurs, vous distinguez un petit cercle : il marque la position de la couleur active dans ce spectre des couleurs. En déplaçant le cercle ou en cliquant à un autre endroit du spectre, vous pouvez aussi choisir une autre couleur.

Pour notre couleur principale, nous avons utilisé les paramètres suivants.

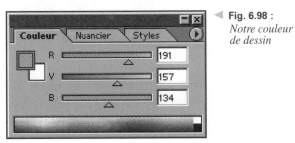

◀ **Fig. 6.98 :**
*Notre couleur
de dessin*

La peinture commence

Les préparatifs sont terminés : nous pouvons commencer la peinture de l'image.

1. Si vous pointez dans l'image, un grand cercle symbolise la taille de la forme de l'outil. Comme il s'agit ici de peindre de grandes surfaces, la grande forme est parfaitement adaptée.

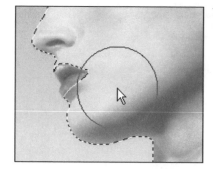

◀ **Fig. 6.99 :**
La taille
de la forme

2. Pour peindre, cliquez et maintenez le bouton gauche de la souris enfoncé, puis glissez la souris. Vous pouvez relâcher à tout moment le bouton de la souris pour commencer un autre trait de pinceau. N'ayez pas peur de déborder les contours du visage, rappelez-vous que le reste de l'image est masqué. Peignez jusqu'à obtenir le résultat ci-contre.

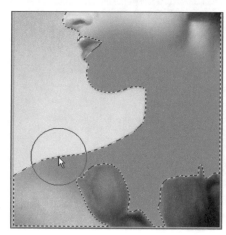

◀ **Fig. 6.100 :**
Peinture
du visage

Astuce

Annuler les coups de pinceau

Ne peignez pas toute la zone en une fois, relâchez le bouton et commencez un autre coup de pinceau. En cas de fausse manœuvre, activez la combinaison de touches Ctrl+Z pour annuler la dernière action, c'est-à-dire le dernier coup de pinceau.

3. Poursuivez l'opération jusqu'au stade de l'illustration suivante. Pour les zones restantes, la forme de l'outil est trop grande (Fig. 6.101).

4. Pour le reste, nous allons changer de forme d'outil. Choisissez la forme de 65 pixels, avec contour adouci (Fig. 6.102).

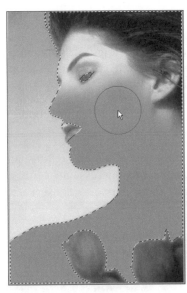

◄ **Fig. 6.101** :
L'étape suivante

◄ **Fig. 6.102** :
*Une forme
plus petite*

5. Peignez le reste du visage. Épargnez les yeux et les cheveux, nous utiliserons d'autres couleurs pour les peindre.

Si la couleur ne couvre pas uniformément la zone, re-passez un coup de pinceau jusqu'à obtenir un résultat satisfaisant. Voici le résultat.

◄ **Fig. 6.103** :
*La peau est
terminée*

Astuce

Peindre à grands traits ou par petites touches ?

Au niveau de la chevelure, l'opération est délicate. Nous vous con-seillons de placer correctement le pointeur et de procéder par clics successifs, par petites touches.

Les méthodes de fusion

Vous avez certainement remarqué que la zone peinte ne donne absolument pas le résultat escompté, la peinture couvre totalement la photo. Exact ! Et c'est très bien ainsi, car nous allons appliquer une méthode de fusion.

1. Passez à la palette **Calques** et essayez les divers modes de fusion proposés sur la liste gauche, en haut de la palette.

   Nous avons retenu le mode Densité couleur +. Ce mode laisse transparaître l'arrière-plan et mélange les pixels de manière très intéressante. L'image de gauche, ci-dessous, en montre les résultats. Ce mode permet de conserver intact le caractère de l'image noir et blanc.

2. D'autres modes de fusion donnent des résultats totalement différents. N'hésitez pas à expérimenter. L'image de droite, ci-dessous, correspond au mode Couleur.

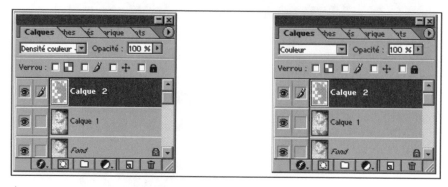

▲ **Fig. 6.104** : *Les options de la palette Calques*

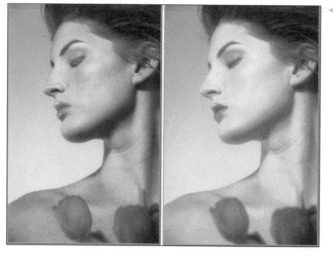

◀ **Fig. 6.105** :
À gauche, Densité couleur +, à droite, Couleur

3. Avant de peindre les autres zones, sélectionnez à nouveau le mode de fusion Normal. Comme le mode de fusion n'applique la couleur que de manière très discrète, les coups de pinceau précédents sont totalement indiscernables.

Peindre les détails à main levée

De la même façon que nous venons de peindre les zones d'épiderme, nous allons peindre les autres zones de l'image. Commençons par la paupière. Nous n'avons pas, volontairement, créé de masque pour cette zone. Une sélection aurait abouti à des contours trop durs, ce que nous ne voulons pas. En l'absence de masque, il nous faut travailler avec précision.

1. Activez pour commencer une forme plus petite. Une taille de 27 pixels fera l'affaire. Dans la palette **Couleur**, définissez les paramètres suivants pour la couleur de premier plan.

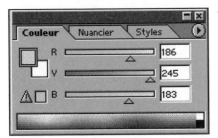

◀ **Fig. 6.106 :**
La couleur de premier plan

2. Procédez par petites touches, en évitant de déborder sur le sourcil. Pour bien voir les détails, n'hésitez pas à monter à un affichage de 300 %, si ce n'est plus.

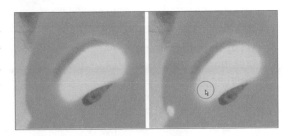

▲ **Fig. 6.107 :** *Peinture de la paupière*

3. Vérifiez le résultat en activant dans la palette **Calques**, le mode de fusion *Densité couleur +*. Choisissez une toute petite forme et peignez le petit morceau de la paupière de l'œil droit de notre modèle.

◀ **Fig. 6.108 :**
Les paupières sont terminées

Récupérer des couleurs à l'aide de la pipette

Jusqu'à présent, nous avons défini les couleurs à l'aide de la palette Couleur. Pour les lèvres, nous allons récupérer une couleur de l'image de départ. Nous utiliserons pour cela un nouvel outil : la pipette. Vous l'activerez par la boîte à outils ou la touche ⊡.

1. Masquez les deux premiers calques de la palette **Calques** en cliquant sur le symbole de l'œil. Vous revoici devant l'image originale.

◄ **Fig. 6.109 :**
Masquage des deux calques

2. Si vous pointez dans l'image, il prend la forme de la pipette. Un clic sur un point précis de l'image permet d'en récupérer la couleur comme couleur de premier plan.

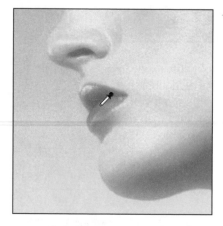

◄ **Fig. 6.110 :**
Récupération d'une couleur

3. Cliquez avec le bouton droit de la souris dans l'image et jetez un coup d'œil aux commandes du modèle colorimétrique. À vous de choisir si vous souhaitez récupérer la couleur d'un pixel précis ou un mélange formé par les couleurs d'une matrice de 3 x 3 ou 5 x 5 pixels. Nous utiliserons cette dernière variante.

◄ **Fig. 6.111 :**
Le modèle colorimétrique

4. Voici la couleur que nous avons récupérée par ce biais.

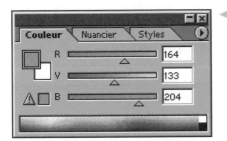

◄ **Fig. 6.112 :**
*La couleur récupérée à
l'aide de la pipette*

5. Affichez à nouveau les calques et activez le calque de peinture, celui du dessus de la pile. Chargez ensuite le masque des lèvres et peignez-les avec une forme assez grande. Voici le résultat.

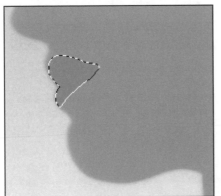

◄ **Fig. 6.113 :**
Les lèvres sont peintes

6. La même couleur va également être appliquée aux fleurs. Mais pour elles, nous avons défini une opacité de 60 % dans la barre d'options d'outils. Chargez le masque des fleurs et peignez la surface avec la grande forme. Voici le résultat intermédiaire auquel il vous faut parvenir. Pour juger des effets de ces opérations, activez encore une fois le mode de fusion Densité couleur +.

◄ **Fig. 6.114 :**
*Encore une étape
intermédiaire*

Lisser les contours par la suite

Voici le tour de l'œil ! En agrandissant l'image, nous remarquons cependant un défaut.

◀ **Fig. 6.115 :**
Un défaut de l'œil

La sélection créée précédemment a des contours trop durs. La transition entre la zone déjà colorisée et celle qui ne l'est pas encore est trop nette. Nous allons y remédier :

1. Activez l'outil Goutte d'eau dans la boîte à outils ou appuyez sur la touche ⒭. Dans la barre d'options d'outils, mettez en place les paramètres de l'illustration suivante, avec une forme de 9 pixels à contour adouci.

▲ **Fig. 6.116 :** *La barre d'options pour l'outil Goutte d'eau*

2. Peignez ou procédez par petites touches le long du contour de la sélection. Ainsi, les pixels de la zone déjà colorisée sont mélangés à ceux de la zone non encore traitée, ce qui adoucit le contour en créant un léger flou.

◀ **Fig. 6.117 :**
La bordure adoucie

3. L'œil peut maintenant être colorisé. Choisissez une nouvelle forme disposant des paramètres suivants. Cette forme est un peu plus dure que celles utilisées précédemment. Dans la barre d'options d'outils, fixez une opacité de 30 %.

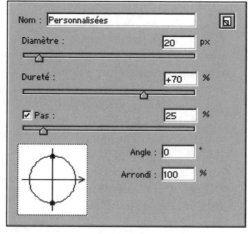

▲ **Fig. 6.118 :** *Les paramètres de la forme*

4. Chargez le masque de l'œil. Comme nous venons de constater que le contour était trop dur, activez la commande **Sélection/ Contour progressif** et définissez un rayon de 2 pixels. Comme couleur, nous avons choisi les valeurs RVB 92/113/175. Peignez toute la sélection.

◄ **Fig. 6.119 :**
La surface de l'œil est peinte

5. Modifiez l'opacité de l'outil dans la barre d'options d'outils pour la passer à 60 % et cliquez une seule fois à l'emplacement de la pupille.

◄ **Fig. 6.120 :**
L'œil est terminé

Les derniers coloriages

La dernière zone à traiter est celle de la chevelure.

1. Comme couleur de premier plan, nous avons opté pour les valeurs RVB 234/107/107. La forme de l'outil est de 65 pixels, l'opacité de 30 % : l'effet doit être diffus.

▲ **Fig. 6.121 :** *La barre d'options d'outils avec les paramètres de notre outil*

2. Chargez la sélection inversée de l'arrière-plan et peignez la chevelure. Dans ce cas de figure, nous vous conseillons de travailler aussitôt avec la méthode de fusion définitive : vous pourrez mieux juger du résultat.

◄ **Fig. 6.122 :**
La chevelure est peinte

Astuce

Peignez toute la zone en une fois

Pour cette opération, nous vous conseillons de ne pas peindre en plusieurs coups de pinceaux, mais toute la zone en une fois. Si vous travaillez avec une opacité réduite et repassez à plusieurs reprises sur la même zone, cette dernière s'assombrit progressivement et l'effet n'est pas ce que nous souhaitons.

3. Pour finir, peignez les sourcils avec une forme de 17 pixels. Voici le résultat à ce stade des opérations.

◀ **Fig. 6.123 :**
Encore un résultat intermédiaire

Vite, un arrière-plan

Pour finir, nous allons modifier l'arrière-plan de la photo. Nous pourrions le peindre lui aussi, le doter d'un dégradé, mais nous avons choisi une solution plus simple.

Nous utiliserons tout simplement comme arrière-plan l'image originale. Ce sera l'occasion de découvrir les masques de calque, une autre fonction intéressante de Photoshop. Ces masques agissent comme des sélections, mais sont liés aux calques.

1. Chargez le masque de l'arrière-plan (pour l'instant la sélection active est celle de l'arrière-plan inversé). Sélectionnez dans la palette **Calques** celui qui contient la version noir et blanc de l'image.

2. Activez la commande **Calque/Ajouter un masque de fusion/ Masquer la sélection**. Un nouveau symbole apparaît dans la palette **Calques**.

◀ **Fig. 6.124 :**
Insertion d'un masque de fusion

3. L'aperçu montre clairement qu'il s'agit également d'un masque, au même titre que les masques de couches. Au niveau de tous les emplacements noirs, le contenu du calque n'est pas affiché et laisse transparaître l'arrière-plan. Et c'est justement là que se trouve notre original.

4. Voici le résultat final.

◀ **Fig. 6.125 :**
Le résultat (Dame.psd)

5. Vous pouvez désactiver à tout moment le masque de fusion en cliquant sur son icône dans la palette **Calques** tout en maintenant la toucher [Maj] enfoncée. L'icône est alors barrée et l'ensemble du contenu du calque est à nouveau présenté à l'écran.

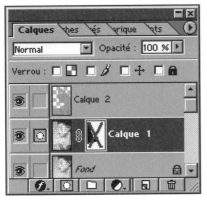

◀ **Fig. 6.126 :**
Le masque est désactivé

Chapitre 7

Astuces pour les scanneurs et les appareils photo numériques

III

A vant de pouvoir retoucher ou corriger des images dans Photoshop, il faut d'abord disposer d'une image. Il existe plusieurs procédé pour obtenir une image ou une photo dans Photoshop. Dans ce chapitre, nous traiterons des images numérisées et des photos prises à l'aide d'un appareil photo numérique. Nous essaierons à cette occasion de récupérer le maximum d'une image au départ totalement ratée !

7.1. Ouvrir des images en divers formats

La commande **Fichier/Ouvrir** ou la combinaison de touches Ctrl+O permet d'accéder à pas moins de 22 formats de fichiers différents. Vous y trouverez tous les formats importants du moment, tels que TIF, TGA ou PSD, mais aussi BMP. Si vous voulez ouvrir très simplement cette boîte de dialogue, vous pouvez aussi double-cliquer dans la zone de travail vide.

Mais Photoshop prend également ment en charge des formats professionnels, par exemple le format CT de Scitex. Ce format est produit par des scanneurs haut de gamme. Vous pouvez également ouvrir des films créés dans Adobe Première.

Comme il est d'usage dans bon nombre de programmes, plusieurs documents peuvent être ouverts simultanément. Il suffit de les sélectionner utilisant la touche Maj s'ils sont adjacents ou la touche Ctrl s'ils sont disséminés.

▲ **Fig. 7.1** : *Ouvrir simultanément plusieurs fichiers*

Vous pouvez même ouvrir des fichiers en format EPS. À cette occasion, Photoshop convertit les informations vectorielles en pixels. Dans la boîte de dialogue suivante, vous pouvez définir les dimensions et le modèle colorimétrique de l'image bitmap.

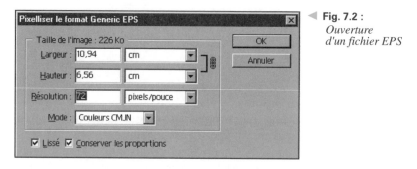

◀ **Fig. 7.2 :**
*Ouverture
d'un fichier EPS*

Formats et extensions de fichiers inconnus

Si vous avez à votre disposition des fichiers dans un format inconnu, ou simplement sans extension de fichier, essayez de les ouvrir par la commande **Ouvrir**. Le problème se rencontre souvent lors d'un changement de plate-forme entre Macintosh et PC. Indiquez de quel format il pourrait s'agir. Commencez par les formats les plus répandus, par exemple TIF.

Dupliquer une image

La commande **Image/Dupliquer** sert à créer un duplicata de l'image actuelle ouverte dans l'espace de travail. Cette copie n'est pas enregistrée au départ. Dans la boîte de dialogue suivante, Photoshop propose un nom pour cette copie, en liaison avec le nom du fichier original. Si l'original contient plusieurs calques, vous pouvez décider à cette occasion d'aplatir ces calques et de tous les fusionner dans le calque de fond.

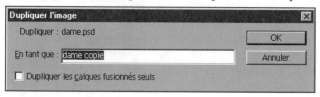

▲ **Fig. 7.3 :** *Dupliquer une image*

Savoir si vous avez déjà enregistré l'image est chose facile : il suffit de jeter un coup d'œil à la barre de titre. Si vous y trouvez le nom sans extension de fichier, c'est que ce document n'a pas encore été sauvegardé sur le disque dur.

▲ **Fig. 7.4 :** *La barre de titre : nom de fichier sans extension*

Astuce

Enregistrez immédiatement la copie

Si vous créez un duplicata, nous vous conseillons de l'enregistrer au plus tôt. Le premier avantage est de bénéficier ainsi de la fonction **Version précédente**, dans le menu **Fichier**.

7.2. Reprendre des images dans Photoshop via un module Twain

Il est possible de numériser une image directement depuis Photoshop, à condition de disposer d'un scanneur compatible Twain ou d'un module externe adéquat livré par le constructeur. Après le démarrage du scanneur, activez pour cela la commande **Fichier/Importer** pour sélectionner le périphérique concerné. Dans ce sous-menu sont également proposés les appareils photo numériques, si vous les avez installés par une interface Twain.

▲ **Fig. 7.5 :** *Le sous-menu Importer*

Régler les préférences

Selon le type de scanneur utilisé, plusieurs fonctions seront proposées au démarrage du logiciel de numérisation. Comme ces fonctions varient considérablement d'un appareil à l'autre, nous ne pouvons vous donner que des conseils très vagues. Le plus simple est encore de vous reporter au manuel accompagnant le périphérique et le logiciel de numérisation.

Le principal paramètre est la résolution. Lors du choix de cette résolution, prenez en considération la résolution de la sortie prévue. Vous avez appris dans les chapitres précédents quelles sont les difficultés qui peuvent survenir si vous êtes dans l'obligation d'agrandir ultérieurement l'image.

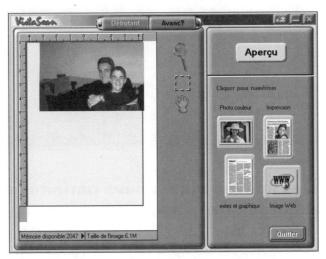

▲ **Fig. 7.6 :** *Un logiciel de numérisation*

Utiliser les possibilités de correction

Si votre logiciel de numérisation propose des possibilités de paramétrage, par exemple pour la couleur, le contraste ou d'autres facteurs du même type, testez ces paramètres et comparez les résultats au document original.

Expérimentez jusqu'à obtenir un résultat satisfaisant.

Dans la mesure du possible, numérisez les documents au moins en 300 dpi si vous souhaitez obtenir une image de la même taille que l'original. Si vous envisagez une impression en un format plus grand, augmentez la résolution de numérisation.

Certains fabricants de scanneur livrent leurs périphériques avec des pilotes Twain. C'est par exemple le cas d'Agfa avec son Snapscan. Parallèlement au logiciel de numérisation FotoSnap 32, sans aucune possibilité de réglage, vous trouverez également un logiciel de type professionnel avec de nombreuses options d'optimisation : FotoLook 32.

À l'inverse, UMAX livre certains de ses scanneurs avec le logiciel Vistascan. Il dispose d'un mode débutant, sans grande possibilité de réglage, et d'un mode avancé, permettant d'accéder à des paramètres et d'influer sur la numérisation.

◀ **Fig. 7.7 :**
Vistascan en mode avancé

Des images numérisées parfaites avec le module externe SilverFast

Si vous souhaitez utiliser toutes les options possibles et imaginables pour la numérisation de vos images, un module externe peut être une bonne solution. Le module dont il est question ici a été conçu par la Société Lasersoft et s'appelle SilverFast. Ce module est disponible pour un grand nombre de scanneurs.

Le module externe, après installation, est activé par le sous-menu **Fichier/Importation**. Nous allons vous en présenter rapidement les possibilités sur la base du module Photo-CD. L'interface standard se présente ainsi.

▲ **Fig. 7.8 :** *L'interface du module Photo-CD de SilverFast*

À côté de l'aperçu de l'image, plusieurs zones de listes sont à votre disposition. Vous pourrez par exemple y définir le type de document et ainsi utiliser des paramètres d'optimisation prédéfinis.

Dès que vous modifiez l'une des options, l'aperçu est mis à jour.

La grande force de ce module est qu'il permet d'influer fortement sur le résultat : les perfectionnistes apprécieront. À l'aide des boutons situés au-dessus de l'aperçu de l'image, vous accéderez à un certain nombre de boîtes de dialogue.

Dans la boîte de dialogue **Fonctions avancées**, vous pouvez modifier individuellement les canaux de couleur, pour corriger par exemple un piqué ou optimiser l'image.

La courbe sert, comme dans Photoshop, à piloter les zones claires, sombres et les demi-teintes.

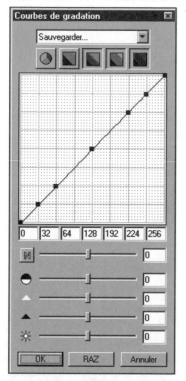

◀ **Fig. 7.9 :**
La courbe

Pour les couleurs, il existe une autre boîte de dialogue. Elle permet de piloter les couleurs sur la base de valeurs numériques, d'où une précision extrême. Silver-Fast propose également un menu contextuel proposant plusieurs commandes destinées à des modifications globales des caractéristiques de l'image.

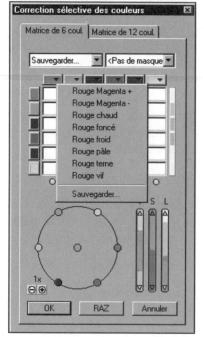

◀ **Fig. 7.10 :**
Correction sélective des couleurs

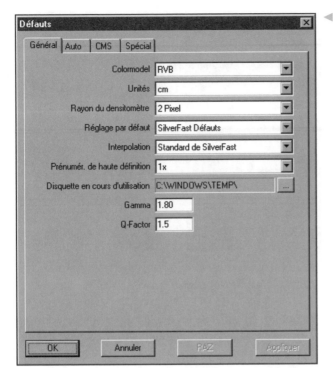

◄ **Fig. 7.11 :**
*Les options
de SilverFast*

Toutes ces options peuvent donner le vertige à un débutant : du fait de sa complexité, ce module externe est réservé à des utilisateurs avertis.

7.3. Les images de l'appareil photo numérique

Les appareils photo numériques connaissent un succès grandissant. Le transfert des images sur le PC peut être réalisé par exemple via le port USB, comme avec notre appareil : un Olympus CAMEDIAC C-3000.

Avec d'autres constructeurs, le transfert est réalisé par le port parallèle.

L'appareil photo numérique est également accompagné d'un logiciel de transfert. En fonction du modèle, ce logiciel peut être piloté par un pilote Twain ou de manière autonome (comme avec notre appareil). Dans notre cas de figure, voici comment procéder à l'opération :

1. Le logiciel accompagnant notre appareil photo numérique s'appelle OLYM-PUS CAMEDIA Master. Démarrez ce programme après avoir connecté l'appareil photo au PC.

Ce programme se présente sensiblement comme l'Explorateur de Windows et se pilote à l'identique.

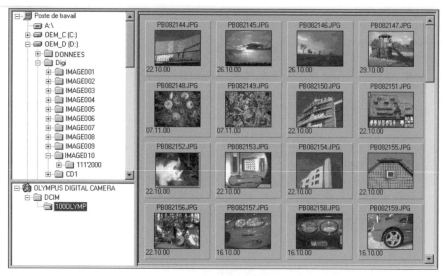

▲ **Fig. 7.12 :** *Le programme OLYMPUS CAMEDIA Master*

2. Après avoir sélectionné les fichiers, il suffit de les déplacer par glisser-déposer dans le dossier cible : les images sont automatiquement copiées sur le disque dur du PC.

Une fois les photos transférées, vous les ouvrirez comme à l'accoutumée dans Photoshop et pourrez les éditer.

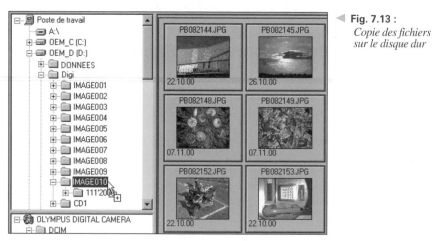

◀ **Fig. 7.13 :**
Copie des fichiers sur le disque dur

3. Comme Photoshop maîtrise parfaitement le glisser-déposer, il y a encore plus simple : en maintenant le bouton gauche de la souris, vous pouvez même glisser directement les images du Photo-CD dans la zone de travail de Photoshop. L'image est chargée depuis l'appareil photo numérique, il vous reste ensuite à l'enregistrer dans Photoshop.

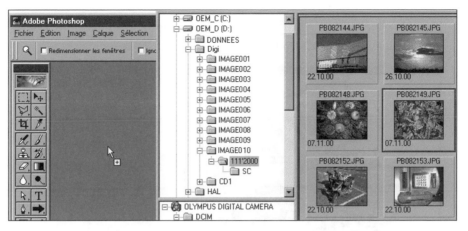

▲ **Fig. 7.14** : *Glisser-déposer direct dans Photoshop*

Astuce

Les fonctions de glisser-déposer

Photoshop maîtrise le glisser-déposer : cela permet d'ouvrir une image en la glissant depuis l'Explorateur de Windows dans la zone de travail de Photoshop. Cette variante est souvent bien pratique et rapide, elle permet par exemple d'ouvrir en une seule fois plusieurs images.

Importation par le Presse-papiers

Photoshop accepte bien évidemment les données transférées par le Presse-papiers de Windows. Il n'est même pas nécessaire qu'il s'agisse d'images. Mais si vous importez un texte, Photoshop le convertit en un objet de texte.

1. Copiez à partir du pro-gramme source des données dans le Presse-papiers, par la combinaison de touches Ctrl+C. Pour notre essai, nous avons choisi une image provenant de Corel-DRAW!. Passez ensuite dans Photoshop et activez la commande **Fichier/Nou-veau**. Photoshop propose dans la boîte de dialogue des valeurs correspondant au contenu du Presse-papiers. Il suffit de valider par OK.

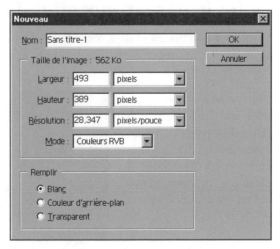

▲ **Fig. 7.15** : *Création d'un nouveau document*

2. Photoshop crée un nouveau document vide dans une nouvelle fenêtre. Insérez le contenu du Presse-papiers par Ctrl+V.

◀ **Fig. 7.16 :**
L'image a été collée

3. Un coup d'œil dans la palette **Calques** indique que Photoshop a créé automatiquement un nouveau calque sur lequel il a placé le contenu du Presse-papiers.

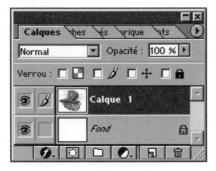

◀ **Fig. 7.17 :**
Le nouveau calque

7.4. Éviter le désastreux effet de Moiré

Vous avez certainement déjà rencontré l'effet de moiré, ces horribles motifs qui apparaissent à l'impression. Nous allons voir comment ce moiré survient et comment l'éviter.

Nous avons utilisé à cet effet une image créée à l'aide d'un programme de conception 3D. Cette image a été numérisée à plusieurs reprises, avec des paramètres divers.

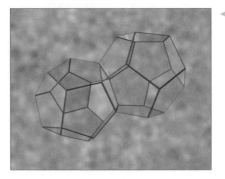

◀ **Fig. 7.18 :**
Notre image modèle

L'option de détramage du logiciel de numérisation

Comme souvent, c'est dès la numérisation que se décide si une image sera utilisable ou pas. Si votre scanneur ne permet aucun paramétrage, vous n'aurez bien sûr d'autre choix que de prendre ce qu'il veut bien vous livrer.

Mais si le logiciel permet d'influer sur l'opération, voici quelques règles de base que nous vous enjoignons vivement de respecter. Voyons d'abord par quel miracle le moiré apparaît. Au chapitre *Montage - création d'une composition d'images*, vous avez appris comment se déroulait l'impression des images. Ces impressions sont composées exclusivement de petits points, les points de trame. Et ce sont justement ces points de trame qui sont responsables de l'apparition de l'effet de moiré.

Les causes du mal

Les impressions se composent d'un ensemble de points de trame, il n'y a aucune surface de couleur comme dans les images à base de pixels. Regardons de près une image numérisée.

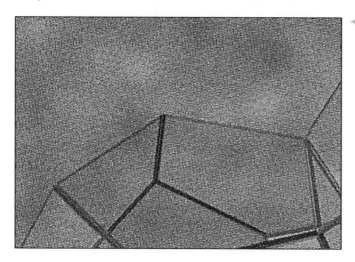

◀ **Fig. 7.19 :**
L'image numérisée avec un fort agrandissement

Cette image a été parfaitement numérisée. Elle est d'une netteté superbe et permet de distinguer clairement les points de trame. Du fait des pixels carrés, il est clair que les points de trame ronds sont restitués différemment.

Grâce à la qualité de la numérisation, nous distinguons également des "trous" blancs typiques des impressions. Il est vrai que les couleurs claires sont créées par des points de trame plus petits laissant transparaître le papier.

Avec ce résultat parfait, nous ne pouvons rien faire : si nous imprimons l'image numérisée en l'état, le résultat est désastreux.

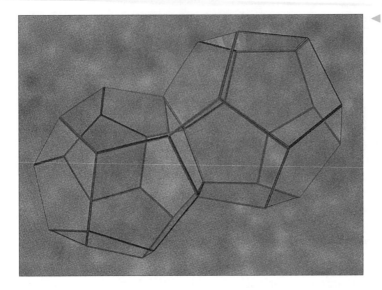

◀ **Fig. 7.20 :**
*Une image
numérisée
parfaite !*

Éviter les contours trop nets

Lors de la numérisation, l'objectif n'est donc pas d'obtenir un résultat parfait. Certains programmes proposent une option de détramage de l'image (voir l'illustration Vistascan précédente). Que se passe-t-il lors du détramage ?

Le problème ne peut être contourné qu'en essayant de relier les points entre eux, de les mélanger. Une interpolation permettrait d'aboutir à ce résultat. Toutes les zones blanches pourraient ainsi être remplies d'une moyenne des couleurs des points environnants.

Voyons ce qui se passe dans Photoshop si nous mélangeons les points de notre image parfaitement numérisée.

Cette tâche est confiée à un filtre d'atténuation : *Flou gaussien*. Dans l'illustration suivante, nous avons regroupé à gauche en haut l'image numérisée originale, à sa droite le résultat du flou gaussien avec un rayon de 1 pixel.

Il est facile de constater qu'avec ce rayon, le mélange des couleurs n'est pas suffisant, l'image n'est toujours pas fluide. Les deux images inférieures correspondent au même filtre, mais avec un rayon de 2 pixels à gauche et de 3 pixels à droite. Avec le rayon le plus fort, les points de trame ne sont plus discernables (Fig. 7.21).

Nous pourrions penser le problème réglé, mais contemplons l'image dans son ensemble (Fig. 7.22).

L'opération n'a rien apporté : nous disposons désormais d'une image qui ne peut plus être corrigée, même avec le filtre *Accentuation*.

Cette solution n'est donc pas adaptée pour corriger l'image numérisée : la condition de base pour un document numérisé utilisable est qu'il soit légèrement flou.

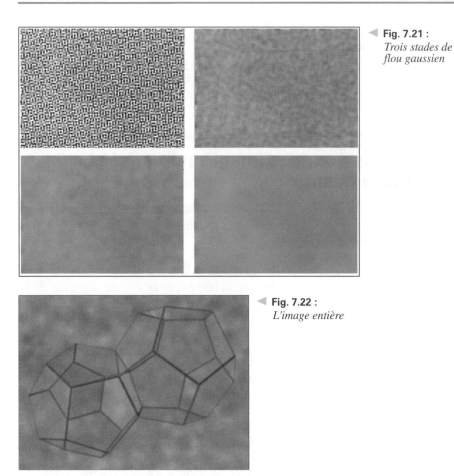

◄ **Fig. 7.21 :**
*Trois stades de
flou gaussien*

◄ **Fig. 7.22 :**
L'image entière

L'option de détramage du logiciel de numérisation

Passons à deux autres images. Celle de gauche a été numérisée après désactivation de l'option de détramage du logiciel du scanneur. À droite, nous avons numérisé le document en activant le détramage. Le résultat est bien meilleur.

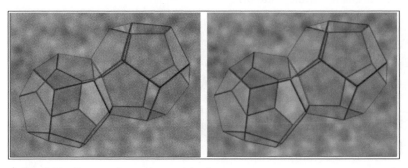

▲ **Fig. 7.23 :** *Deux variantes de numérisation*

Astuce

Utiliser le détramage

Lors du détramage, le logiciel de numérisation procède à une interpolation, mais il effectue l'opération bien mieux que la fonction de flou gaussien. Si vous avez la chance de trouver cette option dans votre programme de numérisation, n'hésitez pas à l'employer.

Les solutions pour des images numérisées de meilleure qualité

Si vous n'avez pas la chance de disposer de l'option de détramage, nous vous conseillons de numériser le document avec une netteté moindre. Un léger flou correspond à un genre d'interpolation.

Si l'image ne contient qu'une petite trame, le défaut est facile à corriger dans Photoshop. Plus l'image numérisée est nette et plus la correction sera délicate. Avec la première image dont nous avons parlé, celle résultant d'une numérisation parfaite, il est même impossible d'obtenir un résultat acceptable.

La solution de secours

Si vous n'avez plus la possibilité de numériser l'image, il vous reste peut-être la solution de la dernière chance. Pour cet exemple, nous avons repris l'image de départ : la numérisation parfaite.

Comme vous le savez, lors du rééchantillonnage de l'image, Photoshop exécute une interpolation. Nous allons essayer de profiter de cette occasion pour mélanger les pixels. Pour cela, nous vous conseillons de réduire les dimensions de l'image de moitié de manière à supprimer chaque deuxième ligne et colonne.

Par ce procédé, nous avons obtenu le résultat situé à gauche. Nous avons ensuite appliqué le flou gaussien à cette image, avec un rayon de 1 pixel et avons augmenté la netteté par le filtre *Accentuation* pour aboutir à l'image de droite. Le résultat est loin d'être parfait, mais somme toute utilisable.

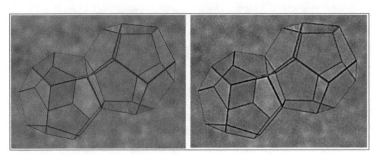

▲ **Fig. 7.24** : *Rééchantillonnage de l'image*

Bien évidemment, cette suite d'opérations a pour conséquence une image réduite de moitié. Voyons de près ce qu'a produit l'interpolation. Dans l'image suivante, agrandie avec un facteur de 300 %, vous constatez que les points de trame ne sont pas visibles. Mais les transitions ne sont pas fluides, les différences de couleur entre les pixels étaient trop importantes.

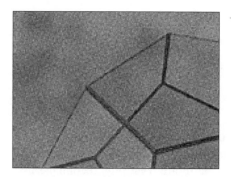

◁ **Fig. 7.25 :**
Vue agrandie

En résumé : si la numérisation est trop nette, il n'y a pratiquement pas de solution !

Astuce

Tromperie à l'écran

Il se peut que la trame ne soit pas visible si vous augmentez le facteur de zoom à 100 ou 200 %. Si c'est le cas, expérimentez avec un facteur de zoom décimal, par exemple 66,35 % : si la trame n'est toujours pas visible, essayez une autre valeur décimale. Si véritablement aucun point de trame n'est discernable, vous touchez au but.

Un moiré ordinaire

Nous allons passer en revue les étapes nécessaires pour corriger un moiré "normal". Voici l'image que nous avons utilisée pour cela.

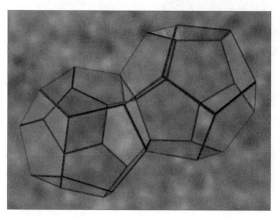

◁ **Fig. 7.26 :**
*L'image de départ
(moire.tif)*

1. Réglez l'affichage de manière à distinguer le moiré. Le plus simple est de saisir le facteur de zoom au bas de la fenêtre de Photoshop, dans la barre d'état. Agrandissez tant que vous ne distinguez pas clairement le moiré, vous devez arriver à discerner les valeurs de luminosité des pixels. Voici l'affichage avec un coefficient de 300 %.

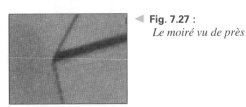

◀ **Fig. 7.27** :
Le moiré vu de près

2. Activez la commande **Filtre/Atténuation/Flou gaussien**. Activez l'aperçu pour juger de l'effet dans l'image originale. Saisissez des valeurs très petites et observez l'image : notez à quel moment le moiré n'est plus reconnaissable. Plus le rayon est petit, meilleure est la qualité de l'image.

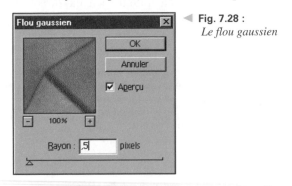

◀ **Fig. 7.28** :
Le flou gaussien

3. Avec un rayon de 0,5, le moiré a disparu.

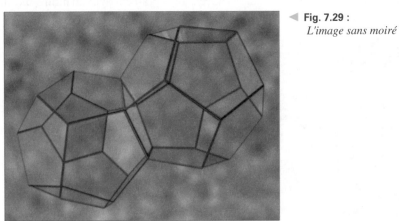

◀ **Fig. 7.29** :
L'image sans moiré

4. Activez la commande **Filtre/Renforcement/Accentuation** pour corriger le flou. Activez aussi l'aperçu. La valeur de gain doit être relativement élevée, mais sans que la trame ne réapparaisse.

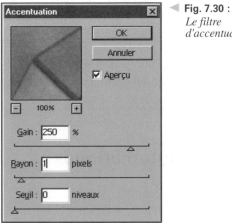

◀ **Fig. 7.30 :**
Le filtre
d'accentuation

5. L'image finale doit être aussi nette que possible, mais sans que nous puissions apercevoir l'ombre d'une trame.

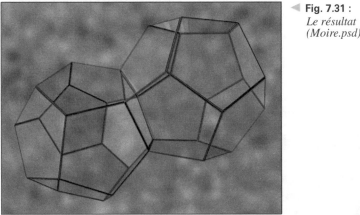

◀ **Fig. 7.31 :**
Le résultat
(Moire.psd)

En agrandissement, le résultat est un peu granuleux, comme certaines photos prises avec des pellicules de faible sensibilité.

◀ **Fig. 7.32 :**
Un peu granuleux !

7.5. Optimiser une image mal numérisée

Vous ne disposerez pas toujours d'un original de bonne qualité pour la numérisation, il vous arrivera que la numérisation ne donne pas les résultats escomptés. Peut-être aussi avez-vous une très vieille photo jaunie. Que faire ? La première idée qui vient à l'esprit est : au feu ! Avant de jeter la photo au panier, lisez les pages suivantes.

Nous allons essayer de tirer le maximum d'une photo de mauvaise qualité. La condition à toutes ces opérations est une numérisation optimale. Car si la numérisation est aussi de mauvaise qualité et si vous ne pouvez plus scanner une nouvelle fois, les choses sont encore plus dramatiques.

Les lacunes des paramètres automatiques du scanneur

Si votre logiciel de numérisation Twain ne propose aucun paramétrage de l'opération, la situation est délicate. La façon dont le résultat est obtenu ne peut bien évidemment pas être évaluée, puisque de toute manière il n'y a aucune correction possible.

En revanche, ce résultat peut être analysé pour déterminer les lacunes que présente l'image. Si vous disposez d'un logiciel de numérisation digne de ce nom, acceptant les modifications des paramètres, vous pouvez optimiser le résultat dès la numérisation.

Analysons notre document. Première impression : l'image est trop sombre et très peu contrastée. De plus, les zones d'ombres ne sont pas véritablement noires. Avec Photoshop, nous allons corriger ces défauts.

◀ **Fig. 7.33 :**
*Une image
de mauvaise qualité
(Berlin.tif)*

Un autre défaut n'appa-raît qu'avec l'agrandis-sement de l'image : la photo comporte une texture de surface, ce qui était très à la mode il y a quelque temps. Malheureusement, avec la numérisation, cette texture apparaît, elle est facilement discernable dans l'agrandissement.

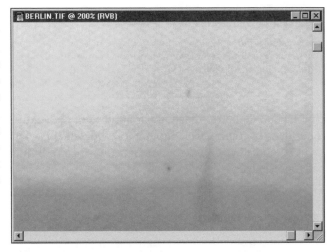

▲ **Fig. 7.34** : *La texture de surface*

D'autres défauts ne sont que difficilement rectifiables ; même avec Photoshop ces défauts ne sont pas visibles au premier coup d'œil. Pour détecter toutes les lacunes, il faut examiner à la loupe les pixels composant l'image. Quelles sont leurs couleurs, quelle est leur luminosité, comment sont-ils organisés les uns par rapport aux autres ?

Il n'est bien sûr pas question de vérifier chaque pixel de l'image. Heureusement, Photoshop offre une fonction qui facilite beaucoup l'analyse.

Analyse des pixels avec l'histogramme

Activez la commande **Image/Histogramme**. La boîte de dialogue suivante appa-raît, représentant graphiquement l'analyse des pixels.

À gauche sont présen-tées toutes les teintes sombres, à droite les teintes claires. La hau-teur des barres indique la fréquence de la va-leur de luminosité dans l'image. Sur la liste *Couche*, vous pouvez choisir entre la lumino-sité ou les couches de couleur.

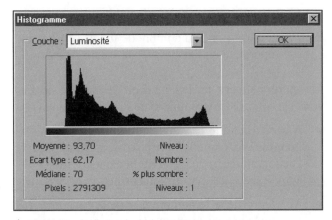

▲ **Fig. 7.35** : *La boîte de dialogue Histogramme*

Que sont les niveaux ?

Les valeurs individuelles de luminosité sont également appelés des niveaux. Plus l'image contient un nombre élevé de nuances de luminosité, plus son spectre est large.

Une lacune de notre image apparaît aussitôt : à l'extrême gauche, il n'y a aucun relief dans la courbe. Cela montre à l'évidence qu'il n'y a pas de teintes véritablement sombres dans l'image. L'image a un spectre limité, toutes les teintes ne sont pas représentées.

Zones sélectionnées

Dans l'histogramme, seules les valeurs de luminosité de la zone sélectionnée de l'image sont analysées. Si vous cherchez les informations sur une zone précise de votre image, sélectionnez cette zone avec un outil de sélection avant d'activer la commande **Histogramme**.

Quelles informations le programme donne-t-il ?

Les informations affichées sous l'histogramme nous donnent d'autres renseignements sur la qualité de l'image :

- Le champ *Moyenne* indique la valeur moyenne de luminosité de l'ensemble des pixels. Si une image est totalement remplie de gris à 50 %, il en résulte une moyenne de 128. Une valeur très faible correspond à une image sombre, une valeur élevée à une image claire.

- La valeur *Ecart-type* indique l'importance des différences entre les valeurs.

- La valeur *Médiane* indique la médiane de toutes les valeurs de couleur.

- *Pixels* correspond au nombre de pixels se trouvant dans l'image. Cette valeur est importante en liaison avec la valeur *Nombre*.

Les entrées situées sur le côté droit de la boîte de dialogue n'apparaissent que si vous survolez l'histogramme avec le pointeur de la souris.

- *Niveaux* indique la valeur de luminosité représentée par la barre de l'histogramme sur laquelle se trouve le pointeur. Si vous détectez un trou dans l'histogramme, vous pouvez ainsi déterminer de quelle valeur il s'agit et entreprendre les mesures de correction nécessaires.

- *Nombre* affiche le nombre de pixels concernés par ce niveau. En prenant en compte la valeur du champ *Pixels*, vous pouvez ainsi déterminer la fréquence avec laquelle cette luminosité intervient dans l'image.

- Le champ *% plus sombre* affiche le pourcentage de pixels plus sombres que celui qui est actuellement sélectionné.

- La valeur *Niveaux* n'est intéressante que si vous avez activé dans les préféren- ces *Mémoire et mémoire cache*, la case *Appliquer aux histogrammes*. Dans ce cas, l'histogramme n'est pas calculé à partir de l'ensemble des pixels de l'image, mais en fonction de la taille de l'affichage : plus la taille de l'affichage est élevée, plus cette valeur est aussi élevée.

Vous pouvez également étudier en détail une zone précise de l'histogramme. Maintenez simplement le bouton gauche de la souris enfoncé et tirez pour sélec- tionner la zone qui vous intéresse.

Les indications de la partie droite de la boîte de dialogue se rapportent alors à la sélection. Dans l'illustration suivante, un autre défaut de notre image apparaît : dans les zones sombres, il manque près de 70 nuances qui ne sont pas représentées dans l'image. Cette zone pourrait être supprimée de l'image, sans perdre la moindre information.

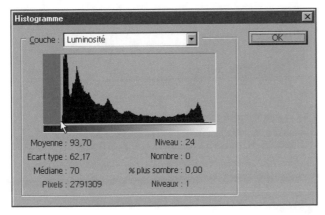

◀ **Fig. 7.36 :**
*Il manque
de nombreuses
valeurs à gauche,
dans les tons sombres*

Ce que les informations laissent entrevoir

Après toute numérisation d'un original critique, jetez systématiquement un coup d'œil à l'histogramme. Les trous et les points trop accentués sont des indices d'une numérisation défectueuse. Comme il est extrêmement difficile de combler ces trous par la suite, recommencez la numérisation avec d'autres paramètres pour arriver à un meilleur résultat.

Si de grandes zones sont vides, comme c'est le cas de notre image, la numérisation est aussi à refaire. Il en va de même si une grande zone présente des valeurs identiques. Dans notre image, la plus grande partie des niveaux est située sur le côté gauche. Cela explique pourquoi l'image est si sombre.

Il se peut que l'original, l'image que vous placez sur la plage du scanneur, ne permette pas d'obtenir mieux. Quoi qu'il en soit, faites plusieurs essais et conservez le meilleur. Le temps passé en correction dans Photoshop est beaucoup plus long que le temps nécessaire à une nouvelle numérisation.

Le point de départ

L'histogramme de notre image montre que l'optimisation sera une tâche ardue. Nous allons malgré tout nous y atteler pour obtenir une image convenable.

L'optimisation pas à pas

Nous commencerons par essayer d'augmenter le nombre de valeurs de luminosité, car c'est ce point qui représente le défaut majeur de notre original. Les commandes **Image/Réglage/Niveaux** et **Niveaux automatiques** ne sont pas adaptées. Comme le montre l'illustration ci-contre, il en résulte des trous si les tons manquants sont coupés dans les différentes couches de couleur. De plus, ces fonctions ne permettent qu'une action sur l'ensemble de l'image.

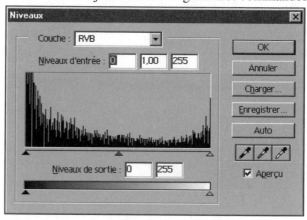

▲ **Fig. 7.37** : *Niveaux automatiques, par élimination des tons non représentés*

Avec la commande **Niveaux automatiques**, voici le résultat que nous avons obtenu : l'image de départ a bien changé, mais le résultat n'est pas de bien meilleure qualité. Notez en particulier les zones surexposées au-dessus des maisons. Ces zones sont même de plus mauvaise qualité qu'au début.

▲ **Fig. 7.38** : *Niveaux automatiques*

Amélioration par interpolation

Dans la première étape de l'optimisation, nous allons modifier la taille de l'image. Mais cela ne risque-t-il pas de réduire encore la qualité ? En principe oui, mais dans ce cas de figure, nous avons obtenu le résultat inverse. Vous savez que, lors de l'interpolation, de nouveaux pixels sont intégrés à l'image en cas d'agrandissement ou supprimés de l'image en cas de réduction de la taille. C'est ce fait que nous allons mettre à profit pour améliorer la structure de notre photo.

1. Nous avons numérisé l'image en grande taille, bien plus grande que nous n'en avons besoin. Activez la commande **Image/Taille de l'image** et réduisez sa taille avec les paramètres suivants.

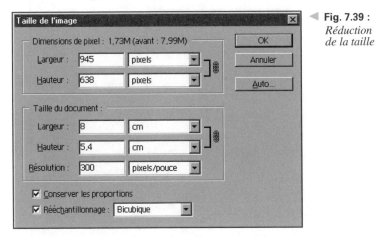

◀ **Fig. 7.39 :**
*Réduction
de la taille*

2. Premier point positif qui apparaît avec l'agrandissement : la texture initiale a presque disparu. Cela a été obtenu par la suppression des pixels.

◀ **Fig. 7.40 :**
*Agrandissement
de l'image*

3. Les derniers restes de cette texture sont supprimés par le filtre *Flou gaussien*. Expérimentez jusqu'à trouver la bonne valeur de rayon. Comme l'image est sans cesse actualisée, vous pourrez juger sur pièce du résultat.

Il nous a semblé que la valeur 0,3 était un bon compromis pour faire disparaître le reste de la texture. Avec une valeur si faible, la netteté de l'image ne s'en ressent pas beaucoup.

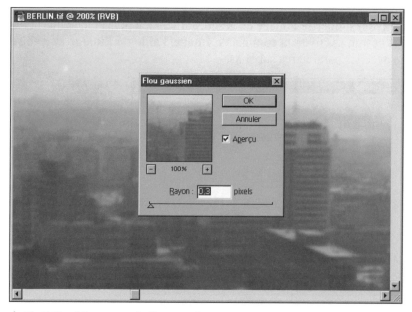

▲ **Fig. 7.41** : *L'image avec le flou gaussien*

Utiliser les ressources cachées de l'image

Nous allons maintenant essayer de trouver une méthode qui nous permette de créer les valeurs de luminosité manquantes dans l'image. Une solution pourrait consister à dupliquer le calque de fond et à faire appel à un mode de fusion spécifique. Nous avons testé pour cela le mode Lumière tamisée.

◀ **Fig. 7.42** :
Duplication du calque et Lumière tamisée

L'histogramme montre que les trous situés à gauche et à droite ont été réduits.

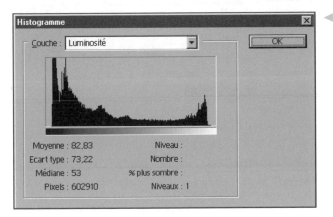

*Le nouvel
histogramme*

L'image montre plus de contraste, mais le résultat n'est toujours pas exaltant. Là aussi, c'est l'ensemble de l'image qui est modifié, comme le montrent le ciel surexposé et les ombres trop profondes. Le résultat n'est pas encore acceptable. Il nous faut une fonction permettant de traiter des zones précises de l'image.

◀ Fig. 7.44 :
*Une autre
variante
d'optimisation*

Pour le troisième essai, activez la commande **Image/Appliquer une image**. Elle ouvre une boîte de dialogue dans laquelle plusieurs paramètres peuvent être définis. La fonction correspond à peu près à la fusion d'un calque, mais ici les possibilités de pilotage sont plus vastes.

Indiquez la source et le calque, ainsi que la couche concernée. Comme nous souhaitons appliquer les modifications à toutes les couches, nous avons sélectionné la mention *RVB*.

Comme mode de fusion, vous pouvez à nouveau fait appel à l'option *Lumière tamisée*, car ce mode renforce les couleurs. Mais pour notre image, cette méthode n'est pas non plus la bonne.

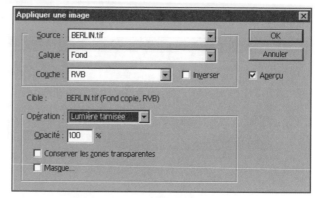

▲ **Fig. 7.45** : *Les valeurs pour la commande Appliquer une image*

Conserver les tons clairs

Ces paramètres ont un défaut majeur : il y a dans cette image des zones que nous ne souhaitons pas éclaircir, en l'occurrence les zones claires. Un éclaircissement de ces zones entraîne une perte de détails, nous aimerions qu'elles ne soient pas concernées par les changements.

Vous rappelez-vous de la fastidieuse création de masques ? Vous vous demandez certainement comment vous allez pouvoir sélectionner les zones concernées. Là encore, Photoshop possède l'outil adapté.

Avec la commande **Sélection/Plage de couleurs**, il est possible de sélectionner les zones des tons foncés, moyens ou clairs. La pénible création manuelle de la sélection est donc inutile. Dans l'illustration suivante, la boîte de dialogue présente la zone des tons moyens.

Les zones ainsi sélectionnées peuvent ensuite être éditées par les fonctions d'optimisation, sans que le reste de l'image ne soit concerné.

▲ **Fig. 7.46** : *La plage de couleurs*

Une réflexion s'impose : existe-t-il un autre moyen de masquer les zones claires d'une image ?

Oui ! Le négatif d'une image affiche très logiquement toutes les zones claires en sombre et les zones sombres en clair. Si le négatif est utilisé comme masque, le but est atteint : les zones sombres ne sont pas concernées par le masquage, en revanche les zones claires sont modifiées par l'effet. De ce fait, la commande **Image/Réglages/Négatif** ou la combinaison de touches [Ctrl]+[I] permet de créer un masque parfait. En plus du gain de temps, vous bénéficierez aussi d'un masque beaucoup plus précis qu'avec l'autre procédé.

▲ **Fig. 7.47** : *Le négatif comme masque*

La voie la plus simple

Oui ! Il y a encore plus simple et plus rapide. Dans la boîte de dialogue **Appliquer une image**, le masque nécessaire est automatiquement appliqué si vous cochez l'option *Masque*. La boîte de dialogue est alors étendue de nouvelles fonctions. Photoshop utilise ce masque sans que vous ayez à créer un calque spécial à cet effet.

Nous allons utiliser la couche *Gris* pour le masque. En variante, nous aurions pu sélectionner une des couches de couleur de l'image. Comme nous souhaitons utiliser le négatif comme masque, nous cochons également l'option *Inverser*.

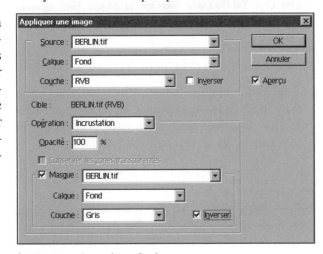

▲ **Fig. 7.48** : *Les valeurs finales*

Dans l'illustration suivante, vous constatez que les zones sombres contiennent moins de détails, en revanche les zones claires ont été intégralement préservées.

◄ **Fig. 7.49 :**
Le résultat

L'image a été sensiblement améliorée par rapport à la version initiale.

Astuce

Aperçu activé ou non

Pensez à activer l'option *Aperçu* dans les boîtes de dialogue d'effet pour juger de la situation avant/après. C'est un bon moyen d'évaluer les résultats.

Plus de teintes sans perte de qualité

L'image est déjà meilleure, mais il y a encore mieux à faire. Le plus important est le fait que les zones claires aient été préservées. Nous n'aurions pu obtenir ce résultat ni avec les niveaux ni avec la courbe, car la qualité de l'image aurait diminué.

De plus, la solution que nous avons mise en œuvre est rapide. Passons au point suivant : pour un résultat optimal, quelques modifications sont encore nécessaires. Un coup d'œil à l'histogramme montre que les choses ont évolué dans le bon sens. Le trou gauche est désormais beaucoup plus petit.

Astuce

Fusionner les calques

Si vous avez travaillé avec des calques et si vous êtes certain que le résultat obtenu est satisfaisant, nous vous conseillons de fusionner le calque avec le fond. Utilisez pour cela la commande **Calque/Aplatir l'image**.

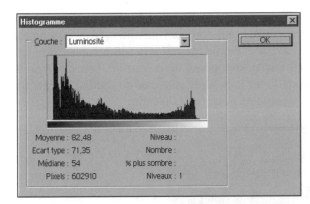

◀ Fig. 7.50 :
L'histogramme

Recadrage de l'image

Avant de poursuivre avec les teintes, nous allons recadrer l'image, car certaines parties ne présentent aucun intérêt. Activez pour cela l'outil Recadrage.

Tracez un cadre approximatif, pour le moment la taille n'a pas d'importance. La zone située en dehors du cadre est assombrie. Si ce masque ne vous convient pas, désactivez l'option *Protéger la zone recadrée*, dans la barre d'options d'outils.

◀ Fig. 7.51 :
Le cadre

L'image est légèrement en biais, comme le montre l'horizon et les immeubles inclinés. Nous allons y remédier :

1. Pour déterminer l'angle d'inclinaison, il faut chercher une orientation dans l'image. Il peut s'agir de l'horizon ou d'un des immeubles. Assurez-vous cependant que dans l'original, la ligne en question est bien horizontale ou verticale.

2. Avec une ligne horizontale, ce n'est pas toujours possible. Mais ce qui est certain c'est que les verticales, par exemple les arêtes des immeubles, doivent bien être verticales, sauf s'il s'agit d'une photo de la tour de Pise. Cherchons donc une verticale et alignons-la sur la bordure verticale du cadre. Pour mieux juger, nous avons retiré le masque de l'extérieur du cadre.

◄ **Fig. 7.52 :**
*Le cadre aligné
sur une verticale*

3. Comme la ligne est plutôt courte, la précision n'est pas au rendez-vous. Il faut contrôler dans une deuxième étape les horizontales. Les toits s'y prêtent bien.

◄ **Fig. 7.53 :**
*Alignement
horizontal*

4. Corrigez à nouveau
l'angle.

◄ **Fig. 7.54 :**
*Alignement
précis*

5. Lorsque l'angle est au point, utilisez les poignées médianes pour ajuster le cadre à la zone de l'image que vous décidez de conserver.

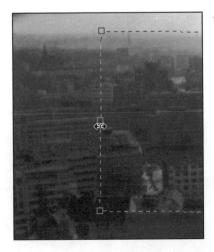

◀ **Fig. 7.55 :**
*Ajustement
du cadre*

6. Vous avez un problème ? Le cadre vient toujours se caler sur la bordure de l'image alors que vous souhaitez l'arrêter un peu avant ? Désactivez la fonction **Affichage/Magnétisme/Limites du document**. Elle est accessible lorsque vous travaillez sur le cadre. Il s'agit là d'une innovation importante de cette nouvelle version.

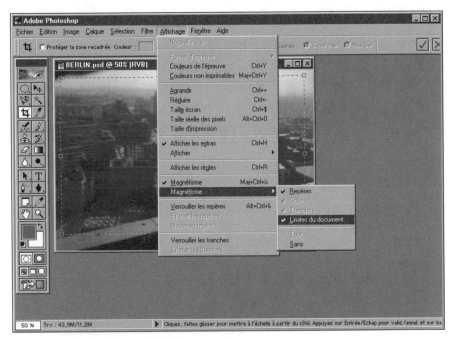

▲ **Fig. 7.56 :** *Magnétisme/Limites du document*

7. À la fin, le cadre doit ressembler à ceci : validez d'un clic sur le bouton portant la coche, dans la barre d'options d'outils ou appuyez sur [Entrée].

8. Voici le deuxième résultat intermédiaire.

◀ **Fig. 7.57 :**
Deuxième étape

Astuce

Utiliser l'interpolation

Là encore, nous avons exploité une perte de qualité : en fait, lors des rotations du cadre de recadrage, les pixels de l'image sont recalculés, avec le type d'interpolation défini par défaut. Cette interpolation crée aussi de nouvelles tonalités.

Correction partielle de l'image

Avant d'optimiser l'image dans son ensemble, améliorons les parties de l'image qui sont particulièrement défectueuses. Au niveau de l'horizon, il n'y a aucun détail apparent : nous allons combler cette lacune.

1. Sélectionnez approximativement cette zone avec l'outil Lasso polygonal. Voici à peu près le résultat à obtenir.

◀ **Fig. 7.58 :**
La sélection

2. Appliquez à cette sélection un contour doux (**Sélection/Contour progressif**). Optez pour une valeur élevée, par exemple 10. La transition future n'en sera que meilleure.

3. Créez ensuite un nouveau calque de réglage, de type **Niveaux**. Modifiez la valeur gamma par le champ du milieu pour le porter à 0,75. L'image est ainsi assombrie au niveau des tons moyens.

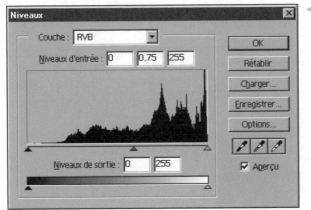

◄ **Fig. 7.60 :**
*Les valeurs du
calque de réglage*

4. Comme nous le savons, chaque calque de réglage contient un masque qui est par défaut entièrement blanc. C'est pourquoi l'effet s'applique toujours à l'image entière.

   Mais avec une sélection, il en va autrement : une zone masquée est automatiquement créée, comme le montre la palette **Couches**. Toutes les zones situées en dehors du masque sont noires : les modifications ne s'appliquent pas à ces parties.

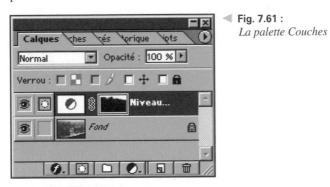

◄ **Fig. 7.61 :**
La palette Couches

5. Ce seul calque de réglage ne suffit pas pour corriger le ciel, il faut donc créer d'autres calques de réglage.

Autres masques

Vous avez certainement noté que ces corrections ne peuvent pas être effectuées en une fois. La correction pourrait être effectuée par des masques à répétition, mais avec une somme de travail considérable.

La zone défectueuse a déjà été réduite par le premier calque de réglage. Nous allons poursuivre en mettant en place, pas à pas, d'autres calques de réglages. La procédure est toujours la même, seule la zone de masquage change.

Pour tous ces masques, vous devrez travailler avec différents contours, plus ou moins durs. Voici le prochain masque.

◀ **Fig. 7.62 :**
*La prochaine
sélection*

Prenez une valeur gamma de 0,9 pour assombrir cette zone.

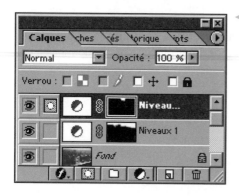

◀ **Fig. 7.63 :**
*Le deuxième calque de
réglage*

De cette façon, d'autres calques de réglage peuvent être mis en place jusqu'à ce que l'horizon soit correct. Dans notre exemple, nous en avons utilisé au total trois. Pour prendre connaissance des modifications, reportez-vous au fichier *Berlin.psd*, sur le CD d'accompagnement.

Les valeurs de correction changent d'un calque à l'autre. Pour les découvrir, double-cliquez sur le calque en question.

Dans l'image ci-contre, vous constaterez que la zone masquée est de plus en plus petite.

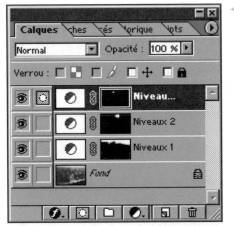

◀ **Fig. 7.64 :**
Les différents calques de réglage

Avec ces modifications, nous sommes arrivés au résultat suivant. Les calques de réglage ont permis de récupérer un certain nombre de nouveaux détails qui n'étaient pas visibles au départ.

◀ **Fig. 7.65 :**
La zone corrigée

Optimisation globale

Après l'optimisation des zones détaillées, passons à l'optimisation globale de l'image. Encore une fois, c'est un calque de réglage qui va intervenir.

1. Commençons par laisser Photoshop déterminer lui-même les valeurs. Activez la commande **Image/ Réglages/Niveaux automatiques**, puis la commande **Image/Réglages/ Niveaux**.

◀ **Fig. 7.66 :**
Les niveaux après Niveaux automatiques

2. Après les niveaux automatiques, il faut adapter la valeur gamma pour éclaircir les tons moyens. Optez pour une valeur de 1,4.

3. Nous allons maintenant supprimer le piqué de couleur. Pour cela, activez la pipette située au milieu dans la boîte de dialogue **Niveaux**. Elle permet de définir les tons moyens.

   Lorsque le pointeur survole l'image, il est accompagné de l'icône de pipette. Ce pointeur permet de récupérer une teinte dans l'image représentant le gris neutre. Ce n'est bien sûr pas évident, car vous ne connaissez pas la zone de l'image représentant ce gris neutre. Plusieurs essais sont nécessaires : nous avons opté pour l'emplacement suivant.

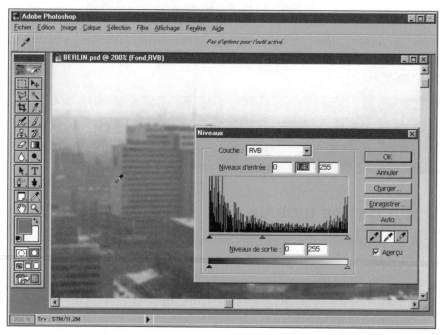

▲ **Fig. 7.67** : *Définition du gris neutre*

4. Après validation, l'image change fondamentalement. Et ce n'est pas fini (Fig. 7.68).

5. D'autres corrections sont nécessaires sur certaines parties de l'image, en l'occurrence les endroits trop verts. Pour cela, nous avons créé une sélection dotée d'un contour progressif de 5 pixels (Fig. 7.69).

6. Créez pour cette zone un calque de réglage de type **Niveaux**, sélectionnez la couche *Vert* et définissez une valeur gamma de 0,9 (Fig. 7.70).

▲ **Fig. 7.68** : *Le résultat de l'optimisation*

▲ **Fig. 7.69** : *La nouvelle sélection*

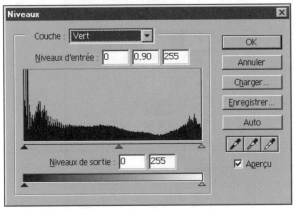

◄ **Fig. 7.70** :
*Traitement
des verts*

7. Pour tirer encore un peu de couleur de l'image, créez un calque de réglage **Teinte/Saturation** avec une saturation de 25.

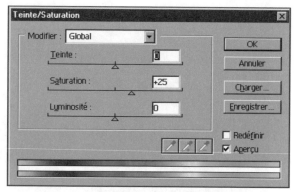

▲ **Fig. 7.71** : *Augmentation de la saturation*

8. Ces opérations nous conduisent au résultat ci-contre.

▲ **Fig. 7.72** : *Le résultat (Berlin1.psd)*

9. Au fil de ces manœuvres, nous avons rassemblé un bon nombre de calques. En voici le détail dans la palette **Calques**. Pour les prochaines étapes, ces calques ne sont plus nécessaires. Activez la commande **Calque/Aplatir l'image** pour les fusionner.

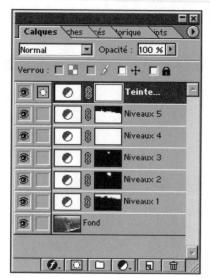

◄ **Fig. 7.73** :
*La palette
Calques*

Astuce

Souplesse

Après l'aplatissement de l'image, vous ne pourrez bien sûr plus recourir aux calques individuels. Pour garder une plus grande souplesse, nous vous conseillons d'enregistrer l'image comme copie avant de fusionner les calques.

Améliorer la netteté de l'image

Les étapes suivantes sont appliquées à l'ensemble de l'image. Nous allons en améliorer la netteté. Pour cela, activez la commande **Filtre/Renforcement/Accentuation**. Voici les paramètres que nous avons utilisés.

◀ **Fig. 7.74 :**
Les paramètres du filtre Accentuation

Et voici le résultat obtenu.

◀ **Fig. 7.75 :**
Le résultat

Ajustement de détail après augmentation de la netteté

Maintenant que l'image est plus nette, il nous faut une légère correction des niveaux.

1. Vous pouvez à nouveau faire appel à un calque de réglage **Niveaux**. Nous allons d'abord corriger la valeur gamma RVB à 1,25, puis nous modifierons ce gamma pour la couche *Gris à 0,9*, pour corriger encore une fois le léger piqué de vert.

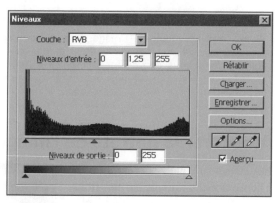

▲ **Fig. 7.76** : *Les dernières corrections*

2. Le résultat est tout à fait correct. Par rapport à l'image de départ, les choses ont bien évolué, vous ne trouvez pas ?

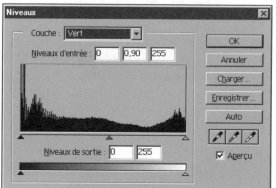

◀ **Fig. 7.77** :
Deuxième correction des niveaux

◀ **Fig. 7.78** :
Le résultat

Retouche avec l'outil Tampon

Les petits grains de poussière qui sont apparus après l'augmentation de la netteté vont être retouchés avec l'outil Tampon. Ces défauts apparaissent à plusieurs endroits de l'image, comme le montre l'illustration ci-contre.

▲ **Fig. 7.79** : *Les pétits défauts*

1. Les corrections seront entreprises sur un nouveau calque. Créez un nouveau calque au-dessus du calque de réglage **Niveaux**. Pour que les retouches influent sur les calques du dessous, activez dans la barre d'options d'outils la case *Utiliser tous les calques.*

◄ **Fig. 7.80** :
   Utiliser tous les calques

2. Peignez les zones défectueuses de l'image. Rappelez-vous que, avec la touche Alt enfoncée, vous définissez la zone source, avec le deuxième clic de souris, vous commencez la peinture.

3. Au cours de l'opération, d'autres zones défectueuses apparaissent, dues aux innombrables modifications des niveaux, dans les parties sombres de l'image.

▲ **Fig. 7.81** : *Autres défauts de l'image*

4.  Ces emplacements seront traités avec l'outil Goutte d'eau. Utilisez les options suivantes pour cela.

| ◊ | Forme : | ● ▾ | Mode : | Normal ▾ | Pression : 50 % ▸ | ☑ Utiliser tous les calques | ↗ |

▲ **Fig. 8.82 :** *Les options de l'outil Goutte d'eau*

5. Voici les modifications apportées sur le nouveau calque. Ces changements concernent aussi bien l'outil Tampon que l'outil Goutte d'eau.

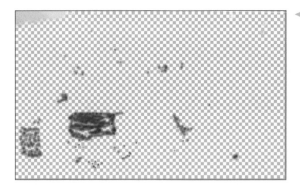

◀ **Fig. 8.83 :**
*Les modifications
sur le nouveau calque*

6. Voilà, c'est terminé ! Le résultat final ressemble à ceci.

▲ **Fig. 7.84 :** *Le résultat final*

Vous trouverez ce fichier sur le CD d'accompagnement, il s'appelle *Berlin2.psd*.

Comparez cette image avec le document de départ : le résultat est tout à fait satisfaisant. Bien sûr, il est toujours possible de continuer et de faire mieux, particulièrement dans les zones sombres.

La brillance n'est pas non plus parfaitement au rendez-vous. Mais avec l'image de mauvaise qualité dont nous dispositions au début, il est difficile d'obtenir beaucoup mieux.

Et pourquoi ne poursuivez -vous pas cette optimisation ? Fort de vos nouvelles connaissances, le moment est bien choisi, ne trouvez-vous pas !

Bonne chance !

Chapitre 8

Retouches d'images professionnelles

III

D ans ce chapitre, vous découvrirez les possibilités de correction et de retouche d'images proposées par Photoshop. Nous vous expliquerons à cette occasion ce que produisent les effets. Il est important de savoir ce qui arrive aux pixels lorsque vous activez une fonction de correction. Tous les filtres de correction sont regroupés dans le menu **Image/Réglages**.

8.1. Choisir le bon document

Pour juger au mieux des effets des différentes fonctions, il nous faut un document adapté. Nous avons opté pour un spectre de gris. Vous le trouverez sur le CD d'accompagnement, il s'agit du fichier *Spectre gris.psd*.

◄ **Fig. 8.1 :**
Le premier
document

Pour pouvoir vous présenter également les fonctions sur un plan pratique, nous avons également cherché une photo disposant d'une courbe très régulière, c'est-à-dire contenant la grande majorité des couleurs. Mais cette image n'est pas parfaite, elle présente des zones à améliorer.

◄ **Fig. 8.2 :**
La deuxième
image (Fleurs.tif)

Astuce

Bon jugement

Avec des images ayant une courbe très irrégulière, il est difficile d'expliquer les fonctions de correction. En revanche, les images avec des luminosités et des couleurs très diversifiées sont parfaites à cet égard.

8.2. Luminosité, contraste et tons

Vous utiliserez certainement le plus souvent la commande **Image/Réglages/ Niveaux**, que vous pouvez activer par [Ctrl]+[L]. Cette boîte de dialogue permet de piloter la luminosité; le contraste et la gamme des tons. Elle sert également à corriger les piqués de couleur de certaines photos, comme nous l'avons vu au chapitre *Astuces pour les scanneurs et les appareils photo numériques*. Il s'agit donc d'un outil généraliste.

La boîte de dialogue vous est familière, nous l'avons utilisée dans divers exercices. Dans cet exemple, voici la courbe de la couche RVB.

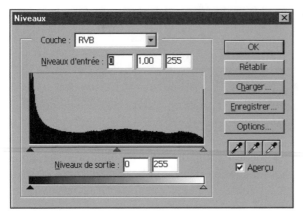

◀ **Fig. 8.3 :**
La courbe de l'image exemple

La couche

La zone de liste *Couche* permet de choisir la couche qui sera concernée par les changements. Par défaut, Photoshop propose la combinaison de toutes les couches de l'image, ici RVB. Mais la liste permet aussi de choisir une couche spécifique, sachant que les couches alpha ne sont pas prises en considération (Fig. 8.4).

Les courbes des couches de couleur individuelles peuvent diverger. La modification des courbes des couches individuelles sert à corriger les piqués de couleurs.

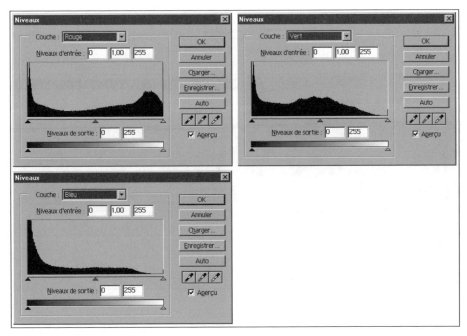

▲ **Fig. 8.4 :** *L'histogramme des trois couches de couleur*

Les niveaux d'entrée

Commençons nos essais par les premiers champs de saisie : les niveaux d'entrée. Ces niveaux d'entrée sont modifiables par saisie de nouvelle valeur dans les champs numériques ou par déplacement des petits triangles placés sous l'histogramme. Le triangle noir correspond au champ de saisie gauche, le triangle blanc au champ de saisie droit.

Nous allons tester les effets des changements des champs individuels sur l'image.

Agrandir la zone des tons sombres

Saisissez la valeur 40 dans le premier champ. Que se passe-t-il ? Tous les tons avec des valeurs de 0 à 40 sont ramenés à 0, c'est-à-dire qu'ils deviennent noirs. C'est ce qui apparaît clairement dans le deuxième champ de notre image. Le gris sombre est passé au noir de jais. Par voie de conséquence, tous les tons moyens subissent une nouvelle répartition. Au lieu des 12 champs de départ, nous ne disposons plus maintenant que de 10 champs, puisque les deux premiers ont la même couleur.

La répartition entre noir et blanc n'est plus réalisée par pas de 10 %, mais par pas de 12,5 %.

La gamme des tons n'a pas changé dans l'image, cette dernière contient toujours tous les tons entre le noir (0) et le blanc (255). Ce qui a changé, c'est la répartition. Il y a désormais plus de tons sombres dans l'image, elle est assombrie.

▲ **Fig. 8.5 :** *L'image assombrie*

Des informations de pixels disparaissent

Nous venons de constater que deux champs de l'image étaient noirs. Un ton a donc été détruit. Les deux premiers champs présentent désormais la même couleur.

Cette fusion des couleurs est irrémédiable, il n'est pas possible de l'annuler. Lors d'une sélection avec l'outil Baguette magique, avec une valeur de tolérance de 0, vous constatez facilement que les deux champs ont la même couleur.

Notre modification a donc abouti à la destruction définitive de certaines informations de pixels. Ce point devrait vous inciter à utiliser cette fonction avec la plus grande prudence.

▲ **Fig. 8.6 :** *Deux champs de couleur ont été fusionnés*

Quelles que soient les corrections que vous appliquerez par la suite, elles concerneront toujours à l'identique les deux champs de couleur, il n'y aura plus de scission des deux.

Jetons un coup d'œil à notre exemple. Admettons que vous éclaircissiez l'image. Dans ce cas les deux premiers champs seront éclaircis de la même façon.

▲ **Fig. 8.7 :** *Il n'y a plus de scission possible des deux champs*

Conserver les informations des pixels

En principe, vous chercherez à conserver le plus grand nombre d'informations de pixels dans votre image. Les tons différents au départ et fusionnés à la suite de modifications ne pourront plus être restaurés dans leur état initial, nous venons de le voir. Réfléchissez donc bien avant d'agir !

Conséquences sur l'histogramme

Dans les quatre histogrammes de l'image, nous constatons après cette action que toutes les courbes sont devenues plates en raison des couleurs "coupées". La couleur noire, dans l'histogramme la ligne épaisse située à gauche, contient un nombre de pixels bien plus important qu'au départ.

Les tons de l'image, dans la zone des tons sombres, ne sont plus aussi différenciés qu'avant.

Les trous dans l'histogramme montrent que certains tons n'interviennent plus dans l'image. Si ces trous sont trop importants, l'effet sur l'image sera toujours négatif.

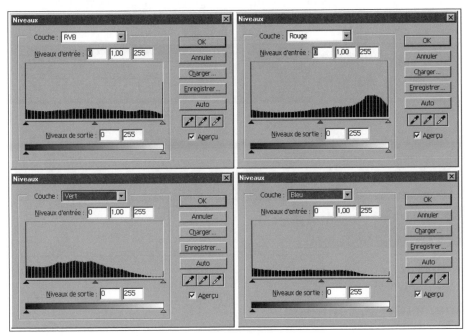

▲ **Fig. 8.8** : *Les histogrammes de l'image modifiée*

Astuce

Utiliser des calques de réglage

Employez largement la fonction de calque de réglage de Photoshop. Grâce à cette technique, vous conserverez tous les pixels originaux de l'image. Pour retrouver l'état initial, il vous suffit de supprimer le calque de réglage.

Renforcer les tons clairs

Prenons maintenant l'exemple inverse. Modifions la valeur du champ de saisie situé à droite, sans toucher pour l'instant au champ central.

Nous saisissons une valeur de 215. Ainsi, tous les tons entre 215 (un gris clair) et 255 (blanc) sont regroupés en blanc. Là encore, un champ de l'image est perdu, mais cette fois dans les tons clairs. Les tons moyens subissent à nouveau une réorganisation et une nouvelle répartition.

Cette action a éclairci l'image. Après modification, l'image présente des zones blanches plus grandes : le nombre de pixels de blanc pur a augmenté.

Là encore, des trous apparaissent dans l'histogramme, mais leur effet est moins important sur l'image.

▲ **Fig. 8.9** : *L'image est éclaircie*

Augmenter le contraste

Nous allons réunir maintenant les deux modifications entreprises jusqu'à présent en une seule opération. Nous plaçons la première valeur sur 40 et la dernière sur 215. Nous avons ainsi réuni 80 tons en deux valeurs. Dans l'image nous constatons qu'il n'y a plus que 9 champs de couleur différente. De chaque côté, un champ a été éliminé. Les nuances entre les extrêmes ont été agrandies. L'effet est facile à voir dans l'image : en modifiant ces deux valeurs, nous avons augmenté le contraste. Malheureusement, nous avons perdu des informations dans les zones initiales les plus sombres et les plus claires.

L'image est devenue plus "dure".

▲ **Fig. 8.10** : *Le contraste a été augmenté*

Assombrir les tons moyens

Un champ n'a pas encore été modifié : celui des tons moyens. Il correspond au deuxième curseur au bas de l'histogramme.

Comme le montre la position de ce curseur, il permet de modifier les tons moyens. Notre image se compose à l'heure actuelle de 11 zones de couleur, avec du noir à gauche et du blanc à droite. Le ton moyen précis se trouve, dans les paramètres par défaut, au milieu. Le sixième champ de l'image est exactement un gris de 50 %.

Avec la valeur gamma, vous modifiez la position de ce ton médian. Nous avons porté sa valeur à 0,6, sachant que par défaut elle est de 1,00. Le triangle sous l'histogramme est déplacé en conséquence vers la droite.

Déplacer les tons médians

Dans l'image, le gris médian a été décalé après notre modification dans le septième champ. Ce curseur permet ainsi de déplacer le gris à 50 % en une autre position.

Comme les deux champs extérieurs de l'image sont restés en place, nous avons donc simplement modifié la répartition des tons moyens. Entre le gris à 50 % et le noir, il y a désormais non plus quatre zones, mais cinq : la répartition est donc plus fine.

|||

Entre le gris à 50 % et le blanc, il n'y a plus, à l'inverse quatre mais trois zones. En conséquence, comme il y a désormais plus de tons dans la zone des gris égaux ou supérieurs à 50 %, l'image est assombrie.

Les informations restent en place

La principale différence avec les deux modifications précédentes est visible dans l'image : le nombre de zones de couleur de notre image n'a pas changé, il n'y a donc pas eu de perte de différenciation entre les pixels. Ce type de changement peut être annulé à tout moment, même si vous n'avez pas pris la précaution de travailler avec un calque de réglage. Voyons les effets sur l'image.

▲ **Fig. 8.11** : *La valeur gamma a été réduite*

Les détails ont été conservés, aussi bien dans les zones sombres que claires. La différence est qu'il y a désormais plus de zones sombres que claires. L'image est plus foncée.

Astuce

Modifiez d'abord le gamma

Avant de détruire irrémédiablement les informations de pixels de votre image, nous vous conseillons de vérifier si une modification de la valeur gamma ne résout pas le problème. S'il n'y a véritablement aucune solution à ce niveau, passez à la fusion des tons noirs et blancs.

Éclaircir les tons moyens

Si vous spécifiez une valeur gamma supérieure à la valeur par défaut (1,00), le gris à 50 % est déplacé vers la gauche. Il y a de ce fait moins de gris sombres et l'image est éclaircie. Nous avons fait le test avec la valeur 1,4.

Dans l'image, entre le noir et le gris à 50 %, il n'y a plus que trois zones, au lieu des quatre dont nous disposions précédemment. Les zones d'ombre et de lumière conservent leurs détails, les tons n'ont pas été perdus.

▲ **Fig. 8.12** : *Augmentation de la valeur gamma*

Éclaircir les tons sombres

Avec l'échelle au bas de l'histogramme et les champs de saisie, vous pilotez la gamme des tons. Vous définissez ainsi le nombre de niveaux de gris que contient l'image.

Saisissez la valeur 40 dans le champ de saisie gauche : que se passe-t-il dans l'image ? La zone située à gauche n'est plus d'un noir pur, elle est passée au gris foncé. Tous les tons moyens sont recalculés et rapprochés.

Tous les tons de 0 à 40 ont disparu de l'image. Les parties d'ombre de l'image conservent leurs détails, mais ont été éclaircies, puisque les tons les plus sombres ont disparu. Du fait de cette absence des tons sombres, on parle dans ce cas d'une gamme de tons partielle.

▲ **Fig. 8.13** : *Les tons dans les zones d'ombre ont disparu*

Après correction, l'histogramme présente la gamme de tons réduite avec un trou dans la zone gauche. La pointe de la zone sombre s'est déplacée vers la droite, les tons sont éclaircis.

Supprimer les clairs extrêmes

En réduisant la valeur du champ de saisie droit à 215, la fonction a exactement l'effet inverse. La zone blanche de l'image devient plus sombre, tous les tons moyens sont recalculés et sont également assombris. Là encore, la gamme des tons est réduite, il y a un trou dans les zones claires.

Prenons un exemple : vous avez une image offrant de grandes zones très claires, sans point de trame. C'est par exemple le cas des zones de reflet. Pour limiter l'incidence de ces zones de clarté extrême, vous les réduirez à l'aide de cette fonction. Tous les points blancs passent au gris très clair.

Notre image devient ainsi un peu plus foncée, mais les nuances sont toutes conservées.

▲ **Fig. 8.14** : *Les tons clairs extrêmes ont été remplacés par des tons un peu plus foncés*

Réduire le contraste

Si vous appliquez conjointement les deux dernières possibilités, le contraste de l'image s'en trouve réduit. Les nuances sont conservées, mais la gamme des tons est sensiblement diminuée : l'image devient plate. L'image montre cependant qu'aucune nuance n'est perdue, il y a toujours 11 zones de couleur.

▲ **Fig. 8.15 :** *Le contraste a été diminué*

Astuce

Attention à l'impression !

Lors de l'emploi d'image pour impression, la gamme des tons est sérieusement réduite. Les coulisses : même dans les zones les plus sombres, les détails doivent rester apparents, les points de trame doivent être différenciés. Dans les zones claires également. Comme point de départ, utilisez les valeurs 20 et 230, elles donnent en principe de bons résultats.

Regardons l'histogramme après application des dernières valeurs en vue de la réduction du contraste : des deux côtés de la courbe se trouvent des trous. La forme de la courbe, pour sa part, n'a pas changé, elle a simplement été resserrée.

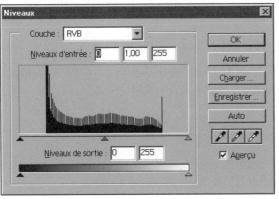

◀ **Fig. 8.16 :**
L'histogramme après réduction du contraste

Vous pouvez bien évidemment corriger cette situation et retrouver à peu près la courbe initiale. Indiquez les valeurs 40 et 215 dans les zones de saisie gauche et droite : la courbe retrouve pratiquement sa forme de départ.

Cela ne veut pas dire pour autant que le contraste peut être augmenté ou réduit à loisir sans qu'il en résulte des différences de qualité. Les pics et les trous de l'histogramme montrent que la modification en deux temps de l'image a eu pour conséquence la modification des informations.

Chaque changement des valeurs influe sur la luminosité des pixels individuels. C'est ainsi que des tons disparaissent et que la qualité diminue.

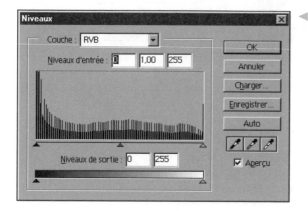

◀ **Fig. 8.17 :**
L'histogramme après le deuxième changement

Correction par comparaison des blancs

Avec les trois pipettes, Photoshop propose une autre fonction de correction de l'image. Le procédé est fondé sur une technique appliquée autrefois dans les laboratoires photo. À l'aide d'un densitomètre, on mesurait les valeurs les plus claires et les plus sombres de l'image ainsi qu'un certain nombre de tons moyens typiques. La gamme des tons et la durée d'exposition étaient calculées à partir de ces mesures. Dans Photoshop, le principe est le même.

1. Agrandissez l'affichage de l'image. Cherchez la zone la plus claire.

2. Choisissez ensuite dans les options de l'outil Pipette la taille de l'échantillon à prélever : *Echantillon ponctuel, Moyenne 3x3* ou *Moyenne 5x5*. Nous avons opté pour *Moyenne 3x3*.

3. Créez un nouveau calque de réglage et sélectionnez l'option *Niveaux*.

4. Activez la pipette située à droite (celle dont le contenu est blanc). Elle symbolise le point blanc, le point le plus clair de votre image.

5. Cliquez dans l'image à l'endroit le plus clair.

6. Après avoir cliqué, vous constatez que l'image change : elle s'éclaircit. Pour le visualiser, il faut que l'option *Aperçu* de la boîte de dialogue **Niveaux** soit cochée. Photoshop connaît désormais le point blanc de l'image.

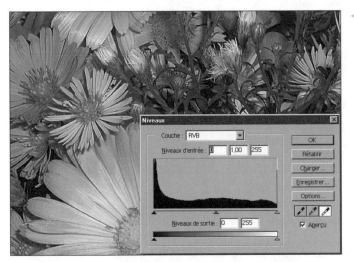

◄ **Fig. 8.18 :**
*Le point blanc
a été marqué*

7. Passez à la pipette au contenu noir pour déterminer le point noir de l'image, c'est-à-dire la zone la plus sombre.

8. Cliquez sur la zone la plus sombre. Il s'agit pour nous d'une zone d'ombre du bouquet.

◄ **Fig. 8.19 :**
*Le point le
plus sombre*

9. Avec la pipette médiane, vous pouvez encore échantillonner le point de l'image correspondant au ton moyen. Nous ne l'avons pas fait, car le résultat des deux échantillonnages précédents nous a donné entière satisfaction. De plus, sans

un œil averti, ce point de ton moyen (appelé point gris) est difficile à déterminer. Nous avons opté pour un changement de la valeur gamma sur 1,3.

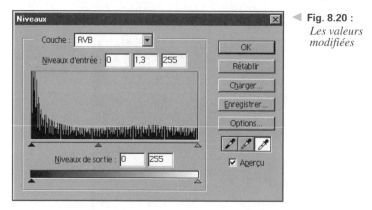

◀ **Fig. 8.20 :**
*Les valeurs
modifiées*

Et voici le résultat auquel nous sommes parvenus par la fixation du point blanc,
du point noir et la modification du gamma.

◀ **Fig. 8.21 :**
*L'image
optimisée*

Comment travaille Photoshop ?

Le point blanc détermine la couleur que Photoshop doit considérer comme du
blanc. Si le point échantillonné contient de la couleur, Photoshop interprète ces
informations de couleur comme un piqué et les corrige. Toutes les valeurs plus
claires que le point blanc fixé deviennent également blanches, la gamme des tons
est réduite. Il en va de même du point noir. Tous les points plus sombres que le
point échantillonné sont convertis en noir.

Il reste à expliquer pourquoi l'histogramme RVB contient après cette opération des trous. En fait, une nouvelle répartition des tons et une réduction de la gamme sont intervenues. Jetons un coup d'œil aux couches individuelles. Vous y verrez immédiatement ce qui s'est produit : dans chaque couche, des tons ont été supprimés dans les zones claires et foncées.

Pour "couper" des tons, Photoshop utilise les valeurs colorimétriques des deux tons échantillonnés avec les pipettes, et les couleurs moyennes sont réparties de manière égale. La valeur gamma est conservée en l'état. Au besoin, vous pourrez ensuite corriger les courbes des couches individuelles si l'image présente un piqué de couleur.

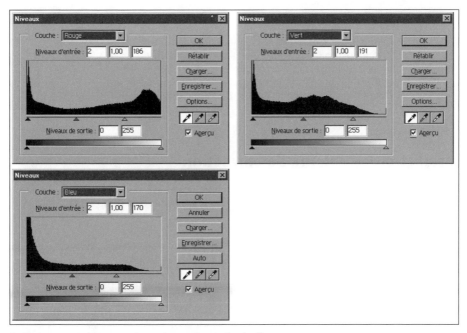

▲ **Fig. 8.22 :** *Les histogrammes de couches individuelles*

Correction automatique

Une autre solution consiste à laisser à Photoshop la responsabilité de la définition du point blanc et du point noir. C'est ce qui se passe si vous cliquez sur le bouton **Auto** de la boîte de dialogue **Niveaux** ou si vous activez la commande **Image/Réglages/Niveaux automatiques**. Photoshop détermine le point blanc et le point noir, puis ajuste la répartition des tons dans les couches individuelles. Mais comme l'image peut contenir des pixels de couleur claire ou sombre qui ne font pas partie du contenu effectif de l'image, Photoshop ignore 0,5 % aux deux extrémités de la gamme des tons : il "écrête" la plage.

Ces valeurs par défaut sont modifiables dans la boîte de dialogue **Niveaux**. Enfoncez la touche [Alt]. Le libellé du bouton **Auto** devient **Options**. Un clic sur ce bouton ouvre la boîte de dialogue suivante, dans laquelle vous pourrez modifier les valeurs d'écrêtement.

◀ **Fig. 8.23 :**
La boîte de dialogue
Options de plage Auto

Astuce

Utiliser le sélecteur de couleur

Les couleurs peuvent aussi être définies par le sélecteur de couleur au lieu de l'outil Pipette. Pour cela, double-cliquez sur une des trois pipettes, choisissez la couleur et refermez la boîte de dialogue **Sélecteur de couleur**. Affectez ensuite la couleur retenue à la pipette de votre choix. Pour finir, cliquez dans l'image pour appliquer la valeur.

Enregistrer les valeurs de correction

Si vous envisagez d'appliquer les mêmes valeurs de correction à plusieurs images, le bouton **Enregistrer** permet de sauvegarder les paramètres dans un fichier, avec l'extension *.alv*, sur le disque dur.

8.3. Ajuster les teintes par les courbes

La commande **Image/Réglages/Courbes** permet un réglage encore plus précis de la totalité de la gamme de tons d'une image. Vous pouvez ouvrir cette boîte de dialogue par la combinaison de touches [Ctrl]+[M]. La fonction est proche des niveaux, mais les manipulations sont quelque peu différentes. Voici cette boîte de dialogue.

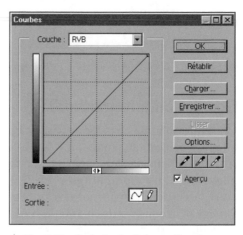

▲ **Fig. 8.24 :** *La boîte de dialogue Courbes*

L'axe horizontal du graphe représente les valeurs d'intensité d'origine des pixels (niveaux d'entrée). Deux affichages distincts sont possibles. En mode RVB, les valeurs d'intensité comprises entre 0 et 255 sont affichées, sachant que les tons foncés (0) sont à gauche. En mode CMJN, la boîte de dialogue **Courbes** affiche des pourcentages compris entre 0 et 100, les tons clairs (0) étant à gauche. Pour inverser à tout moment l'affichage des tons foncés et des tons clairs, cliquez sur la double flèche au-dessous de la courbe.

L'axe vertical représente les nouvelles valeurs chromatiques (niveaux de sortie) : en bas se trouvent les ombres, en haut les zones claires. La grille permet de prendre connaissance des correspondances entre les deux axes. Suivez une ligne verticale jusqu'à l'intersection avec l'axe des abscisses. La taille de la grille est modifiable : enfoncez la touche [Alt] et cliquez dans le diagramme : deux tailles sont proposées.

Possibilités de modification

Que faire avec cette courbe ? Chaque ton de l'image, entre 0 (noir) et 255 (blanc), est modifiable par l'intermédiaire de cette courbe. À vous de choisir si les valeurs voisines doivent être ajustées en conséquence ou non. Ces fonctions vont ainsi beaucoup plus loin que les seules trois options de réglage de la boîte de dialogue **Niveaux**.

Voyons un exemple fondé sur notre spectre de gris. Ouvrez la palette **Infos** pour comparer les valeurs.

1. Ouvrez la boîte de dialogue **Courbes** par la combinaison de touches [Ctrl]+[M].

2. Si vous survolez l'image avec le pointeur de la souris, ce pointeur prend la forme d'une pipette.

3. Cliquez sur un endroit de l'image et maintenez le bouton gauche de la souris enfoncé. Un cercle indique dans la courbe où se trouve ce ton.

4. Sous le diagramme apparaît également la valeur numérique de ce ton. De plus, la palette **Infos** affiche cette même valeur. Une valeur de 70 correspond par exemple à un gris à 70 % de noir.

   Si vous optez pour la grille plus fine, chaque ligne correspond à un niveau de gris. Mais cet affichage est inversé puisque dans le diagramme les zones claires sont à gauche.

5. Cliquez sur la double flèche placée sous la courbe pour convertir l'affichage aux valeurs CMJN. Si vous cliquez à nouveau dans la zone 70 % de l'image, vous constaterez que la structure de la courbe correspond à celle du spectre de gris (de noir à blanc).

Avec les deux boutons sous la courbe, vous choisirez entre deux méthodes de modification des tons.

6. Nous allons essayer la ligne. Cliquez sur le bouton gauche : pour pouvoir nous orienter sur les valeurs au bas de la courbe, nous avons choisi la représentation CMJN des valeurs. Ainsi les indications de pourcentage des zones de gris de l'image correspondent-elles à l'affichage de la courbe.

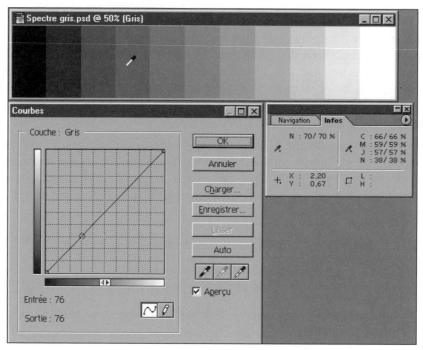

▲ **Fig. 8.25** : *Affichage de la courbe avec des valeurs CMJN*

Informations techniques sur le déroulement du procédé

Avant de passer en revue les possibilités de modification, il nous faut aborder quelques aspects techniques liés à cette fonction.

La courbe est modifiable par un clic sur un point. Pour cela, cliquez sur un point de la droite et maintenez le bouton de la souris enfoncé. Vous pouvez ainsi déplacer le point et relâcher le bouton de la souris lorsque l'effet obtenu vous convient. Autre solution : pointez sur la nouvelle position requise et cliquez. Mais dans ce cas vous ne pouvez pas suivre l'évolution des modifications dans l'image.

Vous pouvez également inscrire les valeurs dans les champs de saisie. Dès que vous déformez la courbe ou cliquez dans le diagramme, les champs de saisie apparaissent.

Pour supprimer des points mis en place précédemment, il suffit de saisir les points avec la souris et de les glisser hors du diagramme. Comme dans la boîte de dialogue **Niveaux**, le fait de maintenir la touche [Alt] enfoncée change le libellé de deux boutons. Vous pourrez ainsi rétablir la situation de départ en annulant tous les changements et accéder aux options de changement automatique.

Le bouton **Auto** déclenche des modifications automatiques réalisées par Photoshop à partir des points blanc et noir déterminés par le programme. Les options de pipette sont les mêmes que dans la boîte de dialogue **Niveaux**.

La liste *Couche* permet de choisir la couche concernée par les changements. Avec une image en niveaux de gris, il n'y a bien évidemment aucun choix possible, puisque cette image est composée d'une couche unique.

Maintenez la touche [Maj] enfoncée si vous ne souhaitez pas placer de point individuel en mode Crayon, mais créer une droite. À chaque clic, Photoshop relie le point du clic avec le point précédent, par un segment de droite. Il est ainsi possible de fixer au maximum 15 points dans la courbe. Après le quinzième point, vous ne pourrez plus agir qu'en déplaçant les points.

Astuce

Lisser la courbe

Si vous avez dessiné une ligne torturée avec l'outil Crayon, sachez que le bouton **Lisser** permet d'en optimiser les courbures. Des clics successifs sur ce bouton redressent progressivement la courbe, jusqu'à arriver à une droite.

Si vous passez ensuite en mode Courbe, les points sont placés de manière à conserver à peu près la ligne. Le bouton **Rétablir** permet de retrouver les paramètres de départ.

Les courbes peuvent également être sauvegardées. Celles que nous utilisons pour les exemples suivants de ce chapitre vous attendent dans le dossier *Workshops/Chapitre 08/Courbes* du CD d'accompagnement. Il s'agit de fichiers avec une extension *.acv*.

Retenez que toute modification exécutée avec la fonction Niveaux est également réalisable par la fonction Courbes. À vous de choisir celle qui vous convient le mieux.

La fonction Courbes offre cependant des possibilités supplémentaires. Vous découvrirez dans les pages suivantes qu'elle permet même de réaliser des filtres. Mais avant cela, voyons un petit exercice simple.

Assombrir les tons sombres

Avec l'affichage RVB des valeurs, glissez le point de départ gauche de la courbe jusqu'à la position 40, vers la droite. Cette opération aboutit au même résultat que celui que nous avions obtenu dans la boîte de dialogue **Niveaux** en saisissant dans le champ de gauche la valeur 40 : nous avons supprimé de la zone des tons sombres les 40 premiers tons. L'image a été assombrie, mais la courbe est toujours une droite. La première partie de la courbe, la droite horizontale gauche, montre qu'il n'y a plus de distinction des tons dans cette zone : entre 0 et 40, tous les pixels sont noirs.

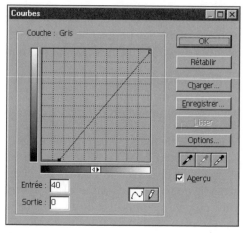

▲ **Fig. 8.26** : *L'image assombrie*

Lorsque les changements sont effectués, rouvrez la boîte de dialogue **Niveaux** : vous aurez ainsi confirmation de la similitude d'effet des deux fonctions Courbes et Niveaux.

Éclaircir les tons clairs

Vous obtenez l'inverse lorsque vous déplacez l'extrémité droite de la courbe vers la gauche. La zone des tons clairs est réduite, ce qui correspond à la saisie de la valeur 215 dans la zone de saisie droite de la boîte de dialogue **Niveaux**. Les tons entre 215 et 255 sont tous ramenés au blanc.

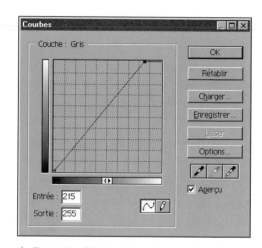

▲ **Fig. 8.27** : *L'image éclaircie*

Augmenter le contraste

Si vous déplacez les deux extrémités vers le centre, les tons clairs et sombres de l'image sont fusionnés et le contraste est accentué. Le nombre de champs de couleur de notre image est également réduit en conséquence : avec les valeurs précédentes, un champ est supprimé de chaque côté.

Simuler un effet

Allons un peu plus loin. Nous allons utiliser la courbe pour simuler des effets du menu **Image/Réglages** avec des options étendues. Voyons le résultat avec la fonction Seuil.

En partant du dernier exemple, avec accentuation du contraste, essayons de voir ce qui se produit si nous déplaçons le point extrême gauche sur la position 70 et celui de droite sur la position 175.

Ces changements reviennent à réduire encore la gamme des tons et à augmenter le contraste. Dans notre image, les champs sont de moins en moins nombreux, le nombre de couleurs diminue. La courbe montre bien, elle aussi, ce phénomène.

▲ **Fig. 8.28** : *Augmentation du contraste*

Avez-vous remarqué que l'image a été assombrie ? Nous allons corriger ce point en déplaçant la diagonale (toujours à droite) vers la gauche. Ce déplacement éclaircit l'image. Déplacez par exemple les deux points extrêmes vers la gauche de 30 unités, comme nous l'avons fait pour l'illustration suivante.

Cette illustration montre que la zone des tons sombres est plus nette. Dans le spectre de gris, le déplacement à gauche est reconnaissable, les graduations y sont à nouveau reconnaissables. Les tons clairs sont beaucoup plus nombreux.

▲ **Fig. 8.29** : *L'image est plus claire*

Passons encore une étape et limitons encore un peu plus la plage des tons. Nous plaçons cette fois la limite des tons clairs sur la valeur 100.

Astuce

Détournement de la courbe

Cet effet sert à créer des images en couleurs indexées sans trame. Le nombre de couleurs doit simplement ne pas dépasser 256.

Il n'est cependant pas possible de réduire la courbe indéfiniment. Il n'est pas possible d'aller au-delà de la valeur 96. À ce stade, l'image n'a plus que quelques couleurs, le spectre de gris ne présente plus que du blanc et du noir.

▲ **Fig. 8.30** : *Le résultat : isohélie par la courbe*

Quels sont les avantages de ce procédé par rapport à la commande **Image/Réglages/Isohélie** ?

Isohélie : Combien de tons dans l'image ?

La commande **Isohélie** permet de spécifier un nombre entre 2 et 256. Elle ne propose aucune autre option. Avec cette valeur, vous définissez le nombre de niveaux de tons contenus dans l'image. La valeur 256 se rapporte au nombre maximal de niveaux de gris de la couche des gris. Avec la valeur 2, chaque couche ne contient plus qu'une image en noir et blanc, sans autre ton. L'image contient au total six couleurs : en l'occurrence les six couleurs primaires : jaune, cyan, noir, rouge, vert et blanc.

◀ **Fig. 8.31** :
Les options d'isohélie

Avec ce paramètre très simple, voici le résultat obtenu.

▲ **Fig. 8.32** : *Le résultat*

À première vue, l'image est la même qu'avec la courbe, mais plus foncée. Le premier avantage de la courbe est évident : elle permet de piloter librement la luminosité du résultat, ce que ne permet pas la fonction Isohélie.

Quels sont les autres avantages ? Avec un fort grossissement, il apparaît que la variante à base d'isohélie contient beaucoup moins de demi-tons que la variante de la courbe. Grâce à ces demi-tons, Photoshop a réalisé une sorte de lissage, les contours ne présentent pas l'effet d'escalier.

Astuce

Même effet, autre fonction

Nous avons déjà signalé que certains effets pouvaient être obtenus de diverses façons. Nous ne tairons donc pas la voie qui passe par la boîte de dialogue **Niveaux**. Pour arriver au même effet qu'avec la courbe, il suffit de spécifier les même valeurs. Dans le champ de saisie gauche, tapez la valeur 87, puis glissez le curseur droit vers la gauche aussi loin que possible, c'est-à-dire jusqu'à la valeur 89.

Créer un négatif

Dans le menu **Image/Réglages**, vous trouverez également la commande **Négatif**. Vous l'activerez aussi par la combinaison de touches [Ctrl]+[I]. Avec cette fonction, Photoshop crée un négatif à partir d'une image positive. Mais dans ce domaine également, les deux fonctions précitées permettent d'arriver à des résultats équivalents tout en offrant plus de possibilité d'intervention. Dans l'illustration suivante, à gauche, est présenté le résultat de la commande **Négatif**.

L'image de droite a été obtenue par la commande **Niveaux**, en intervertissant la plage des tons, ce qui aboutit à un négatif. Mais avec **Niveaux**, vous avez en plus la possibilité de modifier le contraste et la luminosité du négatif. C'est ainsi que dans cette image, nous avons augmenté la valeur gamma à 2,0.

Vous bénéficiez ainsi de plus de souplesse, la commande **Négatif** ne permettant aucune interférence de la part de l'utilisateur. Dans la boîte de dialogue **Courbes**, il suffit d'inverser les extrémités sur l'axe vertical, sachant qu'à l'horizontale les points de contrôle extrêmes gardent leur position.

▲ **Fig. 8.33** : *Deux négatifs : à gauche avec la commande Négatif, à droite avec Niveaux*

Astuce

Remplir des surfaces avec les niveaux

La fonction Niveaux permet aussi de remplir des surfaces d'un gris quelconque. Il suffit de définir pour les deux zones des valeurs de sortie les deux mêmes valeurs. Dans la boîte de dialogue **Courbes**, il faut transformer la courbe en une droite horizontale. Si cette droite se trouve au bas du diagramme il en résulte une surface noire, si la droite est en haut la surface est blanche.

Optimiser le contraste

Venons-en au réglage du contraste, un des points-clés de l'optimisation des images. Dans ce domaine, la courbe propose différentes options. Pour l'instant, nous n'avons pas modifié les champs blanc et noir du spectre de gris. Mais comme nous le savons des niveaux, c'est tout à fait possible.

Tirez l'extrémité droite de la courbe vers le bas pour assombrir le champ blanc. Dans la palette **Infos**, vous constaterez que la valeur la plus claire n'est plus le blanc, mais un gris clair.

Renvoi

Nous avons traité du même procédé dans la section *Supprimer les clairs extrêmes*.

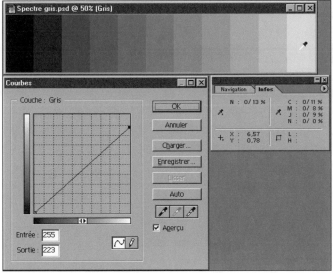

◀ **Fig. 8.34 :**
Le blanc assombri

La technique est identique pour éclaircir le champ noir : déplacez l'extrémité gauche vers le haut. Ainsi, les zones d'ombres sont éclaircies et le contraste de l'image est réduit.

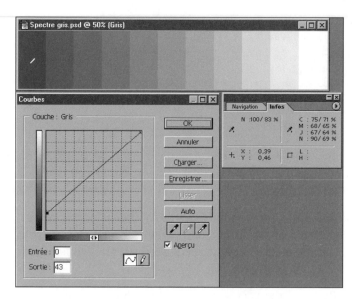

◀ Fig. 8.35 :
*Le champ noir
éclairci*

En combinant les deux opérations, le contraste de l'image diminue, les ombres deviennent plus claires et les lumières plus sombres. Les demi-tons restent inchangés : seule la gamme des tons est réduite.

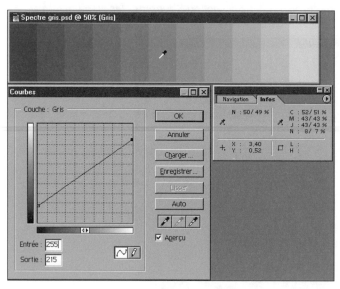

◀ Fig. 8.36 :
*Réduction
du contraste*

Les possibilités auxquelles nous arrivons maintenant sont beaucoup plus intéressantes. Elles dépassent le cadre de la simple correction des tons. Nous savons que la modification des tons moyens n'est possible que par déplacement de la valeur gamma du gris 50 %. C'est la seule valeur qu'il est possible de déplacer, modifiant ainsi les tons moyens.

Renforcer les ombres

Avec la courbe, les choses sont tout à fait différentes. Avec la courbe, il est possible de replacer individuellement tous les demi-tons. Pour assombrir toutes les zones sombres de l'image, la zone des ombres, indiquez les valeurs 50 pour l'entrée et 25 pour la sortie, au bas de la boîte de dialogue.

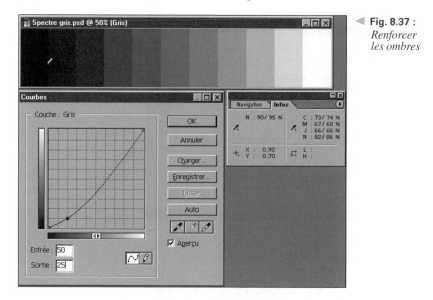

◀ **Fig. 8.37 :**
Renforcer les ombres

Influer sur la valeur gamma

À méditer : tant que vous ne modifiez qu'un seul point de la courbe, la modification est réalisable à l'identique avec les niveaux. Admettons que vous déplaciez la valeur de gris 70 %, ce déplacement entraîne également l'ajustement de la valeur gris 50 %. Il est donc tout à fait possible d'obtenir le même résultat en modifiant la valeur gamma dans la boîte de dialogue **Niveaux**. Dans ce cas, toutes les autres valeurs intermédiaires seront également ajustées, un pilotage précis n'est pas possible.

Mais si vous modifiez un deuxième point dans la courbe, vous allez au-delà des possibilités des niveaux et dépassez le stade du simple changement de la valeur gamma.

Renforcer les tons clairs

Pour éclaircir les parties claires tout en conservant en l'état les zones d'ombre, cliquez dans la partie droite de la courbe et tirez vers le haut. Autre solution : cliquez au-dessus de la courbe dans sa moitié droite.

Dans la palette **Infos**, vous constaterez que l'avant-dernier champ de gris est plus clair qu'avant.

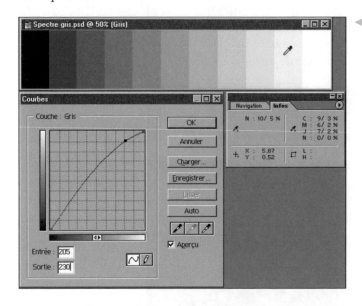

◄ **Fig. 8.38 :**
Les tons clairs sont éclaircis

Astuce

La meilleure comparaison : le spectre de gris

Si vous estimez que les pastilles de gris sont trop nombreuses, souvenez-vous d'un point : les images, aussi belles soient-elles, ne permettent pas de suivre en détail toutes les incidences des changements apportés à la courbe. En revanche, le principe du spectre de gris le permet aisément. Une fois ce principe assimilé, vous n'aurez aucun mal à l'appliquer à n'importe quelle image.

Supprimer le voile gris

Voici une expérience qui montre bien la différence entre la courbe et la modification de la valeur gamma des niveaux. Comme le montre la palette **Infos**, le gris moyen n'a pas bougé. Il se trouve exactement à la même place, et pourtant l'image a un autre caractère.

Comme nous avons déplacé les deux extrémités de la courbe, les tons clairs sont plus clairs et les ombres plus sombres. Dans une photo, cette opération ne change rien à la luminosité d'ensemble, elle accentue les tons clairs et sombres : l'image devient plus brillante.

Cette technique est parfaite pour supprimer le voile gris de certaines images et lui apporter une brillance nouvelle.

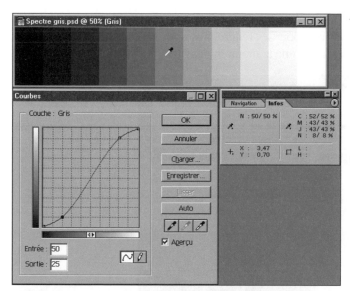

Fig. 8.39 :
*Une image plus
brillante*

Fig. 8.40 :
*Une image plus
brillante*

Astuce

Utiliser des courbes enregistrées

Les courbes utilisées sont sur le CD d'accompagnement dans le dossier *Workshops/Chapitre 08/Courbes*.

Réduire le contraste

Si vous déformez la courbe dans la direction opposée, le contraste de l'image diminue. Pour que les tons moyens restent inchangés, vous avez la possibilité de placer un point de contrôle fixe. Cliquez sur le point pour lequel apparaît la valeur 128 pour l'entrée et la sortie.

C'est l'assurance que les tons moyens ne bougeront pas. Cette technique est applicable à des images trop contrastées, pour les rendre plus douces. En revanche, les images normales deviennent fades, comme le montrent les illustrations suivantes.

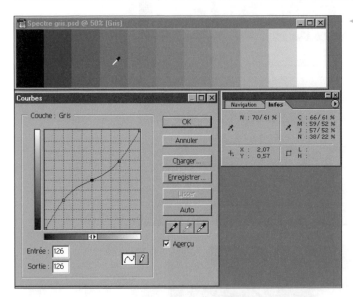

◀ **Fig. 8.41 :**
Une image fade

◀ **Fig. 8.42 :**
Une image fade

Utiliser la courbe pour d'autres effets

Après cette partie théorique, fatigante mais indispensable, nous allons passer à la pratique. La courbe permet d'arriver aussi à des effets fort intéressants. Comme chaque couleur peut prendre une position quelconque, les possibilités de modifier l'image sont innombrables. Il est vrai qu'elles ne sont pas illimitées, il en existe au total 16 777 216 (256 nuances pour chaque couche), mais c'est un bon début.

Changement de couleur sauvage

Pour commencer, nous allons déformer la courbe pour former un pic et un creux. Voici le résultat de ces changements. Observez l'effet sur le spectre de gris.

▲ **Fig. 8.43** : *Notre première œuvre d'art*

C'est à vous qu'il appartient de juger de l'intérêt pratique de ces opérations, mais une chose est certaine : il en résulte des images intéressantes. La deuxième variante est fondée sur un ensemble de vagues. Les deux extrémités sont placées sur un gris moyen, de manière à réduire le contraste.

▲ **Fig. 8.44** : *Une variante*

Les courbes d'effet

Dès que vous faites appel au crayon pour éditer la courbe, le fichier est enregistré comme courbe d'effet, avec une extension *.amp*. Cela permet d'obtenir des images encore plus grotesques. Nous avons par exemple tracé des droites pour regrouper plusieurs teintes en une même valeur.

▲ **Fig. 8.45** : *Un résultat grotesque*

Comme chaque couleur individuelle peut être modifiée, nous allons maintenant placer des points aléatoires. Aucune couleur n'est près de son ancienne position. L'image est mouchetée.

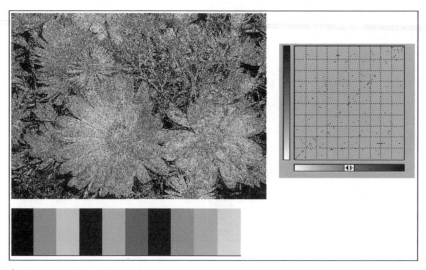

▲ **Fig. 8.46** : *Toutes les couleurs sont modifiées*

Astuce

Agrandir la boîte de dialogue

Vous avez du mal à voir les détails de la courbe parce que la boîte de dialogue est trop petite ? Pas de problème : cliquez sur le bouton **Agrandir**, dans la barre de titre de la boîte de dialogue. La boîte est agrandie et vous pourrez mieux reconnaître les valeurs.

Utiliser les dégradés dans les effets

Nous vous proposons dans cette section une fonction très amusante et nouvelle dans cette version 6 de Photoshop. Activez la commande **Image/Réglages/Courbe de transfert de dégradé**. Cette fonction est également offerte comme calque de réglage. Définissez un dégradé dans la boîte de dialogue.

◀ **Fig. 8.47 :**
Chargement d'une courbe d'effet

En résultat, vous obtiendrez une image profondément modifiée. Que s'est-il passé ? Dans les couches de couleur individuelles de la courbe, les valeurs de luminosité du dégradé sont utilisées pour modifier l'image.

◀ **Fig. 8.48 :**
Pas mal, non ?

Essayez différents dégradés, les résultats sont parfois étonnants. Chargez d'autres jeux de dégradés, parmi les bibliothèques prédéfinies.

Noir et blanc par le seuil

La fonction Seuil est intéressante également. Elle permet de transformer l'image en deux couleurs : noir et blanc. Elle correspond au mode Bitmap, avec la différence que les couches de couleur restent en place. Le même résultat peut être obtenu par la courbe ou les niveaux, mais avec un travail important. Il faudrait d'abord créer une version en niveaux de gris, puis augmenter le contraste au maximum. La boîte de dialogue **Seuil** est beaucoup plus simple d'emploi. Le champ de saisie permet d'indiquer à partir de quel moment la séparation doit avoir lieu. Tous les pixels dont la valeur est sous le seuil deviennent noirs, les autres deviennent blancs.

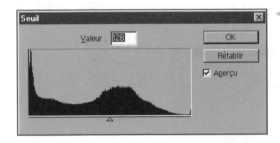

◀ **Fig. 8.49 :**
La boîte de dialogue Seuil

Astuce

Pas de perte d'information de couleur

Si vous travaillez avec un calque de réglage, vous ne perdez aucune information de couleur avec cette fonction, comme ce serait le cas avec le mode Bitmap.

◀ **Fig. 8.50 :**
Les effets du seuil

Là aussi, les possibilités de variation sont intéressantes : expérimentez par exemple un calque de réglage de seuil avec une valeur de 90 et choisissez comme mode de fusion le mode Incrustation et une opacité de 70 %. Le résultat semble peint.

◀ **Fig. 8.51 :**
Seuil avec
incrustation
(Seuil.psd)

Fonction faisant double emploi ou superflues

Beaucoup de fonctions proposées par la commande **Image/Réglages** peuvent être réalisées avec la courbe ou les niveaux, ce qui explique le côté superflu de certaines d'entre elles.

Luminosité et contraste

Dans le menu **Image/Réglages**, vous trouverez la commande **Luminosité/Contraste**. Mais maintenant que vous connaissez les possibilités des niveaux et de la courbe, oubliez-la. Elle n'offre aucun avantage supplémentaire. Il en va de même des commandes **Contraste automatique** et **Niveaux automatiques**.

Désaturation

Cette fonction a été abordée lors de l'explication des modèles colorimétriques, elle réduit la saturation de l'image à 0 : il en résulte une image en noir et blanc. Elle peut être activée par la combinaison de touches Maj+Ctrl+U.

Négatif

Une façon plus élégante pour créer un négatif a été étudiée précédemment, mais si vous préférez en laisser la responsabilité à Photoshop, activez la combinaison de touches Ctrl+I.

Isohélie

Là encore, il y a mieux à faire avec les niveaux.

8.4. Corrections chromatiques : découverte des combinaisons de couleur

Venons-en à la correction des couleurs. Le principe en a été expliqué. Le procédé est identique aux modifications entreprises par les niveaux et la courbe. Rappelez-vous : pour l'option *Couche*, nous avons toujours conservé la valeur *RVB*. Tous les paramètres peuvent cependant être appliqués à des couches individuelles, au point qu'aucune fonction de correction n'est en réalité nécessaire.

Comment la couleur naît-elle ?

Comme vous le savez, chaque image en couleur est constituée de couches contenant une image en niveaux de gris. C'est à partir de ces couches qu'est créée l'image en couleur. Avec des images RVB ou L*A*B*, il s'agit de trois couches, avec les images CMJN les couches sont au nombre de quatre, sachant que la couche noire ne contient que le contraste de l'image.

En CMJN, la couleur est créée par la combinaison de plusieurs couleurs servant à l'impression. Dans une image RVB, la couleur est le résultat des trois points lumineux formant chaque point de l'écran.

Uniquement correction des gris, pas de la couleur

En fait, l'affirmation selon laquelle vous effectuez des corrections de couleurs sur une image n'est pas correcte. Ce que vous modifiez, ce sont les niveaux de gris des couches individuelles.

Définition de la couleur

Les trois images suivantes sont les couches de niveaux de gris d'une image RVB. En haut à gauche, la couche rouge, à sa droite la couche verte et au bas la couche bleue. En principe, vous n'avez pas besoin de cette information pour déterminer le contenu d'une couleur. Essayons sur les voitures. Dans la couche rouge, la voiture située à gauche est très claire, dans les deux autres couches elle est sombre. Vous pourriez penser que l'auto est de couleur cyan (vert + bleu = cyan). Mais cette déduction n'est pas valable, puisque le modèle colorimétrique RVB est un modèle additif. Cela signifie que la combinaison des trois couleurs donne du blanc. Plus une zone est sombre dans une couche, moins la couleur concernée intervient : elle est absorbée.

Nous pouvons en déduire que la voiture gauche est d'un rouge rutilant, puisque la couche rouge est très claire. La voiture droite est la plus claire dans la couche bleue, la voiture est donc bleue.

▲ **Fig. 8.52** : *Les couches RVB d'une image*

Un clic sur l'image originale confirme cette analyse des couleurs.

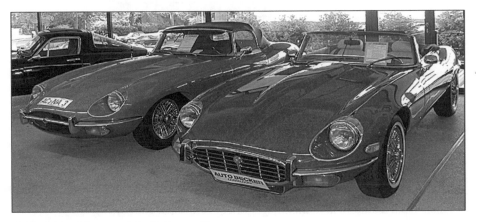

▲ **Fig. 8.53** : *L'image originale (Autos.tif)*

La conclusion principale est que même avec des images en couleur, le travail effectif est réalisé sur des niveaux de gris. Cela signifie que vous pouvez modifier les couleurs et la courbe comme à l'accoutumée. Il suffit de choisir la couche concernée. Si vous éclaircissez une zone de la couche rouge, cette zone devient encore plus rouge. En revanche, si vous éclaircissez la même zone dans les couches rouge et bleue, elle tournera au magenta (rouge + bleu = magenta).

Expérimentation

Ces résultats montrent aussi que ces trois images en niveaux de gris permettent de créer huit images couleur. Essayons de combiner les couches :

1. Ouvrez une image RVB.

◀ **Fig. 8.54 :**
*Une image
RVB*

2. Activez la commande
Image/Mode/Multicouche.
Dans la palette **Couches**,
vous distinguez trois couches
portant des noms CMJN.

◀ **Fig. 8.55 :**
*Une image
multicouche*

3. Glissez la couche *Cyan*
avec la souris au bas de la
palette.

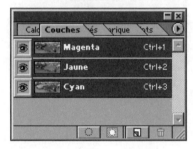

◀ **Fig. 8.56 :**
*Une couche a
été déplacée*

4. Comme lors de la conversion arrière, l'ordre des couches a été repris, nous
disposons maintenant d'une image VBR (vert, bleu, rouge).

5. Activez la commande
**Image/Mode/Couleurs
RVB**. Les trois couches
sont à nouveau réunies.

◀ **Fig. 8.57 :**
*Une nouvelle
image RVB*

Poursuivons notre raisonnement : la voiture gauche est la plus claire dans la couche
bleue, elle est bleue. Celle de droite est la plus claire dans la couche verte, elle est
donc verte. Il suffit de regarder l'image pour vous en assurer. Nous n'avons activé
aucune fonction de correction de couleur et n'avons entrepris aucune modification,

et pourtant le résultat est une image totalement différente. Cette technique permet de construire au total six images différentes.

▲ **Fig. 8.58** : *Une nouvelle image en couleur*

Changement de modèle colorimétrique sans conversion

D'après le même principe, nous pouvons même créer une image CMJN. Le travail est un peu plus important, puisqu'il nous faut passer de trois à quatre couches.

1. Ouvrez à nouveau l'image RVB.

2. Créez une image multicouche par **Image/Mode/Multicouche**. Pour une image CMJN, il nous faut quatre couches. Comme il n'en existe que trois, cliquez dans la palette **Couches** sur l'icône de la feuille de papier, au bas de la palette. Ce bouton sert à créer une nouvelle couche remplie de noir.

◀ **Fig. 8.59** :
Une nouvelle couche

3. Comme cette couche doit être blanche, activez la commande **Image/Réglages/Négatif**. Voici cette version inversée.

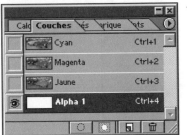

◀ **Fig. 8.60** :
La couche inversée

4. Cette nouvelle couche sera la couche noire de notre image CMJN.

5. Transformez le résultat par **Image/Mode/Couleurs CMJN**.

6. Nous voici avec une image CMJN, légèrement décolorée.

▲ **Fig. 8.61 :** *La nouvelle image CMJN*

Ce qui est intéressant dans cette procédure, c'est quelle ne nécessite aucune conversion pour transformer l'image RVB en CMJN.

Convertir les couches RVB en couches CMJN

Ici, le procédé est un peu différent, mais ne pose pas plus de problème puisque vous savez que le modèle colorimétrique CMJN est un mode soustractif. La combinaison des trois couleurs d'impression (le noir n'est pas pris en compte) donne du noir : plus le contenu d'une couche est sombre, plus la quantité de cette couleur placée sur le papier est élevée et donc plus la couleur est sombre. Faisons le test.

La voiture gauche est particulièrement sombre dans les couches magenta et jaune. Si ces deux couleurs sont imprimées en superposition, il en résulte la couleur rouge. La voiture droite est très sombre dans les couches cyan et magenta, elle est donc bleue (cyan + magenta = bleu). Comme vous le constatez, le système fonctionne aussi en CMJN.

◄ **Fig. 8.62 :**
Les couches de l'image CMJN

Image fade ?

Le problème apparaît lorsque nous passons de la théorie à la pratique. Théoriquement, le mélange des trois couleurs donne du noir. Or, dans la pratique, il en résulte un brun foncé. C'est pourquoi la couche de contraste, la couche noire, a été ajoutée dans le mode CMJN.

Nous pourrions essayer, en guise de correction, de placer une partie des niveaux de gris dans la couche noire. Cela pourrait s'appliquer à partir d'une version en niveau de gris de l'image, copiée dans la couche de contraste (la couche noire). Photoshop se charge automatiquement de l'adaptation si vous changez de modèle colorimétrique.

Dans la pratique, ce procédé n'est cependant pas conseillé. Il n'est évoqué ici que pour faciliter la bonne compréhension et montrer le peu d'importance qu'ont les couleurs dans l'image par rapport aux couches de niveaux de gris.

C'est également la preuve que les méthodes de conversion appliquées par Photoshop n'ont rien de mystérieux ou de magique.

Malentendu entre langage courant et informatique

Il est intéressant de noter combien de nombreux concepts sont devenus habituels dans le langage commun alors qu'ils ont une toute autre signification en langage informatique.

"L'image a un piqué de cyan !" ne signifie rien d'autre que la couche cyan, par comparaison aux autres couches, est trop sombre ou trop contrastée.

Il en va de même de l'affirmation "l'image est trop sombre !". Cela signifie tout simplement que les pixels sombres sont trop nombreux par rapport aux pixels clairs. "L'image est fade" : il y a trop peu de pixels noirs et/ou blancs dans l'image.

8.5. Comment sont construites les fonctions de correction

Maintenant que nous savons comment sont organisées les couleurs, il est facile de comprendre les fonctions de correction. Toutes ces fonctions n'ont qu'un seul effet : elles modifient la luminosité ou le contraste d'une couche en niveaux de gris.

Teinte et saturation

Commençons par la commande **Teinte/Saturation** du sous-menu **Image/Régla-ges**. Elle est accessible également par la combinaison de touches [Ctrl]+[U]. Voici les options proposées par la boîte de dialogue.

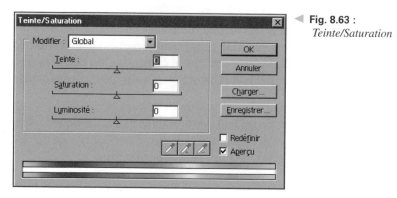

◀ **Fig. 8.63 :**
Teinte/Saturation

Pour que cette boîte de dialogue puisse être ouverte, aucune couche de couleur ne doit être sélectionnée. Bien évidemment, avec une image en niveaux de gris, elle n'est pas disponible.

Modifier la teinte

Dans la zone de liste *Modifier*, vous trouverez les six couleurs primaires (à condition qu'aucune image L*A*B* ne soit active). Avec les images L*A*B*, seules les couleurs jaune, vert, bleu et magenta sont présentées. À vous de décider si toutes les couleurs doivent être concernées par vos manipulations ou seulement l'une d'entre elles. Nous commencerons par l'option *Global*, c'est donc toute l'image qui sera affectée.

Avec l'option *Teinte*, il se passe en principe la même chose qu'avec l'inversion des couches. Mais le procédé est plus souple, car la modification peut être réalisée pas à pas. L'indication est faite en degrés et s'étend de -180° à 180°. Cette valeur se rapporte à la position des couleurs sur la roue chromatique. Toutes les couleurs de l'image sont déplacées sur la roue de la valeur spécifiée.

Regardons ce que cela signifie. Indiquez pour *Teinte* une valeur de -140 dans le champ de saisie. La modification est immédiatement visible dans les champs de couleur. Toutes les couleurs changent, sachant que la valeur négative que nous avons indiquée correspond à un décalage dans le sens des aiguilles d'une montre : le rouge devient violet, le jaune devient magenta.

Regardons maintenant les couches pour vérifier le résultat. Voici les couches RVB de gauche à droite. La voiture de la couche bleue est la plus claire, elle est donc bleue.

▲ **Fig. 8.64** : *La teinte avec une valeur de -140°*

Essayons maintenant la valeur positive 140°. La couche verte est la plus claire, la voiture est donc verte.

▲ **Fig. 8.65** : *La teinte avec une valeur de 140°*

Astuce

Les effets dans la pratique

Cette fonction peut être utilisée pour modifier les couleurs de l'image. Elle permet aussi de changer les couleurs dans certaines zones de cette image. Si vous souhaitez par exemple colorer une voiture jaune en vert, masquez la zone concernée et essayez une valeur de teinte de l'ordre de 60°. Expérimentez aussi cette fonction lors de l'agencement de l'arrière-plan. Travaillez dans ce cas avec plusieurs calques, sélectionnez le calque de fond et faites des essais.

Augmenter la saturation

Que se passe-t-il si la saturation est modifiée ? Les couleurs deviennent plus brillantes avec des valeurs élevées de saturation. Mais nous aimerions savoir ce qui se passe dans les coulisses des couches individuelles. Avec la valeur maximale de 100 %, les changements dans les couches sont faciles à vérifier.

Le contraste de l'image est fortement augmenté, les couleurs deviennent plus pures, plus lumineuses.

▲ **Fig. 8.66** : *Saturation augmentée de 100 %*

Réduire la saturation

Réduisons la saturation de 50 % et regardons ce qui change dans l'image. Le contraste a à nouveau été modifié, il n'y a plus de zones toutes claires ou toutes sombres. Plus la saturation est faible et plus les couches ont tendance à se rapprocher les unes des autres. En l'absence totale de saturation, toutes les couches sont identiques.

▲ **Fig. 8.67** : *Saturation réduite de 50 %*

Utiliser la luminosité

Avec la luminosité, toutes les couches sont éclaircies de la même façon si vous utilisez une valeur positive, ou assombries à l'identique avec une valeur négative. La plage des valeurs possibles va de -100 % à 100 %.

Redéfinir : créer des images monochromes

Avec cette case à cocher, vous obtiendrez une image monochrome. Le principe est un peu le même que le procédé Duplex, mais avec une souplesse et une facilité d'emploi plus grandes. Cette option permet de créer de "vieilles" photos, par exemple des sépias.

L'affichage change, à gauche ne sont plus présentées que les teintes de la couleur sélectionnée. L'option *Teinte* définit la couleur utilisée pour colorer l'image en niveaux de gris, *Saturation* servant à régler l'intensité de la teinte. Pour colorer l'image en un rouge flamboyant, utilisez une saturation de 100 %.

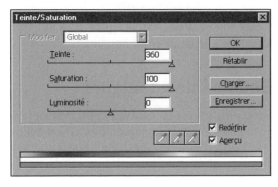

▲ **Fig. 8.68** : *L'option Redéfinir*

Voyons ce qui se passe dans les diverses couches. La couche rouge est la plus claire, dans les deux autres couches le contraste est très dur. Comme aucun point de l'image n'est plus clair dans les couches verte ou bleue que dans la couche rouge, l'image a été colorée dans cette couleur.

Si vous n'utilisez l'option *Redéfinir* qu'avec une saturation de 50 %, une des deux autres couches sera moins contrastée. Mais comme une couche est toujours dotée d'un contraste très dur, il ne peut pas en résulter une couleur très réaliste. L'image reste toujours en deux couleurs (Fig. 8.69).

Pas de CMJN

N'appliquez pas cette fonction à des images CMJN. Du fait de la modification appliquée à la couche de contraste; il en résulte des images surprenantes. Il y a cependant moyen de réduire la quote-part de noir en modifiant les paramètres de séparation. Les paramètres de cette boîte de dialogue peuvent être enregistrés dans un fichier avec l'extension *.ahu*.

▲ **Fig. 8.69** : *Les couches inviduelles de l'option Redéfinir*

C'est certainement avec cette boîte de dialogue que vous travaillerez le plus souvent lors des corrections chromatiques.

Balance des couleurs

Cette fonction est accessible par la commande **Image/Réglages** ou la combinaison de touches [Ctrl]+[B]. Le principe est très proche de celui de la commande *Teinte/Saturation*. La différence essentielle est que la couleur n'est pas modifiée avec le décalage sur la roue chromatique, mais avec le remplacement par la couleur placée à l'opposée sur la roue.

La couleur de l'image peut ainsi passer du cyan au rouge ou du magenta au vert. C'est un moyen très précis de supprimer les piqués de couleurs d'une image, puisque les options permettent de choisir les tons à modifier : foncés, moyens ou clairs.

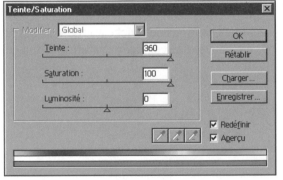

◄ **Fig. 8.70** :
La boîte de dialogue
Teinte/Saturation

En principe, les mêmes résultats peuvent être obtenus par les niveaux et la courbe, mais cette boîte de dialogue a l'avantage de la simplicité.

Astuce

> **Conserver la luminosité**
>
> Cette case à cocher permet de conserver la luminosité tout en changeant les couleurs. Nous vous conseillons de l'activer, sauf si l'objectif est de créer un effet.

Correction sélective des couleurs

Avec les deux fonctions précédentes, vous êtes déjà bien équipé pour corriger les couleurs, vous pouvez donc sans problème faire abstraction de la fonction Correction sélective des couleurs. Cette fonction peut être expérimentée spontanément, mais elle n'a pas beaucoup d'incidence sur l'image. Voyons-en les détails.

La boîte de dialogue Correction sélective des couleurs

Cette fonction est une technique utilisée par les scanneurs haut de gamme et les programmes de séparation pour augmenter ou réduire la quantité d'encre des composants additifs ou soustractifs de couleurs primaires dans l'image.

Cette réflexion est fondée sur ceci : vous savez que les impressions sont réalisées à partir des couleurs cyan, magenta, jaune et noire. Vous savez également que les trois couleurs primaires du mode RVB sont issues du mélange de ces couleurs (cyan + jaune = vert, cyan + magenta = bleu, magenta + jaune = rouge).

Il devrait donc en principe être possible d'imprimer ces sept couleurs primaires. En principe oui, mais dans la pratique il s'avère que le cyan + magenta ne donne pas du bleu. C'est dû aux contraintes de la technique d'impression.

Une table de conversion a donc été créée, qui tient compte de ces contraintes. Elle contient les valeurs permettant d'imprimer les couleurs RVB les plus pures. Essayez de créer un bleu dans la palette **Couleur**.

100 % cyan + 100 % magenta : le résultat est plus violet que bleu. Les valeurs suivantes donnent un bleu bien plus beau : elles proviennent de cette table de conversion. À gauche, le bleu "détestable".

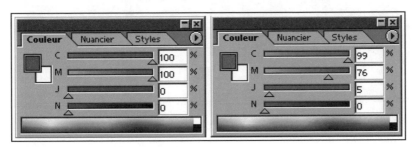

▲ **Fig. 8.71** : *À droite un "beau" bleu*

S'il s'agit de couleurs d'impression, aucune modification ne serait à apporter, ce qui explique que vous ne voyiez pas de différence. Mais si vous modifiez les couleurs RVB ou un des trois niveaux de gris, vous pouvez modifier le caractère des couleurs.

Mais le plus simple est encore d'utiliser les deux procédés évoqués précédemment. Si vous êtes perfectionniste, demandez à votre imprimeur de vous fournir une table de conversion. Les modifications peuvent être enregistrées dans un fichier ASV.

Remplacement de couleurs

La fonction Remplacement de couleur, en revanche, est très utile. Ses paramètres peuvent être enregistrés dans un fichier avec extension *.axt*. Elle permet de retirer des couleurs de l'image et de modifier la teinte et la saturation, comme dans la boîte de dialogue **Teinte/Saturation**. Une valeur de tolérance pilote la précision de la sélection des couleurs.

La boîte de dialogue contient trois pipettes différentes. Celle de gauche permet de récupérer une couleur, celle du milieu d'ajouter une couleur et celle de droite de retirer une couleur. Placez la boîte de dialogue à côté de l'image et définissez une couleur à l'aide des curseurs de réglage. Intégrez les couleurs jusqu'à ce que la zone requise soit sélectionnée. Comme les couleurs ont été sélectionnées dans l'ensemble de l'image, cette fonction n'est applicable qu'à des documents avec des surfaces de couleur. À défaut, vous devrez au préalable sélectionner une zone. Notez qu'il existe également la commande **Sélection/Plage de couleurs**, qui travaille avec plus d'élégance. Nous y reviendrons plus tard. Lorsque les couleurs sont sélectionnées, définissez comme à l'ordinaire les valeurs modifiées.

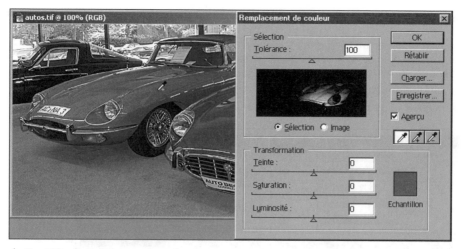

▲ **Fig. 8.72** : *Remplacement de couleur*

Égaliser

Vous pouvez sans problème vous passer de la commande **Image/Réglages/Egaliser**. Elle ne permet aucune intervention de la part de l'utilisateur. Photoshop détermine les teintes et les répartit différemment, après récupération du point noir et du point blanc de l'image. Les autres teintes sont réparties à partir de ces deux points. Dans certains cas, l'image devient plus contrastée.

Le côté pratique de cette fonction est qu'elle permet la sélection d'un détail typique de l'image dont les valeurs de teinte sont déterminées. Vous pouvez ensuite choisir dans une boîte de dialogue de convertir uniquement la sélection ou toute l'image.

Mélangeur de couches

La commande **Image/Réglages/Mélangeur de couches** permet de mélanger les couches et d'obtenir ainsi des combinaisons tout à fait originales. Il ne s'agit pas à proprement parler d'une fonction de correction, mais plutôt d'édition d'image.

Dans la liste supérieure, indiquez la couche de sortie. Par les curseurs, vous définirez ensuite quelle quote-part des autres couches doit lui être mélangée. L'option *Constant* sert à ajouter à la couche de sortie une couche d'opacité différente. Les valeurs négatives jouent le rôle de couche noire, les valeurs positives de couche blanche.

Avec l'option *Monochrome* les mêmes paramètres sont appliqués à toutes les couches de sortie. Il en résulte une image en noir et blanc qui peut ensuite être colorisée.

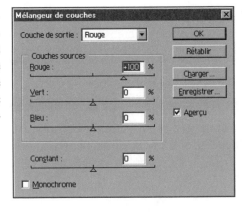

◀ **Fig. 8.73 :**
*La boîte
de dialogue
Mélangeur
de couches*

Expérimenter avec les variations

La dernière fonction que nous décrirons est particulièrement recommandée pour les débutants. Avec les connaissances qui sont les vôtres après la lecture de ce chapitre, vous préférerez très certainement recourir aux autres fonctions, mais la boîte de dialogue **Variations** permet de tout avoir à portée de main. Tous les changements de couleur et de luminosité sont représentés par des miniatures.

Variations de couleur

Il existe en réalité deux boîtes de dialogue distinctes. Voici la version pour les images couleur.

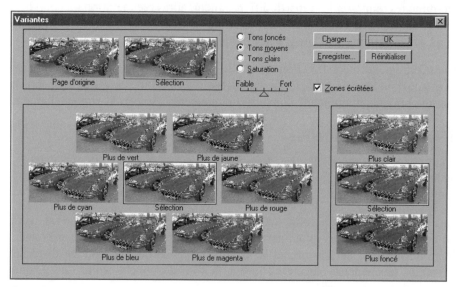

▲ **Fig. 8.74** : *Les variations de couleur*

Avec les curseurs, vous pilotez l'intensité de l'effet sur l'image. Si l'option *Zones écrêtées* est active les zones de l'image dans lesquelles des teintes sont perdues sont affichées.

L'emploi de cette boîte de dialogue est très simple : il suffit de cliquer sur une image répondant à vos besoins. Si l'effet est insuffisant, cliquez à nouveau sur l'image. La miniature qui représente votre choix est actualisée après chaque modification, de même que les autres miniatures.

Si vous souhaitez appliquer les mêmes paramètres à d'autres images, vous avez la possibilité d'enregistrer ces paramètres dans un fichier AVA.

Variation de niveaux de gris

Pour les images en niveaux de gris, la boîte de dialogue est différente (Fig. 8.75).

Astuce

Pas de variations avec les images L*A*B*

Avec les images L*A*B*, la commande **Variations** n'est pas disponible.

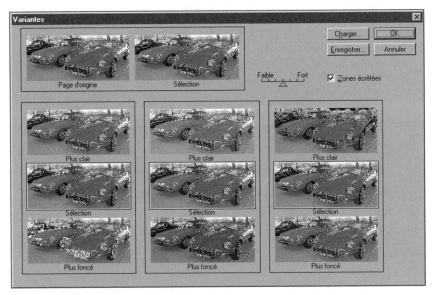

▲ **Fig. 8.75** : *Les variations de niveaux de gris*

Résumé

Nous vous avions promis la preuve que tous les programmes de retouche d'images ne maîtrisaient qu'une seule fonction, en l'occurrence les modifications de la luminosité. Avez-vous remarqué dans ce chapitre que toutes les modifications, qu'il s'agisse de corrections de couleurs ou de niveaux de gris, ne concernaient toujours que la luminosité des pixels ?

Nous espérons que vous avez également noté que Photoshop ne réalise pas de miracle, il n'y a rien de magique dans toutes ces opérations. N'importe quel effet, aussi fascinant soit-il, est explicable. Les modifications sont fondées sur des calculs mathématiques à partir de deux valeurs : 0 et 1. Nous avons essayé d'attirer votre attention sur ce qui se déroule dans les coulisses de Photoshop et de vous libérer de toute crainte quant aux fonctions de niveaux et de courbe.

Ces deux fonctions sont le véritable secret de l'optimisation des images. Si vous avez bien compris les principes de base, le reste devrait être un jeu d'enfant pour vous.

Deux points encore :

■ Essayez dans la mesure du possible de conserver le plus grand nombre de pixels de l'image.

■ Avez-vous remarqué que toutes les fonctions pouvaient sans problème être expliquées sans avoir recours à la couleur ? Essayez, en guise de test, de prendre une image noir et blanc et de la coloriser à partir de vos nouvelles connaissances.

Chapitre 9

Tout sur l'utilisation des tracés

J usqu'à présent, la plupart des opérations que nous avons entreprises sur des images s'adressaient aux pixels individuels. Bien sûr, il nous est arrivé de modifier simultanément plusieurs pixels, mais tout ce que nous avons fait depuis le début de cet ouvrage relève du domaine de la "peinture". Parallèlement à la peinture, Photoshop propose aussi une fonction travaillant selon un principe radicalement opposé : le principe des vecteurs. Les fonctions vectorielles de Photoshop ont été étendues dans cette nouvelle version 6.

9.1. Le rôle des tracés

Le fait que les images sont constituées de pixels, nous le savons depuis un bon moment. Quelles en sont les consé-quences dans la pratique ? Jetez un coup d'œil à l'image ci-contre.

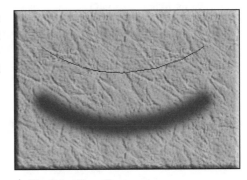

▲ **Fig. 9.1 :** *Deux lignes*

Cette image est composée de deux lignes, deux traits. L'un est plus mince que l'autre. Du moins c'est ce que l'on imagine. Il est vrai que le problème de base n'est pas facile à discerner. Pour la définition de la ligne supérieure, il nous a fallu exactement six informations. Ces six informations suffisent à décrire l'intégralité de la courbe. Pour la ligne inférieure, il nous a fallu 4 220 informations.

"Normal ! direz-vous, elle est bien plus épaisse que la première". Même avec une épaisseur identique à la première, elle nécessite néanmoins 230 informations. D'où proviennent ces chiffres ? Leur obtention n'a rien de magique, ces chiffres sont faciles à vérifier.

Voyons une autre image, similaire à la première. La ligne supérieure est une ligne vectorielle. Elle a été formée à partir des paramètres suivants : le point de départ, le point final, le point médian auquel la ligne change de direction, les deux points directeurs définissant le tracé de la courbe, sa courbure, et un sixième paramètre non requis dans Photoshop, il s'agit de l'apparence de la ligne (couleur et épaisseur).

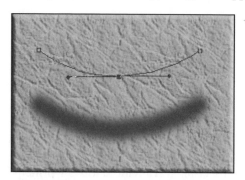

◄ **Fig. 9.2 :**
Deux courbes différentes

Avec la courbe formée de pixels, les choses sont tout à fait différentes. Le nombre des pixels individuels est facile à obtenir. Il suffit par exemple de faire appel à la fonction Histogramme. Cette ligne a bien sûr été peinte sur un calque séparé. Ainsi nous pouvons la charger comme sélection. Dans l'histogramme sont affichées les données de la sélection actuelle, dont le nombre de pixels formant la ligne.

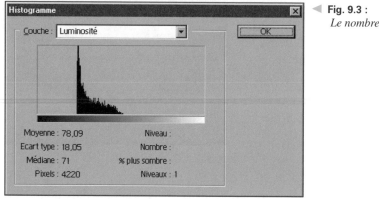

◄ **Fig. 9.3 :**
Le nombre de pixels

En quoi se distinguent les images bitmap et vectorielles

Nous venons de mettre le doigt sur la première différence entre les deux types d'images. Mais allons plus loin. Que se passe-t-il si nous augmentons la résolution de l'image, si l'envie nous prenait de la doubler par exemple ? Le nombre de pixels est quadruplé.

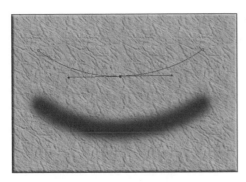

◀ **Fig. 9.4 :**
*La résolution est
double*

Notre courbe en pixels a ainsi besoin de quatre fois plus de pixels, alors que la
courbe vectorielle du haut est toujours fondée sur les mêmes six informations. Bien
sûr, les points de départ et d'arrivée ont changé, mais le nombre total d'informations
décrivant la courbe est resté le même.

Nous savons que lors de l'agrandissement d'une image en pixels, la résolution devient
plus mauvaise : avec une ligne vectorielle, aucune perte de qualité n'intervient !

Les possibilités de tracés

Comment dessiner des tracés ? Il est possible de convertir des sélections en tracés
et inversement, mais aussi d'importer des objets, créés par exemple dans Adobe
Illustrator, jusque dans Photoshop. Photoshop dispose même d'outils permettant
de dessiner des tracés, même si l'opération est assez fastidieuse.

L'ensemble du document reste bien évidemment une image bitmap, ce qui explique
qu'un logiciel de retouche d'images n'offrira jamais le même confort qu'un logiciel
de dessin vectoriel. La mise à l'échelle reste toujours associée à des inconvénients
et à une perte de qualité.

Comment s'entendent les pixels et les vecteurs

Les vecteurs et les pixels ne font pas
très bon ménage. Pourquoi ? la structure des images en pixels nous est bien
connue : pour éviter l'effet d'escalier
dans les obliques et les courbes, le programme utilise le lissage, les pixels de
la ligne étant combinés avec les pixels
de l'arrière-plan.

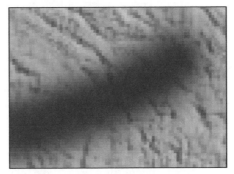

▲ **Fig. 9.5 :** *La ligne avec lissage*

Photoshop sait convertir des sélections en tracés. À cette occasion, vous pouvez définir la précision de l'échantillonnage. Si la ligne est convertie avec précision, le résultat est le suivant.

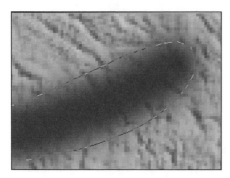

◄ **Fig. 9.6 :**
Faible valeur de tolérance

Avec cette valeur, la ligne vectorielle s'adapte assez bien à la ligne en pixels, mais sans lui correspondre parfaitement. Elle est composée de plusieurs points d'ancrage individuels. Expérimentez maintenant avec une tolérance plus élevée. Le changement de tolérance est expliqué plus loin dans ce chapitre. En voici le résultat.

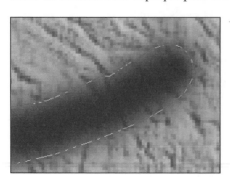

◄ **Fig. 9.7 :**
Une tolérance élevée

Le résultat n'est pas satisfaisant, il est imprécis, des formes erronées sont apparues, l'extrémité de la courbe est plus épaisse que le début.

Des deux variantes, aucune n'est parfaite.

Les tracés ne sont pas la panacée

Ne vous faites donc pas trop d'illusions sur les capacités des tracés. Ils sont souvent source de beaucoup de travail pour leur construction, même si leur importance est déterminante pour certains domaines d'application. Les véritables vecteurs ne s'entendent pas avec les véritables images en pixels, c'est dans la nature des choses, leur structure de base est par trop différente. Les transferts par tracés et zones de sélection se soldent toujours par des pertes de qualité.

L'exercice suivant nous permettra de faire le tour des fonctionnalités de ces tracés.

9.2. Combiner des photos avec des images vectorielles

L'objectif de cet exercice est simple : créer une carte postale élégante. Le point de départ est la photo présentée ci-dessous. L'image est optimisée et parfaitement cadrée, elle a les dimensions d'une carte postale, 10,5 x 14,9 cm.

Nous allons donner du tonus à cette image par divers calques de réglage et lui adjoindre des objets vectoriels et des éléments de texte.

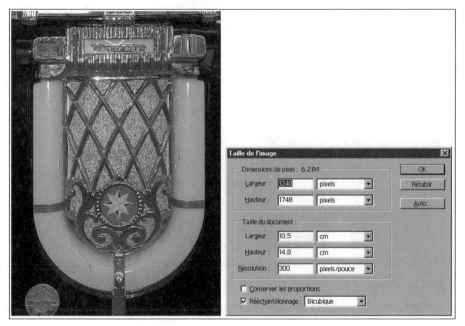

▲ **Fig. 9.8 :** *L'image de départ (Mbox.tif)*

Bien sûr, nous n'avons pas imprimé l'image en grandeur réelle, elle remplirait pratiquement la page. Nous l'avons imprimée avec une réduction de 50 %. Mais sur le CD d'accompagnement, vous trouverez l'image en taille réelle.

Superposer un motif à une image

Pour commencer, nous allons appliquer à une partie de la photo un motif intéressant.

1. Activez la commande **Calque/Nouveau calque de remplissage/Motif**. Donnez un nom pertinent à votre calque (Fig. 9.9).

2. Sélectionnez dans les éléments prédéfinis de Photoshop le motif appelé *Satin*, avec une échelle de 300 % (Fig. 9.10).

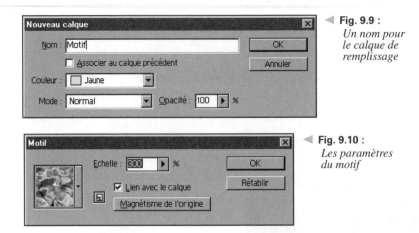

Fig. 9.9 :
*Un nom pour
le calque de
remplissage*

Fig. 9.10 :
*Les paramètres
du motif*

3. Après validation, la palette **Calques** présente une nouvelle entrée dotée de deux miniatures. Celle de droite est sélectionnée, elle est vide pour l'instant. Cette miniature montre le contenu du masque de calque.

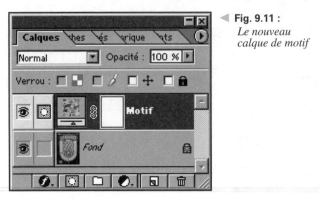

Fig. 9.11 :
*Le nouveau
calque de motif*

4. Comme nous n'avions rien sélectionné à l'activation de la commande, ce masque de calque est vide au départ, il est blanc. C'est la raison pour laquelle le motif couvre l'intégralité de l'image. Mais les masques de calque permettent de cacher des parties de calques, et c'est ce que nous allons faire. Sélectionnez l'outil Dégradé et sélectionnez dans les dégradés prédéfinis le dégradé *noir, blanc*.

Fig. 9.12 :
Le dégradé

5. Tracez le dégradé d'en haut à gauche jusqu'en bas à droite. Le motif est visible en bas à droite, mais est quasi transparent en haut à gauche.

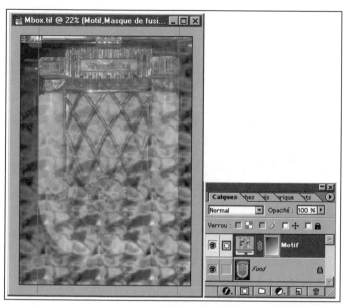

▲ **Fig. 9.13 :** *Le calque de motif devient transparent*

6. Avec l'arrière-plan affiché, voici le résultat intermédiaire obtenu. Comme mode de fusion pour le calque, nous avons choisi l'option *Lumière tamisée*.

◄ **Fig. 9.14 :**
*Le motif
en place*

Utiliser des formes prédéfinies

Il est une fonction de tracé que vous avez déjà entraperçue brièvement au cours du chapitre *Les nouveautés de Photoshop 6* : Photoshop propose quelques formes géométriques prédéfinies. Pour y accéder, utilisez la touche Ⓤ. Dans le menu flyout, vous trouverez à côté de l'outil Rectangle ordinaire un outil Rectangle arrondi, ainsi que les outils Ellipse, Polygone et Trait. Mais le plus intéressant est le dernier, l'outil Forme personnalisée.

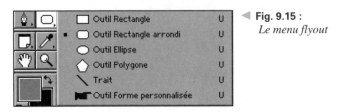

Fig. 9.15 :
Le menu flyout

Par cet outil Forme personnalisée, vous avez accès à de nombreuses formes prédéfinies accompagnant Photoshop. Dans la bibliothèque, vous trouverez par exemple des étoiles, des flèches, des cadres circulaires ou rectangulaires, etc. Il y a même quelques formes complexes. C'est l'une d'entre elles que nous allons utiliser pour notre image. Pour créer une forme, voici comment procéder :

1. Après activation de l'outil, la barre d'options d'outils propose les paramètres suivants.

Fig. 9.16 : *La barre d'options d'outils de l'outil Forme personnalisée*

2. Par cette barre d'options d'outils, vous avez la possibilité de sélectionner à nouveau un outil Forme. Cliquez sur la liste *Forme* pour sélectionner une forme parmi les offres de Photoshop. Dans le jeu complémentaire, à charger par le menu fléché, vous trouverez un symbole de main. Sélectionnez ce symbole. Après sélection, ce symbole est affiché dans la barre d'options d'outils et sur le bouton de l'outil dans la boîte à outils.

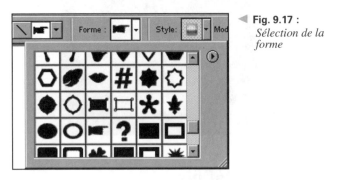

Fig. 9.17 :
Sélection de la forme

3. D'autres options concernant cette forme vous attendent dans une petite fenêtre que vous ouvrez par un clic sur le bouton fléché, à droite de l'outil Forme personnalisée, dans la barre d'options d'outils. Activez l'option *Proportions*

définies pour conserver par la suite les proportions initiales de la forme. Cette fenêtre permet aussi de définir une taille fixe pour la forme.

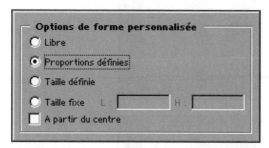

◄ **Fig. 9.18 :**
Les options complémentaires

4. Avant de commencer le dessin de la forme, choisissez une autre couleur de premier plan. C'est elle qui sera employée pour le remplissage de la future forme. Vous éviterez ainsi une modification ultérieure.

Comme nous souhaitons utiliser une couleur de l'image, activez la couleur de premier plan et l'outil Pipette. Cliquez sur l'emplacement matérialisé dans l'illustration suivante : il s'agit d'un rouge.

◄ **Fig. 9.19 :**
Sélection de la couleur

Astuce

Vous avez choisi une couleur erronée ?

La pastille de la couleur de premier plan n'affiche pas la couleur rouge attendue, mais une autre couleur ? Vous avez très certainement sélectionné le calque de motif dans la palette **Calques**. Cliquez sur le calque de fond et répétez l'opération de la pipette.

5. Sélectionnez à nouveau le calque de motif, car le nouveau calque créé automatiquement est toujours placé sur le calque actif. Pour qu'un nouveau calque soit automatiquement créé, il faut que le premier symbole de la barre d'options d'outils soit activé.

Cliquez à l'emplacement où la forme doit commencer et maintenez le bouton de la souris enfoncé.

◄ **Fig. 9.20 :**
Début de la forme

6. Tirez le pointeur jusqu'à arriver à la taille voulue.

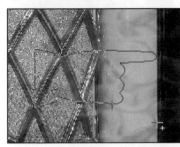

◄ **Fig. 9.21 :**
L'aperçu de la forme en cours de traçage

7. Lorsque le bouton est relâché, la forme est dessinée et remplie de la couleur de premier plan.

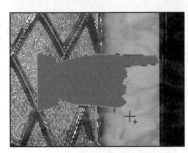

◄ **Fig. 9.22 :**
La forme remplie

8. Un coup d'œil sur la palette **Calques** montre que Photoshop a bien créé un nouveau calque de forme au-dessus du calque précédemment actif. Ce calque est doté d'un masque de tracé, reconnaissable à la miniature de droite.

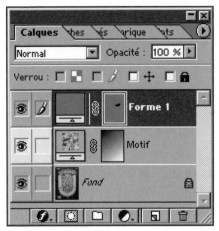

◄ **Fig. 9.23 :**
Le nouveau calque

Transformer des tracés

La forme que nous venons de créer ne va pas nous servir en l'état. Le doigt par exemple doit pointer vers la gauche. Les tracés ont l'avantage d'être modifiables sans perte de qualité. C'est l'une des différences majeures entre image vectorielle et bitmap.

1. Pour commencer, il nous faut sélectionner le tracé. Pour cela, nous activons l'outil Sélection d'éléments de tracé, par la boîte à outils ou la touche [A] (vous trouverez l'outil dans le menu flyout).

◀ **Fig. 9.24 :**
L'outil Sélection d'éléments de tracé

2. Cliquez sur la forme. Les points d'ancrage apparaissent.

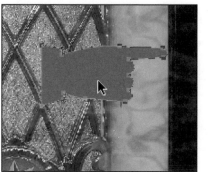

◀ **Fig. 9.25 :**
Sélection de la forme

3. Activez la commande **Édition/Transformation du tracé/Symétrie axe vertical**. Le doigt pointe désormais vers la gauche.

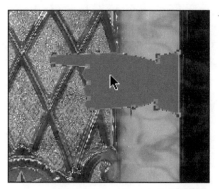

◀ **Fig. 9.26 :**
La forme après le miroir vertical

4. Pour pouvoir faire pivoter la forme, utilisez la commande **Édition/Transformation manuelle du tracé** ou activez la combinaison de touches [Ctrl]+[T]. La forme est présentée dans un cadre de sélection doté de huit poignées. Les poignées

d'angle permettent de redimensionner la forme, les poignées médianes de la déformer. En plaçant le pointeur à proximité d'une poignée d'angle, il se transforme en une double flèche courbe : le pointeur de rotation. Cliquez et maintenez le bouton enfoncé.

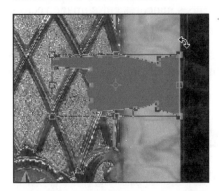

◀ **Fig. 9.27 :**
Le cadre de sélection

5. Faites pivoter le tracé avec la souris jusqu'à ce que le doigt pointe vers le haut.

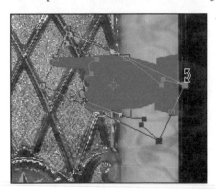

◀ **Fig. 9.28 :**
Rotation de la forme

6. Lorsque la bonne position est atteinte, relâchez le bouton de la souris. La forme peut ensuite être déplacée. Cliquez dans la forme, maintenez le bouton enfoncé et tirez la forme à l'emplacement voulu. Pour appliquer les modifications, double-cliquez dans le cadre de sélection ou appuyez sur la touche (Entrée).

◀ **Fig. 9.29 :**
La forme tournée et déplacée

Utiliser les symboles des polices de caractères

Pour la suite, il nous faut plusieurs flèches en tant qu'éléments graphiques. Voici la réflexion préalable : nous pourrions bien sûr créer ces flèches sous forme de tracé, mais cela demanderait une somme considérable de travail.

De plus, une contrainte des tracés nous poserait problème : ces flèches sont destinées à être alignées en forme d'arc de cercle. Pour réaliser cette opération avec des tracés, il faudrait beaucoup de patience et d'habileté.

C'est pourquoi nous allons recourir à une technique beaucoup plus simple.

Dans la plupart des polices de caractères, il existe des symboles. C'est vers ces symboles que nous allons nous tourner pour réaliser l'opération. Nous utiliserons le symbole >, vous le trouverez dans toutes les polices. Et comme le texte peut être courbé, l'effet d'arc sera très facile à créer.

1. Activez l'outil Texte. Les paramètres de la barre d'options d'outils nous conviennent parfaitement, nous les reprenons en l'état. Mais comme toutes les fonctions dont nous avons besoin ne sont pas proposées, nous affichons la palette **Caractère** par le menu **Fenêtre**. Définissez les options de l'illustration suivante.

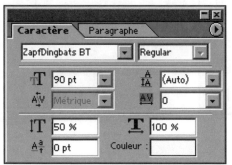

◀ **Fig. 9.30 :**
Les options de la palette Caractère

2. Tapez ensuite 12 fois le caractère >.

◀ **Fig. 9.31 :**
La chaîne de caractères

3. Validez la saisie d'un clic sur le bouton marqué d'une coche dans la barre d'options d'outils ou sélectionnez un autre outil dans la boîte à outils, par exemple l'outil Déplacement. Vous quittez ainsi le mode d'édition de texte.

Si vous avez activé l'outil Déplacement, profitez-en pour placer le texte de manière à ce que les flèches pointent vers le doigt.

◀ **Fig. 9.32 :**
Le texte déplacé

4. Après cet élément de texte graphique, il nous faut un autre texte. Pour cela, nous avons utilisé les paramètres de caractère et de paragraphe suivants.

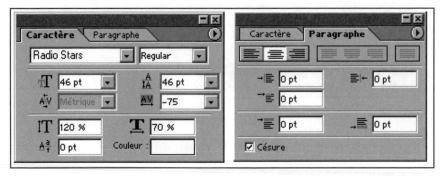

▲ **Fig. 9.33 :** *Les paramètres de texte utilisés*

5. Placez le texte au bas de l'image, nous l'ajusterons par la suite.

◀ **Fig. 9.34 :**
Le texte

Courber un texte

Les deux calques de texte doivent maintenant être courbés pour donner un peu de mouvement à l'image. Cette fonction fait partie des nouveautés intéressantes de Photoshop.

1. Sélectionnez le calque de texte contenant les flèches, nous commencerons par lui.

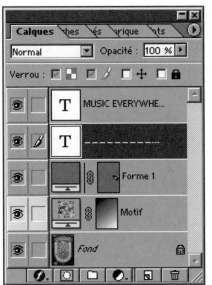

◄ **Fig. 9.35 :**
Sélection du calque

2. [T...] Activez la commande **Calque/Texte/Déformer le texte**. Lorsque l'outil Texte est actif, cette fonction peut aussi être activée par le bouton **Créer un texte déformé** de la barre d'options d'outils.

3. Dans la boîte de dialogue, mettez en place les paramètres suivants.

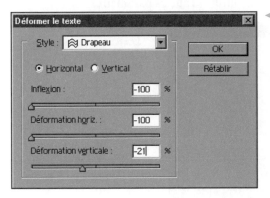

◄ **Fig. 9.36 :**
Les paramètres de déformation

Astuce

Le bon déplacement immédiatement

Très pratique : pendant que vous modifiez les paramètres de la boîte de dialogue, Photoshop actualise automatiquement l'image. Et ce n'est pas tout : vous pouvez par la même occasion déplacer le texte. Il suffit de cliquer dessus et de le tirer avec la souris à la position requise. Cette possibilité est intéressante, car en déformant le texte, il a souvent tendance à changer de position.

4. Après le déplacement, voici l'effet obtenu : les flèches ont à nouveau été déplacées pour pointer vers le doigt.

◀ **Fig. 9.37 :**
Le texte déformé

5. Pour le second texte, nous avons utilisé d'autres paramètres.

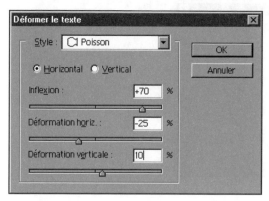

◀ **Fig. 9.38 :**
Les paramètres pour le second texte

6. Voici le résultat obtenu par ces déformations. Dynamique, non ?

◀ **Fig. 9.39 :**
L'étape intermédiaire
suivante

Dessiner des courbes avec l'outil Plume

Pour le moment, il est une fonction de tracé que nous n'avons pas encore abordée, bien qu'elle soit parmi les plus importantes : le dessin de courbes libres avec la plume. Les outils plumes sont proposés dans un menu flyout que vous activerez par la touche P.

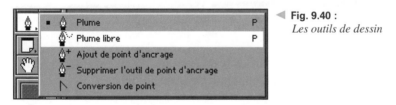

◀ **Fig. 9.40 :**
Les outils de dessin

Pour que les outils soient plus facilement reconnaissables, nous avons volontairement masqué l'arrière-plan dans les illustrations suivantes. Le premier outil, Plume, permet de tracer des courbes. Les points d'ancrage peuvent être soit des points d'inflexion, soit des sommets.

1. Dans la barre d'options d'outils, mettez en place les paramètres suivants.

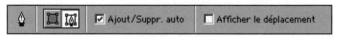

▲ **Fig. 9.41 :** *Les paramètres de la barre d'options d'outils*

2. Cliquez sur le point de départ du tracé. Le petit carré matérialise le premier point d'ancrage. Pour placer un point de ce type, il suffit d'un clic de souris. Cela fait, relâchez le bouton de la souris.

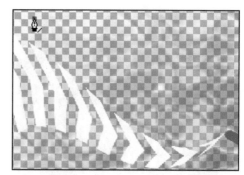

▲ **Fig. 9.42** : *Le premier point d'ancrage*

3. Cliquez sur l'emplacement du deuxième point. Les deux points sont reliés par une ligne, appelée segment.

   Si, lors de la fixation d'un point, vous enfoncez simultanément la touche [Maj], Photoshop contraint l'inclinaison à un multiple de 45°.

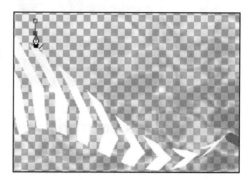

▲ **Fig. 9.43** : *Le premier segment*

4. Ces deux premières étapes ont permis de créer un segment de droite. Ce tracé peut maintenant être étendu à loisir. Un nouveau clic place un nouveau point et crée un deuxième segment.

   Les points d'ancrage actifs sont affichés en noir, les points inactifs en blanc. Chaque point mis en place est automatiquement sélectionné.

5. Le segment suivant doit être courbe. Pour cela, la procédure est un peu différente. Cliquez sur la position de ce troisième point, mais cette fois maintenez le bouton de la souris enfoncé.

6. Tirez le point d'ancrage en maintenant toujours le bouton de la souris. Vous constatez que la forme du segment change, selon la direction du déplacement du pointeur : c'est ainsi que vous pouvez influer sur sa courbure. Lorsque vous relâchez le bouton de la souris, le point d'ancrage est fixé définitivement. Chaque point d'ancrage arrondi, appelé point d'inflexion, est doté de deux points directeurs définissant la courbure du segment.

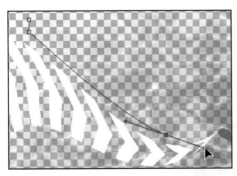

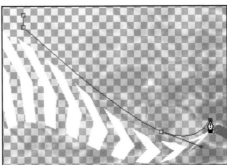

Fig. 9.44 :
Un segment courbe

7. Si le point suivant doit à nouveau être un sommet, il suffit de cliquer sur la position requise.

▲ Fig. 9.45 : *Le point suivant*

Tracez la forme, point par point. Voici la position du point suivant.

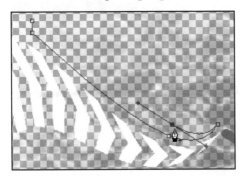

Fig. 9.46 :
Le dernier point

8. Il nous reste à fermer le tracé. À l'inverse des sélections, les tracés ne sont pas forcément fermés. Un petit cercle à côté du pointeur indique qu'un clic sur cette position ferme le tracé.

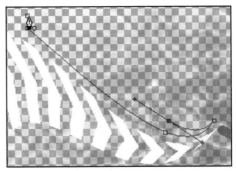

▲ Fig. 9.47 : *Fermeture du tracé*

9. Notre tracé est fermé par ce dernier clic.

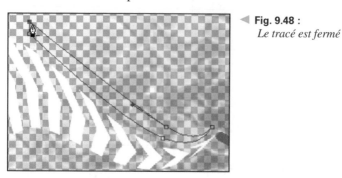

◀ **Fig. 9.48 :**
Le tracé est fermé

Voyons maintenant les outils que propose Photoshop pour éditer ce tracé. Mais avant, nous allons enregistrer le tracé et lui donner un nom. Passez à la palette **Tracés**.

Sécurité avant tout : enregistrer les tracés

Tous les tracés que vous serez amené à dessiner sont au départ des tracés de travail, c'est-à-dire des tracés temporaires. L'affichage suit les mêmes règles que pour les calques. Chaque tracé peut être enregistré durablement.

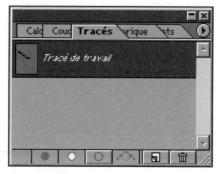

▲ **Fig. 9.49 :** *Un tracé temporaire*

Double-cliquez sur la miniature du tracé dans la palette pour ouvrir la boîte de dialogue suivante. C'est là que vous pourrez lui donner un nom.

◀ **Fig. 9.50 :**
Nommer le tracé

Si l'image contient plusieurs tracés, vous chargerez le tracé dont vous avez besoin en cliquant tout simplement sur sa miniature dans la palette **Tracés**.

Éditer les tracés avec l'outil Sélection directe

Pour éditer un tracé, il faut d'abord indiquer à Photoshop ce que vous souhaitez modifier sur ce tracé : la position d'un point ou la courbure du tracé. Comme il est d'usage dans les programmes graphiques vectoriels, la zone doit être sélectionnée. Les éléments actifs sont représentés différemment des autres. Pour cette sélection, vous utiliserez l'outil Sélection directe. Voyons en détail les possibilités de cet outil.

Activer le tracé

Si vous ne distinguez à l'écran que la ligne du tracé, rien n'est activé. L'illustration ci-contre montre le pointeur de sélection directe, mais il n'y a rien de sélectionné. À ce stade, vous ne pouvez entreprendre aucune modification sur le tracé.

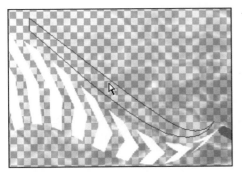

◀ **Fig. 9.51 :**
Rien de sélectionné

Sélectionner un segment

Cliquez sur un segment, c'est-à-dire la ligne entre deux points d'ancrage, pour le sélectionner. Vous reconnaîtrez la sélection au point d'ancrage qui est affiché s'il s'agit d'un segment courbe.

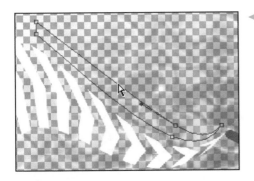

◀ **Fig. 9.52 :**
Un segment est sélectionné

Il existe plusieurs façons de modifier la courbure d'un segment. Tirez par exemple sur le point d'ancrage sélectionné et regardez comment le tracé évolue au fil du déplacement du point.

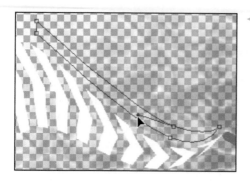

◀ **Fig. 9.53 :**
   Déplacement d'un point d'ancrage

Une autre possibilité consiste à déplacer le segment lui-même. Le point d'ancrage est automatiquement ajusté à la nouvelle position du segment.

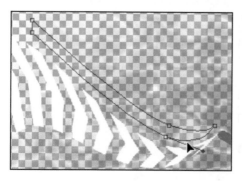

◀ **Fig. 9.54 :**
   Déplacement d'un segment

Astuce

Les segments sélectionnés ne sont pas identifiables

À quoi reconnaît-on un segment sélectionné ? Facile : à rien ! Il suffit de saisir le segment avec la souris et de le déplacer. Il n'y a aucun signe distinctif. Mais pendant le déplacement, vous verrez bien sûr quel segment est actif.

Sélectionner un point d'ancrage

Si vous sélectionnez un point d'ancrage, il devient noir. Par la même occasion, vous verrez apparaître ses points directeurs.

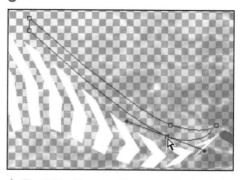

▲ **Fig. 9.55 :** *Un point d'ancrage sélectionné*

Une fois sélectionné, le point est librement déplaçable. Il conserve ses points directeurs et la courbe est ajustée en fonction de la nouvelle position.

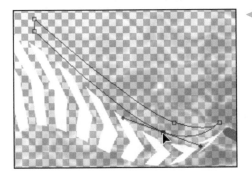

◀ **Fig. 9.56 :**
Le point déplacé

Sélectionner plusieurs points d'ancrage

Pour sélectionner plusieurs points d'ancrage, différentes techniques sont utilisables. Cliquez par exemple sur le premier point, enfoncez et maintenez la touche [Maj] et cliquez successivement sur les autres points à sélectionner. Une autre technique est présentée dans l'image de droite : avec l'outil Sélection directe, vous tracez un rectangle de sélection englobant tous les points à activer. Il est même possible de combiner les deux techniques : tracer un rectangle de sélection, puis étendre la sélection avec la touche [Maj] et des clics.

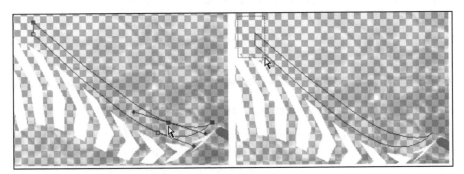

▲ **Fig. 9.57 :** *Sélection multiple de points d'ancrage*

Astuce

Sélectionner tous les points

Pour sélectionner tous les points d'un tracé, cliquez sur un point quelconque en enfonçant la touche [Alt].

Déplacer plusieurs points d'ancrage

Si vous avez sélectionné tous les points requis, vous pouvez saisir le tracé et déplacer la sélection ailleurs dans l'image.

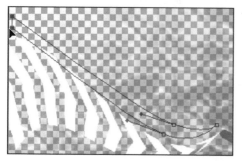

◄ **Fig. 9.58 :**
Déplacement de plusieurs points

Pratique : pour déplacer une sélection de points, vous pouvez faire appel aux touches fléchées du clavier pour un déplacement de haute précision. Chaque action sur une touche fléchée déplace la sélection d'un pixel dans la direction concernée. Si vous maintenez à cette occasion la touche [Maj] enfoncée, le déplacement est effectué par pas de 10 pixels.

Astuce

Duplication d'un tracé

Cliquez sur le tracé à un endroit quelconque et maintenez la touche [Alt] enfoncée. Déplacez alors le tracé. Lors du déplacement, Photoshop crée un duplicata du tracé. L'original reste en place à sa position de départ.

Supprimer des points d'ancrage

Les points d'ancrage ou les segments sélectionnés peuvent être supprimés par la touche [Suppr]. En fonction de ce qui est sélectionné, le tracé risque de comporter des "trous". Mais comme les tracés n'ont pas besoin impérativement d'être fermés, cela ne présente pas d'inconvénient. Après cette opération, les points restants sont automatiquement sélectionnés.

Fermeture du tracé

Pour fermer un tracé, il faut à nouveau sélectionner l'outil Plume. Cliquez sur le point de départ du tracé (ou le point final). Puis cliquez sur le point final (ou de départ) : le pointeur indique que le tracé sera fermé après le clic.

Modifier des courbes

Si vous souhaitez modifier fondamentalement la courbe à un endroit du tracé, vous devrez mettre en place un nouveau point d'ancrage. Activez pour cela l'outil Ajout de point d'ancrage et cliquez à l'endroit voulu du tracé. Si le pointeur se trouve sur un point d'ancrage ou un point directeur, il passe automatiquement à l'outil Sélection directe.

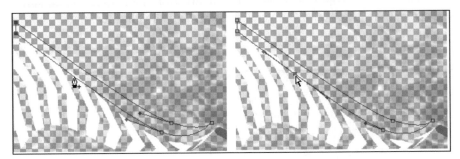

▲ **Fig. 9.59** : *Ajout d'un point d'ancrage*

Après l'insertion d'un point, maintenez le bouton de la souris enfoncé : vous pourrez ainsi modifier aussitôt la courbure du tracé. Placez ensuite un second point d'ancrage sur le segment suivant : vous pourrez ainsi déplacer les deux points simultanément.

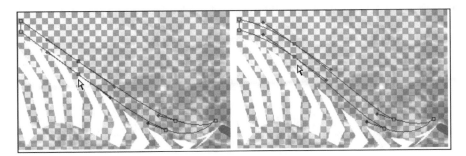

▲ **Fig. 9.60** : *Les points ont été déplacés*

Travailler avec l'outil Supprimer l'outil de point d'ancrage

Cet outil agit exactement à l'inverse du précédent. Contrairement à la suppression de points avec la touche (Suppr), il ne crée pas de trou dans le tracé. Le pointeur correspondant n'apparaît que s'il se trouve sur un point d'ancrage. À tous les autres emplacements, Photoshop passe automatiquement à l'outil Sélection directe.

Après suppression, la courbe du tracé est adaptée aux points d'ancrage restants. Si les deux points d'ancrage voisins sont des sommets, il en résulte un segment de droite. Dans le cas contraire, il s'agira d'un segment de courbe.

Conversion de points

Vous avez certainement déjà remarqué qu'il existe deux types de points d'ancrage : les sommets et les points d'inflexion. La conversion de l'un à l'autre est réalisée avec l'outil Conversion de point. Maintenez le pointeur sur un point d'ancrage, dans toutes les autres positions, Photoshop passe automatiquement à l'outil Sélection directe.

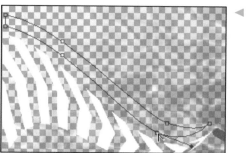

◀ **Fig. 9.61 :**
Conversion de points

Vous constatez que le point n'a plus de points directeurs, il est devenu sommet. Pour transformer ce sommet en point d'inflexion, cliquez dessus avec l'outil Conversion de point et maintenez le bouton gauche de la souris enfoncé. Puis glissez le pointeur pour amener le point d'ancrage en bonne position.

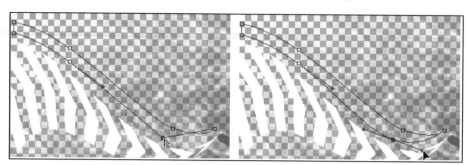

▲ **Fig. 9.62 :** *Le sommet est redevenu point d'inflexion*

Droite unilatérale

Il n'est pas toujours nécessaire de déplacer symétriquement les deux points directeurs d'un point d'ancrage. Cliquez sur l'outil Conversion de point sur un des points directeurs et maintenez le bouton de la souris enfoncé.

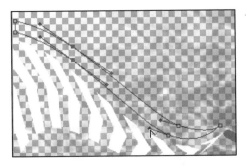

Dans cette situation, vous pouvez
ensuite modifier un seul segment.

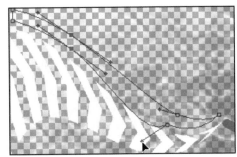

▲ Fig. 9.64 : *Le sommet*

Astuce

Restaurer la symétrie

Pour aménager à nouveau les points directeurs de manière symétri-
que, cliquez sur le point d'ancrage. Maintenez le bouton de la souris
enfoncé et tirez la courbe comme vous l'entendez. L'autre côté est
automatiquement ajusté, la symétrie est restaurée. Une action sur les
points directeurs concerne à nouveau, à partir de là, les deux côtés.

Former des boucles

Pour créer une boucle, cliquez sur l'un des points directeurs et déplacez-le de l'autre
côté. L'illustration suivante montre la position modifiée du pointeur de souris.

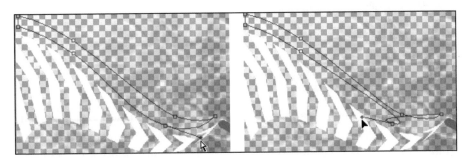

▲ Fig. 9.65 : *Une boucle*

Courbe à main levée avec l'outil Plume libre

Avec l'outil Plume libre, vous pouvez dessiner des tracés à main levée, comme vous en avez l'habitude avec l'outil Lasso. Mais l'opération est délicate et demande un entraînement certain. Avec l'option *Adapt. des courbes*, dans la barre d'options d'outils, vous définirez la précision avec laquelle Photoshop suivra les mouvements de la souris. Plus la valeur sera élevée, plus la courbe sera fluide, mais moins elle correspondra aux déplacements exacts du pointeur.

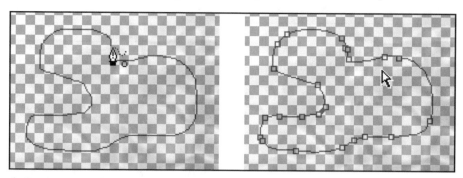

▲ **Fig. 9.66 :** *Un tracé à main levée*

Dessiner des tracés automatiques avec l'outil Plume magnétique

L'outil Plume magnétique n'existe plus dans cette version de Photoshop, sous la forme d'un outil autonome. Il correspond, au niveau de sa fonctionnalité, à son équivalent : le lasso magnétique. Là aussi, Photoshop repère les contrastes dans l'image. Sur les bordures ainsi reconnues, Photoshop place ensuite une ligne. Cet outil est désormais accessible par les options de l'outil Plume libre.

◄ **Fig. 9.67 :**
La plume magnétique

Tout comme l'outil Plume libre, cet outil n'a pas grand intérêt, car il faut de nombreuses tentatives et essais infructueux avant d'arriver au résultat escompté. De plus, l'image doit s'y prêter, sinon l'opération est quasi impossible. Voici un exemple de contour détecté automatiquement.

◄ **Fig. 9.68 :**
Un contour avec l'outil Plume magnétique

Astuce

Raccourci clavier

Ces différents outils permettent de commuter d'un outil à l'autre par des raccourcis clavier, sans passer par la boîte à outils. Si vous enfoncez [Maj], [Alt] ou [Ctrl], ou une combinaison de ces touches, vous changerez automatiquement d'outil. Essayez les différentes variations : le pointeur vous indiquera en toute occasion l'outil actif. Il faut savoir que la touche [Maj] contraint les déplacements par pas de 45°.

Notre tracé terminé ressemble à ceci.

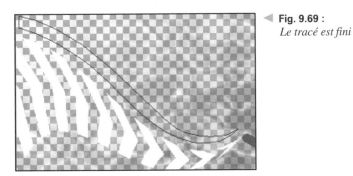

◄ **Fig. 9.69 :**
Le tracé est fini

Créer un sous-tracé

Les tracés ne peuvent pas seulement être formés d'une ligne fermée. Pour créer une deuxième forme, il faut bien sûr avoir au préalable fermé la première. Mais pour cela, il suffit d'enfoncer pendant le traçage la touche [Ctrl] et de cliquer une fois. Si vous placez ensuite un autre point, il s'agira du point de départ d'un sous-tracé. Au niveau du nom, il n'y a pas de différence entre tracé et sous-tracé.

Les tracés individuels peuvent être sélectionnés en intégralité en enfonçant la touche [Alt].

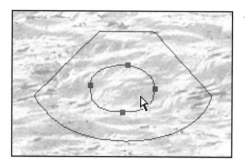 Dans la barre d'options d'outils, vous avez la possibilité de définir si les tracés doivent être additionnés ou soustraits les uns des autres : il s'agit des mêmes options que pour les sélections.

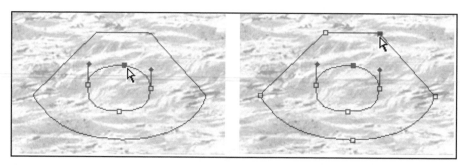

◄ **Fig. 9.70 :**
Sélection d'un sous-tracé

Il est même possible de sélectionner en même temps des points sur les deux tracés. Cliquez sur le point d'ancrage requis du premier tracé, puis maintenez la touche [Maj] enfoncée et cliquez une fois sur l'autre tracé pour l'activer. Cela fait, vous pourrez sélectionner un ou plusieurs points sur cet autre tracé. Le cadre de sélection utilisé pour sélectionner plusieurs points est, lui aussi, applicable à un tracé et à son sous-tracé. Tous les points qui se trouvent dans le rectangle sont automatiquement activés.

▲ **Fig. 9.71 :** *Sélection multiple de points dans divers tracés partiels*

Astuce

Placer des points

Photoshop permet de placer des points individuels représentés par des croix. À quoi servent ces points ? Nul ne le sait ! Quoi qu'il en soit, ces points, s'ils sont sélectionnés, sont représentés comme d'ordinaire par un carré noir.

Déplacement conjoint

Sélectionnez tous les points que vous souhaitez déplacer. Cela fait, vous pourrez tous les déplacer simultanément.

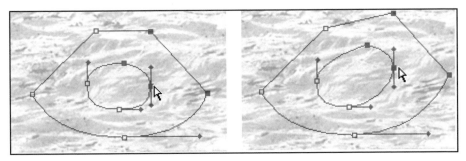

▲ **Fig. 9.72 :** *Plusieurs points déplacés simultanément*

Astuce

Domaine d'application des sous-tracés

Les sous-tracés trouvent leur intérêt par exemple pour découper des orifices dans une forme. En effet, si un tracé comporte un sous-tracé et si vous convertissez le tracé en sélection, le sous-tracé est découpé. Sauf dans ces circonstances, nous vous conseillons d'enregistrer individuellement chaque tracé. Il n'y a pas d'avantage particulier aux sous-tracés.

Transfert d'un tracé dans une autre image

Tout comme les calques ou les couches, les tracés peuvent être transférés dans d'autres images, par simple glisser-déposer. Au cours de cette opération, le tracé est considéré comme un calque. Si l'image comporte comme seul élément de tracé un cercle, celui-ci sera placé à l'identique dans l'image cible.

Astuce

Seul un tracé est affiché

Si vous travaillez avec une copie de l'image, un problème se pose. Photoshop ne montre toujours que le tracé d'une seule fenêtre. Si deux fenêtres sont ouvertes à l'écran, la fenêtre inactive semble à première vue ne pas disposer de tracé. Et pourtant !

Dans la barre d'options d'outils, vous trouverez également l'option *Afficher le déplacement*. Si elle est active, Photoshop affiche l'extension du tracé lors du dessin.

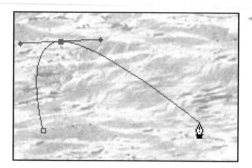

◀ **Fig. 9.73 :**
Affichage du déplacement

Charger et éditer des tracés sous forme de sélection

Nous vous avons présenté les possibilités de création et d'édition des tracés, mais pour l'instant nous ne savons pas encore très bien quel est leur rôle dans les images en pixels. Tous les tracés peuvent être chargés comme sélection, puis édités comme sélection ordinaire.

Avec le troisième bouton de la palette **Tracés**, **Récupérer le tracé comme sélection**, vous avez la possibilité de déclarer le tracé actif comme sélection. Lorsque cette sélection est créée, vous pouvez l'enregistrer, la remplir l'étendre ou la réduire comme s'il s'agissait d'une sélection tout à fait ordinaire.

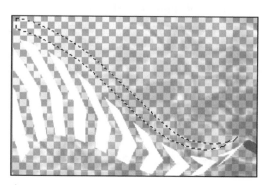

▲ **Fig. 9.74 :** *La sélection et le tracé correspondant*

Dans le menu **Flèche**, vous trouverez également la commande **Définir une sélection**. Elle ouvre une boîte de dialogue dans laquelle vous définirez un certain nombre de paramètres, par exemple la largeur des contours adoucis. Vous pourrez aussi y lisser la sélection.

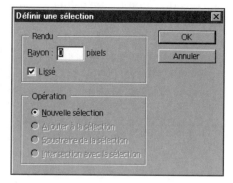

▲ **Fig. 9.75 :** *La boîte de dialogue Définir une sélection*

Astuce

Masquer un tracé

Comme les sélections, les tracés peuvent être, au choix, visibles ou invisibles, sans pour autant qu'ils perdent leurs fonctionnalités. La commande correspondante est **Affichage/Afficher/Tracé cible**, que vous activerez aussi par [Maj]+[Ctrl]+[H].

Remplissage de tracé sans créer de sélection

Un tracé peut être rempli sans qu'il soit nécessaire d'en faire au préalable une sélection. Activez dans le menu de palette (le menu fléché) la commande **Fond du tracé**. Pour cela, il faut cependant que, dans la palette **Calques**, un calque normal soit sélectionné, et non un calque de texte.

La boîte de dialogue ainsi ouverte permet de définir le remplissage du tracé. Vous y trouverez les mêmes options que celles qui sont proposées pour le remplissage des surfaces.

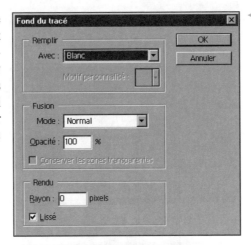

◀ **Fig. 9.76 :**
Les options de remplissage

Si le calque de tracé contient plusieurs tracés, c'est le tracé actif qui est concerné par le remplissage. Au bas de la palette, vous pouvez aussi faire appel aux deux premiers boutons pour remplir le fond du tracé ou en définir le contour. Ces boutons utilisent la couleur de premier plan active. Lorsque le tracé est rempli, les avantages du tracé sont perdus : une modification du tracé n'a pas d'incidence sur le remplissage. C'est pourquoi nous vous conseillons de ne pas employer cette fonction et de procéder de la manière suivante :

1. Activez la commande **Calque/Nouveau calque de remplissage/Couleur unie**. Profitez-en pour définir les propriétés du calque : son nom et sa couleur.

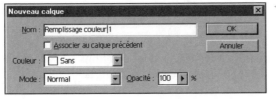

◀ **Fig. 9.77 :**
Renommer le calque

2. Sélectionnez la couleur : nous avons choisi un blanc.

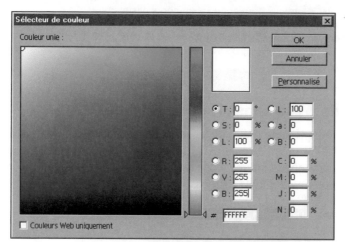

◁ **Fig. 9.78 :**
Définition de la
couleur

3. Après validation,
vous retrouvez dans
la palette **Calques** la
structure habituelle
Couleur - Masque.

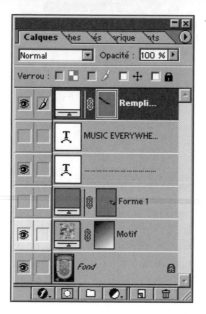

◁ **Fig. 9.79 :**
Le nouveau calque
de remplissage
dans la palette

4. De cette façon, vous conservez la plus grande souplesse. Vous pouvez facilement modifier la couleur en cas de besoin, le remplissage étant automatiquement adapté au tracé si celui-ci vient à être transformé.

Remplissage de tracés ouverts

Une différence fondamentale distingue les tracés des sélections : la sélection est
toujours fermée, alors que le tracé peut être ouvert.

En remplissant un tracé ouvert, Photoshop ferme automatiquement la surface. Dans l'illustration suivante, vous voyez à gauche le tracé, à droite la surface remplie.

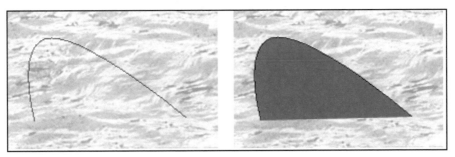

▲ **Fig. 9.80** : *Un tracé ouvert a été rempli*

Remplissage de contours

Parallèlement au remplissage de la surface, le tracé permet aussi de remplir le contour. Mais ce n'est le cas que si vous travaillez sans calque de remplissage.

Contrairement à la commande **Édition/Contour**, vous pouvez définir avec quel outil le tracé doit être rempli. Les réglages sont entrepris par la commande **Contour du tracé**, dans le menu de palette.

Sélectionnez l'outil requis sur la liste proposée. Lors du remplissage, Photoshop utilise les paramètres définis dans les options d'outils.

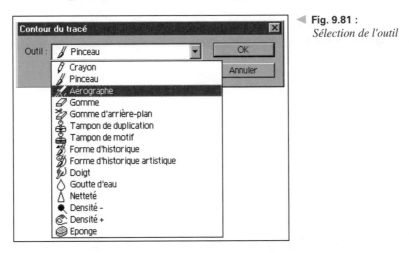

◀ **Fig. 9.81** :
Sélection de l'outil

Lorsque l'outil est choisi, vous pouvez faire appel au deuxième bouton au bas de la palette **Tracés** pour procéder au remplissage.

Astuce

Domaine d'utilisation

Comme le dessin à main levée est une opération délicate, surtout avec la souris comme seul outil, il est recommandé de tracer les lignes en tant que tracé, puis de remplir le contour lorsque le tracé est achevé. Lors de l'édition des tracés, rappelez-vous que vous pouvez également utiliser les outils de retouche pour remplir le contour du tracé.

Convertir une sélection en tracé

Au lieu de dessiner le tracé de toutes pièces, il est possible de convertir une sélection en tracé.

Pour cette opération, un certain nombre de points sont à prendre en compte. En matière de zones de sélection ne sont affichées que les sélections dont la ligne de contour présente une opacité de plus de 50 %.

Lors de la conversion de la sélection en tracé, c'est cette ligne de contour qui est prise en considération. Prenons un exemple.

◄ **Fig. 9.82 :**
  Une sélection (Stop.tif)

Dans le menu de la palette **Tracés**, activez la commande **Convertir en tracé**. Dans la boîte de dialogue, indiquez la tolérance à appliquer à cette conversion. La plage des valeurs possibles s'étend de 0,5 à 10.

Plus cette tolérance est élevée, plus le contour du tracé sera adouci. Mais la précision sera bien sûr moindre, pouvant aboutir dans certains cas à des erreurs.

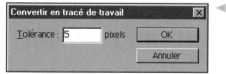

◄ **Fig. 9.83 :**
  La tolérance

Dans les deux images, nous avons appliqué des valeurs différentes. À gauche nous avons utilisé une tolérance de 1, à droite une tolérance de 5. Vous constatez que la nouvelle forme ne correspond pas parfaitement à la sélection de départ. Dans l'image de droite, notez que le nombre de points d'ancrage est nettement plus limité.

◁ **Fig. 9.84 :**
*Deux valeurs
de tolérance
différentes*

Avec le quatrième bouton de la barre d'outils, au bas de la palette **Tracés**, vous pouvez appliquer une conversion en tracé avec les paramètres par défaut.

Astuce

Expérimenter les valeurs

Comme une tolérance faible aboutit à un grand nombre de points d'ancrage, nous vous recommandons d'expérimenter différentes valeurs pour arriver au résultat le plus satisfaisant avec le minimum de points.

Découper des parties d'images avec un masque de tracé

Dans certains logiciels de PAO, par exemple Adobe PageMaker, il est possible de créer des tracés pour découper certaines parties de l'image. Toutes les zones se trouvant en-dehors du tracé deviennent transparentes. Cette possibilité est comparable à la fonction de transparence du format GIF89a.

Pour cela, nous déclarons un tracé en tant que masque. Activez la commande **Masque** dans le menu de la palette **Tracés**. Pour que la fonction soit active, le tracé doit au préalable être enregistré.

◁ **Fig. 9.85 :**
Les options du masque

Astuce

Précision de l'échantillonnage

L'option *Flèche* permet de définir la précision de l'échantillonnage du tracé. Plus la valeur est faible, plus la courbe sera imprécise. Les masques ne sont pris en charge que dans les formats Photoshop, TIF et EPS.

Problèmes avec les masques

Les masques de tracés peuvent donner lieu à plusieurs problèmes. Les tracés complexes sont souvent la cause de messages d'erreur de la part du périphérique de flashage, du fait du nombre important de segments formant le tracé.

L'enregistrement du fichier dans un format approprié ne suffit pas forcément pour pouvoir utiliser le masque. Le programme de PAO doit savoir interpréter cette fonction.

Si vous importez un tel fichier dans un programme de traitement de texte, la découpe n'est pas visible. À vous de tester si votre programme est en mesure d'accepter ces masques.

9.3. Exporter et importer des tracés

En matière de tracés, Photoshop travaille en étroite collaboration avec Adobe Illustrator. Il existe plusieurs possibilités d'échanger des tracés entre ces deux programmes. Dans le menu **Fichier** de Photoshop, vous trouverez par exemple la commande **Exportation/Tracés vers Illustrator**.

Dans une boîte de dialogue, vous pouvez ainsi définir quel tracé vous souhaitez exporter. Dans la zone de liste sont présentés tous les tracés existant dans le document. Ce tracé est enregistré en format Adobe Illustrator. Si vous travaillez avec Illustrator, nous vous conseillons d'utiliser une autre technique de transfert entre les programmes.

Utiliser le Presse-papiers

Du fait de la technique peu orthodoxe de création des tracés par Photoshop, il vaut mieux construire les objets dans Illustrator et les intégrer ultérieurement dans Photoshop.

Sélectionnez dans Illustrator l'objet ou le groupe d'objets à transférer. Copiez cette sélection dans le Presse-papiers.

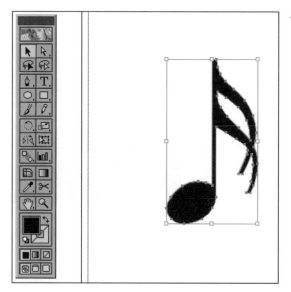

◁ **Fig. 9.86 :**
*Sélection d'un
groupe d'objets
dans Illustrator*

Dans Photoshop, activez la commande **Édition/Coller**. Dans la boîte de dialogue suivante, vous pouvez choisir entre la conversion des objets en pixels ou leur intégration sous forme de tracé.

Sélectionnez l'option *Coller en tant que calque de la forme* pour créer un nouveau calque de remplissage avec masque de tracé.

Lors de l'importation, il peut arriver que la taille ne soit pas adaptée. C'est le cas de notre exemple. Vous pouvez dans ce cas mettre l'objet à l'échelle dans Illustrator ou utiliser les options de transformation de tracé de Photoshop.

▲ **Fig. 9.87 :** *L'objet importé*

Édition d'objets importés

Après l'importation, les objets peuvent être édités comme d'ordinaire avec les outils de tracé de Photoshop. Nous avons fortement réduit le tracé et l'avons placé dans l'angle inférieur droit.

Tous les éléments dont nous avons besoin sont maintenant en place et nous avons fait un large tour d'horizon des possibilités offertes par les tracés. Dans la dernière étape, nous allons améliorer graphiquement notre image.

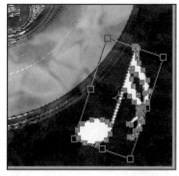

▲ **Fig. 9.88** : *Le tracé a été ajusté*

Édition des tracés

Pour les fonctions d'édition étendues de Photoshop, la règle est simple : le mieux est de combiner les fonctions de Photoshop et celles d'Illustrator. Créez les tracés dans Illustrator, puis importez-les par le Presse-papiers.

Dans Photoshop, intégrez ces tracés comme calque de la forme et appliquez-lui le remplissage voulu. Si le tracé doit être modifié, effectuez la correction dans Illustrator et répétez le transfert vers Photoshop.

9.4. Une image "à la Warhol"

À partir de tous ces éléments, nous allons maintenant créer notre image. Elle sera très exotique et fera appel à plusieurs effets de calque. Comme nous aborderons ces effets de calque en détail au chapitre *Agencer des textes attrayants*, nous ne nous y attarderons pas ici.

Pour prendre connaissance des paramètres précis, reportez-vous au fichier *Mbox1.psd*.

1. Commençons par le bas : l'arrière-plan. Il va être fondamentalement modifié. La photo ne doit plus apparaître comme photo, mais comme graphique.

2. Sélectionnez dans la palette **Calques** le calque *Fond* et activez la commande **Calque/Nouveau calque de réglage/Courbe de transfert de dégradé**.

3. Choisissez le dégradé *Bleu, rouge, jaune* sur la liste des dégradés prédéfinis.

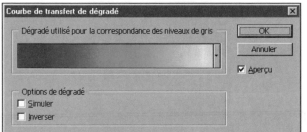

◀ **Fig. 9.89 :**
Le dégradé choisi

4. Pour ce nouveau calque de réglage, nous utilisons le mode de fusion *Lumière crue*. Le résultat est intéressant.

▲ **Fig. 9.90 :** *Le fond modifié*

5. Pour le symbole de note que nous venons d'insérer, nous utilisons un style prédéfini, appelé *Arc en ciel*. Nous avons également fixé l'angle de l'éclairage global de l'effet *Biseautage et estampage* sur la valeur *135°*.

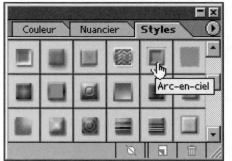

◀ **Fig. 9.91 :**
Un style prédéfini

Ainsi la note s'adapte bien à l'angle inférieur.

◀ **Fig. 9.92 :**
Le style de calque appliqué

6. Le symbole de la main et les caractères > avec la ligne à main levée se voient affectés le style *Bois*. Nous avons également appliqué à la main l'effet de calque *Lueur externe*.

▲ **Fig. 9.93 :** *Le style suivant*

7. Pour le dernier élément, le texte, nous n'avons pas fait appel à des styles. Nous avons utilisé une combinaison personnalisée d'effets de calque, à partir des styles *Ombre portée*, *Biseautage et estampage* et *Incrustation de motif*.

Vous trouverez les paramètres utilisés dans le document du CD d'accompagnement. Il suffit de double-cliquer sur le calque correspondant. Dans la boîte de dialogue **Style de calque**, vous retrouverez toutes les valeurs.

◀ **Fig. 9.94 :**
Le résultat final (Mbox1.psd)

Et voici le résultat final de notre travail ! On dirait une œuvre d'Andy Warhol, vous ne trouvez pas ?

8. Pour mettre un peu d'ordre dans la palette **Calques**, nous avons créé plusieurs dossiers différenciés par des couleurs, dans lesquels les calques ont été regroupés.

▲ **Fig. 9.95** : *La palette Calques*

9. Les dossiers ouverts livrent la structure de notre document.

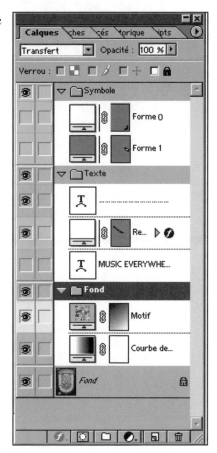

▲ **Fig. 9.96** : *Les calques en détail*

Chapitre 10

Agencer des textes attrayants

III

D ans ce chapitre, nous allons passer en revue un certain nombre de possibilités offertes par Photoshop pour créer des textes attrayants. Nous vous présenterons les fonctions de texte, qui ont été améliorées dans cette version 6. Nous en profiterons également pour vous montrer les styles de calque.

10.1. Utilisation judicieuse des outils Texte et Masque de texte

Pour le texte, il existe plusieurs outils : Créer un calque de texte et Créer un masque ou une sélection, chacun existant en version horizontale et verticale. Pour activer ces outils, appuyez sur la touche T.

◀ **Fig. 10.1 :**
   Les divers modes de texte

L'outil Créer un masque ou une sélection n'a en fait plus d'intérêt, car son emploi suppose de faire abstraction de toutes les nouveautés en matière de texte de cette version 6 de Photoshop. Si vous faites appel à lui, vous ne pourrez par exemple plus éditer le texte ultérieurement.

La variante la plus intéressante est l'outil Créer un calque de texte. Il livre au départ un texte de couleur uniforme. Commençons par créer le texte sous cette forme : activez l'outil de texte par la touche T.

Dans la barre d'options d'outils, de nombreuses options sont proposées.

▲ **Fig. 10.2 :** *La barre d'options d'outils*

Mais comme tous les paramètres de texte n'y sont pas représentés, il est conseillé d'afficher également les palettes de texte, d'un clic sur le bouton **Palettes** de la barre d'options d'outils.

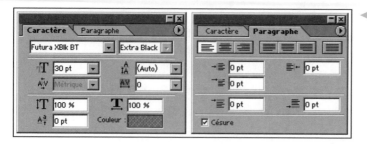

◀ **Fig. 10.3 :**
*Les palettes
Caractère
et Paragraphe*

La palette **Caractère** propose les options suivantes :

- La première zone de liste permet de choisir la police de caractères. Sont présentées toutes les polices installées : Type1, TrueType et OpenType. À côté de cette liste, une deuxième liste permet de sélectionner un style, par exemple *Gras* ou *Italique*. Les styles proposés dépendent de la police choisie.

- Pour les polices ne disposant pas de style gras ou italique, vous pouvez employer les commandes **Faux gras** et **Faux italique**, que vous trouverez dans le menu de la palette. Si une de ces deux options est active, Photoshop simule le style. Un texte en style gras peut encore être renforcé si vous activez la commande **Faux gras**. Il existe également une option pour le texte souligné.

- Dans le champ suivant, *Corps*, vous définirez la taille des caractères. La seule solution est de procéder à des tests. Comme la modification du corps est immédiatement actualisée dans l'image, l'opération est assez rapide. Si vous le souhaitez, vous pouvez également indiquer le corps en pixels. Si vous connaissez les dimensions en pixels de votre image, c'est un moyen pratique pour trouver rapidement la bonne taille. Pour cela, passez dans les préférences de Photoshop, sous la rubrique *Unités et règles*, et sélectionnez l'option *Pixels* dans le champ *Texte*.

- Si vous travaillez avec un texte sur plusieurs lignes, l'option suivante permet de définir l'interligne. Si ce champ est vide, Photoshop utilise les valeurs par défaut. La mesure est spécifiée dans la même unité que le corps. Si la valeur de l'interligne est inférieure au corps de texte, les lignes se rapprochent, avec une valeur supérieure elles s'écartent les unes des autres.

- L'option *Approche des caractères* n'est disponible que si l'option *Métrique* n'est pas activée. Vous pouvez alors piloter manuellement l'espacement des caractères. L'option *Métrique* définit cet espacement de manière automatique. Comme pour la valeur *Crénage*, des valeurs négatives rapprochent les caractères alors que des valeurs positives les écartent.

- L'option *Crénage* définit l'espacement des caractères. Des valeurs négatives rapprochent les caractères alors que des valeurs positives les écartent.

- **[T]** Dans le champ suivant, vous avez la possibilité de mettre le texte à l'échelle dans le sens vertical. Les valeurs possibles vont de 0 à 1000 %.

- **[T]** Pour la mise à l'échelle horizontale, les valeurs sont les mêmes.

Astuce

Pourquoi une valeur 0 % ?

Vous êtes peut-être surpris de trouver une valeur minimale de 0 %. Pour des documents ordinaires, vous n'en aurez certainement jamais besoin, car le texte est alors invisible. Elle vous servira principalement dans des animations, par exemple si le texte doit sembler "sortir" de terre.

- **[A]** Avec une valeur positive pour l'option *Décalage de la ligne de base*, le texte horizontal est décalé vers le haut et le texte vertical vers la droite. Une valeur négative entraîne un décalage vers le bas ou la gauche. Ce décalage est mesuré avec la même unité que pour le champ *Corps*.

- Cliquez sur le champ de couleur pour modifier la couleur du texte. Pour cela, vous disposerez du sélecteur de couleur habituel.

Dans la barre d'options d'outils, d'autres paramètres sont proposés :

- **[aa]** Dans le champ *Définition de la méthode de lissage* vous attendent quatre options permettant d'éviter le style d'escalier dans les textes.

- **[T...]** Si le texte doit être courbé, le bouton **Créer un texte déformé** ouvre une boîte de dialogue offrant plusieurs options.

Et ce n'est pas tout : d'autres options vous attendent dans le menu de palette.

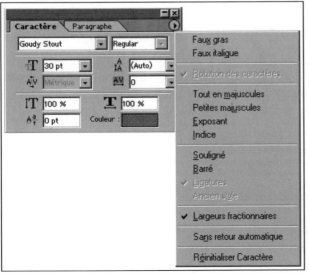

◀ **Fig. 10.4 :**
Autres options

- Vous pouvez d'abord y définir si le texte doit être présenté en majuscules, minuscules, en exposant ou en indice. Le texte peut également être barré ou souligné.

- Si vous travaillez avec des polices OpenType, vous aurez accès par ce menu aux ligatures et aux chiffres médiévaux, s'ils existent dans la police. Les ligatures sont des paires de caractères, les chiffres médiévaux sont plus courts que les chiffres habituels.

▲ **Fig. 10.5** : *Une ligature*

- La commande **Largeurs fractionnaires** est intéressante. Les espaces entre les caractères sont représentés dans des tailles différentes. De plus, l'espacement entre certains caractères peut être une fraction de pixel. En général, cette option donne un texte parfaitement lisible. Mais si le texte a un corps inférieur à 20 points, les largeurs fractionnaires aboutissent dans certaines situations à des chevauchements entre les caractères, le texte devenant totalement illisible. Dans ce cas, désactivez cette option et réglez l'espacement des caractères à partir de valeurs entières de pixels.

- **Sans retour automatique** a pour effet, sur les paragraphes, de ne pas couper la chaîne de caractères sélectionnée.

- Pour restaurer les valeurs par défaut, faites appel à la commande **Réinitialiser caractère**.

Les options de paragraphe

Dans cette version de Photoshop, il existe un certain nombre d'options de paragraphe. Une distinction est faite entre les étiquettes de texte, utilisées principalement pour des titres ou des textes de décor, et les paragraphes de texte, placés dans un cadre. Si le cadre change, le texte est automatiquement réorganisé.

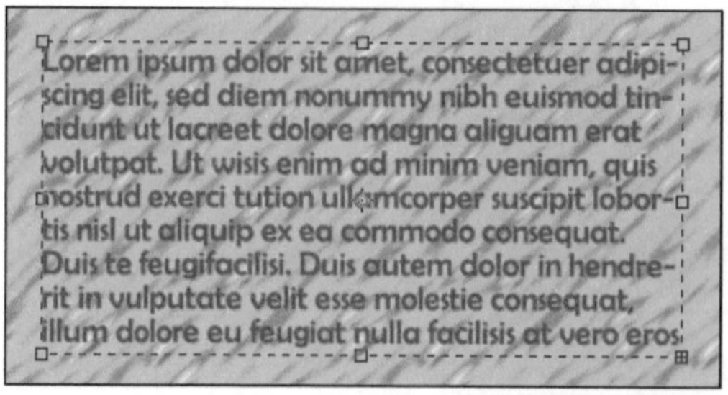

◀ **Fig. 10.6 :**
Un paragraphe de texte

Pour les paragraphes de texte, vous utiliserez principalement les options de la palette **Paragraphe** :

- 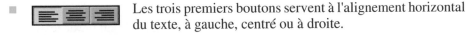 Les trois premiers boutons servent à l'alignement horizontal du texte, à gauche, centré ou à droite.

- Puis viennent quatre boutons de justification, se distinguant principalement par le sort réservé à la dernière ligne du paragraphe. Le bouton placé tout à droite, **Justifié complètement**, justifie toutes les lignes.

- Les champs de saisie suivants se rapportent aux retraits des paragraphes. Le premier champ définit le retrait du paragraphe par rapport à la marge gauche, le champ de droite le retrait par rapport à la marge droite.

- Le champ suivant règle le retrait de première ligne du paragraphe. Avec une valeur négative, cette ligne est repoussée vers la gauche, mais cela suppose un retrait à gauche pour le reste du paragraphe.

- Les deux champs suivants servent à fixer l'espacement avant et après les paragraphes.

- Pour finir, la dernière case sert à activer ou à désactiver la césure.

> **Pas toujours avec des calques de texte**
>
> Si vous travaillez avec des images multicouches, bitmap ou en couleurs indexées, Photoshop ne crée pas de calques de texte, car ces modèles colorimétriques ne prennent pas les calques en charge. Le texte apparaît dans ce cas à l'arrière-plan et ne peut plus être édité par la suite.

Les principes de base du travail sur un texte

Grâce aux fonctions étendues de texte, vous pouvez utiliser Photoshop presque comme un logiciel vectoriel : toutes les fonctions essentielles concernant les textes vous sont proposées. Comme tous les attributs de texte sont modifiables ultérieurement, vous bénéficiez d'une souplesse sans égal. Cependant, pour des textes longs, Photoshop n'est pas forcément le meilleur outil.

Si vous avez sélectionné un calque de texte, certaines commandes de menu ne sont plus disponibles, même si les fonctions principales restent à votre disposition. Les modifications suivantes sont possibles sans que les propriétés du calque de texte n'en soient affectées ; vous pouvez donc éditer le texte à tout moment :

- commandes de transformation du menu **Édition**, à l'exception des deux options de déformation ;

■ tous les styles de calque sont applicables ;

■ les masques de calque sont créés comme d'ordinaire.

Si vous souhaitez appliquer d'autres fonctions de Photoshop, le calque de texte doit au préalable être converti en calque normal, mais vous ne pourrez plus dans ce cas éditer le texte. Pour cette conversion, vous activerez la commande **Calque/Pixe-lisation/Texte**.

Différence entre outil Calque de texte et outil Masque de texte

Si vous travaillez avec l'outil Calque de texte, Photoshop crée automatiquement un nouveau calque de texte pour vous permettre des modifications ultérieures. Les calques de texte sont reconnaissables dans la palette **Calques** à leur miniature comportant un T. Un double clic sur cette miniature vous permet de basculer en mode d'édition. Vous pouvez alors apporter toutes les modifications requises.

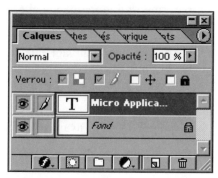

▲ **Fig. 10.7** : *Un calque de texte*

Avec un masque de texte, vous verrez apparaître une zone de sélection, mais il n'y a pas de nouveau calque. Et comme aucune nouvelle couche n'est créée, nous en revenons à notre conseil de départ : n'utilisez pas cet outil, il n'a pas d'intérêt.

Astuce

Saisie pratique

Cette version 6 de Photoshop est la première qui permet la saisie de texte directement dans l'image, et non plus dans une fastidieuse boîte de dialogue de saisie, comme précédemment.

10.2. Agrémenter les textes avec des styles de calque

Nous allons maintenant vous présenter un certain nombre de variantes de styles de calque applicables à des textes. S'agissant de styles de calques et non d'effets de texte, ils sont bien évidemment applicables à n'importe quel calque, pas seulement aux calques de texte.

Astuce

Boutons plastiques pour le Web

Les styles de calque sont très pratiques pour créer des boutons à l'aspect plastique. Il suffit de créer un calque contenant la forme du bouton, puis de lui appliquer le style requis.

Texte avec ombre portée

Pour expérimenter les styles de calque, il nous faut au départ un document vierge et un arrière-plan : le résultat doit être à la hauteur de nos espérances. Nous avons mis en place un calque de texte avec les paramètres de l'illustration suivante.

▲ **Fig. 10.8** : *Les paramètres de la palette Caractère et le document Texte2.psd*

Pour pouvoir appliquer un style à un calque, il faut d'abord le sélectionner. Qu'il s'agisse d'un calque de texte, de réglage ou un calque ordinaire n'a aucune importance.

Cliquez sur le premier bouton, au bas de la palette **Calques** : **Ajouter un style de calque**. Après la première option, vous trouverez un style appelé *Ombre portée*. Sélectionnez cette option : elle ouvre une vaste boîte de dialogue. Sur le côté gauche, vous avez la possibilité de sélectionner les styles. Après validation par OK, le style est appliqué avec les paramètres par défaut.

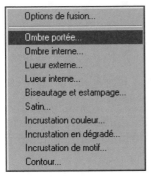

◄ **Fig. 10.9** :
La liste des styles

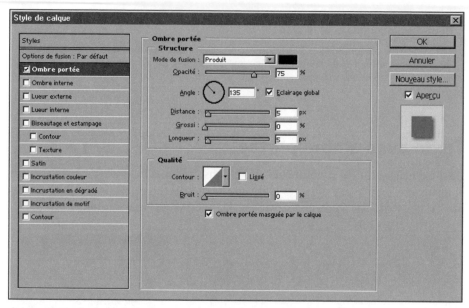

▲ **Fig. 10.10** : *La boîte de dialogue Style de Calque*

Astuce

Sélection ultérieure du style

Le style que vous sélectionnez dans le menu n'a en réalité aucune importance : vous pouvez en changer dans la boîte de dialogue. L'avantage de l'activation directe par le menu est que le style est aussitôt affiché avec ses paramètres.

La boîte de dialogue propose au départ des paramètres par défaut, que vous ajusterez bien sûr à vos besoins.

Voici les options pilotant le style :

■ L'option *Mode de fusion* permet de définir ce mode comme vous en avez l'habitude avec les calques ou les outils de peinture.

Les autres valeurs sont définies au choix par les champs de saisie ou les curseurs de réglage.

■ *Opacité* : cette option définit le niveau de transparence avec lequel le style est appliqué. Plus la valeur est élevée, plus l'effet est couvrant.

■ L'option *Angle* détermine la direction de la lumière imaginaire qui vient éclairer le calque. C'est par cette lumière qu'une ombre peut apparaître à l'arrière-plan.

Angle naturel

L'angle le plus naturel, celui qui correspond le plus à la lumière réelle, est l'angle de 135°. Ainsi, la lumière vient de l'angle supérieur gauche.

■ La case *Eclairage global* est intéressante si vous appliquez plusieurs styles au document. Si elle est cochée, la même valeur de lumière est appliquée à tous les styles, d'où un résultat d'ensemble naturel. L'angle global peut être déterminé par la commande **Calque/Style de calque/Eclairage global**.

◀ **Fig. 10.11 :**
Définition de l'éclairage global

■ *Distance* est la distance entre l'ombre et le calque. Plus la valeur est élevée, plus l'ombre plane "haut" au-dessus de l'arrière-plan.

■ *Grossi* détermine de combien les bordures doivent être élargies avant adoucissement. Cette option est intéressante avec des traits minces, qui ont tendance à disparaître avec l'adoucissement.

■ *Longueur* détermine la dureté de l'effet. Plus la valeur est élevée, plus le contour de l'effet est adouci.

Pour ce premier exemple, mettez en place les paramètres suivants. Nous reviendrons dans un court instant sur la rubrique *Qualité*.

◀ **Fig. 10.12 :**
Les paramètres utilisés

Les domaines d'application des styles

Après la théorie, la pratique. Voyons d'abord le résultat auquel nous sommes arrivés avec ces paramètres pour notre ombre portée.

◀ Fig. 10.13 :
   *L'ombre portée
   (Texte2a.psd)*

Ce résultat est intéressant, mais il peut être amélioré. Nous remarquons d'abord que le texte ne ressort pas beaucoup sur l'arrière-plan. Nous allons lui appliquer un contour.

Les contours à l'aide de styles de calque

Les contours existent désormais aussi sous forme de styles. Si la boîte de dialogue des styles de calque a été fermée, double-cliquez sur le nom du calque de texte dans la palette **Calques** (attention, pas sur la miniature !). Activez le style *Contour* en cochant la case devant son nom et définissez les valeurs suivantes.

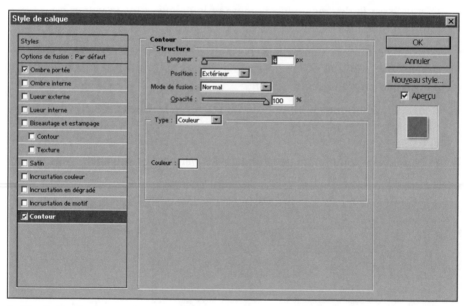

▲ **Fig. 10.14** : *Les paramètres de contour*

En voici le résultat.

◀ **Fig. 10.15** :
   *Un contour blanc
   (Texte2b.psd)*

Comme pour tous les styles de calque, le texte reste entièrement éditable. Vous pouvez par exemple choisir une autre police de caractères sans que les styles n'en soient affectés.

◄ **Fig. 10.16 :**
Les attributs de caractères ont été modifiés (Texte2c.psd)

Le style *Contour* peut être influencé par les paramètres suivants :

■ La liste *Position* permet de choisir la position du contour par rapport au texte : *Extérieur*, *Centre* ou *Intérieur*. En principe, c'est l'option *Extérieur* qui est la bonne, car elle permet de conserver l'intégralité des caractères. Au besoin, vous serez obligé d'augmenter l'espacement des caractères pour que le texte reste bien lisible et que les caractères ne soient pas couverts en partie par les contours.

■ Le champ *Type* permet de choisir le remplissage du contour, couleur uniforme, dégradé ou motif.

Créer un contour indépendant

Nous allons voir maintenant une variante de ce style *Contour*, qui offre des avantages non négligeables, par exemple le fait d'être en relief. Il est clair cependant que, avec ce contour, nous ne pourrons plus éditer ultérieurement le texte.

1. Le style *Contour* ne nous est plus utile, vous pouvez le désactiver dans la boîte de dialogue **Style de calque**. Vous pouvez aussi sélectionner ce style dans la palette **Calques** et le glisser sur la Corbeille, au bas de la palette.

◄ **Fig. 10.17 :**
Suppression d'un style

2. Chargez le calque de texte comme sélection. Il suffit de cliquer sur le calque en maintenant la touche Ctrl enfoncée.

▲ **Fig. 10.18** : *Le texte sélectionné*

3. Au-dessus du calque de texte, créez un nouveau calque vierge.

4. Veillez à ce que ce nouveau calque soit actif et activez la commande **Edition/ Contour**.

5. Remplissez ce contour par exemple avec une largeur de 4 pixels. Comme couleur, optez pour le blanc et activez l'option *Extérieur* pour *Position*.

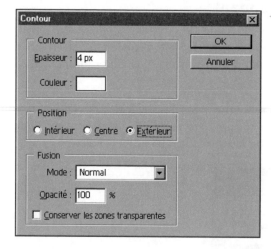

◄ **Fig. 10.19** :
Remplissage du contour

6. Voici le contour ainsi obtenu.

◄ **Fig. 10.20** :
Le contour

Remplir les calques de texte

Avant de poursuivre l'édition du contour, nous allons remplir différemment le texte. Là encore, nous ferons intervenir un style de calque.

1. Par le premier bouton au bas de la palette **Calques**, déroulez la liste des styles et cliquez sur **Incrustation de motif**.

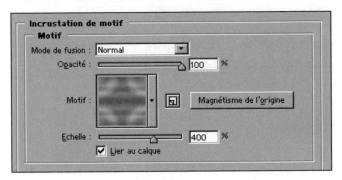

▲ **Fig. 10.21** : *Les paramètres utilisés*

2. Comme option complémentaire, vous pouvez définir ici l'échelle du motif : nous avons choisi la valeur 400 %. En voici le résultat.

◄ **Fig. 10.22** :
Le texte rempli d'un motif

Astuce

Position du motif

Deux autres options sont encore à retenir. Les motifs sont en fait des fichiers en pixels. Si le motif doit être aligné sur l'angle supérieur gauche, cliquez sur le bouton **Magnétisme de l'origine**, lorsque l'option *Lier au calque* est cochée. Si cette case est désactivée, le motif est aligné sur la bordure supérieure gauche du calque. Si elle est active, tout déplacement du calque entraîne un déplacement correspondant du motif.

Renforcement de la texture

Comme les textures sont des images en pixels, il faut une procédure spéciale pour en modifier la luminosité ou le contraste.

1. 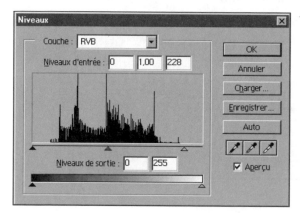 La sélection du texte est nécessaire. Si elle n'est plus active, chargez-la comme précédemment. Veillez aussi à ce que le calque de texte soit sélectionné. Créez ensuite un nouveau calque de réglage **Niveaux**.

Dans la boîte de dialogue correspondante, définissez les valeurs de l'illustration suivante pour augmenter sensiblement le contraste.

◄ **Fig. 10.23 :**
Renforcement
du contraste

2. Comme le texte est chargé comme sélection, Photoshop crée automatiquement un masque de calque de manière à ce que le changement s'applique uniquement au remplissage de texte et non au reste de l'image. Annulez la sélection par [Ctrl]+[D], nous n'en avons plus besoin. Voici le résultat.

▲ **Fig. 10.24 :** *La variante suivante*

Créer un contour en relief

Nous allons utiliser cette étape intermédiaire pour peaufiner encore le texte. Le contour blanc est joli, mais il y a mieux à faire. Voyons les étapes de l'opération :

1. Sélectionnez le calque contenant le contour blanc. Nous allons lui appliquer un style. S'agissant d'un calque autonome, nous pouvons lui appliquer tous les

styles voulus. Activez sur la liste des styles l'option *Biseautage et estampage* et spécifiez les paramètres suivants.

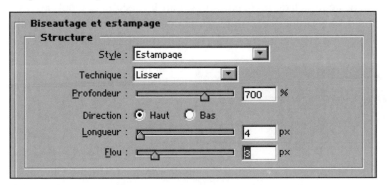

▲ **Fig. 10.25** : *Les paramètres du style*

2. En voici le résultat.

◄ **Fig. 10.26** :
Le résultat du style

3. Pour renforcer l'effet ainsi obtenu, nous allons lui appliquer une ombre portée. Nous avons conservé les valeurs par défaut, sauf pour les options *Distance* et *Longueur*, portées toutes les deux à 3 pixels. En voici le résultat final. Vous trouverez ce fichier sur le CD d'accompagnement, il s'appelle *Texte3.psd*.

◄ **Fig. 10.27** :
Le résultat final

Le style *Biseautage et estampage* est accompagné de quatre nouvelles options :

■ *Style* permet de choisir parmi cinq styles différents. La liste *Technique* sert à définir la dureté de la bordure.

■ *Profondeur* indique le niveau de relief de la bordure de l'effet.

■ *Direction* offre le choix entre *Haut* et *Bas*, c'est-à-dire que le calque semble évidé ou surélevé.

Remplacer les polices manquantes

L'inconvénient des calques de texte éditables pour les lecteurs de cet ouvrage : si vous ouvrez un de nos fichiers exemples et ne disposez pas de la bonne police de caractères, Photoshop affiche un message d'erreur, même si l'affichage est correct.

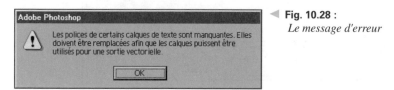

◀ **Fig. 10.28 :**
Le message d'erreur

Le calque de texte concerné est indiqué dans la palette **Calques** : le calque en question est doté d'une petite miniature jaune.

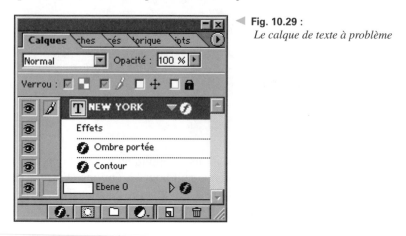

◀ **Fig. 10.29 :**
Le calque de texte à problème

La police qui fait défaut est indiquée dans la barre d'options d'outils. Le nom de cette police est placé entre crochets.

◀ **Fig. 10.30 :**
La police manquante

Si vous tentez d'éditer le calque de texte, ce n'est plus la police d'origine qui sera utilisée, mais une police de remplacement.

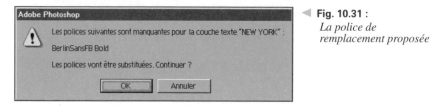

◀ **Fig. 10.31 :**
La police de remplacement proposée

Comme nous ne pouvons pas vous livrer sur le CD d'accompagnement la police que nous avons employée, il vous faudra procéder au remplacement des polices.

Perforation de l'arrière-plan avec l'ombre intérieure

Pour l'exemple suivant, nous sommes partis de la situation suivante. La couleur du texte est le blanc.

◄ **Fig. 10.32 :**
La situation de départ
(Texte4.psd)

Nous allons estamper le texte à l'arrière-plan. Sélectionnez le calque de texte et activez le style *Ombre interne*.

Voici les paramètres utilisés.

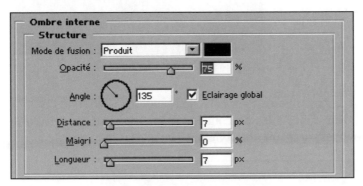

▲ **Fig. 10.33 :** *Les paramètres de l'ombre interne*

L'objectif est déjà presque atteint : les caractères semblent être inscrits en creux à l'arrière-plan.

◄ **Fig. 10.34 :**
La première étape

Le texte ne doit cependant plus apparaître en blanc, le résultat est trop monotone. Nous n'avons pas besoin de le colorer. Une variante intéressante est obtenue en modifiant tout simplement le mode de fusion et en choisissant par exemple *Différence*, ce qui aboutit au résultat suivant.

◄ **Fig. 10.35 :**
Un motif pour le texte

Plus intéressant, non ? Mais le texte est devenu moins lisible. Nous allons y remédier.

▲ **Fig. 10.36 :** *L'étape suivante*

Il est encore possible de faire mieux. Pour cela, nous appliquons le style *Contour* pour doter le texte d'un mince filet de couleur. Il se détache ainsi mieux de l'environnement. Voici les paramètres du style, sachant que la couleur est le blanc.

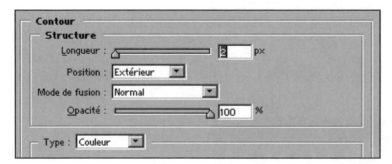

▲ **Fig. 10.37 :** *Les valeurs pour le style Contour*

Vous trouverez le résultat de ces manipulations sur le CD d'accompagnement, le fichier s'appelle *Texte4a.psd*.

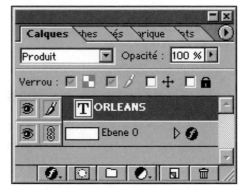

◀ **Fig. 10.38 :**
Le résultat final

Texte lumineux avec le style Lueur externe

Avec le style *Lueur externe*, il est possible de créer des textes lumineux, brillants. Le modèle de départ vous attend sur le CD d'accompagnement, il s'appelle *Texte5.psd*. Vous ne distinguez aucun texte sur l'image ? Exact ! La palette **Calques** montre à l'évidence que l'image ne comporte aucun texte. Nous avons cependant choisi le mode de fusion Multiplication pour que le texte se fonde à l'arrière-plan.

▲ **Fig. 10.39 :** *La situation de départ dans la palette Calques*

Activez le style *Lueur externe*. Nous avons appliqué les paramètres suivants. Comme couleur, nous avons retenu le blanc. Les valeurs par défaut ont été fortement modifiées pour que le style soit plus apparent.

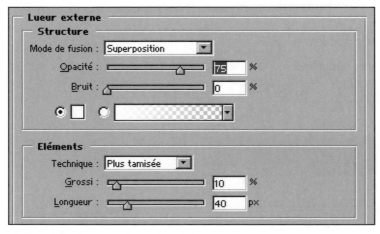

▲ **Fig. 10.40 :** *Les paramètres du style Lueur externe*

Et voici le résultat.

◄ **Fig. 10.41 :**
*Le résultat de
l'application de Lueur
externe (Texte5a.psd)*

Si vous souhaitez assombrir le texte, vous pouvez faire appel à un calque de
réglage :

1. Chargez le calque de texte comme sélection et créez un calque de réglage
Luminosité/Contraste. La valeur d'assombrissement utilisée est de -30.

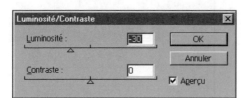

◄ **Fig. 10.42 :**
Le texte est plus sombre

2. Avec cette variante, le texte est mis en valeur.

◄ **Fig. 10.43 :**
Le résultat (Texte5b.psd)

Le style Lueur interne

Une autre variante, nettement moins intéressante, est le style *Lueur interne*. Là
aussi, il faut augmenter sensiblement les valeurs des paramètres par défaut pour
distinguer les effets. Nous avons utilisé le dernier exemple pour expérimenter des
valeurs.

◄ **Fig. 10.44 :**
Le style Lueur interne

Une ombre en perspective

L'exemple suivant consiste à modifier l'ombre d'un texte. Pour commencer, nous créons l'ombre par le style habituel : *Ombre portée*.

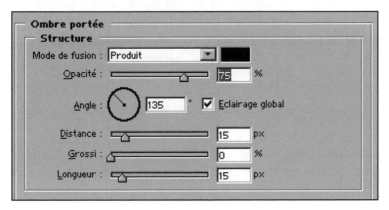

▲ **Fig. 10.45** : *Les valeurs de l'ombre portée*

Nous aboutissons ainsi au document suivant.

◀ **Fig. 10.46** :
*Le document
(Texte6.psd)*

Dissocier les styles de calque

Tous les styles sont convertibles en calques normaux. C'est le rôle de la commande **Calque/Style de calque/Créer un calque**. Parallèlement au calque de texte, il y a un autre calque contenant une ombre. Comme tous les styles ne peuvent pas être convertis, Photoshop affiche un avertissement.

◀ **Fig. 10.47** :
Le message d'avertissement

Sélectionnez le calque de l'ombre dans la palette **Calques**, comme dans l'illustration ci-contre.

Activez la commande **Edition/Transformation manuelle**. Au besoin, agrandissez la fenêtre pour la transformation, de manière à pouvoir placer toutes les poignées de sélection, même en dehors de l'image.

Pour arriver à l'effet de perspective, il faut incliner le calque vers la droite. Vous y arriverez en maintenant la touche [Ctrl] enfoncée, en cliquant sur la poignée supérieure et en tirant vers la droite.

▲ **Fig. 10.48 :** *Le style de calque séparé*

Si vous cliquez sur une poignée d'angle tout en maintenant la touche [Ctrl] enfoncée, vous pouvez déplacer librement cette poignée, les autres restant en place. Lorsque la déformation vous convient, il suffit d'un double clic dans le cadre pour déclencher le nouveau calcul du calque.

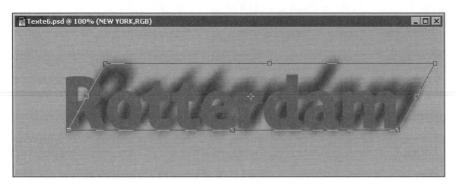

▲ **Fig. 10.49 :** *Déformation des calques liés*

Ombre douce

L'effet de perspective peut être renforcé par un masque de calque mis en place par la commande **Calque/Ajouter un masque de fusion/Tout faire apparaître**. Sur ce nouveau calque, nous placerons un dégradé du noir au blanc.

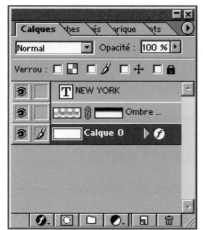

◀ **Fig. 10.50 :**
Création du masque de fusion

Ainsi, l'ombre sera progressivement masquée vers le haut.

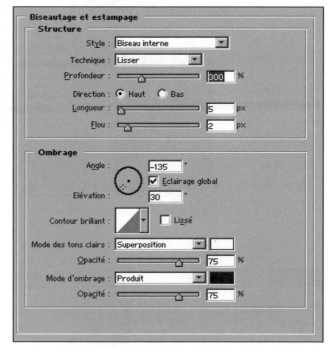

▲ **Fig. 10.51 :** *Le résultat*

Au cours de la dernière étape, nous allons encore améliorer le texte. Pour cela, nous plaçons sur le masque de texte un nouveau style : il s'agit de *Biseautage et estampage*, avec les paramètres suivants.

▲ **Fig. 10.52 :** *Les paramètres du style*

Le résultat final vous attend sur le CD d'accompagnement, il s'appelle *Texte6a.psd*. Intéressant, non ?

▲ **Fig. 10.53** : *Le résultat*

Utiliser les styles de calque pour un aspect plastique

Le style peut-être le plus intéressant, hormis le style *Ombre portée*, est sans conteste *Biseautage et estampage*. Nous l'avons déjà appliqué à plusieurs reprises. Vous l'activez par la commande **Calque/Style de calque/Biseautage et estampage**. Ce style est composé en réalité de plusieurs styles que nous allons passer en revue. Voici le document utilisé pour cet exercice.

◄ **Fig. 10.54** :
Le modèle (Texte7.psd)

Les différents effets sont pilotés par la liste des styles. Nous avons utilisé au départ l'option *Biseau externe*.

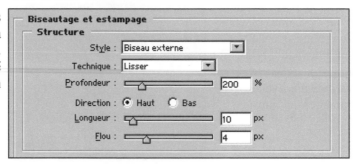

▲ **Fig. 10.55** : *Les paramètres utilisés*

Le résultat n'est pas époustouflant, l'effet n'est pas mis en valeur.

◄ **Fig. 10.56** :
Le biseau interne

Pour améliorer la situation, nous allons scinder les calques par la commande **Calque/Style de calque/Créer un calque**. Il en résulte deux nouveaux calques comme le montre la palette.

◄ **Fig. 10.57 :**
Les styles dissociés

Masquez le calque de texte pour arriver à l'affichage ci-contre. Le style fait plus d'effet que précédemment, le résultat est tout à fait différent.

▲ **Fig. 10.58 :** *Le résultat du biseau externe*

Biseau interne

Pour le deuxième essai, nous avons choisi l'option *Biseau interne*, avec les valeurs suivantes.

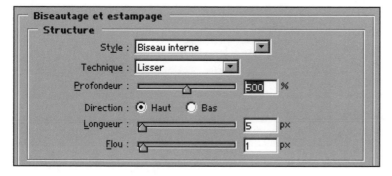

▲ **Fig. 10.59 :** *Les valeurs pour le biseau interne*

Avec des valeurs faibles pour les champs *Longueur* et *Flou*, les bordures du texte sont dures.

◄ **Fig. 10.60 :**
Un texte légèrement en relief (Texte8a.psd)

Si vous augmentez ces valeurs, par exemple à 8, le texte est très en relief : l'effet est tout autre.

▲ **Fig. 10.61 :** *L'effet est différent (Texte8b.psd)*

Avec les options du champ *Technique*, vous pouvez définir en complément l'agencement du relief. Avec l'option *Ciselage marqué* et une *Longueur* de 8, nous avons obtenu l'image suivante. Nous avons également fixé un *Flou* de 1 pixel. Plus la police est ronde, meilleur est le résultat.

▲ **Fig. 10.62 :** *Le texte avec ciselage marqué*

Comme sculpté dans la pierre : le style Estampage

Le style *Estampage* est appliqué avec les valeurs suivantes. Plus la valeur de l'option *Profondeur* est élevée, plus l'effet est prépondérant. N'hésitez pas à expérimenter différentes valeurs. Le style existe en deux versions : *Haut* et *Bas*.

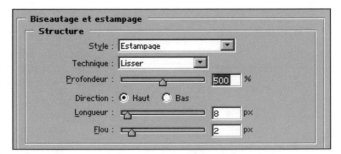

▲ **Fig. 10.63 :** *Les paramètres pour le style Estampage*

Pour que le texte sans remplissage soit affiché, passez, sous la rubrique *Options de fusion*, à la liste des styles et définissez une opacité de 0 % dans les options de fusion avancée.

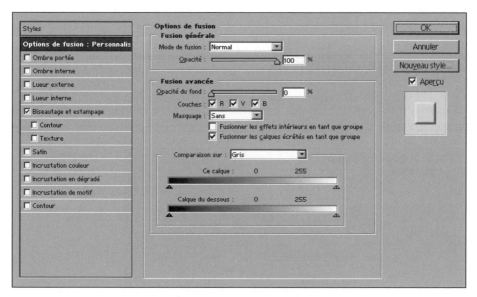

▲ **Fig. 10.64** : *Masquage du remplissage*

Avec l'option *Haut* pour l'estampage, nous sommes arrivés au résultat suivant : le texte est en relief.

◀ **Fig. 10.65 :**
Le résultat

Avec l'option *Bas* le texte semble imprimé dans l'arrière-plan.

◀ **Fig. 10.66 :**
Le texte imprimé
(Texte9b.psd)

Astuce

Utiliser un autre angle

Le même effet que celui de l'option *Bas* peut être obtenu en modifiant l'angle et en spécifiant une valeur négative, par exemple -45°.

Estampage oreiller

Avec l'avant-dernière option de cette rubrique, *Estampage oreiller*, les contours du texte sont estampés, mais pas les surfaces. Nous avons appliqué les paramètres suivants.

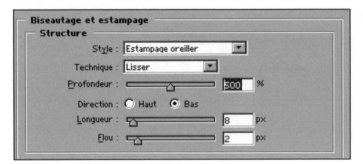

◀ **Fig. 10.67 :**
Les paramètres de l'estampage oreiller

Le résultat est étonnant. Là encore, deux options sont proposées : *Bas* et *Haut*. Avec *Haut*, les contours sont estampés dans l'arrière-plan.

◀ **Fig. 10.68 :**
Le contour estampé

Avec *Bas*, les contours sont extrudés.

▲ **Fig. 10.69 :** *Le contour extrudé*

Pour l'exemple suivant, nous avons ajouté à l'illustration précédente une ombre portée douce. Attention, l'ombre n'agit qu'avec l'option *Bas* ! Avec l'autre option, le résultat est totalement irréaliste. Cette image vous attend sur le CD d'accompagnement, elle s'appelle *Texte9c.psd*.

◄ **Fig. 10.70 :**
*L'estampage oreiller
avec l'option Bas et une
légère ombre portée*

Contour de l'estampage

La dernière option de la liste *Style* s'appelle *Contour de l'estampage*. Elle agit en liaison avec le style *Contour*. Commencez par paramétrer un style *Contour* avec les valeurs suivantes. Notez que nous avons replacé l'opacité du mode de fusion sur 100 % pour rendre la couleur du texte à nouveau visible.

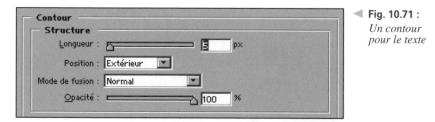

◄ **Fig. 10.71 :**
*Un contour
pour le texte*

Si vous sélectionnez le style *Contour de l'estampage*, les paramètres ne s'appliquent plus aux surfaces du texte, mais seulement à ses contours.

◄ **Fig. 10.72 :**
*Les paramètres
de Contour
de l'estampage*

Le résultat suivant correspond au fichier *Texte9d.psd* du CD d'accompagnement.

◄ **Fig. 10.73 :**
Contour de l'estampage

Deux calques

Vous ne pouvez doter d'un estampage que le contour ou que les surfaces. La combinaison des deux n'est possible qu'avec deux calques distincts.

Le style Satin

Ce style *Satin* est une nouveauté de la version 6 de Photoshop. Il permet de donner aux textes des effets de métal ou de verre. Après affectation des valeurs standard, il n'y a au départ pas grand-chose à voir. Nous avons utilisé à cet effet le fichier *Texte10.psd*.

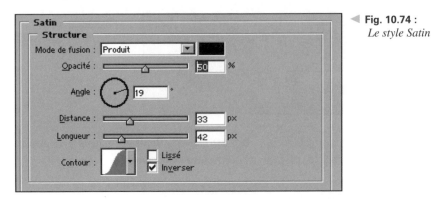

◄ **Fig. 10.74 :**
Le style Satin

Une structure apparaît dans l'image. Elle résulte du décalage et du flou appliqués à l'image du texte. C'est d'ailleurs facile à constater si vous fixez des valeurs faibles pour les options *Distance* et *Longueur*.

◄ **Fig. 10.75 :**
Le style Satin

Ce style livre de bons résultats en liaison avec le style *Biseautage et estampage*. Utilisez par exemple les valeurs suivantes (Fig. 10.76).

Avec ces valeurs, le résultat est nettement meilleur : on dirait du verre (Fig. 10.77).

Si vous appliquez en plus à cette image une ombre légère, le résultat est excellent (Fig. 10.78).

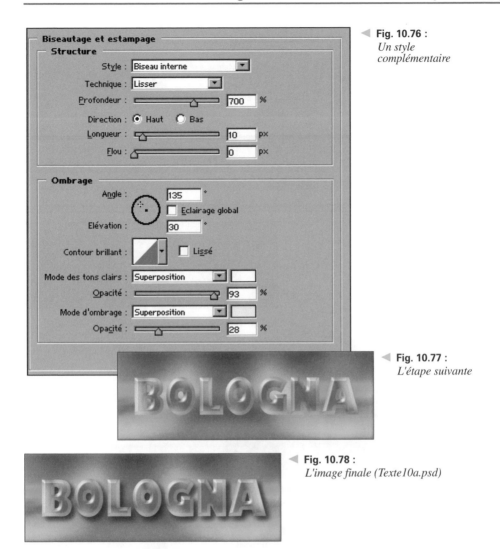

Fig. 10.76 :
*Un style
complémentaire*

Fig. 10.77 :
L'étape suivante

Fig. 10.78 :
L'image finale (Texte10a.psd)

Des résultats étonnants par la combinaison des styles

Après ce tour d'horizon des styles de calque, nous allons terminer ces expérimentations en combinant tous les styles. Pour cela, nous utiliserons le texte suivant.

Activez la commande **Faux gras** dans la palette **Caractère**. Ce point de départ est présenté dans l'illustration ci-dessous, il s'agit du fichier *Texte11.psd* du CD d'accompagnement.

Fig. 10.79 : *L'image de départ*

Nous commençons par le style *Biseautage et estampage*, avec le style *Estampage oreiller*. En voici les paramètres.

▲ **Fig. 10.80** : *Les paramètres pour le style Biseautage et estampage*

Le résultat n'est pas passionnant.

▲ **Fig. 10.81** : *Le style Biseautage et estampage*

L'ombre portée, avec une valeur pour l'option *Distance* de 21 et une valeur pour *Longueur* de 15 pixels, n'apporte pas de changement radical.

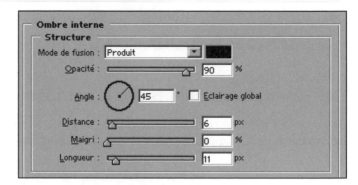

◀ **Fig. 10.82** :
Une ombre légère

Au cours de l'étape suivante, nous plaçons une ombre interne, mais avec de "fausses" valeurs. Au lieu de conserver l'angle des autres styles, nous fixons ici un angle de 45° et désactivons la case *Eclairage global*.

▲ **Fig. 10.83** : *Les paramètres de l'ombre interne*

En voici le résultat.

◀ **Fig. 10.84 :**
L'ombre interne

Le résultat laisse entrevoir un texte en relief. Avec l'étape suivante, le style *Lueur interne*, nous allons mettre en place d'autres couleurs dans le texte. Il s'agira d'un jaune. Les autres paramètres sont indiqués dans l'illustration suivante.

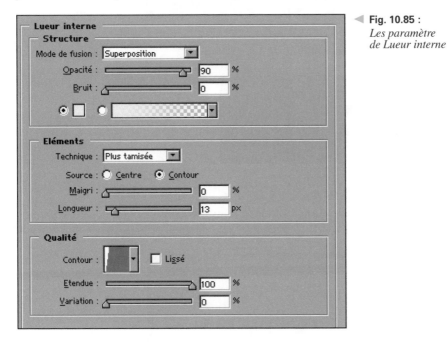

◀ **Fig. 10.85 :**
*Les paramètre
de Lueur interne*

Nous sommes arrivés au stade où la surface interne contient un grand nombre de nuances de couleurs, le texte a un aspect un peu mystique.

◀ **Fig. 10.86 :**
Le texte "mystique"

Ce texte va ensuite être poli par le style *Satin*.

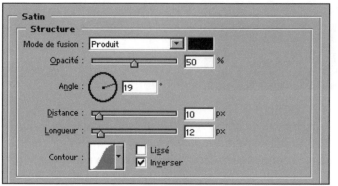

◀ **Fig. 10.87 :**
*Les paramètres
du style Satin*

Le résultat est presque métallique.

▲ **Fig. 10.88 :** *L'étape intermédiaire*

Pour insérer un point clair sur les contours, nous mettrons en place le style *Contour* avec une largeur de 1 pixel. Il n'est visible qu'à gauche.

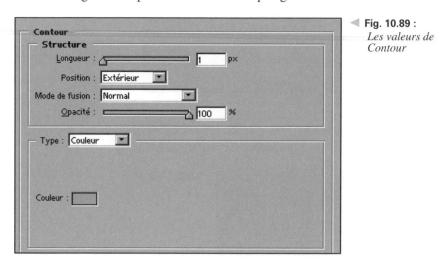

◀ **Fig. 10.89 :**
*Les valeurs de
Contour*

Voici le résultat.

◄ **Fig. 10.90 :**
Le contour du texte

Pour renforcer l'aspect sinistre du texte, voici le dernier style : *Lueur externe*.

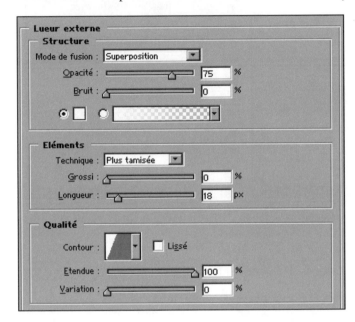

◄ **Fig. 10.91 :**
*Les paramètres
pour Lueur
externe*

La combinaison de tous ces styles nous a permis d'arriver à l'image suivante. Vous la trouverez sur le CD d'accompagnement sous le nom *Texte11a.psd*. Pas mal, vous ne trouvez pas ?

◄ **Fig. 10.92 :**
Le résultat final

Des variations infinies

Lorsque le résultat final est atteint, les possibilités ne s'arrêtent pas là. Les variations possibles sont innombrables. Scindez ces effets par la commande **Calque/Style de calque/Créer des calques**. Comme le montre l'illustration suivante, il en résulte dix nouveaux calques dont quatre sont liés au texte. À droite, nous avons masqué un bon nombre de ces nouveaux calques.

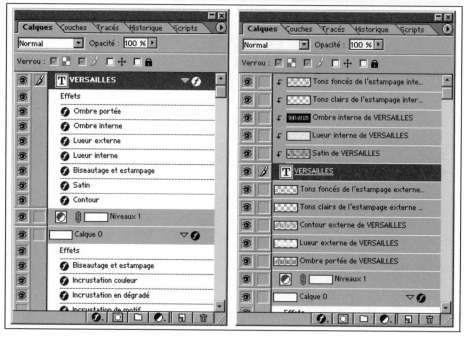

▲ **Fig. 10.93** : *Scission des calques*

Par le masquage de ces calques, l'image se transforme.

◄ **Fig. 10.94** :
*Une partie des calques
est masquée*

Un texte en verre

Si vous souhaitez créer un texte donnant l'illusion du verre à partir de l'image précédente, procédez ainsi :

1. Supprimez tous les calques hormis les deux calques d'estampage et le calque contenant l'ombre.

2. Pour renforcer l'éclairage, ce calque est dupliqué deux fois. Les trois calques sont placés les uns sur les autres, comme le montre l'illustration suivante.

3. Pour réduire l'incidence de l'ombre, l'opacité est fixée à 40 %.

4. L'opacité de l'ombre portée est fixée à 30 % pour la rendre plus discrète.

◀ **Fig. 10.95 :**
*La nouvelle structure
des calques*

5. Voici le résultat obtenu par ces changements.

◀ **Fig. 10.96 :**
*Un texte en verre
(Texte11b.psd)*

Une fonction bien pratique

Vous avez certainement noté au cours des dernières opérations l'intérêt des styles de calque. Les seuls paramètres par défaut donnent de bons résultats. Si en plus vous combinez les styles, votre créativité n'aura presque plus de limite.

Vous arriverez au couronnement si vous scindez les effets et travaillez individuellement sur les calques ainsi créés.

Combiner texte et photo

Nous allons vous présenter maintenant un exemple de texte qui n'est qu'indirectement en rapport avec les styles. Avec l'incrustation de motif, il est possible de remplir les textes avec des photos, mais nous avons opté pour une solution plus simple, que vous connaissez peut-être des versions précédentes de Photoshop. Nous avons préparé un document à cet effet. Vous le trouverez sur le CD sous le nom *Texte12.psd*.

◀ **Fig. 10.97 :**
Le document de départ

Le texte doit être
affecté d'une image
de ciel (*Ciel1.tif*).

◀ **Fig. 10.98 :**
Le ciel

1. Ouvrez les deux fichiers et placez-les côte à côte dans l'espace de travail.
   Activez l'outil Déplacement et l'image du ciel.

◀ **Fig. 10.99 :**
*Les deux
documents
ouverts*

2. Comme l'arrière-plan
   du ciel existe déjà sous
   forme de calque, vous
   avez la possibilité de
   cliquer dans l'image
   avec l'outil Déplace-
   ment et de le déplacer
   avec la souris dans le
   document du texte.

◀ **Fig. 10.100 :**
*Déplacement
d'un calque*

3. Photoshop crée automatiquement un nouveau calque : la palette **Calques** le montre.

▲ **Fig. 10.101 :** *Le nouveau calque*

4. Utilisez la combinaison de touches [Ctrl]+[G] pour associer le calque avec celui qui se trouve au-dessous. La même commande est proposée par le menu **Calque**, elle s'appelle **Associer au calque précédent**.

◀ **Fig. 10.102 :**
Les calques associés

5. L'association a pour effet de rendre l'image du ciel visible uniquement aux endroits où le calque inférieur présente un contenu, c'est-à-dire le texte.

Le reste du ciel est pour ainsi dire masqué, il n'est plus visible après l'association.

Cette association peut être annulée à tout moment, par la combinaison de touches [Maj]+[Ctrl]+[G] ou la commande **Calque/Dissocier**.

▲ **Fig. 10.103 :** *Le ciel masqué*

Astuce

Déplacer des calques groupés

Si vous avez sélectionné le calque du ciel, vous pouvez le déplacer pour rendre visible la zone que vous souhaitez. Attention de ne pas atteindre l'extrémité de l'image, sinon la couleur du texte réapparaît !

6. Le résultat peut encore être modifié en appliquant au calque de texte des styles, comme nous l'avons fait précédemment. Outre le style *Ombre portée*, nous avons appliqué le style *Biseautage et estampage* avec les paramètres suivants.

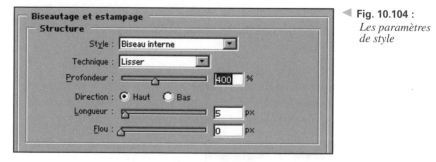

◄ **Fig. 10.104 :**
Les paramètres de style

Et voici le résultat final.

◄ **Fig. 10.105 :**
L'image définitive (Texte12a.psd)

Travailler avec les contours

L'avez-vous remarqué ? Certains paramètres n'ont pas été abordés dans ces exercices. Nous allons y remédier. Pour certains styles, la boîte de dialogue présente, dans sa partie inférieure, des options de contour avec plusieurs paramètres.

◄ **Fig. 10.106 :**
Les paramètres de contour

Cette fonction est nouvelle dans Photoshop 6, et il faut reconnaître qu'elle est un peu incompréhensible. Elle correspond à peu près à l'ancienne option *Intensité*. Si vous ouvrez d'anciens fichiers Photoshop dotés de styles de calque, vous constaterez la correspondance.

Voyons, à partir d'un exemple simple, comment cette fonction est construite. Voici le document utilisé pour cet exercice. Notez cependant que l'explication n'est pas possible avec tous les types de police, d'où l'emploi d'Arial Bold. L'arrière-plan est plus intéressant.

▲ **Fig. 10.107** : *Le document (Texte13.psd)*

Pour ce document, nous définissons d'abord une ombre "normale", avec les valeurs suivantes.

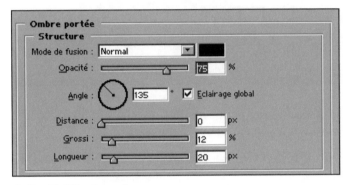

▲ **Fig. 10.108** : *Les valeurs*

Comme la couleur du texte ne doit pas être visible, nous passons l'opacité du mode de fusion avancé à 0 %. Les autres options ont peu d'intérêt.

Vous pouvez par exemple définir les couches de couleur à fusionner. Avec la liste *Masquage*, le calque devient transparent et les calques placés dessous apparaissent.

Les deux options suivantes définissent l'effet des styles dans les groupes de calques. Avec les curseurs de la rubrique *Comparaison sur*, vous pouvez masquer les tons sombres ou clairs dans les calques et arriver à des résultats tout à fait surprenants.

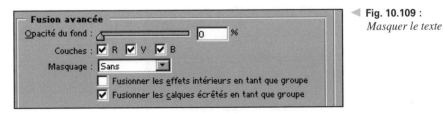

◀ **Fig. 10.109** :
Masquer le texte

Dans l'image, il ne reste plus que l'ombre.

◀ **Fig. 10.110 :**
Le calque de texte est masqué

Passez à nouveau au style *Ombre portée*. Nous allons nous concentrer sur l'option *Contour* de la rubrique *Qualité*. Puisque l'occasion se présente, abordons également les deux autres options de cette rubrique : la fonction *Bruit* est l'inverse de l'adoucissement de l'ombre. Plus cette valeur est élevée, plus l'ombre est mouchetée.

◀ **Fig. 10.111 :**
Les options de contour

Si la case *Ombre portée masquée par le calque* est cochée, l'ombre est masquée à tous les emplacements où se trouve du texte.

◀ **Fig. 10.112 :**
Ombre portée masquée par le calque

Un clic sur le bouton fléché de l'option *Contour* ouvre une bibliothèque de contours prédéfinis.

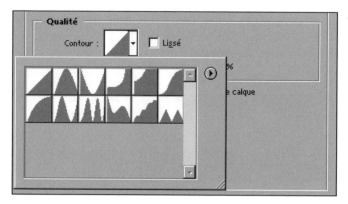

◀ **Fig. 10.113 :**
Les contours prédéfinis

Pour en comprendre le fonctionnement, cliquez sur la case d'aperçu de cette option *Contour*. Une boîte de dialogue apparaît, que vous connaissez déjà de la fonction Courbe. Dans cet éditeur de contour, la courbe représente le contour, elle est modifiable comme la courbe de la boîte de dialogue **Courbes**.

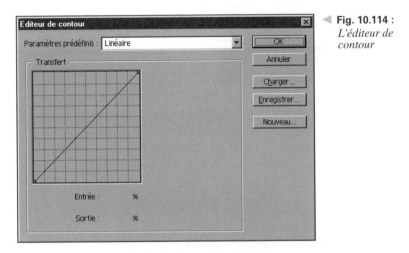

◄ **Fig. 10.114 :**
L'éditeur de contour

L'explication la plus simple vient lorsque l'on transpose le diagramme en langage de tous les jours : à l'horizontale, le côté gauche représente la bordure extérieure de l'ombre, le côté droit le côté intérieur. Sur l'axe vertical est affichée la transparence. En bas, le contour est totalement transparent, en haut il est opaque.

Dans l'exemple que nous vous présentons, cela signifie : à l'extérieur, le contour est transparent, à l'intérieur il est totalement opaque. La transparence diminue régulièrement de l'extérieur vers l'intérieur, d'où la ligne droite.

Choisissons un autre diagramme à partir de la bibliothèque et étudions les différences.

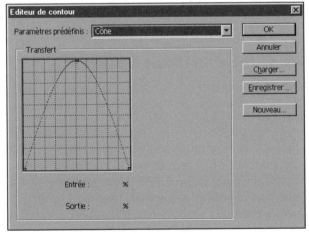

◄ **Fig. 10.115 :**
Un autre contour

À l'extérieur, la situation est la même : transparence totale. Au milieu, le contour est totalement opaque et à droite nous retrouvons la transparence. Pour voir le résultat dans l'image, regardez l'illustration suivante.

◀ **Fig. 10.116 :**
Une ombre intéressante
(Texte13a.psd)

Expérimentez librement cette fonction, les résultats sont souvent très intéressants. Si l'aperçu présente des courbures, le résultat sera fondé sur des formes douces. Avec des droites, les résultats sont en principe beaucoup plus durs, comme dans l'exemple suivant.

▲ **Fig. 10.117 :**   *Une autre combinaison*

Astuce

Enregistrer les résultats

Toutes les combinaisons d'effets peuvent être enregistrées comme styles si vous cliquez dans la boîte de dialogue **Style de calque** sur le bouton **Nouveau Style**. Vous pourrez ainsi décider dans une boîte de dialogue si les options de fusion de calque doivent aussi être sauvegardées ou si le style porte seulement sur les effets de calque.

Les meilleurs exemples de mise en forme de texte

Ce chapitre nous a posé un problème. Nous pourrions écrire un livre entier consacré uniquement aux effets de texte et nous avons été amené à faire un choix, une sélection, pour vous offrir le meilleur.

Les internautes contemplent souvent avec admiration les superbes textes décoratifs que proposent les sites professionnels et s'interrogent sur leur création. Après lecture de ce chapitre, vous êtes certainement rassuré : il n'y a aucun mystère. Le principe de base est toujours le même. Et avec la version 6 de Photoshop, beaucoup de secrets ont été percés. Les mêmes exemples réalisés avec Photoshop en version 4 auraient demandé une somme de travail considérable.

Maintenant que vous connaissez ces principes de base, il vous reste à œuvrer et à explorer toutes les variations possibles et imaginables pour arriver à de nouveaux résultats.

Toucher au but par l'expérimentation

N'hésitez pas à tester des combinaisons totalement anachroniques : vous serez peut-être surpris des résultats !

Les textes les plus étonnants sont souvent le fruit d'une longue expérimentation.

Les arrière-plans

Vous aimeriez peut-être savoir comment ont été créés tous les arrière-plans utilisés dans ce chapitre ? Tout simplement avec les styles de calque. Pour vous en assurer, il suffit d'ouvrir la palette **Calques**.

Chapitre 11

Préconception complète de pages web

D epuis la dernière version de Photoshop, le paquetage englobe un autre logiciel : ImageReady. Cette fois, avec Photoshop 6, il est livré en version 3.0. Vous bénéficiez ainsi d'un puissant outil d'agencement et d'optimisation d'images web.

Par chance, Photoshop et ImageReady sont d'un emploi à peu près similaire. Si vous connaissez bien Photoshop, vous n'aurez aucun problème d'apprentissage avec ImageReady.

Dans ce chapitre, nous allons traiter les fonctions d'ImageReady. Nous retiendrons tout particulièrement les fonctions qui diffèrent de Photoshop.

11.1. Démarrer ImageReady

Il y a plusieurs façons de démarrer ImageReady. Vous pouvez par exemple utiliser le bouton au bas de la boîte à outils de Photoshop, si ce programme est déjà ouvert.

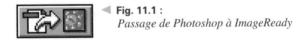

◄ **Fig. 11.1 :**
Passage de Photoshop à ImageReady

La deuxième solution consiste à activer dans Photoshop la commande **Fichier/Passer à/Adobe ImageReady 3.0** ou à activer la combinaison de touches [Maj]+[Ctrl]+[M].

◄ **Fig. 11.2 :**
La commande de menu

Lorsque ImageReady est démarré, vous pouvez procéder aux actions requises, puis retourner à Photoshop. Lors de la commutation, le fichier est automatiquement actualisé.

L'image peut rester ouverte. Si vous retournez par la suite à ImageReady, le programme vérifie automatiquement si des modifications sont intervenues sur le document et actualise en conséquence le fichier.

Dans la palette **Historique**, les opérations d'édition sont intégrées sous la mention *Mise à jour à partir d'ImageReady*, ce qui permet à tout moment d'annuler une de ces opérations. Le programme dans lequel vous vous trouvez au moment de l'annulation n'a pas d'importance, l'option est la même dans les deux.

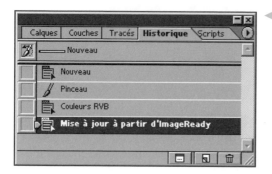

◀ **Fig. 11.3 :**
Annulation d'une opération par la palette Historique

11.2. Les différences au niveau de l'interface

Au premier coup d'œil, les interfaces de Photoshop et d'ImageReady sont très semblables. Nous avons ouvert dans l'illustration suivante un document livré avec Internet Explorer. Vous noterez à gauche la boîte à outils et à droite les palettes.

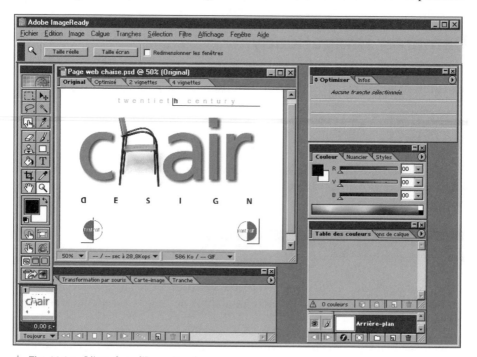

▲ **Fig. 11.4 :** *L'interface d'ImageReady*

Un seul suffit : ImageReady en solo

ImageReady peut aussi être démarré comme application autonome, il n'est pas indispensable que Photoshop soit démarré lui aussi. C'est ce que vous ferez pour éditer des images destinées au Web, lorsque vous n'avez pas besoin des fonctions de Photoshop. Pour lancer ImageReady en solo, passez par le menu **Démarrer** de Windows, le programme vous attend dans le groupe Photoshop 6.0.

Une différence de taille apparaît lorsque vous contemplez l'image ouverte. Au-dessus de l'image sont placés quatre onglets appelés **Original**, **Optimisé**, **2 vignettes** et **4 vignettes**. Que signifient ces onglets ? Voici par exemple l'affichage de l'onglet **4 vignettes**.

▲ **Fig. 11.5 :** *Différentes vues d'optimisation*

L'affichage *Original*, comme vous vous en doutez certainement, présente l'image originale. Pour l'employer sur le Web, vous ne pourrez pas utiliser le format Photoshop : vous devrez impérativement passer à un des formats web, JPEG, GIF ou le nouveau format PNG. Comme ces formats entraînent des pertes de qualité, il est important de pouvoir juger les images dans leur version définitive. C'est le rôle de ces onglets.

Cliquez sur l'onglet **Optimisé** pour visualiser l'image avec les paramètres d'optimisation actuels. Ces paramètres sont présentés dans la palette **Optimiser**.

Dans notre exemple, nous avons choisi le format GIF (pour que les paramètres soient visibles, il faut qu'une tranche soit sélectionnée dans le fichier exemple).

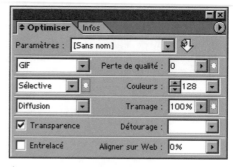

▲ **Fig. 11.6 :** *La palette Optimiser et ses paramètres*

Pour comparer l'original et la version optimisée, cliquez sur l'onglet **2 vignettes**.

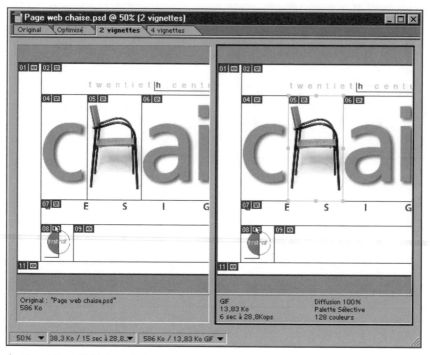

▲ **Fig. 11.7 :** *L'affichage 2 vignettes*

Il est souvent pratique de pouvoir comparer plusieurs paramètres ou plusieurs jeux de paramètres pour déterminer la meilleure solution. C'est le rôle de l'onglet **4 vignettes**. Dans les deux fenêtres complémentaires, vous pouvez afficher d'autres jeux de paramètres, par exemple pour juger du résultat en différents formats de fichiers.

Pour modifier les paramètres d'une vignette, cliquez sur la vignette : le cadre noir épais indique qu'elle est sélectionnée.

Passez ensuite à la palette **Optimiser** et choisissez les paramètres requis. L'affichage est actualisé automatiquement. Sous chaque vignette, ImageReady affiche les paramètres correspondants.

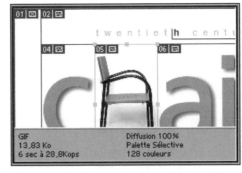

▲ **Fig. 11.8** : *Les paramètres de la vignette*

Astuce

Masquer les informations d'optimisation

Ces informations peuvent être masquées si elles prennent trop de place : activez la commande **Affichage/Masquer les infos d'optimisation**.

Informations complémentaires

Au bas de la fenêtre, plusieurs informations complémentaires sont affichées, un peu comme dans la barre d'état de Photoshop, qui n'existe pas dans ImageReady.

▲ **Fig. 11.9** : *Les informations complémentaires*

Ces informations sont organisées en trois champs. Chaque champ est doté d'une flèche donnant accès à des options. Le premier champ correspond au facteur de zoom. Un clic sur la flèche permet de choisir un autre taux d'agrandissement ou de réduction. Vous pouvez bien sûr aussi faire appel à l'outil Zoom de la boîte à outils. Les deux autres champs proposent le même menu.

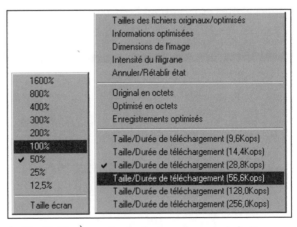

▲ **Fig. 11.10** : *À gauche, les facteurs de zoom, à droite les options des deux autres champs*

Les deux champs situés à droite permettent par exemple d'afficher la durée de transmission de l'image par modem ou de comparer la taille de l'original avec cette de l'image optimisée.

Les palettes complémentaires

Dans ImageReady comme dans Photoshop, les palettes vous attendent à droite de l'écran. D'ailleurs beaucoup de ces palettes sont identiques à celles de Photoshop. D'autres, en revanche, sont des spécificités d'ImageReady. Nous allons vous présenter les différences.

La palette Optimiser

C'est certainement la palette la plus importante du programme. C'est dans cette palette que sont définis tous les paramètres de l'image. Vous pourrez y sélectionner le format de fichier (GIF, JPEG, PNG-8, PNG-24). Avec le format GIF, vous trouverez par exemple les options suivantes. Nous y reviendrons en détail au chapitre *Image web rapide*.

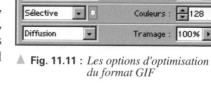

▲ **Fig. 11.11** : *Les options d'optimisation du format GIF*

Pour accéder à l'ensemble des options, cliquez sur la flèche vers le bas, à gauche du nom de l'onglet.

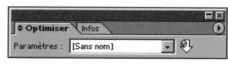

▲ **Fig. 11.12** : *Extension de l'affichage*

Astuce

> **Des palettes économisant l'espace d'affichage**
>
> Vous rencontrerez souvent ces doubles flèches dans ImageReady. Elles figurent parmi les différences avec Photoshop. Si vous voyez cette flèche dans une palette, c'est le signe qu'elle cache encore d'autres options.

Après un clic sur la flèche, la palette est étendue de quelques fonctions supplémentaires. En voici un exemple, pour le format GIF.

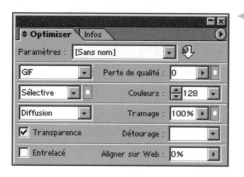

◄ **Fig. 11.13** :
Les options d'optimisation du format GIF

Avec le format JPEG, les options sont différentes. Et c'est logique puisque le format JPEG ne nécessite pas de réduction des couleurs ou de tramage.

En revanche, vous pourrez y fixer en pourcentage le facteur de compression et spécifier si le résultat doit être optimisé. Avec l'option *Estomper*, vous pourrez réduire les artefacts toujours gênants dans les images. Vous pourrez également enregistrer les paramètres de couleurs comme profil ICC, dans le fichier.

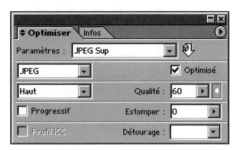

▲ **Fig. 11.14** : *Les options JPEG*

Avec le format PNG, il n'y a pas beaucoup d'options. Mais c'est dû au format en lui-même, et non à ImageReady. Les options diffèrent selon que vous choisissez le format PNG-8 ou PNG-24.

Avec la variante en 8 bits, vous pouvez définir avec précision le nombre de couleurs et le tramage, comme dans le format GIF. Avec la version en 24 bits, la seule option proposée concerne la transparence. Les deux versions, 8 et 24, proposent une case à cocher pour l'entrelacement.

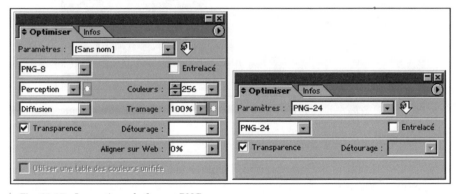

▲ **Fig. 11.15** : *Les options du format PNG*

La palette Table des couleurs optimisée

Parallèlement à la palette **Nuancier**, ImageReady est également équipé d'une palette **Table des couleurs**. Pour les formats GIF et PNG, vous y trouverez, après sélection du nombre de couleurs dans la palette **Optimiser**, une table des couleurs optimisées.

Les couleurs de cette table sont spécialement définies par rapport aux couleurs intervenant dans l'image : elles donnent en principe le meilleur résultat.

Si vous distinguez en bas à gauche, dans l'angle de la palette, un triangle d'avertissement, sachez qu'il indique que l'affichage *Optimisé* n'est pas actuel, il se peut donc que les couleurs affichées ne soient pas les bonnes. Cliquez sur l'onglet **Optimisé** pour actualiser l'affichage. Ainsi, l'affichage de la table des couleurs sera aussi actualisé.

▲ **Fig. 11.16** : *Le triangle d'avertissement, au bas de la palette*

Dans cette table des couleurs, vous disposez de moyens étendus, vous pouvez par exemple influer sur le nombre de couleurs à l'aide du premier bouton au bas de la palette.

1. Sélectionnez une ou plusieurs couleurs à regrouper. Un bloc de couleurs adjacentes est sélectionné avec l'aide de la touche [Maj].

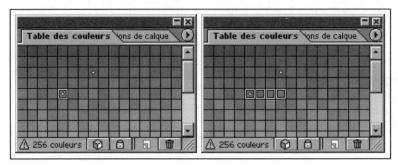

▲ **Fig. 11.17** : *Sélection d'une couleur à gauche et d'un bloc de couleurs à droite*

2. Pour sélectionner des couleurs non adjacentes, faites appel à la touche [Ctrl].

3. Après un clic sur le premier bouton, **Déplace les couleurs sélectionnées vers la palette Web**, ImageReady ajuste les couleurs les unes aux autres pour en trouver une moyenne, puis supprime les couleurs restantes. Dans notre exemple, les quatre couleurs sélectionnées ont été réduites à une seule, sans que la qualité de l'image ne s'en ressente fortement. Ce rassemblement de couleurs est matérialisé par le petit losange.

▲ **Fig. 11.18** : *Regroupement de couleurs*

Astuce

Retour

Si vous souhaitez restaurer les couleurs de départ, vous pourrez le faire par les options de la palette. Activez la commande **Annuler le déplacement de toutes les couleurs**. Vous retrouverez ainsi l'ancien nombre de couleurs dans la palette.

Avec ce procédé, vous pouvez influer avec une grande précision sur l'organisation des couleurs dans la palette et sur la qualité de l'image.

4. Pour empêcher la suppression de certaines couleurs lors de la réduction des couleurs, sélectionnez la couleur concernée et cliquez sur le deuxième bouton, celui qui est doté d'une icône de cadenas.

Vous venez de verrouiller la couleur. Les couleurs verrouillées sont marquées d'un petit carré dans l'angle inférieur droit. Pour annuler ce verrou, sélectionnez la couleur et cliquez à nouveau sur le bouton au cadenas.

▲ **Fig. 11.19** : *Verrouiller une couleur*

5. La bouton marqué d'une feuille de papier, au bas de la palette, permet d'insérer la couleur de premier plan active à la table.

Extension de la palette Infos

La palette **Infos** est une vieille connaissance, elle existe également dans Photoshop. Dans ImageReady, elle affiche cependant des informations supplémentaires, particulièrement importantes pour les images web.

Le champ placé en haut à droite vous indique la valeur hexadécimale de la couleur : intéressant, puisque dans le code source HTML les couleurs sont définies par leur valeur hexadécimale. Vous y trouverez aussi la valeur d'index de la couleur.

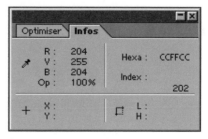

▲ **Fig. 11.20** : *La palette Infos*

Des options de calque redondantes

La palette **Options de calque** n'a pas grand intérêt. Elle présente au départ simplement le nom des calques. Par le menu de palette et sa commande **Options de calque**, vous pouvez afficher d'autres informations, mais elles font double emploi avec celles de la palette **Calques**.

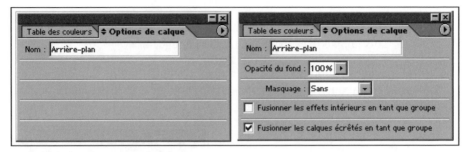

▲ **Fig. 11.21** : *Les deux versions de la palette Options de calque*

Ajuster des styles de calque

Un coup d'œil dans la palette **Calques** montre que là aussi il existe des différences par rapport à Photoshop. La première chose qui saute aux yeux est qu'il n'y a pas de palette **Couches**. Pourquoi ? Elles seraient bien utiles, ces couches !

Comme ImageReady permet également de créer des animations, vous devez bien évidemment savoir où vous vous trouvez. C'est pourquoi, à gauche, au bas de la palette **Calques**, se trouvent un bouton **Sélection de l'image précédente de l'animation** et un bouton **Sélection de l'image suivante de l'animation**. Pour afficher ou masquer les effets, cliquez sur le petit triangle, à droite du nom du calque, comme dans Photoshop.

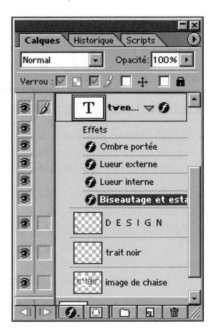

▲ **Fig. 11.22** : *La palette Calques*

Pour modifier les paramètres d'un style de calque, la procédure est différente de celle de Photoshop :

1. Cliquez sur le nom du style, dans la palette **Calques**. Notez que le symbole de l'œil permet d'afficher ou de masquer le style à la demande.

2. La modification n'est pas entreprise dans une boîte de dialogue, comme dans Photoshop. Elle est effectuée dans la palette **Options de calque**, qui change à cette occasion de nom pour prendre le nom du style sélectionné dans la palette **Calques**.

▲ **Fig. 11.23** : *Modification des paramètres de style*

La palette Animation

Pour gérer les images individuelles formant les animations, vous utiliserez la palette **Animation**. Par défaut, elle est affichée au bas de la fenêtre. Cliquez sur la miniature que vous souhaitez voir apparaître dans la fenêtre d'image.

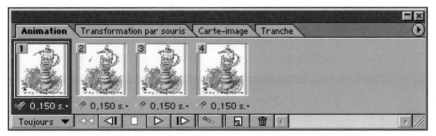

▲ **Fig. 11.24** : *La palette Animation*

Cette palette permet également de visualiser l'animation. Utilisez pour cela les boutons placés au bas de la palette, à gauche. Ces boutons sont identiques à ceux d'un enregistreur de cassette.

Au début de cette barre de pilotage, une zone de liste permet de spécifier le nombre de boucles, de naviguer entre les images, de créer ou de supprimer des images, etc.

◄ **Fig. 11.25** :
La barre de pilotage

Pièce par pièce : les tranches

Avec les tranches, les images sont fractionnées en plusieurs morceaux, par exemple pour affecter à chaque morceau un lien hypertexte ou optimiser les tranches individuellement. Nous reviendrons sur cette possibilité très intéressante au fil de ce chapitre.

Pour gérer les tranches, cliquez sur la palette **Tranche**. En voici les options.

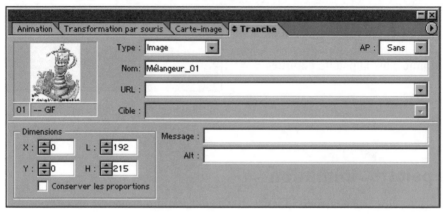

▲ **Fig. 11.26** : *La palette Tranche*

Carte-image

Comme les tranches, les cartes-images peuvent servir à affecter des liens hypertextes à des parties d'une image, sauf que les cartes-images ne fractionnent pas l'image.

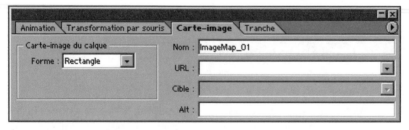

▲ **Fig. 11.27** : *La palette Carte-image*

Actions automatiques : les transformations par souris

Vous êtes régulièrement surpris, sur le Web par les pages qui réagissent à vos actions ? Ainsi, un texte est illuminé lorsque vous le survolez du pointeur de votre souris, une photo est remplacée par une autre lorsque vous cliquez dessus. Vous savez peut-être que ces actions sont réalisées par des scripts Java.

Bon, penserez-vous, Java n'est pas un langage très facile à mettre en œuvre et vous n'êtes pas programmeur. Ne vous en faites pas, avec ImageReady, vous êtes à la bonne adresse : c'est ImageReady qui se charge de tout.

Ces effets sont paramétrés dans la palette **Transformation par souris**.

▲ **Fig. 11.28** : *La palette Transformation par souris*

Enregistrez l'image par la commande **Fichier/Enregistrer une copie optimisée sous**. Dans une boîte de dialogue, vous pourrez définir plusieurs options d'enregistrement du fichier HTML avec ses images.

ImageReady sauvegarde ensuite le code HTML prêt à l'emploi, avec les scripts Java.

Astuce

Édition ultérieure

Si vous connaissez Java, vous pourrez par la suite modifier le code source créé automatiquement. Pour cela, vous utiliserez un éditeur HTML ou le Bloc-notes de Windows.

11.3. Une page web complète, vite !

Vous n'avez pas une grande expérience dans l'agencement des pages ou des sites web, mais vous souhaitez une trame de départ attractive ? Pas de problème, puisque vous avez ImageReady.

Dans ce premier exemple, nous allons jouer la facilité et vous présenter quelques fonctions automatiques proposées par ImageReady. Avec quelques commandes au clavier, vous disposerez ainsi d'une trame de page web, prête à l'emploi, avec ses images et des scripts Java pour la transformation par la souris des boutons.

1. D'abord, il nous faut un nouveau document vide : activez la commande **Fichier/Nouveau** ou activez Ctrl+N.

2. Cette page web aura une taille de 800 x 600 pixels et un arrière-plan blanc.

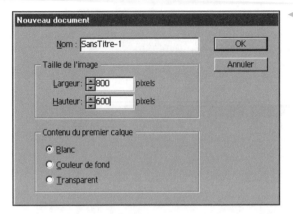

◀ **Fig. 11.29 :**
*Création d'un nouveau
document*

3. Dans la palette **Caractère**, choisissez la police que vous souhaitez utiliser. Dans notre exemple, nous avons opté pour la police Tahoma, en gras. Ne vous préoccupez pas de la taille, le corps est adapté automatiquement.

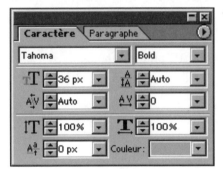

◀ **Fig. 11.30 :**
La palette Caractère

4. Dans ImageReady, vous trouverez également une palette **Scripts**, avec des scripts prêts à l'emploi. Pour notre exemple, sélectionnez *Modèle de page Web*.

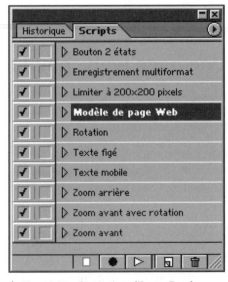

▲ **Fig. 11.31 :** *Les scripts d'ImageReady*

5. Après le démarrage du script par le bouton **Exécuter la sélection**, au bas de la palette, un avertissement est présenté indiquant que le document devrait avoir une taille de 800 x 600 (d'où la taille que nous avons fixée au départ).

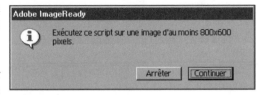

Ce script est conçu pour placer les éléments dans une page de cette taille.

▲ **Fig. 11.32** : *L'avertissement*

6. Il vous reste à regarder ce qui se passe à l'écran : ImageReady se charge de tout. Pratique, non ?

Contrairement à Photoshop, vous ne pourrez pas suivre dans la palette **Historique** le déroulement du script et le détail des actions individuelles. Pour prendre connaissance des opérations, déroulez le dossier *Modèle de page Web*, dans la palette **Scripts**.

Enregistrer le document

Enregistrez immédiatement cette étape intermédiaire : sécurité avant tout ! Pour cela, la procédure est un peu différente de Photoshop.

Vous disposez du document original, par exemple en format PSD. Mais Image-Ready est conçu pour des images web. Et sur le Web, vous ne pouvez rien faire avec le format propriétaire de Photoshop. D'où l'intérêt des fonctions d'optimisation dans ImageReady.

Si vous enregistrez l'image exclusivement en format web, cette image va voir sa qualité réduite (conséquence logique de la conversion en GIF ou JPEG).

C'est pourquoi nous vous conseillons d'enregistrer systématiquement vos images en double : une fois en format PSD et une autre fois en un format web. Ainsi, vous préservez toutes les possibilités d'édition ultérieure de l'image originale et disposez en toute circonstance d'une image parfaite.

Astuce

Gaspillage d'espace disque

Ce qui peut ressembler au départ à un gaspillage n'en est pas un. Avec le format PSD, vous conservez toutes les options de l'image origi-nale ; tranches, calques, styles, etc.

Du fait de ce problème, la fonction d'enregistrement a un aspect différent. Le menu **Fichier** contient plusieurs commandes d'enregistrement.

Pour sauvegarder l'original avec tous ses attributs, faites appel à la commande **Fichier/Enregistrer sous** (combinaison de touches [Maj]+[S]). Elle permet exclusivement une sauvegarde en format PSD.

11.4. Agencement optimal des pages web

Notre prochain exemple est un peu plus complexe. Plusieurs réflexions préalables s'imposent : sur Internet, les images et les données sont transmises via le réseau téléphonique. C'est pourquoi la taille des fichiers à transmettre est un critère essentiel : plus le fichier est petit, plus la transmission sera rapide.

Pour tenir compte de cette contrainte, l'idéal est de faire appel aux formats GIF89a, JPEG ou PNG, dont les procédés de compression permettent d'obtenir des fichiers de taille réduite.

Un autre problème est lié à la multitude des pages et sites web proposés aux surfeurs. Pour que votre page se dégage du lot, elle doit être parfaitement bien agencée, faute de quoi les visiteurs la délaisseront rapidement pour aller ailleurs. De longues pages tristes et lassantes n'incitent pas les visiteurs à rester sur votre site. Mais à l'inverse, dans les pages surchargées d'effets, l'information réelle est perdue de vue. Ces pages sont superbes, mais elles ne remplissent plus leur objectif initial : transmettre des informations.

Lors de la conception des pages, vous remarquerez rapidement que beaucoup de facteurs sont figés, vous n'avez aucune influence sur eux. À titre d'exemple, vous ne savez pas comment le visiteur a paramétré son navigateur. Vous avez entrepris de formater superbement un texte, mais vous ne saurez jamais comment ce texte apparaît sur le PC des visiteurs.

Seules les images donnent une certaine garantie quant à l'information reçue par les visiteurs. Et encore : à condition que le surfeur n'ait pas désactivé l'affichage des images dans les paramètres de son navigateur !

Attention à la taille de la page !

Le premier problème est la taille de la page. Elle doit être conçue pour un affichage standard VGA en résolution 640 x 480 pixels.

Astuce

La bonne taille

Ce n'est qu'avec une taille de 640 x 480 pixels que vous aurez la certitude absolue qu'en toute circonstance votre page web sera parfaitement visible. Même si aujourd'hui la plupart des utilisateurs travaillent avec une résolution d'affichage supérieure, n'oubliez pas qu'il y a toujours encore des surfeurs en 640 x 480 pixels.

Lorsque vous démarrez Internet Explorer, vous avez en général à l'écran des barres d'outils, la barre d'adresse et éventuellement une autre barre avec des boutons. Tous ces éléments réduisent considérablement la place disponible dans un affichage en 640 x 480 pixels. Avec Netscape Navigator, il en va de même. Il ne reste au mieux que 620 x 345 pixels pour la page web effective.

Le visiteur est donc obligé d'utiliser les barres de défilement pour accéder à la suite de la page web. Pas très pratique ! Si le visiteur n'a pas envie de faire défiler la page, il passera à côté d'informations peut-être intéressantes.

Si les éléments de pilotage sont partiellement masqués, l'espace disponible augmente. En ce qui concerne votre page d'accueil, c'est-à-dire la première page de votre site, celle à laquelle arrive le visiteur, elle ne devrait en aucun cas dépasser une taille de 620 x 390 pixels.

Une fois cette page d'accueil affichée et l'attention du visiteur attirée, le reste est facile. Si les autres pages sont plus longues, cela n'a pas d'importance : arrivé à ce stade, le visiteur acceptera de faire défiler l'image à l'écran.

La bonne taille

Ou devrions-nous plutôt dire "la petite taille" ? Les dimensions annoncées le montrent clairement : il ne reste pas beaucoup de place pour la page web. D'où la nécessité aussi de respecter un certain nombre de règles pour exploiter au mieux ce petit format.

Décisif : une page à chargement rapide

C'est bien souvent le chargement de la page qui décide les visiteurs à lire cette page ou à passer à autre chose. Si votre page est appelée, et si rien ne se passe durant de très longues secondes, le visiteur risque de perdre patience et de sauter immédiatement ailleurs. Il faut donc faire en sorte qu'il se passe quelque chose dans la page au plus vite.

Astuce

Pas de grande image d'introduction

Si votre page d'accueil n'est composée que d'une seule grande image, le chargement peut durer un bon moment. Avec des visiteurs impatients, ce chargement peut s'avérer rédhibitoire. En revanche, avec une page d'accueil contenant un peu de texte et de petites images, l'écran s'anime très vite et permet au surfeur de patienter jusqu'au chargement complet.

Agencement de page web : oui ou non ?

Venons-en à l'agencement des pages web. Même si les développeurs d'ImageReady n'en seront peut-être pas ravis, une réflexion s'impose : ImageReady n'est pas un logiciel de conception web.

Bien que les possibilités de création automatique de code HTML soient énormes pour un programme de retouche d'images, elles ne peuvent aucunement concurrencer celles d'un véritable éditeur HTML. Si vous voulez absolument agencer des pages web, vous devrez utiliser également un éditeur HTML, sauf si vous savez programmer en HTML.

Considérez plutôt ImageReady comme un programme de conception d'éléments web. S'il vous faut des boutons ou des images pour votre site, ImageReady remplira parfaitement son office. Mais pour agencer des pages web complètes, vous avez besoin de fonctions de tableau beaucoup plus complexes que les tranches ne le permettent, même si elles sont extrêmement pratiques.

Vous ne pourrez pas par exemple définir d'attributs de bordure ou de paragraphes, attributs indispensables pour une conception réussie, les blocs de texte ne sont que difficilement éditables, etc.

Astuce

La bonne association

Malgré tout cela, nous allons vous présenter un exemple d'agencement de page web, ne serait-ce que comme support à la présentation des fonctionnalités d'ImageReady. Créez à cet effet un nouveau document de 620 x 390 pixels, avec du blanc comme contenu du premier calque.

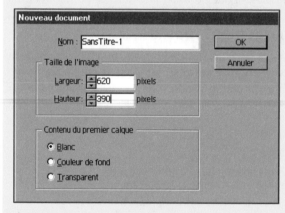

▲ **Fig. 11.33** : *Le nouveau document*

Comme dans Photoshop, vous avez la possibilité d'afficher des règles dans ImageReady. Activez la commande **Affichage/Afficher les règles** ou activez Ctrl+R, votre travail n'en sera que plus précis. Voici notre point de départ.

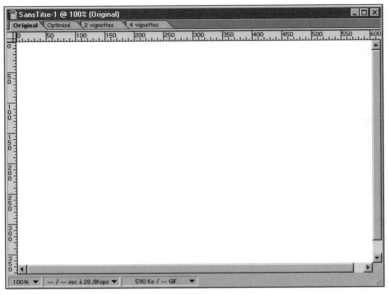

▲ **Fig. 11.34** : *La page vierge avec affichage des règles*

Création automatique de repères

Pour créer une forme de base avec précision, il nous faut quelques repères. Comme dans Photoshop, ils peuvent être tirés des règles et placés au jugé. Mais ImageReady a mieux à vous proposer :

1. Activez la commande **Affichage/Créer les repères** pour accéder à la boîte de dialogue suivante.

2. Elle offre trois options de création de repères. Choisissez d'abord entre repère horizontal ou vertical.

Astuce

Dans Photoshop

Dans Photoshop il existe également une commande de création de repère permettant une disposition précise au moyen de valeurs numériques. Mais cette fonction ne permet de placer qu'un seul repère. Dans ImageReady, le confort est plus grand.

3. Il nous faut un repère horizontal et un repère vertical. Avec la première option, vous pouvez mettre en place un certain nombre de repères espacés uniformément, la deuxième définit l'intervalle entre ces repères. En ce qui concerne notre exercice, c'est la troisième qui nous intéresse : un repère unique à une distance précise du haut du document.

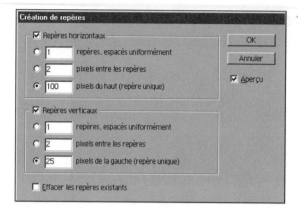

◀ **Fig. 11.35 :**
Créer des repères

4. Après validation, réactivez la fonction et définissez cette fois un repère vertical à la position 120. Malheureusement, vous devrez rouvrir la boîte de dialogue pour chaque repère.

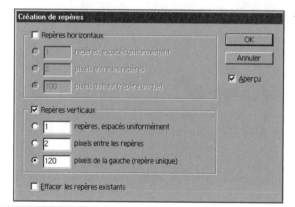

◀ **Fig. 11.36 :**
Le repère vertical

Astuce

Suppression de repère

Lors de la réouverture de la boîte de dialogue, veillez à ce que l'option *Effacer les repères existants* soit désactivée.

5. Cette procédure est nettement plus précise et plus simple que dans Photoshop. Voici les trois repères en place (Fig. 11.37).

Astuce

Supprimer tous les repères

Vous supprimerez les repères individuels en les glissant avec la souris en dehors de la zone de travail. Pour supprimer en une fois tous les repères, faites appel à la commande **Afficher/Effacer les repères**. Pour remplacer des repères par d'autres repères, utilisez l'option *Effacer les repères existants* de la boîte de dialogue de création des repères.

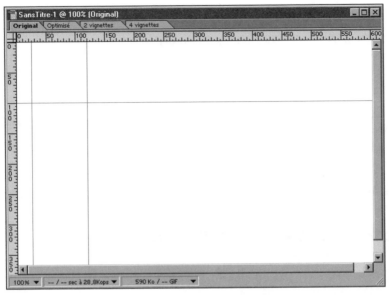

6. Pour la suite des opérations, il est conseillé de travailler avec un facteur de zoom de 1:1. Pour cela, double-cliquez sur l'icône de la loupe, dans la boîte à outils : ImageReady passe instantanément en zoom 100 %.

Dessiner des formes

Le moment est à nouveau venu de faire appel à des outils très pratiques et que vous connaissez de Photoshop : les formes. Ces outils sont regroupés dans un menu flyout que vous activerez par les touches [Maj]+[U].

Vous y trouverez quatre outils permettant de dessiner des rectangles, des rectangles arrondis, des ellipses et des traits. Sélectionnez l'outil Rectangle.

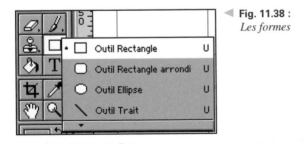

◀ **Fig. 11.38 :**
Les formes

Dans les options de cet outil, vous pouvez décider de placer automatiquement la nouvelle forme sur un nouveau calque.

Dessiner un rectangle

Pour dessiner un rectangle, voici comment procéder :

1. Activez d'abord la commande **Affichage/Magnétisme/Repères**, de manière à magnétiser les repères.

2. Cliquez sur la pastille de la couleur de premier plan, dans la boîte à outils, et choisissez une couleur dans la boîte de dialogue **Sélecteur couleurs**. Nous avons choisi un rouge (FF0000).

   Activez l'option *Couleurs Web uniquement* pour n'afficher que les couleurs compatibles web dans le sélecteur. Vous aurez ainsi la certitude que la couleur sera parfaitement affichée dans le navigateur.

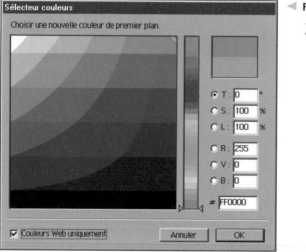

◀ **Fig. 11.39 :**
*Le sélecteur
de couleur*

3. En variante, vous pouvez également définir cette couleur dans la palette **Couleur**. Voici les valeurs correspondantes. Les subdivisions sur les barres des curseurs indiquent les couleurs sécurisées pour le Web.

◀ **Fig. 11.40 :**
La palette Couleur

4. Avec les repères, il nous est facile de tracer le rectangle. Et c'est encore plus simple parce que ce rectangle doit avoir une taille bien précise : 95 x 17 pixels.

Définissez ces dimensions dans la barre d'options d'outils. Activez l'option *Taille fixe* pour que les champs de saisie deviennent accessibles.

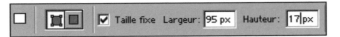

▲ **Fig. 11.41** : *La barre d'options d'outils*

5. Grâce à cette taille fixe, il suffit de cliquer à proximité des repères pour placer le rectangle.

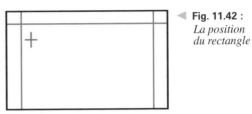

◀ **Fig. 11.42 :**
*La position
du rectangle*

6. Le rectangle est aligné sur les repères.

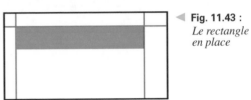

◀ **Fig. 11.43 :**
*Le rectangle
en place*

7. Dans la palette **Calques**, vous constatez la présence du nouveau calque de forme, contenant notre rectangle. L'affichage est le même que dans Photoshop.

◀ **Fig. 11.44 :**
La palette Calques

8. Créez de la même façon un autre rectangle, d'une taille de 95 x 31 pixels, avec une couleur orange de valeur FFCC33.

Ce rectangle est placé exactement à la même position que le premier rectangle. Nous le déplacerons dans un instant.

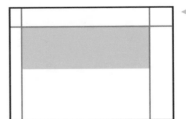

◀ **Fig. 11.45 :**
*Le deuxième
rectangle*

Position précise des calques

En matière d'alignement, ImageReady propose là aussi des fonctions plus puissantes que Photoshop.

1. Activez la commande **Calque/Définir la position du calque**. Dans une boîte de dialogue, vous pouvez définir avec précision la position du calque actif.

   Le déplacement peut intervenir par rapport à la bordure gauche, droite ou au centre de l'image ou par rapport à la position actuelle du calque. Pour notre exemple, nous avons utilisé les valeurs suivantes. Le nouveau rectangle doit s'ajuster directement sous le premier rectangle. Il faut donc un déplacement vers le bas de 17 pixels.

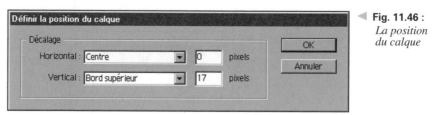

◀ **Fig. 11.46 :**
*La position
du calque*

2. Il nous faut ensuite quelques autres formes, presque identiques à celle qui a déjà été créée. Situation de départ : le rectangle rouge a une hauteur de 17 pixels, le rectangle orange de 31 pixels. Le rectangle suivant doit être décalé vers le bas de 10 pixels.

   Comme le premier rectangle a été placé à 100 pixels, il nous faut un nouveau repère à 158 pixels.

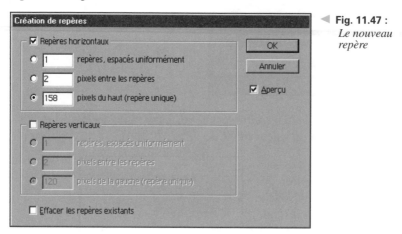

◀ **Fig. 11.47 :**
*Le nouveau
repère*

3. À cet emplacement, nous allons mettre en place un autre rectangle rouge. Le plus simple est de dupliquer celui déjà créé. Sélectionnez le calque rouge avec l'outil **Déplacement**. Si, dans la barre d'options d'outils, l'option *Sélection*

automatique est active, il suffit de cliquer sur le rectangle rouge pour le sélectionner.

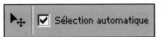

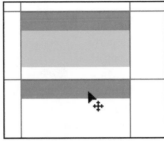

◁ **Fig. 11.48 :**
L'option Sélection automatique

4. Activez la combinaison de touches Ctrl+Alt (pour créer une copie) et glissez le dupli-cata à sa position.

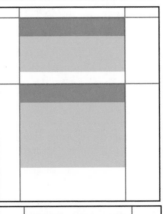

◁ **Fig. 11.49 :**
Le troisième rectangle

5. Voici maintenant un rectangle orange de 57 pixels de hau-teur, ajusté directement sous le deuxième rectangle rouge.

◁ **Fig. 11.50 :**
Le quatrième rectangle

6. Et nous continuons avec deux autres rectangles : un repère à 242 pixels, un duplicata du rectangle rouge et un rectan-gle orange de 70 pixels de haut.

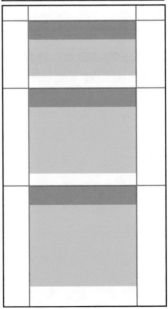

◁ **Fig. 11.51 :**
Le bloc suivant

7. Un dernier bloc : repère en 339, duplicata du rectangle rouge et rectangle orange de 44 pixels de haut. Nous arrêterons là ! Malheureusement, le dernier rectangle a été coupé dans sa partie inférieure !

Comme il est toujours délicat de prévoir toutes les dimensions au départ, vous risquez de rencontrer souvent ce problème. Mais ce n'est pas bien grave. Agrandissez la hauteur du document de 15 pixels, par la commande **Image/Taille de la zone de travail**, pour arriver à une hauteur de 405 pixels.

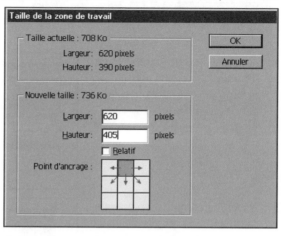

▲ **Fig. 11.52** : *Modification de la taille de la zone de travail*

Astuce

Extension judicieuse

Contrairement à Photoshop, cette boîte de dialogue propose l'option *Relatif*. Par cette option, vous pouvez par exemple définir que le document doit être agrandi de 15 pixels. Elle est intéressante lorsque, au cours d'une action, vous souhaitez agrandir d'une même valeur des images de taille différente.

8. Voici le résultat auquel vous devriez arriver. Ces blocs seront utilisés pour la navigation.

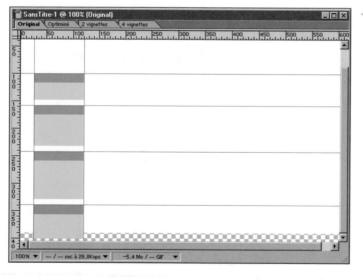

◀ **Fig. 11.53** :
Les éléments terminés

Colorer l'arrière-plan

Vous avez constaté qu'il manque une partie de l'arrière-plan. Nous allons corriger ce défaut. Notre arrière-plan ne restera pas blanc, nous allons le colorer en gris clair.

1. Cliquez sur la pastille de la couleur d'arrière-plan, dans la boîte à outils, et choisissez la couleur RVB 204/204/204.

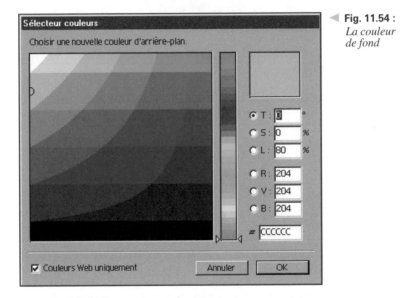

◀ **Fig. 11.54 :**
*La couleur
de fond*

2. Il est bien entendu que, avant d'activer la fonction de remplissage, vous devez sélectionner le calque de fond dans la palette **Calques**. Le fond peut être transformé en calque comme dans Photoshop : par un double clic sur le calque dans la palette.

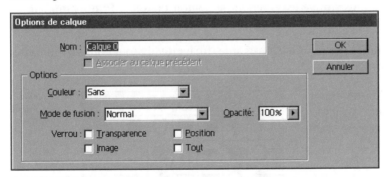

▲ **Fig. 11.55 :** *Conversion en calque*

3. Activez ensuite la commande **Édition/Remplir** et sélectionnez l'option *Couleur de fond* dans le champ *Utiliser*.

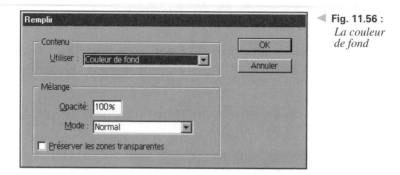

◀ **Fig. 11.56 :**
*La couleur
de fond*

Créer un blason

Nous ne vous avons pas encore dévoilé les raisons des mesures extrêmement précises des rectangles créés précédemment, ni le type de page que nous envisagions de construire.

La page sera la page d'accueil de notre ville. Les rectangles serviront à la navigation. Les cases rouges correspondent aux rubriques principales, les cases orange aux sous-rubriques. La taille des rectangles est liée à la taille des textes que nous souhaitons utiliser.

La zone supérieure a été conservée vierge pour l'instant, mais nous allons y mettre en place le blason de notre ville et le titre. Le blason est à construire. Nous ferons appel aux formes prédéfinies pour cela.

C'est l'occasion de relever une autre lacune d'ImageReady : d'une part, il n'y a pas de formes personnalisées, et de plus les opérations booléennes si pratiques dans Photoshop n'existent pas. C'est la raison pour laquelle nous allons créer le blason dans Photoshop.

 Le plus simple est d'activer le bouton **Passer à Photoshop**, au bas de la boîte à outils.

Ne vous en faites pas pour la sauvegarde, ImageReady tout comme Photoshop se charge de l'actualisation.

1. Pour le blason, il nous faut deux symboles. Le premier est libellé *Ornement 2*.

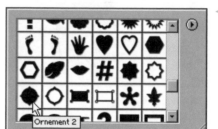

◀ **Fig. 11.57 :**
*La première
forme*

2. Donnez à cette forme une taille suffisamment grande, car nous devons l'utiliser pour d'autres opérations. La position n'a aucune importance pour le moment. Pour conserver les proportions, maintenez la touche [Maj] enfoncée pendant le traçage. Comme couleur, nous avons choisi l'orange (FFCC33).

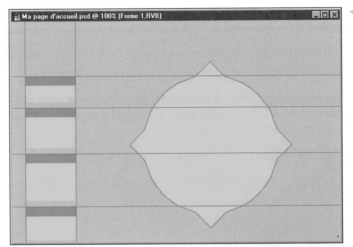

◀ **Fig. 11.58 :**
La forme

3. Il nous faut ensuite une copie de cette forme, placée exactement à la même position que l'original. Le plus simple est de passer par la palette **Calques**. Glissez le calque de la première forme sur le bouton portant l'icône de la feuille de papier, au bas de la palette.

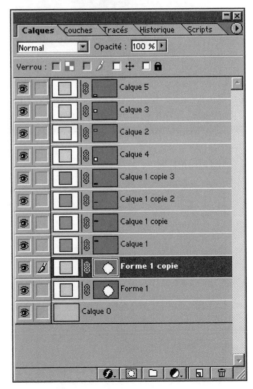

▲ **Fig. 11.59 :** *Le calque dupliqué*

4. Cette copie doit être rouge. Pour modifier sa couleur, cliquez sur la miniature gauche dans la palette **Calques** pour ouvrir le sélecteur de couleur et définissez notre rouge FF0000. La forme orange n'est plus visible, elle est intégralement recouverte par la forme rouge.

Édition du tracé

Les possibilités d'édition des tracés, étudiées au chapitre *Tout sur l'utilisation des tracés*, vont nous être bien utiles.

1. La forme actuelle doit être réduite de moitié. Pour cela, activez l'outil Sélection directe et sélectionnez le tracé. Il reste à supprimer les points d'ancrage de la moitié gauche de la forme.

◀ **Fig. 11.60 :**
Sélection du tracé

2. Supprimez les points d'ancrage en les sélectionnant et en activant la touche (Suppr). Vous pouvez aussi tracer un rectangle de sélection autour des points à supprimer, puis activer (Suppr) : ils seront tous supprimés en une fois. La forme placée au-dessous devient visible : elle a la même forme mais une couleur différente.

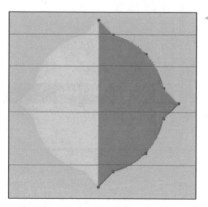

◀ **Fig. 11.61 :**
Les points d'ancrage ont été supprimés

3. Appuyez sur (Entrée) pour terminer l'édition. Nous allons ajouter une autre forme sur un nouveau calque. Vous trouverez également cette forme dans la bibliothèque, elle s'appelle *Ornement 5*.

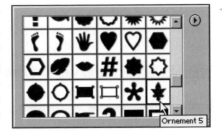

◀ **Fig. 11.62 :**
La nouvelle forme

4. Placez-la au milieu des deux autres. Répétez ensuite la même procédure : création d'un duplicata, puis changement de couleur.

5. Avec les options d'alignement, centrez ces formes sur les deux premières formes. Coupez à nouveau la moitié de la quatrième forme par suppression des points d'ancrage, mais cette fois vous couperez la moitié droite. Pour obtenir une ligne droite, glissez le point directeur du point d'ancrage supérieur jusque dans ce point d'ancrage.

◀ **Fig. 11.63 :**
Édition de la deuxième forme

6. Et voici le résultat. Pas mal, pour un blason, vous ne trouvez pas ?

◀ **Fig. 11.64 :**
Le blason

7. Liez les quatre calques du blason et activez la commande **Édition/Transformation manuelle**. Mettez les calques à l'échelle de manière à ce qu'ils prennent place au-dessus des blocs.

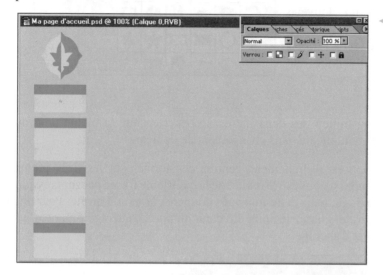

◄ **Fig. 11.65 :**
L'étape suivante

8. Profitez de l'occasion pour mettre un peu d'ordre dans la palette **Calques**. Créez un groupe de calques et placez-y les calques du blason.

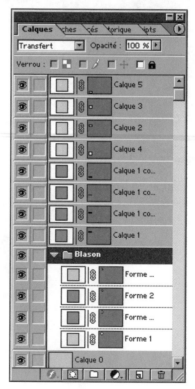

◄ **Fig. 11.66 :**
Le groupe de calques

Travail de précision

Nous allons peaufiner maintenant ces composants. En plus d'une ombre portée, nous allons également poursuivre l'organisation de la palette **Calques**, car le nombre de calques ne fait que croître.

1. Activez l'outil Déplacement et sélectionnez le rectangle supérieur. Appliquez-lui un effet d'ombre portée avec les paramètres suivants.

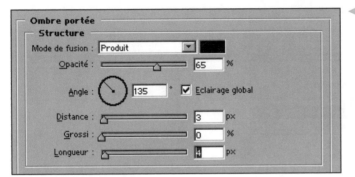

◀ **Fig. 11.67 :**
Les paramètres d'ombre portée

2. Comme ce rectangle se trouve au bas de la pile des calques, l'ombre ne porte que sur l'arrière-plan.

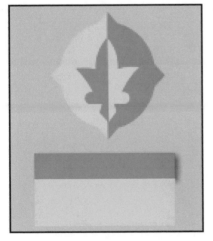

◀ **Fig. 11.68 :**
La première ombre

3. Pour appliquer cette ombre aux autres rectangles, cliquez sur le symbole du style avec le bouton droit de la souris et activez dans le menu contextuel la commande **Copier le style de calque**.

4. Sélectionnez ensuite le calque contenant le rectangle orange placé sous le rectangle rouge précédent et activez dans son menu contextuel la commande **Coller le style de calque**.

5. Comme cette ombre doit être appliquée à tous les autres rectangles, il y a une technique simple à mettre en œuvre : liez tous ces calques, puis activez dans le menu contextuel de l'un d'entre eux la commande **Coller le style de calque au calque lié**.

◀ **Fig. 11.69 :**
Affectation du style

6. Cela fait, annulez la liaison.

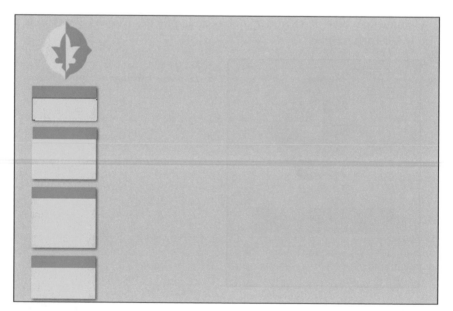

▲ **Fig. 11.70 :** *L'étape suivante*

7. Triez les calques allant ensemble dans un dossier. À l'arrivée, vous devriez vous trouver face à quatre dossiers pour les menus et un dossier pour le blason, comme dans l'illustration 11.71.

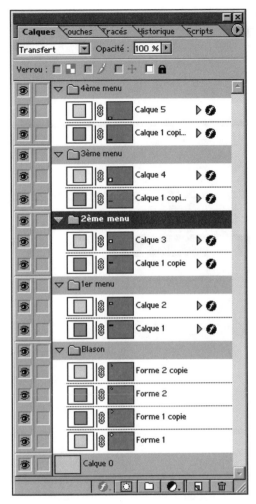

◄ Fig. 11.71 :
De l'ordre dans les calques

Astuce

Attention au glisser-déposer !

Le déplacement de calques dans les nouveaux dossiers refuse de fonctionner ? Vous avez certainement cliqué sur la vignette du masque (à droite) et non sur la vignette du calque (à gauche).

Un effet pour le blason

Pour le blason, l'affectation d'un style n'est pas aussi évidente qu'il n'y paraît. En réalité, ce blason est formé de quatre formes distinctes. C'est pourquoi il faut d'abord réunir ces calques deux par deux, avant d'appliquer les styles.

1. Liez les deux premières formes situées dans la partie inférieure. Activez ensuite la commande **Calque/Fusionner les calques liés** ou activez [Ctrl]+[E]. Les deux calques n'en font plus qu'un.

   Bien sûr, il n'est plus possible d'éditer la forme. Dans la palette **Calques**, il apparaît qu'il s'agit d'un calque de pixels tout à fait ordinaire.

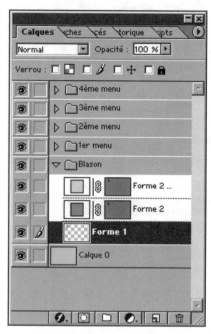

◀ **Fig. 11.72 :**
Les calques fusionnés

Astuce

Enregistrer deux fichiers

Pour garder les possibilités d'édition des formes, vous pouvez éventuellement enregistrer le fichier sous un autre nom avant de procéder à la fusion des calques.

2. Le nouveau calque peut maintenant être affecté d'un style *Ombre portée*. Nous lui appliquons également un style *Biseautage et estampage* avec les paramètres suivants.

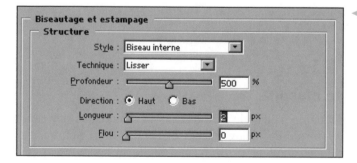

◀ **Fig. 11.73 :**
Les paramètres de Biseautage et estampage

3. Voici le résultat.

◀ **Fig. 11.74 :**
*Les styles
en place*

4. Le même procédé doit ensuite être appliqué aux deux autres formes composant le blason. Nous ne leur appliquons cependant pas d'ombre portée. Le style *Biseautage et estampage* reprend les mêmes paramètres que précédemment, sauf l'option *Direction*, fixée ici sur *Bas*.

◀ **Fig. 11.75 :**
*Le résultat
suivant*

5. Voici la situation dans la palette **Calques**.

◀ **Fig. 11.76 :**
*La palette
Calques*

Des textes pour la navigation

Le programme choisi pour poursuivre le travail n'a pas d'importance. Nous avons opté pour ImageReady.

Le moment est venu de mettre en place les éléments de texte. Nous allons utiliser des textes passe-partout, qu'il vous suffira de remplacer par vos propres textes si vous décidez de récupérer le résultat de cet exercice pour vos besoins personnels.

D'abord, les titres des rubriques. Comme couleur de texte, nous avons choisi le blanc. Sélectionnez dans la palette **Calques** le calque du rectangle rouge du premier menu avant de créer le texte. Il sera ainsi aussitôt placé correctement dans la palette.

1. Les attributs de texte utilisés sont les suivants.

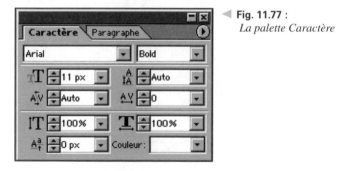

◀ **Fig. 11.77 :**
La palette Caractère

2. Avec de si petits textes, le lissage est très important. La valeur du lissage peut être définie par la barre d'options d'outils. Trois options sont proposées : *Précis*, *Fort* et *Lisse*. Nous avons choisi *Fort*. En fonction de l'option retenue, la lisibilité du texte peut varier grandement.

▲ **Fig. 11.78 :** *L'option de lissage*

Après le centrage du texte dans le rectangle, nous obtenons le résultat suivant.

◀ **Fig. 11.79 :**
Le premier texte

3. Nous lui appliquons également une ombre portée avec les valeurs suivantes.

◀ **Fig. 11.80 :**
*Les paramètres
d'ombre portée*

L'ombre ne doit pas
être trop visible, elle
sert surtout à améliorer
la lisibilité du texte par
un meilleur contraste.

◀ **Fig. 11.81 :**
Le résultat

4. Les autres menus sont créés de la même façon. Si vous cherchez la facilité, vous pouvez dupliquer le calque de test, déplacer les copies et modifier le texte.

Répétez l'opération pour tous les autres menus principaux pour arriver au résultat suivant.

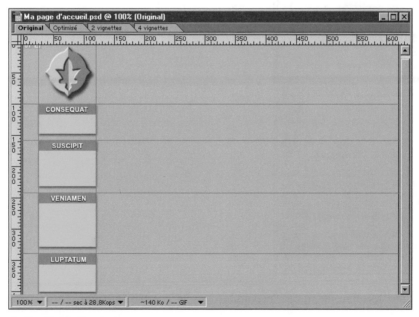

▲ **Fig. 11.82 :** *Le résultat*

Astuce

> **Noms des calques**
>
> Pour les textes, ImageReady nomme les calques comme Photoshop, c'est-à-dire avec le texte saisi. Lors de la duplication des calques, le nom d'origine est complété par la mention "Copie" et un numéro d'ordre. Pour identifier plus facilement les calques par la suite, activez les options de calque par le menu contextuel et modifiez ces noms.

Les commandes de menu

Pour les commandes de menu, la précision est de mise pour la disposition. Nous avons pris en compte des mesures très précises lors de la création des rectangles oranges, le moment est venu de s'y adapter.

1. La police employée reste la même, mais avec un corps plus petit et une autre couleur. La taille des caractères est de 9 pixels. Pour la couleur, vous pouvez au choix utiliser la liste de sélection de la palette **Caractère** ou le sélecteur de couleur.

   Si vous cliquez sur la pastille de couleur, le sélecteur est automatiquement lancé. Si vous cliquez sur le bouton fléché à côté de la pastille, vous accédez à une liste de couleurs optimisées pour le web. Sélectionnez la couleur noire.

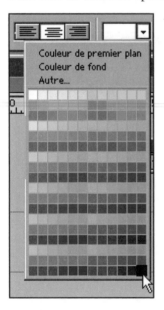

◀ **Fig. 11.83 :**
Sélection de la couleur de texte

2. Tapez le texte et placez le calque dans la palette **Calques** dans le dossier concerné. Veillez à ce que le nouveau calque soit placé tout en haut de la liste des calques, pour que le texte ne soit pas masqué par le rectangle orange.

◀ **Fig. 11.84 :**
La position des calques

3. Il reste ensuite à placer correctement le texte. Ne disposant pas d'une fonction directe, nous allons utiliser une astuce.

Nous allons combiner des options de sélection avec la commande **Calque/ Définir la position du calque**. Commencez par lier le nouveau texte avec le calque du rectangle orange. Lorsque l'outil Déplacement est actif, vous pouvez utiliser les boutons d'alignement de la barre d'options d'outils. Sélectionnez le calque du rectangle orange et alignez les bords supérieurs des calques.

◀ **Fig. 11.85 :**
Alignement des bords supérieurs

4. Activez ensuite le bouton d'alignement des centres horizontaux des calques.

◀ **Fig. 11.86 :**
Le texte est aligné

5. L'espacement vertical doit être de 5 pixels. Activez pour cela la commande **Calque/Définir la position du calque**. Dans cette boîte de dialogue, définissez un décalage vertical de 5 pixels à partir de la position actuelle.

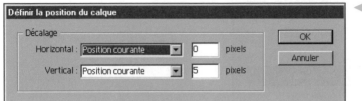

◀ **Fig. 11.87 :**
Décalage du texte

6. Le premier texte est maintenant en bonne position.

◀ **Fig. 11.88 :**
Le premier texte est terminé

7. Pour les autres textes, la procédure est la même. Le plus simple est de dupliquer le calque que nous venons de confectionner. Comme les textes ont une hauteur de 9 pixels, la copie doit être décalée de 13 pixels vers le bas. Veillez à l'alignement horizontal.

Astuce

Annuler la liaison

Après l'alignement, pensez à annuler le lien entre les calques, sinon vous décalerez ensemble les calques liés, ce qui n'est pas le but de l'opération.

8. Après la position du deuxième texte, vous devez être dans la situation suivante.

◄ **Fig. 11.89 :**
*Le deuxième
texte est en place*

Pour tous les autres blocs, le principe est le même : premier texte aligné sur le haut du calque du rectangle, puis décalage de 5 pixels, et de 13 pixels pour les copies suivantes.

Voici le résultat final.

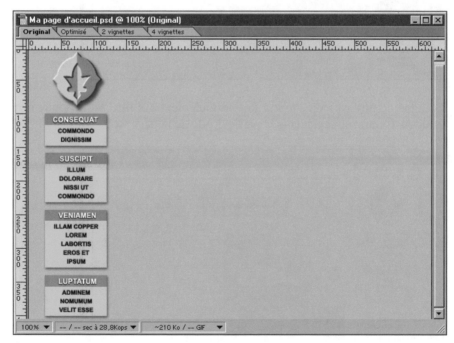

▲ **Fig. 11.90** : *Les menus*

Le moment est venu de mettre en place les autres éléments de la page. Il s'agit d'un texte de paragraphe, d'une photo et d'un titre.

Importer une photo

L'importation de photo est une opération bien connue de Photoshop : ouvrez la photo à importer et glissez le calque de l'image avec l'outil Déplacement jusque dans l'image cible. Adaptez ensuite la taille et la position de la photo pour arriver à la situation suivante.

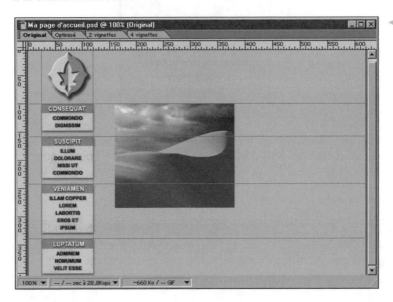

◀ Fig. 11.91 :
La photo importée

La ligne de titre est créée tout à fait normalement. Ce titre est de couleur rouge FF0000. Centrez le texte dans la partie droite de la page web.

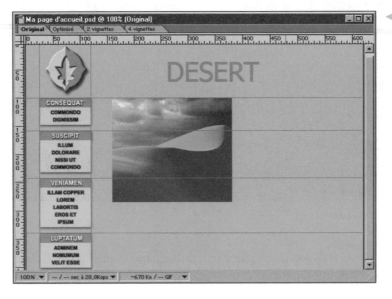

◀ Fig. 11.92 :
Le titre

Pour insérer le texte de paragraphe, procédez ainsi :

1. Pour tracer le cadre du paragraphe, cliquez après activation de l'outil Texte dans l'image et maintenez le bouton gauche de la souris enfoncé. Tracez le cadre aux dimensions requises.

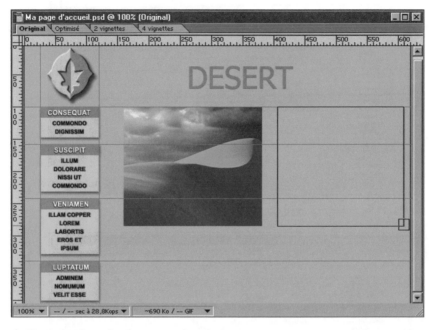

▲ **Fig. 11.93** : *Le cadre du paragraphe*

2. Dans ce cadre, vous allez saisir le texte, comme vous le faites dans d'autres programmes, par exemple Adobe PageMaker.

3. Si vous réactivez l'outil Texte après la saisie du paragraphe de texte. Vous pouvez modifier la taille du cadre à l'aide de ses poignées. Ce n'est pas la taille du texte qui change, mais bien celle du cadre (Fig. 11.94).

Astuce

Convertir un texte

Il est possible de commuter entre les deux types de texte en utilisant les commandes **Calque/Texte/Convertir en texte de point** et **Calque/Texte/Convertir en texte de paragraphe**.

4. Voilà : tous les éléments sont maintenant au point. Voici notre page web (Fig. 11.95).

▲ **Fig. 11.94** : *Modification de la taille du cadre*

▲ **Fig. 11.95** : *La page web*

Travailler avec des tranches

Réflexion : le résultat final ne vous sert pas à grand-chose si vous l'utilisez en tant qu'image. Le transfert des données sera beaucoup trop long pour les visiteurs de votre site. Il faut extraire les principaux éléments de l'image, en délaissant les vides.

Si vous avez travaillé, comme nous, avec des repères, la commande **Tranches/ Créer des tranches à partir des repères** devrait vous intéresser. Avec cette fonction, ImageReady suit tous les repères et fractionne l'image en tranches.

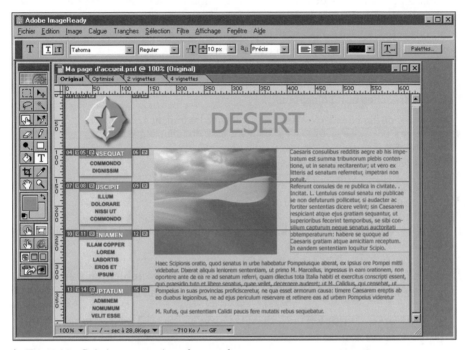

▲ **Fig. 11.96** : *Création automatique des tranches*

Les tranches ont un avantage majeur : chacune peut être dotée de ses propres paramètres d'optimisation.

Astuce

Des valeurs tout à fait différentes

Vous pouvez par exemple optimiser une tranche de manière à ce qu'elle dispose en format GIF d'un nombre de couleurs inférieur aux autres tranches. C'est un moyen de réduire fortement les temps de transfert, car la taille du fichier se réduit comme une peau de chagrin. Vous pouvez même utiliser des formats de fichier différents pour les tranches. La photo peut par exemple être sauvegardée en JPEG et le reste en GIF.

Mais un inconvénient ne doit pas être sous-estimé : si plusieurs tranches prennent les mêmes valeurs d'optimisation, le travail est multiplié. Heureusement, Image-Ready propose à cet effet une possibilité particulière.

Lier les tranches

Les tranches qui doivent être affectées des mêmes valeurs d'optimisation peuvent être regroupées en un jeu de tranches. Si vous modifiez les paramètres du jeu, toutes les tranches individuelles sont automatiquement actualisées avec les nouveaux paramètres. Les jeux n'empêchent cependant pas de modifier individuellement les tranches, par exemple pour les mettre à l'échelle.

Astuce

> **Lier des tranches non adjacentes**
>
> Dans un jeu de tranches, il n'est pas nécessaire que les tranches soient voisines les unes des autres, elles peuvent être disséminées dans toute l'image.

Pour créer un jeu de tranches, procédez ainsi :

1. Activez l'outil de sélection de tranche, par exemple par la touche [A].

2. Sélectionnez avec cet outil toutes les tranches à rassembler dans un jeu, puis activez la commande **Lier les tranches** dans le menu contextuel.

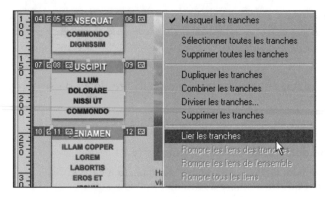

◀ **Fig. 11.97 :**
Lier les tranches

3. Après l'activation de cette fonction, les marques des tranches sélectionnées sont affichées en une autre couleur pour une meilleure identification (Fig. 11.98).

4. Chaque jeu de tranches est doté d'une autre couleur, ce qui permet de voir rapidement quelles sont les tranches liées entre elles (Fig. 11.99).

5. Dans le menu contextuel, après un clic avec le bouton droit de la souris sur une tranche, vous trouverez toutes les fonctions importantes. Vous pourrez en modifier la hiérarchie ou toutes les sélectionner en une fois (Fig. 11.100).

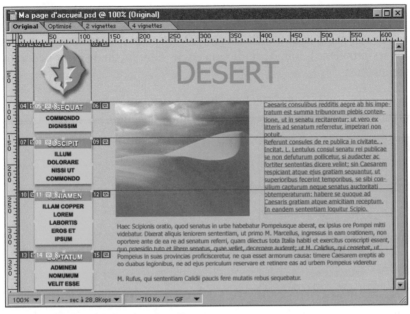

▲ **Fig. 11.98** : *Un jeu de tranches (en rouge)*

◀ **Fig. 11.99** :
*Un deuxième jeu
(en vert)*

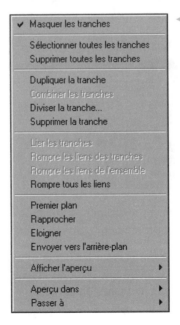

◀ **Fig. 11.100** :
*Le menu
contextuel*

Convertir des sélections en tranches

La création automatique de tranches à partir des repères est pratique, mais ne règle pas tous les problèmes, loin de là. Il existe une autre façon de créer des tranches automatiquement :

1. Cliquez par exemple sur le calque du blason en appuyant en même temps sur la touche [Ctrl] pour charger ce calque comme sélection.

◀ **Fig. 11.101 :**
Un calque chargé comme sélection

2. Activez la commande **Tranches/Créer des tranches à partir des sélections**.

3. ImageReady crée automatiquement la tranche, sachant que la tranche est rectangulaire.

   Il n'est pas possible de créer d'autres formes de tranches, car les images sont toujours rectangulaires. Si elles n'étaient pas rectangulaires, les tranches ne pourraient pas être exportées et reconstituées dans un tableau.

◀ **Fig. 11.102 :**
Une tranche à partir d'une sélection

4. ImageReady ajuste les tranches voisines en conséquence. Il peut en résulter des morceaux extrêmement petits.

   Si vous souhaitez regrouper les petits morceaux en une tranche, sélectionnez-les avec l'outil Sélection de tranche. Activez ensuite la commande **Combiner les tranches** dans le menu contextuel.

5. Pour fractionner une tranche en plusieurs morceaux plus petits, vous trouverez aussi dans ce menu la commande **Diviser la tranche**. Dans une boîte de dialogue, vous pourrez piloter au mieux cette opération dans le plan vertical et horizontal.

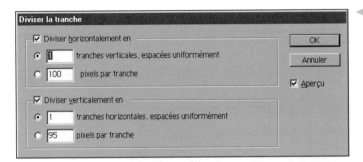

◀ **Fig. 11.103 :**
*La boîte
de dialogue
Diviser
la tranche*

Astuce

Utiliser l'aperçu

Activez dans cette boîte de dialogue la case *Aperçu* pour constater de visu le résultat obtenu.

Avec les valeurs par défaut, vous pouvez diviser l'image de façon à ce que chaque élément soit l'objet d'une tranche spécifique. Les éléments individuels peuvent ensuite être dotés d'un lien hypertexte : utilisez pour cela le champ *URL* de la palette **Tranches**.

Voici une répartition optimale des tranches.

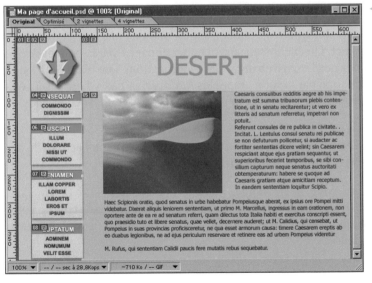

◀ **Fig. 11.104 :**
*La répartition
en tranches
(Desert1.psd)*

Enregistrer les tranches

Lorsque les valeurs d'optimisation des tranches sont définies, vous pouvez enregistrer individuellement les tranches.

1. Sélectionnez la tranche à enregistrer.

2. Activez la commande **Fichier/Enregistrer une copie optimisée sous** ou activez Ctrl+Maj+S.

3. Sélectionnez sur la liste au bas de la boîte de dialogue l'option *Tranches sélectionnées*.

◀ **Fig. 11.105 :**
Enregistrement de tranches

4. L'image ainsi enregistrée peut ensuite être utilisée dans le code HTML.

Astuce

Les tranches dans Photoshop

Certaines des fonctions de tranche sont désormais aussi proposées par Photoshop. Malgré tout, si vous décidez d'utiliser intensivement les tranches, nous vous conseillons de faire appel à ImageReady.

Appliquer des effets de transformation par la souris

L'effet est bien connu : lorsque vous cliquez sur un bouton dans une page web, le bouton change d'aspect. Ou encore, en survolant une image avec le pointeur de la souris, vous constatez que l'image change. Ces modifications sont réalisées à l'aide d'effets de transformation par la souris (appelés *Rollover*). Vous n'avez pas à vous préoccuper de la programmation du code Java utilisé à cet effet. ImageReady se charge de tout.

Si la palette **Transformation par souris** n'est pas affichée à l'écran, activez-la par la commande **Fenêtre/Transformation par souris**.

1. Dans cette palette, vous ne distinguez au départ qu'une miniature de l'image : elle matérialise l'état normal. Cette situation est présentée au visiteur de votre page web tant que l'image n'est pas activée par un clic ou survolée par le pointeur de la souris.

2. Pour créer un nouvel état, cliquez sur le bouton marqué de la feuille de papier, au bas de la palette. Après ce clic, une nouvelle miniature apparaît, identique à la précédente. ImageReady crée une copie de la situation de départ.

Pour cela, il faut sélectionner l'élément qui sera concerné par l'effet de transformation. Dans notre page web, il pourrait s'agir du blason.

▲ **Fig. 11.106** : *Un nouvel état de transformation par souris*

Au-dessus de la nouvelle miniature apparaît le libellé *Par de* et une petite flèche. Cette flèche déroule un menu proposant diverses options.

■ *Par-dessus* : état de transformation par souris lorsque le visiteur survole la tranche ou la zone de carte-image avec la souris sans que le bouton soit enfoncé.

■ *Bas* : état de transformation par souris lorsque le visiteur enfonce le bouton de la souris sur la tranche ou la zone de carte-image. Cet état persiste tant que l'internaute maintient le bouton enfoncé sur la zone.

■ *Clic* : état de transformation par souris lorsque le visiteur clique avec la souris sur la tranche ou la zone de carte-image. Cet état persiste jusqu'à ce qu'il active un autre état de transformation par souris.

■ *Extérieur* : état de transformation par souris lorsque le visiteur glisse la souris en dehors de la tranche ou de la zone de carte-image. C'est l'état *Normal* qui assure généralement cette fonction.

■ *Haut* : état de transformation par souris lorsque le visiteur relâche le bouton de la souris sur la tranche ou la zone de carte-image. C'est l'état *Sur* qui assure généralement cette fonction.

■ *Personnalisé* : définit un nouvel état de transformation par souris. Vous devez créer le code JavaScript et l'ajouter au fichier HTML de la page web pour que cette option de transformation par souris fonctionne.

■ *Sans* : conserve l'état actuel de l'image en vue d'une utilisation ultérieure comme état de transformation par souris. Un état signalé par *Sans* ne sera pas affiché sur la page web.

3. Pour cette transformation, nous allons masquer l'ombre portée. La deuxième vignette diffère de la première. La première représente l'état normal.

▲ **Fig. 11.107** : *Un état modifié*

4. Tant que le pointeur se trouve à côté de l'image, c'est l'état normal qui est affiché. Si le pointeur survole le blason, l'ombre disparaît. Vous pouvez juger du résultat par le bouton **Aperçu de la transformation par souris** de la boîte à outils.

5. Les autres actions de souris ne déclenchent pas de transformation : si vous cliquez sur le blason, il ne se passe absolument rien. Nous allons appliquer un autre état de transformation par souris à notre image.

6. Cliquez sur le bouton de la feuille au bas de la palette **Transformation par souris**. Cette fois, sélectionnez l'option *Bas*, correspondant à l'enfoncement du bouton de la souris sur l'image. Cette fois, masquez l'effet *Biseautage et estampage*.

▲ **Fig. 11.108** : *Un autre état de transformation par souris*

Astuce

Mêmes règles que pour les animations

Pour les états de transformation par souris les mêmes règles concernant les animations s'appliquent. Ces règles sont traitées au chapitre *Une bannière animée avec ImageReady*. Notez que seules certaines modifications sont possibles. Si vous changez par exemple la couleur d'un calque, la modification concerne tous les états. Pour arriver à ce résultat, la solution consiste à travailler avec deux calques de couleurs différentes et à les afficher ou à les masquer selon les circonstances.

Copier un état de transformation par la souris

Dans le menu d'option de la palette **Transformation par souris**, vous trouverez quelques fonctions intéressantes, facilitant la création et la modification des calques de transformation par souris. Prenons un exemple : vous souhaitez transférer votre organisation des calques sur un autre état. Pour cela, inutile de recommencer tout le travail. Cette fonction est intéressante aussi si votre page comprend plusieurs boutons et si vous souhaitez leur affecter les mêmes propriétés.

1. Créez les calques. Adaptez les attributs, la visibilité, la position, l'opacité, le mode de fusion, les effets, etc.

2. Veillez pour cela à ce que l'état concerné soit bien sélectionné.

3. Ouvrez d'un clic le menu de la palette **Transformation par souris**, puis activez la commande **Copier l'état de transformation par souris**.

   La commande **Faire correspondre le calque à tous les états** peut être employée pour transférer les propriétés actuelles de calque à tous les autres états de la transformation par souris active.

   Si vous souhaitez appliquer les propriétés de calque à tous les autres états du document, activez la commande **Faire correspondre le calque à toutes les transformations par souris**.

   Pour transférer l'état ainsi copié, sélectionnez l'état cible et activez la commande **Coller l'état de transformation par souris**.

Astuce

Chaque état devient une image

Lors de l'enregistrement de la version optimisée, chaque état de transformation par souris crée sa propre image. Les images peuvent être déposées dans un dossier spécifique.

Les cartes-images

Il nous reste une fonction à étudier : elle ressemble un peu aux tranches, mais avec des effets différents. Il s'agit de la carte-image. Une carte-image permet de définir de l'image qui réagiront aux actions du visiteur. Pour construire ces cartes-images, un outil flyout met à votre disposition plusieurs outils.

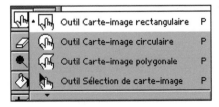

◄ **Fig. 11.109 :**
Le menu flyout

1. Chargez par exemple le titre du premier menu comme sélection, puis activez la commande **Calque/Nouvelle zone de carte-image d'après un calque**.

2. Pour afficher la carte-image, utilisez les boutons ci-dessus. Pour une meilleure orientation, nous vous conseillons de masquer les tranches.

◀ **Fig. 11.110 :**
*Nouvelle zone
de carte-image*

3. Dans la palette **Carte-image**, vous pouvez maintenant définir l'adresse cible, celle à laquelle le visiteur sautera s'il clique sur notre carte-image. Indiquez cette adresse dans le champ *URL*.

La liste *Cible* permet de définir le cadre dans lequel la nouvelle page sera affichée. Par *Alt*, il est possible de définir un texte de remplacement qui apparaîtra si l'image n'est pas affichée dans la page web, par exemple si le visiteur a désactivé l'affichage des images dans son navigateur.

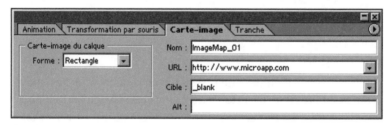

▲ **Fig. 11.111 :** *Les options de carte-image*

4. Vous pouvez aussi lier de la sorte tous types de textes. Notre page web est maintenant terminée. Vous pouvez l'enregistrer. Pour contempler

le résultat dans votre navigateur, utilisez le bouton présenté ci-dessus. Dans cet aperçu, vous verrez également le code Java : il est affiché au bas de la page.

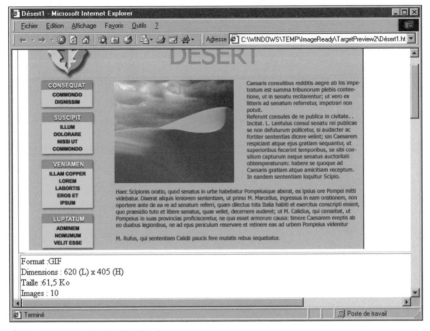

▲ **Fig. 11.112** : *Le résultat final*

Chapitre 12

Une bannière animée avec ImageReady

L es GIF animés sont un domaine étonnant de la conception web. Vous connaissez certainement les textes et les images animés des pages web que vous avez l'habitude de visiter. Beaucoup sont attrayantes, certaines ont tendance à porter sur les nerfs. Même si vous aimez les animations, gardez toujours à l'esprit que le côté répétitif des animations devient très vite lassant. De plus, elles ont tendance à détourner l'attention du principal : le contenu.

Et pourtant, créer des animations est une occupation amusante et si ces images sont bien conçues, elles peuvent agrémenter votre site.

12.1. Réflexions concernant les animations

Commençons par clarifier la notion d'animation. Comment est produit le mouvement ? En réalité, rien ne bouge, rien ne se déplace, les images sont toujours fixes. Chaque animation se compose en fait de plusieurs images individuelles, sur le vieux principe du dessin animé. Plus le nombre d'images diffusé par seconde est élevé, plus le mouvement est fluide. Pour un dessin animé, le taux d'images par seconde est de 24.

Cette technique ne fonctionne parfaitement que si les images sont de petite taille, faute de quoi les temps de chargements ne permettent pas une diffusion suffisamment rapide. Dans ce cas, l'animation est hachée.

Autre réflexion importante : plus le fichier d'image est volumineux, plus le chargement sur le réseau est long ; plus l'animation comporte d'images, plus la taille du fichier grossit. Il faut donc trouver un compromis entre nombre d'images et taille de fichier.

Créer un modèle

Pour notre exercice, nous avons créé un modèle. Ce modèle a la taille d'une bannière, comme vous en rencontrez souvent sur le Web : 468 x 60 pixels. Ainsi pourrez-vous l'utiliser comme bannière pour votre site, si le cœur vous en dit.

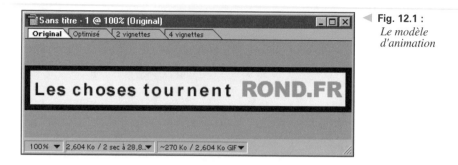

◀ **Fig. 12.1 :**
Le modèle
d'animation

Les textes sont placés sur deux calques différents : vous en découvrirez la raison au cours de cet atelier. Pour les animations, il est souvent nécessaire de placer des morceaux d'images sur des calques différents, car les techniques d'animation travaillent au niveau des calques.

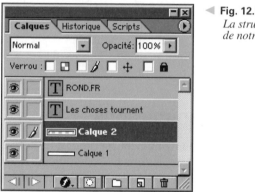

◀ **Fig. 12.2 :**
La structure des calques
de notre animation

Les possibilités d'animation

Il existe différentes façons de créer l'illusion du mouvement : nous allons les passer en revue. Le point commun est que toutes les animations sont formées de plusieurs images individuelles. Voyons comment les créer.

1. Si la palette **Animation** n'est pas affichée à l'écran, ouvrez-la par la commande **Fenêtre/Afficher Animation**.

▲ **Fig. 12.3 :** *La palette Animation*

2. Au bas de cette palette, l'icône de page permet de créer une nouvelle image. Il s'agit d'une copie parfaite de l'image actuelle. L'image actuelle, celle qui est affichée pour l'instant dans la fenêtre d'image, est encadrée d'une autre couleur. Après la création de la nouvelle image individuelle, nous sélectionnons la première image pour la modifier.

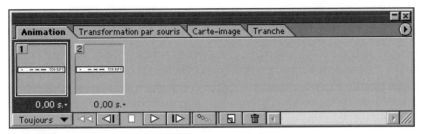

▲ **Fig. 12.4** : *Création d'une nouvelle image*

3. Après sélection de la première image, aucune modification n'apparaît dans la fenêtre d'image. Sélectionnez le calque de texte de niveau inférieur et déplacez-le vers la droite de manière à le faire sortir de l'image.

▲ **Fig. 12.5** : *Le calque est sorti de l'image : le texte clignote*

Cela met fin à la première animation, même si elle n'est pas particulièrement passionnante. Les deux images sont cependant suffisantes pour une première animation. La situation est la suivante : dans la première image, le texte n'est pas visible, dans la seconde il apparaît. Comme l'animation est répétée, le résultat est : pas visible, visible, pas visible, visible, etc. Nous aurions pu arriver au même résultat de façon plus simple : la désactivation de l'icône de l'œil, dans la palette **Calques**, donne le même résultat.

Texte défilant

Nous ne cherchons pas à créer un texte clignotant, nous voulons un effet plus intéressant. C'est pourquoi nous avons décalé le calque. Le texte doit venir glisser dans l'image. Avant de régler cette opération, il nous faut masquer l'autre texte dans les deux images. Cliquez dans la palette **Animation** sur la première image et masquez le texte placé à droite dans la palette des calques. Répétez ensuite l'opération dans la seconde image.

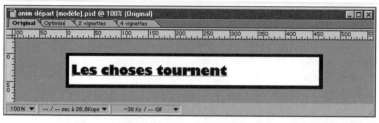

▲ **Fig. 12.6** : *Le texte situé à droite est masqué*

Pour mettre le texte en mouvement, nous pourrions créer une copie de l'image et déplacer le calque de quelques pixels vers la gauche. De cette nouvelle image, nous pourrions ensuite créer une nouvelle copie comportant à nouveau un léger déplacement, et ainsi de suite. Mais toutes ces opérations sont longues et fastidieuses. ImageReady propose une technique plus simple.

1. Activez, dans le menu de la palette **Animation**, la commande **Trajectoire**. Elle ouvre la boîte de dialogue suivante, dans laquelle vous indiquerez le nombre d'images à insérer entre la première image et la deuxième. Nous avons opté pour 40 images. Dans le haut de la boîte de dialogue, vous pouvez également spécifier les attributs et les propriétés de calque à prendre en compte pour les nouvelles images.

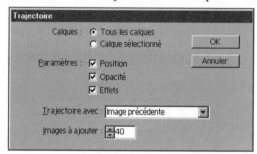

▲ **Fig. 12.7** : *Insertion d'images*

2. Par cette fonction, ImageReady ne se contente pas d'intégrer 40 nouvelles images, il calcule également les différences d'une image à l'autre. Après validation, notre animation se compose de 42 images : la première et la dernière sont nos images de départ, les 40 autres sont les nouvelles images. En contemplant les miniatures de la palette **Animation**, vous pouvez déjà constater que les images se différencient les unes des autres.

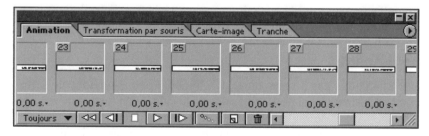

▲ **Fig. 12.8** : *Les nouvelles images de l'animation*

3. Testons le résultat. Cliquez sur les différentes miniatures et regardez bien la position du texte.

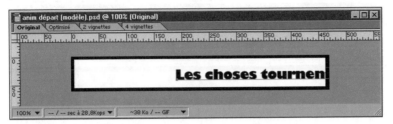

▲ **Fig. 12.9** : *Une des images intermédiaires*

Vous venez de découvrir le second moyen de créer des animations.

Insérer des pauses

Pour permettre au visiteur de reprendre son souffle au cours de l'animation, nous allons insérer une pause à la dernière image. Cliquez sur cette image pour la sélectionner. Au bas de la miniature, notez une information en seconde. Elle indique la durée d'affichage de l'image.

Si vous cliquez sur la petite flèche, un menu apparaît, proposant d'autres valeurs. Nous avons choisi une valeur de 5 secondes.

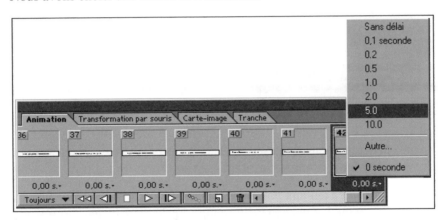

▲ **Fig. 12.10** : *Indication en secondes*

Transformation animée

L'action suivante doit faire apparaître le texte de droite d'une manière surprenante. Pour cela, il nous faut à nouveau une copie de l'image. Sélectionnez la dernière image et cliquez sur l'icône de la feuille de papier, au bas de la palette **Animation**.

Dans la copie, affichez à nouveau le texte de droite et définissez la durée d'affichage sur la valeur *Sans délai*.

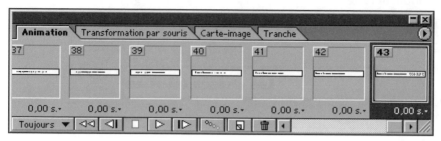

▲ **Fig. 12.11** : *La nouvelle image*

Nous allons jouer la facilité tout en obtenant un effet intéressant. ImageReady offre tout ce dont nous avons besoin : jetez un coup d'œil à la palette **Scripts**. Vous y trouverez une liste d'animations prédéfinies, parmi lesquelles *Zoom avant avec rotation*.

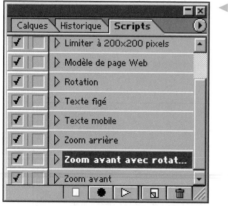

◄ **Fig. 12.12** :
Les actions prédéfinies

Sélectionnez la dernière image et exécutez l'animation. Il suffit ensuite d'attendre un petit moment avant d'admirer le résultat.

Si vous jetez un coup d'œil aux nouvelles images, vous constaterez que le texte subit une rotation et qu'il grandit en même temps. La dernière image correspond à l'image de départ de l'animation (Fig. 12.13).

Plus le texte grandit et plus un défaut inhérent à notre animation apparaît : il dépasse la bordure. Nous allons y remédier, car notre objectif est une animation (presque) parfaite.

▲ **Fig. 12.13** : *Le texte en rotation*

Transformation de calque dans une animation

C'est pour la mise au point de l'action que nous avons créé ces calques. Il existe des fonctions qui ne sont pas prises en compte de manière aussi pratique que l'affichage/masquage. Les transformations de calque ne sont que difficilement réalisables dans le cadre d'une animation. Et pourtant, une astuce permet de contourner les problèmes : il suffit de transformer manuellement et pas à pas les calques jusqu'à arriver au résultat requis. Chaque étape de la transformation est enregistrée sur un calque individuel. Comme l'image comporte plusieurs calques représentant les diverses étapes, il suffit de les afficher ou de les masquer en fonction des besoins. C'est exactement le genre de travail pénible que vous évitent les scripts.

Pour déplacer le calque à une nouvelle position, procédez comme d'ordinaire : déplacez le calque du cadre au-dessus du texte par glisser-déposer (Fig. 12.14).

Remarque

Hiérarchie fixe

L'ordre des calques ne peut être modifié dans une animation. Une modification a de ce fait des effets sur toutes les images.

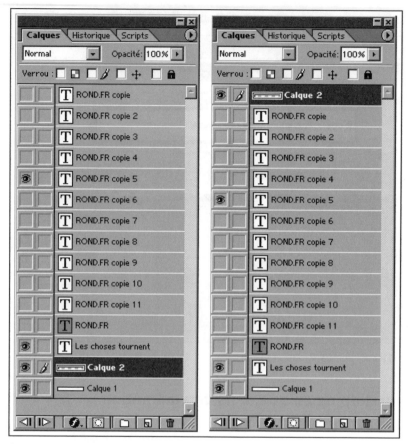

▲ **Fig. 12.14** : *Modification de l'ordre des calques*

Masquer des calques

Pour finir, nous souhaitons que le texte disparaisse lentement de l'écran. Pour cette disparition, la première image montre le contenu intégral, la dernière ne montrant plus les éléments concernés. La situation est la même qu'au départ de notre animation.

Vous vous en rappelez certainement : nous avions déplacé un texte en dehors de l'image. Mais cette fois, c'est encore plus simple.

Commencez par créer une nouvelle image dans la palette **Animation**. Sur cette image, nous allons purement et simplement masquer les textes dans la palette des calques. Le résultat n'est pas ce que nous souhaitons, pour l'instant le texte disparaît brutalement.

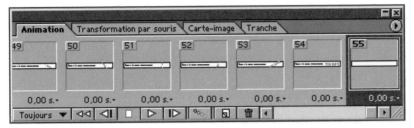

▲ **Fig. 12.15** : *Une nouvelle image*

Là encore, la fonction de trajectoire va nous aider. Activez-la dans les options de la palette **Animation**. Veillez à ce que l'option *Opacité* soit cochée et insérez dix nouvelles images.

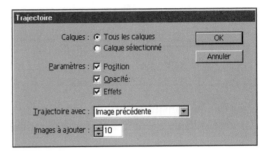

▲ **Fig. 12.16** : *La fonction Trajectoire*

Ce qui se passe lors de la disparition

ImageReady crée automatiquement dix nouvelles images au cours desquelles le texte disparaît progressivement de l'écran. Il est facile de voir comment Image-Ready procède : cliquez par exemple sur la septième nouvelle image, en l'occurrence l'image numéro 61. Vous constaterez que le texte est très pâle : l'opacité n'est plus que de 36 %. À chaque nouvelle image, ImageReady réduit cette opacité jusqu'à masquer totalement le texte.

▲ **Fig. 12.17** : *Une phase intermédiaire du masquage*

Créer des boucles

Mais pourquoi avoir masqué le texte en fin d'animation ? La raison est simple : nous souhaitons revenir à l'état de la première image, l'image vide.

Le spécialiste appelle cette procédure une "boucle" ou un "cycle". Les films de dessins animés font largement appel aux boucles pour limiter le travail. Prenons l'exemple d'un homme en marche : l'animation doit durer 10 secondes, ce qui suppose la création de 240 images individuelles.

Mais comme l'activité de marche se résume toujours aux mêmes mouvements, il est facile de simplifier le travail. Il suffit de dessiner un pas (12 images font l'affaire) et de répéter à l'infini ce pas. Après la douzième image, l'animation reprend à la première et ainsi de suite. Le tout est répété 20 fois et ainsi les 10 secondes d'animation sont atteintes.

Pour que la transition entre les différentes phases soit indétectable, il faut que la dernière et la première image soient identiques. Et c'est exactement notre situation.

Films sans fin

Au cours de vos séances de surf sur le Web, vous avez peut-être déjà rencontré des animations qui n'en finissent pas de se dérouler...

La technique de base est toujours la même. La plupart des animations GIF sont construites sous forme de boucles sans fin. Dès la dernière image, l'animation reprend à la première. L'inconvénient est que ces animations deviennent très rapidement lassantes et détournent l'attention du visiteur de l'essentiel : le contenu de la page.

Contrôle du film

Nous allons enfin visualiser le résultat de tous nos efforts. Pour cela, inutile d'enregistrer l'animation en format GIF, ImageReady permet de visualiser l'animation dans un navigateur web. Cliquez simplement sur le bouton **Exécute l'animation** de la barre de navigateur placée au bas de la palette **Animation**.

Remarque

Aperçu dans les deux modes

Vous pouvez regarder le film soit en mode original, soit en mode optimisé.

Le premier bouton de la barre de navigateur au bas de la palette **Animation** permet de définir par un menu comment ImageReady doit afficher le film. Parmi les options proposées, vous pouvez choisir entre *Toujours*, *Une fois* et *Autre*, qui permet de définir le nombre de répétitions.

▲ **Fig. 12.18** : *Le menu*

Aperçu dans le navigateur

Pour un meilleur rendu de l'animation, il est cependant conseillé de passer par la commande **Fichier/Aperçu dans**. C'est dans le navigateur que vous pourrez juger effectivement de la vitesse de diffusion.

Dans Internet Explorer, voici le résultat obtenu.

◀ **Fig. 12.19** :
*L'animation
dans Internet
Explorer*

En contemplant l'animation, il apparaît que les temps de pause sont trop longs. Sélectionnez dans la palette **Animation** les images concernées et ramenez le temps de pause à 2 secondes. Notez qu'il est possible de fixer le temps de pause simultanément pour plusieurs images. Il suffit de les sélectionner ensemble, avec la touche [Ctrl] ou [Maj].

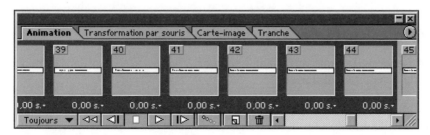

▲ **Fig. 12.20** : *Sélection multiple d'images*

Remarque

Sélectionner toutes les images

Pour sélectionner toutes les images en même temps, activez la commande **Sélectionner toutes les images** dans le menu d'options de la palette **Animation**.

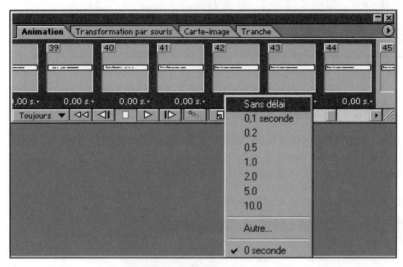

▲ **Fig. 12.21** : *Modification du temps d'affichage*

Pour finir, il ne reste plus qu'à optimiser le fichier et à l'enregistrer en format GIF. Vous obtiendrez ainsi une animation GIF qui agrémentera votre page web.

◄ **Fig. 12.22** :
*Les options
d'optimisation*

Encore quelques fonctions

Certaines fonctions d'animation restent à évoquer. Vous les trouverez dans le menu d'options de la palette **Animation**.

Avec la commande **Aplatir les images dans des calques**, chaque image individuelle de l'animation devient un calque. Cette technique est intéressante si vous souhaitez éditer individuellement les images de l'animation. Mais ne soyez pas surpris : le contenu de la palette des calques croît considérablement. Vous reconnaîtrez les images individuelles aux noms des calques.

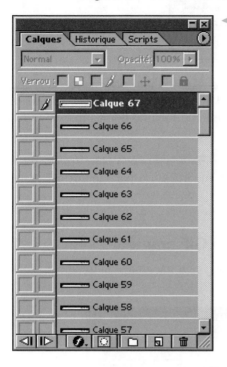

◀ **Fig. 12.23 :**
Conversion des images en calques

Optimiser l'animation

Pour les animations, il existe des possibilités d'optimisation spéciales. Ces options entraînent un calcul des images optimisées plus long que d'ordinaire.

Si vous optimisez une animation GIF avec les palettes *Perception*, *Sélective* ou *Adaptative*, une palette de couleurs est générée à partir des couleurs utilisées dans toutes les images de l'animation.

De plus, une méthode de tramage spéciale garantit que les modèles de trame sont identiques dans toutes les images. Cela évite le scintillement.

Les images sont optimisées de telle manière que seules les zones qui changent d'une image à l'autre sont intégrées. Cette technique permet de réduire sensiblement la taille du fichier GIF, avec en contrepartie une durée d'optimisation plus longue.

Pour définir les options d'optimisation de l'animation, procédez ainsi :

1. Activez la commande **Optimiser l'animation** du menu d'option de la palette **Animation**.

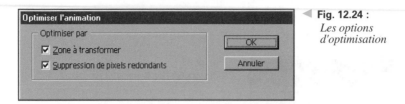

◀ **Fig. 12.24 :**
*Les options
d'optimisation*

2. Cochez l'option *Zone à transformer* si vous ne souhaitez conserver à chaque fois que la zone modifiée par rapport à l'image précédente. Notez cependant que les animations créées par cette fonction ne sont pas compatibles avec les éditeurs GIF traditionnels.

3. Cochez l'option *Suppression de pixels redondants* pour rendre transparents tous les pixels qui ne subissent pas de modification par rapport à l'image précédente.

Arrière-plan transparent dans un GIF animé

Si vous cliquez avec le bouton droit de la souris sur une image individuelle, vous verrez apparaître un menu contextuel.

▲ **Fig. 12.25 :** *Les options d'image*

La méthode de suppression des images permet de définir si l'image actuelle doit être supprimée lors de l'affichage de l'image suivante. Cela s'applique aux animations avec arrière-plan transparent.

La commande **Restaurer au fond** sert à supprimer complètement l'image en cours avant d'afficher la suivante. Une seule image s'affiche à la fois (et l'image en cours n'apparaît pas à travers les zones transparentes de l'image suivante.)

Choisissez l'option **Ne pas supprimer** pour garder l'image en cours lors de l'affichage de l'image suivante. L'image en cours (et celles qui la précèdent) risque de s'afficher à travers les zones transparentes de l'image suivante.

Avec l'option **Automatique**, ImageReady détermine automatiquement la méthode de disposition pour l'image en cours, supprimant cette dernière si l'image suivante contient une transparence de calque. Dans le cas de la plupart des animations, l'option **Automatique** donne de bons résultats.

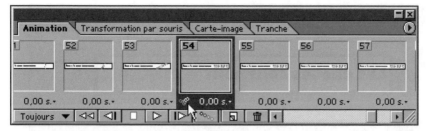

▲ **Fig. 12.26** : *L'icône du mode choisi*

Les options de compression

Pour terminer cet exercice, nous allons passer en revue les options de compression, définies dans la palette **Optimiser**. Ces options influent sur la taille du fichier et donc sur la durée du chargement de l'animation via Internet.

Comme GIF est le seul format prenant en charge les animations, nous sommes contraint de travailler en GIF, avec les faiblesses et les inconvénients que cela

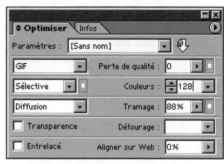

▲ **Fig. 12.27** : *Les options de compression*

suppose. La conversion d'une image TrueColor en une image de 256 couleurs de profondeur est incontournable, GIF ne sait pas aller au-delà.

Le nombre requis de couleurs dépend de l'image, nous en avons parlé au chapitre *Une photo colorisée manuellement*. La seule solution est de procéder à des expérimentations. Commencez par une valeur très faible et montez progressivement, jusqu'à obtenir un résultat satisfaisant. Pour juger des effets, il faut bien sûr passer à l'affichage *Optimisé*.

Remarque

Une question de temps

Le calcul de l'image prend un certain temps, car nous avons créé une animation conséquente.

Nous avons commencé nos essais avec une profondeur de dix couleurs. Pour l'image de base, c'est suffisant. Mais si vous jetez un coup d'œil aux images durant le masquage des textes, en fin d'animation, vous constaterez que la profondeur de couleur est insuffisante.

Pensez aussi à regarder la palette **Table des couleurs**. Vous pourrez y vérifier les couleurs de la palette et juger si elles sont suffisantes pour représenter correctement les nuances de l'image.

▲ **Fig. 12.28** : *Une profondeur de dix couleurs est insuffisante*

Peu de couleurs : fichier réduit

Dans le cas de notre animation, 15 couleurs sont suffisantes pour obtenir un résultat correct. La palette utilisée est présentée ci-dessous. Nous avons également passé la valeur de tramage à 50 % pour rendre la trame plus discrète.

Du fait de cette profondeur de couleur, notre animation de 65 images occupe 48 ko, ce qui équivaut à un temps de chargement de 18 secondes avec un modem en 28,8 kbps. C'est vraiment l'extrême limite du supportable !

▲ **Fig. 12.29** : *Le résultat final*

Pour la démonstration des capacités d'ImageReady, ce fichier est cependant correct.

Enregistrer le fichier original et le fichier d'animation

Le résultat doit être doublement enregistré : une première fois comme fichier PSD, modifiable ultérieurement, et une seconde fois comme version optimisée, en format GIF.

Astuce

Les informations de couleur sont conservées

Si vous procédez à une réduction des couleurs pour le format GIF, ImageReady note le nombre de couleurs dans l'image originale. Au prochain chargement de l'animation, ImageReady restaure les paramètres.

Après l'activation de la commande **Fichier/Enregistrer une copie optimisée sous** ou de la combinaison de touches [Ctrl]+[Maj]+[Alt]+[S], la boîte de dialogue suivante est affichée.

◀ **Fig. 12.30 :**
*La boîte
de dialogue
d'enregistrement*

Pour modifier les paramètres, vous pouvez cliquer sur le bouton **Paramètres de sortie**, pour accéder à la boîte de dialogue suivante.

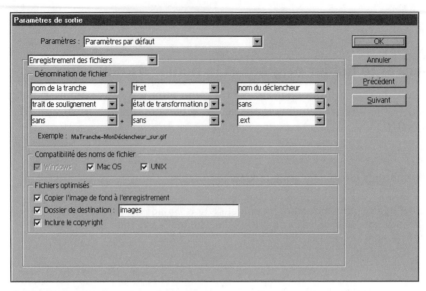

▲ **Fig. 12.31** : *Les paramètres de sortie*

Chapitre 13

Image web rapide

III

L es possibilités de créer des images pour le World Wide Web avec Photoshop et ImageReady sont nombreuses. Dans ImageReady, vous définirez les options dans la palette **Optimiser**.

Dans Photoshop, plusieurs options sont possibles. Vous pouvez utiliser les paramètres ordinaires lors de l'enregistrement de l'image en format web par **Fichier/Enregistrer sous**. Mais vous pouvez aussi faire appel à la commande **Enregistrer pour le Web**. Dans une boîte de dialogue spécifique, vous trouverez rassemblées toutes les options d'optimisation de l'image. Comme dans Image Ready, vous pourrez juger du résultat par les onglets placés au-dessus de l'image.

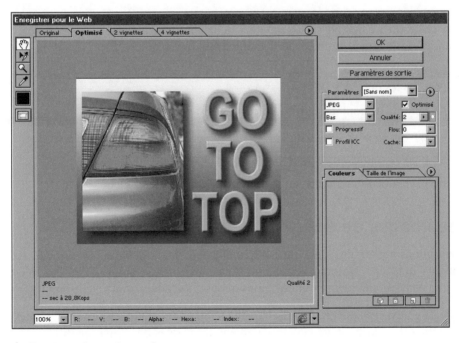

▲ **Fig. 13.1 :** *Les options web*

Cette option est recommandée lorsque vous enregistrez des images JPEG. Les images GIF offrent une autre possibilité : vous pouvez convertir l'image en une image en couleurs indexées avant de les passer en format JPEG. C'est le rôle de la commande **Image/Mode/Couleurs indexées**.

Nous savons que chaque couche en niveaux de gris permet 256 nuances. Dans ce mode, les couleurs sont le fruit de la combinaison de plusieurs couches de niveaux de gris. Avec le mode *Couleurs indexées*, les nuances de couleur sont utilisées différemment.

Dans ce mode, il n'y a qu'une seule couche. La taille du fichier s'en ressent bien évidemment, il est réduit des deux tiers. Dans cette couche, ce ne sont cependant pas des niveaux de gris, mais des couleurs qui sont stockées. Ces 256 possibilités sont déposées dans une palette, que vous pourrez éventuellement modifier.

Il est même possible d'économiser encore de la mémoire en n'utilisant pas intégralement les 256 couleurs. Et s'y ajoutent les possibilités de compression. L'inconvénient : une qualité réduite de l'image. Pour afficher des dégradés fluides, ce format ne dispose pas d'un nombre suffisant de couleurs.

13.1. Optimiser les images

La conversion peut faire intervenir des facteurs très divers. La qualité de l'image et la taille du fichier en subissent tous deux l'influence. Voici les points-clés essentiels influant sur le choix de la meilleure solution.

- Le motif de départ : contient-il des dégradés très nuancés ou des teintes très proches les unes des autres ?

- Le nombre de couleurs utilisé, parmi les 256 de la palette.

- Le type de palette : plusieurs palettes standard sont proposées.

- Le type de trame : trois types de trames sont à disposition.

- Le format de fichier dans lequel le résultat doit être enregistré.

Les images de départ

Nous allons traiter des éléments essentiels pour une conversion optimale en couleurs indexées. Comme l'effet que donne une image en couleurs indexées dépend considérablement du motif, nous avons choisi deux images différentes.

Celle de gauche est une photo dans laquelle n'interviennent que très peu de teintes différentes. L'image contient essentiellement des verts et des bruns, en différentes nuances. L'image présente beaucoup de détails.

Pour la seconde image, nous avons créé un graphique qui contient une photo colorée. L'arrière-plan se compose d'un dégradé linéaire. Le texte, à l'instar de la photo, présente des contours adoucis. Cette image contient des couleurs très variées et des dégradés très doux.

Les deux images ont une taille de 709 x 531 pixels, elles sont imprimées à une taille d'environ 6 cm. Les deux fichiers RVB non compressés ont une taille de fichier de 1 150 ko.

Lors de la compression en JPEG avec la meilleure qualité, les premières différences entre les images apparaissent.

Voici nos images de départ.

◀ **Fig. 13.2 :**
Les deux images :
Photo1.tif et
Image1.psd

Conversion des images en couleurs indexées

Activez la commande **Image/Mode/Couleurs indexées**. Pour la première opération, nous avons utilisé la palette système de Windows.

Dans cette palette sont regroupées les couleurs que Windows utilise pour ses affichages. Les deux options suivantes ne sont pas disponibles avec cette table de couleurs. Dans la dernière zone de liste, *Simulation*, nous avons choisi l'option *Sans* pour le premier essai. Validez les paramètres.

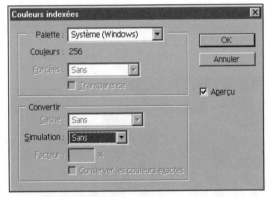

▲ **Fig. 13.3 :** *Les options de conversion*

Avec ces paramètres, nous avons obtenu les résultats de l'illustration suivante. Dans l'image située à gauche il n'y aucune différence notable par rapport à l'original. En revanche la seconde présente un défaut majeur : le dégradé a été détruit, il se compose de bandes de couleurs. Les ombres portées douces ont également été perdues.

Comparez les tailles des deux fichiers, enregistrés en format GIF par la commande **Fichier/Enregistrer sous**. Le format JPEG ne prend pas en charge les couleurs indexées.

La photo a été réduite à 206,6 ko, l'autre fichier ne fait plus que 89,7 ko.

◀ **Fig. 13.4 :**
La palette
Windows sans
simulation

Astuce

Plus de calque après la conversion

Lors de la conversion de l'image en couleurs indexées, tous les calques sont perdus. Une boîte de dialogue vous avertit de cette opération avant la fusion des calques.

Reprenons nos images de départ et tentons un autre essai. Conservez toutes les valeurs. Mais pour l'option *Simulation*, choisissez cette fois *Diffusion*. Comme *Facteur*, saisissez 100 et cochez l'option *Conserver les couleurs exactes*, pour que le tramage ne soit pas appliqué aux couleurs de la palette.

Avec ces nouvelles valeurs, le graphique est de meilleure qualité, mais la photo ne montre apparemment pas de changement. Les tailles de fichiers sont plus importantes pour les deux : 242 ko pour la photo et 187 ko pour le graphique.

◀ **Fig. 13.5 :**
Palette Windows
avec simulation

Vous remarquerez immédiatement combien les effets sont différents. Les différences sont essentiellement dues aux motifs des images et à leurs couleurs. Pour mieux juger du résultat, observons les deux variantes.

Voici les deux images de départ en agrandissement. Celle de gauche présente de nombreux détails, celle de droite des transitions de couleur très douces.

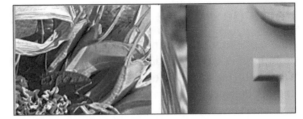

▲ **Fig. 13.6** : *Agrandissement des images de départ*

Astuce

En général : simulation

En principe, vous obtiendrez les meilleurs résultats avec une simulation par la méthode *Diffusion*. Avec de nombreux détails et une absence de dégradés, vous pourrez faire abstraction de la simulation.

Voyons maintenant les deux versions de la première image, la photo. À gauche le tramage est activé, à droite il ne l'est pas. La différence est à peine visible. La raison : l'original permet de voir que les pixels clairs et sombres sont disséminés un peu partout, il n'y a que quelques zones où les pixels ont des teintes avoisinantes.

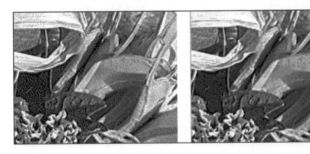

◄ **Fig. 13.7** : *À gauche avec simulation, à droite sans simulation*

Avec l'autre image, les choses sont tout à fait différentes. Ici le tramage donne des résultats nettement visibles. À gauche, avec le tramage, les points individuels sont mélangés, combinés, pour simuler le dégradé. À droite, les couleurs sont nettement différentes et les bandes apparaissent, avec des contours tout à fait visibles.

Moins une image contient de niveaux de gris différents, plus Photoshop pourra utiliser de couleurs pour simuler les dégradés. L'aspect de l'image s'en trouve amélioré, mais sans atteindre pour autant la qualité de l'image tramée.

▲ **Fig. 13.8** : *À gauche avec simulation, à droite sans simulation*

Perte de qualité par un nouveau calcul de l'image

Rappelez-vous qu'avec une conversion en couleurs indexées, il n'est plus possible de supprimer des pixels dans l'image en recalculant cette dernière. L'interpolation n'a plus d'effet, en raison du nombre trop réduit de couleurs utilisables. Il en résulte une qualité médiocre comme le montre la prochaine illustration. Le nombre de pixels a été réduit de 40 %.

◀ **Fig. 13.9 :**
Images recalculées

Les différentes palettes

Sur la liste des palettes, vous trouverez cinq palettes prédéfinies. Ces palettes contiennent des couleurs différentes, utilisées lors de la conversion de l'image. En voici le détail.

- *Exacte* : cette option est disponible uniquement si l'image, RVB, CMJN ou en niveaux de gris, utilise 256 couleurs ou moins. Il n'y a pas de conversion, les couches existantes sont fusionnées en une couche unique.

- *Système* : utilise la palette 8 bits par défaut du système Windows ou du MAC OS, fondée sur un échantillonnage uniforme de couleurs RVB.

Astuce

Pas de flash de palette

Avec les palettes système, vous bénéficiez d'un avantage : toutes les images utilisent la même palette de couleurs. Si vous travaillez avec une carte graphique en 256 couleurs, il n'y a pas de changement de palette lors du passage à une autre image. Cela permet d'éviter les pénibles flashs de palette, avec l'affichage de couleurs totalement erronées.

- *Web* : utilise la palette 216 couleurs que les navigateurs web utilisent. Les 40 autres couleurs sont réservées pour le système et le navigateur.

- *Uniforme* : crée une palette en échantillonnant uniformément les couleurs rouge, vert et bleu. Le nombre est défini par la profondeur de couleur spécifiée. Si vous saisissez par exemple 5 bits/pixel, vous disposerez de 25 nuances pour chacune des trois couleurs de base.

■ *Autre* : crée une palette personnalisée en utilisant la boîte de dialogue **Table des couleurs**. Un clic sur un champ de couleur ouvre le **Sélecteur de couleur** dans lequel vous définirez précisément la couleur requise. Si vous sélectionnez une plage de couleurs dans la table, vous pouvez également définir un dégradé.

Sous le trait de séparation, vous attendent d'autres options qui sont nouvelles dans cette version de Photoshop. Elles permettent de créer des tables de couleur particulières, permettant d'obtenir des résultats de meilleure qualité.

■ *Perceptive* : crée une palette personnalisée en donnant la priorité aux couleurs auxquelles l'œil humain est le plus sensible. C'est souvent un bon choix.

■ *Sélective* : crée une table des couleurs semblable à la table des couleurs *Perceptive*, mais en favorisant les larges zones de couleur et la préservation des couleurs web. Cette option produit d'ordinaire les images ayant la plus grande fidélité de reproduction. Il s'agit de l'option standard.

■ *Adaptative* : crée une palette en échantillonnant les couleurs du spectre apparaissant le plus souvent dans l'image. Avec notre photo, elle contenait essentiellement des nuances de vert.

Définir un dégradé

Pour déclarer une plage de dégradés dans une palette personnalisée; suivez cette procédure :

1. Sélectionnez sur la liste des palettes l'option *Autres*.

2. Cliquez sur le champ de couleur représentant le début du dégradé, maintenez le bouton de la souris enfoncé et glissez le pointeur jusqu'à atteindre la couleur d'arrivée du dégradé. Relâchez le bouton.

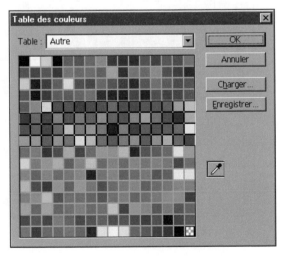

◄ **Fig. 13.10 :**
*Sélection
d'une plage
de dégradés*

---

3. La fenêtre **Sélecteur de couleur** apparaît à l'écran. Définissez d'abord la première couleur du dégradé. Validez la saisie. La fenêtre **Sélecteur de couleur** réapparaît pour permettre la fixation de la dernière couleur du dégradé. Validez par OK.

Photoshop crée dans cette plage le dégradé ainsi paramétré.

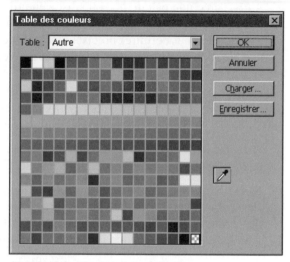

▲ **Fig. 13.11** : *Le dégradé est défini*

4. Après une deuxième fermeture de la fenêtre **Sélecteur de couleur**, vous pouvez vérifier le résultat dans l'image si l'aperçu est activé.

Enregistrer et charger des palettes

Le bouton **Charger** permet de charger une palette préalablement enregistrée, en vue de la conversion de l'image. Les palettes disposent de leur propre extension de nom de fichier, *.act*, mais il est également possible de faire appel à d'autres formats, par exemple les palettes de Windows.

Nous avons chargé à titre d'exemple, le nuancier *Niveaux de gris.act*. Dans la table, n'apparaissent plus que les niveaux de gris.

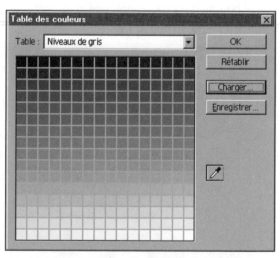

▲ **Fig. 13.12** : *Les couleurs standard pour la conversion*

Récupérer des couleurs avec la pipette

Faites appel à cette possibilité pour récupérer des couleurs dans l'image originale. Utilisez pour cela le bouton portant l'icône de pipette. Déposez ensuite la couleur dans la palette et enregistrez la palette. Vous pouvez ensuite utiliser cette palette pour la conversion. Avec l'option *Précédente* de la liste *Palette*, dans la boîte de dialogue **Couleurs indexées**, vous retrouverez la dernière palette utilisée, à condition que le mode ait été *Adaptative* ou *Autres*.

Les différentes résolutions de couleur

Les meilleurs résultats sont créés avec l'option *Sélective*. En fonction du motif, vous pourrez réduire considérablement la taille du fichier si vous faites varier le nombre des couleurs utilisées.

Par défaut, cette palette contient 256 couleurs. Les résultats, même pour le graphique, sont bien plus fins qu'avec la palette Windows utilisée précédemment. C'est dû au fait que la palette Windows contient beaucoup de couleurs n'intervenant pas dans l'image. Sur la liste *Forcées*, choisissez la mention *Sans*.

◀ **Fig. 13.13 :**
256 couleurs

La palette est automatiquement créée pour que les couleurs les plus fréquentes de l'image soient représentées en un nombre suffisamment grand de nuances. Notre photo a par exemple dans cette variante en format GIF89a une taille de 367 ko, le graphique une taille de 187 ko.

Dans le prochain essai, il n'y a plus que 64 couleurs. Dans l'image située à gauche, il n'y a presque pas de différence avec l'exemple précédent. Celle de droite est toujours encore acceptable, mais les différences, surtout au niveau des dégradés, commencent à être perceptibles. Les tailles de fichiers sont de 251 ko pour l'image de gauche et 117 ko pour celle qui est à droite (Fig. 13.14).

Et nous voici en 16 couleurs. Les détails de la photo sont nets, mais la qualité du graphique a encore diminué. Les tailles sont de 147 ko et de 75 ko (Fig. 13.15).

En huit couleurs, l'image de gauche est toujours correcte, mais celle de droite est inutilisable. Plusieurs couleurs de départ ne sont plus représentées, les couleurs sont faussées. L'image de gauche occupe 105 ko, celle de droite 58 ko (Fig. 13.16).

◀ **Fig. 13.14 :**
Soixante-quatre couleurs

◀ **Fig. 13.15 :**
Seize couleurs

◀ **Fig. 13.16 :**
Huit couleurs

Voici la table de couleurs de l'image située à droite : en huit couleurs, il n'y a plus que trois nuances de vert, utilisées pour le dégradé.

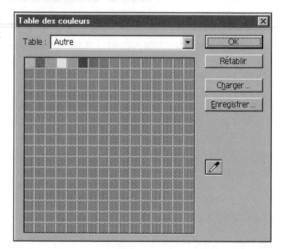

▲ **Fig. 13.17 :** *Les huit couleurs de l'exemple*

Déterminer la valeur limite de la représentation des couleurs

Comme la photo de gauche est toujours acceptable, nous allons faire une dernière tentative avec cinq couleurs. L'image de droite est à nouveau inutilisable et sa taille de 45 ko n'y change rien.

Pour l'image de gauche, occupant 78 ko (dont le quart de la taille initiale), nous sommes très étonnés de la qualité obtenue : l'image peut parfaitement convenir pour l'affichage, les détails sont visibles.

◀ **Fig. 13.18 :**
Cinq couleurs

En confirmation, voici la table de couleurs de la palette. À côté d'une teinte presque noire, elle contient trois teintes brunes suffisantes pour rendre les détails perceptibles.

◀ **Fig. 13.19 :**
La table des cinq couleurs

Astuce

Affichage à l'écran

Les images en 256 couleurs doivent toujours être jugées en affichage *Taille réelle des pixels*. Dans les autres modes d'affichage, le tramage ne permet pas un jugement correct du contenu de l'image et de sa qualité.

Autres options de conversion

Il reste quelques options à examiner.

- *Forcées* : avec cette option, vous pouvez définir des couleurs intégrées impérativement dans la palette. Plusieurs valeurs par défaut sont proposées.

- *Noir et blanc* : insère dans la table un noir et un blanc purs.

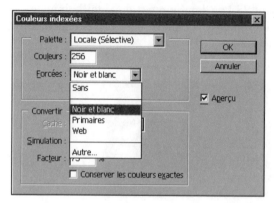

◀ **Fig. 13.20 :**
Les valeurs par défaut pour forcer des couleurs

- *Primaires* : insère les couleurs rouge, vert, bleu, cyan, magenta, jaune, noir et blanc.

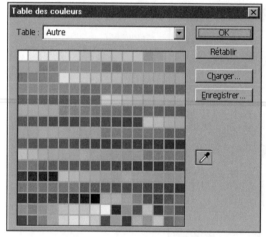

◀ **Fig. 13.21 :**
Les couleurs primaires insérées

- *Web* : insère les 216 couleurs compatibles web.

- Autre : permet de sélectionner des couleurs à insérer impérativement dans la palette. Ces couleurs sont définies dans le Sélecteur de couleur.

Obtenir des zones transparentes

Si vous avez travaillé avec des zones transparentes, cette option est intéressante. Activez la case *Transparence* pour obtenir des zones transparentes dans l'image lors de la conversion. Si l'option est désactivée, les zones transparentes sont remplies de la couleur d'arrière-plan ou de blanc si la couleur d'arrière-plan n'est pas définie.

Dans le champ *Cache*, vous pouvez activer une option pour remplir les zones partiellement transparentes de la couleur d'arrière-plan. Si l'option *Transparence* est active, la couleur d'arrière-plan est appliquée aux zones partiellement transparentes. Les contours s'en trouvent adoucis. Si *Transparence* est désactivée, la couleur d'arrière-plan est appliquée à toutes les zones totalement ou partiellement transparentes.

Si l'option *Cache* est définie sur *Sans*, c'est une transparence avec des bords durs qui est créée lorsque l'option *Transparence* est cochée. Dans les autres cas de figure, les zones partiellement ou totalement transparentes sont remplies d'un blanc pur.

Astuce

Une fonction intéressante

Sur la liste *Simulation*, il existe une nouvelle option. Sélectionnez *Bruit* si vous souhaitez créer des tranches en vue d'une page HTML. Cette option diminue la visibilité des bordures de tranche. Le fait que le tramage puisse être piloté étend encore ces possibilités.

La palette de couleur judicieuse

Il existe également une variante intéressante pour l'application du mode Couleurs indexées.

1. Convertissez l'image en mode Niveaux de gris. Vous savez que cette image ne contient que 256 niveaux de gris, comme les images en couleurs indexées. C'est cette similitude que nous allons mettre à profit.

2. Convertissez ensuite l'image en mode Couleurs Indexées. La boîte de dialogue n'apparaît pas, puisqu'il n'y a aucune couleur à convertir.

3. Activez la commande **Image/Mode/Table des couleurs**. Avec cette fonction, vous pourrez modifier les couleurs dans la table d'une image en couleurs indexées. Sélectionnez la table prédéfinie *Corps noir*.

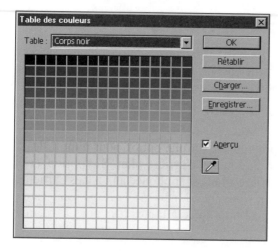

◀ **Fig. 13.22 :**
La table Corps noir

4. Cette table est bien adaptée, elle contient un dégradé de couleurs du sombre au clair, correspondant bien aux niveaux de gris.

5. Après validation, les gris sombres deviennent rouges, les gris clairs jaunes. Les noirs et les blancs restent en place. Voici le résultat. Nous avons également créé une version en négatif.

◀ **Fig. 13.23 :**
Le résultat

Enregistrer des images JPEG

Avec les images JPEG, pour Internet, les choses sont beaucoup plus faciles. Avec la commande **Fichier/Enregistrer pour le Web**, vous pourrez paramétrer le format JPEG. L'onglet **Optimisé** permet de juger aussitôt du résultat obtenu. Régulez la qualité pour conserver un résultat acceptable. Voici le résultat de notre graphique avec une qualité de niveau 2. Le fichier occupe en tout et pour tout 21 ko.

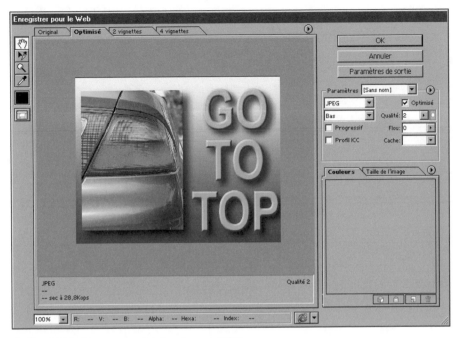

▲ **Fig. 13.24** : *L'aperçu optimisé en format JPEG*

Chapitre 14

Automatismes, scripts et droplets

III

A vec l'exemple de ce chapitre, nous allons enregistrer un effet de texte avec l'aide d'un script, de manière à pouvoir l'appliquer ensuite à d'autres exemples. Notez dès maintenant que les textes ne resteront pas éditables au cours de cette opération. Mais en contrepartie, l'effet est particulièrement intéressant.

14.1. Créer un nouveau script

Nous commençons ce premier exemple avec la situation de départ suivante : le texte a été étiré en hauteur, puis tramé et doté d'un motif, tout comme l'arrière-plan.

◀ **Fig. 14.1 :**
L'image de départ

Dans la palette **Scripts**, cliquez sur le bouton portant l'icône d'une feuille de papier pour créer un nouveau script. Dans la boîte de dialogue suivante, affectez-lui un nom. Dans le champ *Touche de fonction*, vous pouvez choisir de lui appliquer une touche de fonction comprise entre F2 et F12. Cette touche permettra de lancer le script par le clavier. Activez les options *Majuscule* ou *Commande* si vous souhaitez associer ces touches à la touche de fonction.

◀ **Fig. 14.2 :**
Un nouveau script

Dans le menu de palette, vous trouverez une commande **Mode bouton**. Cette commande modifie l'affichage de la palette **Scripts** : vous en voyez le résultat dans la figure droite de l'illustration suivante.

Cette forme de présentation est adaptée lorsque tous les scripts sont au point et que vous souhaitez les appliquer. Les boutons peuvent être affectés de couleurs individuelles. Ces couleurs sont à choisir parmi sept couleurs prédéfinies. Le choix est réalisé sur la dernière liste de la boîte de dialogue précédente.

Dans l'image située à gauche, nous avons reproduit l'affichage normal de la palette **Scripts**. Dans ce mode, les scripts sont éditables. Dans la barre d'outils au bas de la palette, plusieurs boutons permettent d'accéder à des fonctions d'enregistrement et de gestion des scripts.

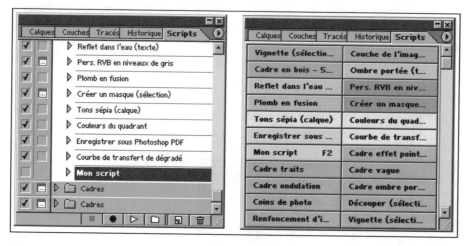

▲ **Fig. 14.3** : *Les deux modes d'affichage de la palette Scripts*

Les étapes indispensables

Une fois que l'enregistrement du script a commencé, vous pouvez exécuter les actions concernées. Veillez cependant à ce que ces actions soient aussi souples que possible. L'image de départ est aussi d'une souplesse de structure maximale : elle contient un calque de texte pour permettre la modification du texte. Notre script va être construit de manière à fonctionner en toute circonstance lorsqu'un calque est placé au-dessus d'un fond. De plus, ce calque doit contenir une texture. Si ce n'est pas le cas, mettez une texture en place avec un filtre de bruit. Nous affichons un message indiquant à des utilisateurs étrangers les conditions que le document doit remplir pour que le script fonctionne correctement.

Afficher les boîtes de message

Activez la commande **Insérer un point d'arrêt** dans le menu de palette. Voici la boîte de dialogue qui apparaît. Saisissez le texte du message que vous souhaitez voir apparaître.

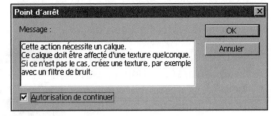

▲ **Fig. 14.4** : *Le message à l'utilisateur*

Avec l'option *Autorisation de continuer*, la boîte de message est équipée de deux boutons permettant de poursuivre ou d'arrêter le script. Dans cette option, le script ne peut être qu'arrêté. Les deux variantes sont présentées ci-dessous.

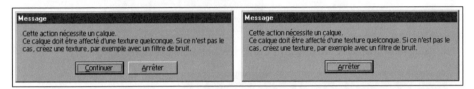

▲ **Fig. 14.5** : *Le message*

Les étapes de travail

Vous pouvez maintenant commencer le travail effectif : ne vous préoccupez plus du script, le cercle rouge au bas de la palette **Scripts** indique qu'il enregistre tout à l'arrière-plan. Que voulons-nous faire de notre texte ? Il doit être fractionné en plusieurs petits morceaux, avec un minimum de travail. En fait, il s'agit d'une espèce d'effet de puzzle. Difficile ? Pas du tout !

1. Commençons par créer un duplicata du calque contenant le texte, car nous aurons besoin de l'original par la suite. Glissez le calque de texte dans la palette **Calques** sur l'icône de la feuille de papier. Le calque doit auparavant être pixellisé.

2. Pour obtenir les pièces du puzzle, activez la commande **Filtre/ Pixellisation/Cristallisation**. L'option *Maille* définit la taille des futures pièces : nous avons opté pour la valeur 20.

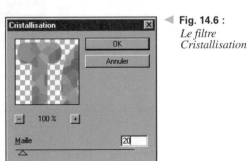

◄ **Fig. 14.6 :** *Le filtre Cristallisation*

3. Il faut ensuite séparer ces pièces les unes des autres. Comment faire ? Le fractionnement doit être réalisé à partir des contours. Il nous faut donc un filtre sachant détecter les contours.

Activez la commande **Filtre/Esthétiques/Contours lumineux**. La largeur des contours permet de définir l'espacement entre les pièces. Nous avons choisi les valeurs suivantes.

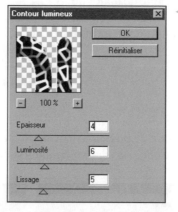

◀ **Fig. 14.7 :**
Les valeurs du filtre Contour lumineux

L'image montre que la scission entre les pièces s'est bien passée.

◀ **Fig. 14.8 :**
Des pièces individuelles

4. Sélectionnez l'ensemble de l'image par Ctrl+A et copiez-la dans le Presse-papiers par Ctrl+C. Passez ensuite dans la palette **Couches** et créez une nouvelle couche d'un clic sur l'icône de feuille de papier, au bas de la palette. Cette couche doit être remplie de noir.

Chargez par la commande **Sélection/Récupérer la sélection** la copie transparente du calque 1, puis insérez par Ctrl+V le contenu du Presse-papiers. La nouvelle couche ressemble à ceci.

◀ **Fig. 14.9 :**
La nouvelle couche

5. Le but de ces opérations est de créer une zone de sélection ne contenant que les pièces de puzzle. Mais un problème se pose : les espacements entre les pièces ne sont pas tous blancs, il y en a aussi des gris. Ces zones grises doivent être changées en blanc pur.

◄ **Fig. 14.10 :**
*Certaines parties
de la couche sont
encore grises*

6. Annulez la sélection par ⌈Ctrl⌉+⌈D⌉. Activez ensuite la commande **Sélection/Plage de couleur** pour sélectionner tous les pixels noirs. Cliquez avec l'outil Pipette dans l'image et récupérez un pixel noir.

La tolérance doit être fixée sur la valeur 0 pour ne prendre effectivement que les pixels noirs. Cochez également l'option *Inverser*.

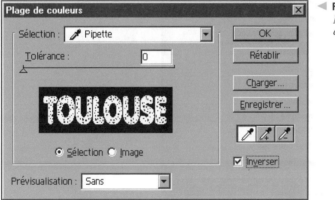

◄ **Fig. 14.11 :**
*Masquage
du noir*

7. Maintenant, tous les espaces entre les pièces sont sélectionnés. Appliquez la commande **Édition/Remplir** pour les colorer de blanc.

La couche est désormais prête. Comme vous le savez, les couches sont également utilisées pour mémoriser des sélections, mais ici nous avons détourné la fonction. Nous avons préparé une couche que nous pouvons maintenant charger. Les espaces sont blancs, mais pour qu'ils soient protégés, ils doivent être noirs.

8. Annulez la sélection par ⌈Ctrl⌉+⌈D⌉. La couche peut être récupérée par **Sélection/Récupérer la sélection** et les options *Alpha 1* et *Inverser*.

Passez à la palette **Calques** et sélectionnez le calque de texte initial (pas le calque d'effet).

9. Créez un nouveau calque par copie, à l'aide de Ctrl+J. Le calque d'effet peut ensuite être supprimé et le calque initial masqué. Nous avons également doté le résultat d'une ombre portée, avec une distance de 4 pixels et une longueur de 2 pixels. L'opacité est de 100 %. Voici le résultat intermédiaire.

◄ **Fig. 14.12 :**
*Le résultat
intermédiaire*

10. Dans la palette **Scripts**, arrêtez l'enregistrement du script en cliquant sur le bouton marqué du carré noir. Voici ce script.

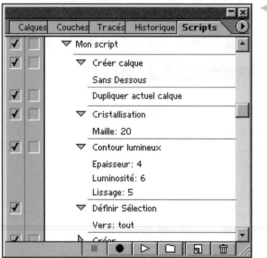

◄ **Fig. 14.13 :**
Les étapes du script

Modification de scripts

Mais le travail n'est pas encore terminé. Comme vous l'avez certainement remarqué, nos pièces de puzzle ne sont pas extraordinaires. Mais il est normal que lors de l'enregistrement d'un script tout ne fonctionne pas du premier coup. Comme tout est mémorisé, il est cependant facile de corriger les défauts.

Plusieurs possibilités s'offrent à nous. Dans cet exemple, l'effet obtenu avec le résultat final dépend en fait de deux paramètres décisifs : le filtre de cristallisation, qui détermine la taille des pièces, et le filtre de contours lumineux, qui détermine les espaces.

Définir à chaque fois de nouvelles valeurs

Devant chacune de ces entrées, liées avec des valeurs, vous distinguez un petit champ appelé *Activer/Désactiver la boîte de dialogue* (la petite case à droite de la case cochée, à gauche du nom de l'entrée). Si vous cliquez sur ce champ, une icône de boîte de dialogue apparaît. Si cette icône est activée, Photoshop s'arrête à ce stade lors de l'exécution du script et affiche une boîte de dialogue permettant de saisir une autre valeur.

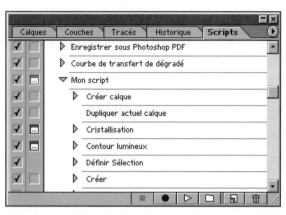

▲ **Fig. 14.14** : *Un point d'arrêt*

Grâce à la fonction Historique, il est facile d'exécuter plusieurs fois le script. Passez dans la palette **Historique** à l'entrée correspondant au début du script. Vous pouvez ainsi vérifier le bon fonctionnement de votre script ou saisir de nouvelles valeurs.

▲ **Fig. 14.15** : *Nouveau départ*

Nous avons appliqué le script à la même texture, mais cette fois avec une maille de 30 et une épaisseur de contour de 2 pixels. Le résultat est nettement meilleur.

▲ **Fig. 14.16** : *Une variante*

Cette variante a été affectée également du style *Biseautage et estampage*.

▲ **Fig. 14.17** : *Le résultat final*

Modifier les valeurs d'un script

Avec cette variante, les valeurs enregistrées dans le script restent mémorisées. Les modifications des valeurs ne sont que temporaires. À la prochaine exécution du script, ce sont à nouveau les valeurs initiales qui interviendront. Pour modifier durablement ces valeurs, double-cliquez sur l'entrée concernée de la palette **Scripts**. La boîte de dialogue concernée est ouverte et vous pouvez définir de nouvelles valeurs qui seront enregistrées dans le script. Pour annuler une action du script, utilisez la palette **Historique** ou les touches [Ctrl]+[Z].

Débogage du script

Comme en programmation, la création d'un script nécessite souvent plusieurs essais avant d'arriver à un résultat correct et un script fonctionnant parfaitement. À ce titre, il existe plusieurs solutions pour arrêter un script ou ne l'exécuter que jusqu'à un point précis.

Astuce

Stop rapide

Pour arrêter un script en cours d'exécution, appuyez sur la touche [Échap].

Pour arrêter le script à un point donné, placez un point d'arrêt à cet emplacement. Si la boîte de message est vide et si l'option *Autorisation de continuer* est désactivée, le script est arrêté.

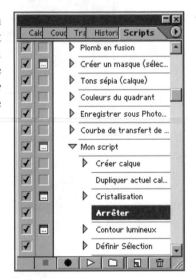

◀ **Fig. 14.18 :**
Un point d'arrêt

Des scripts tout en souplesse

Nous avons conçu ce script de manière à ce qu'il fonctionne également avec un fond blanc. Plus le script garde de souplesse et plus vous aurez l'occasion de l'appliquer.

Une commande de menu

Dans le menu de palette, vous trouverez une commande **Insérer à partir d'un menu**. Elle permet d'activer une commande de menu après le lancement du script.

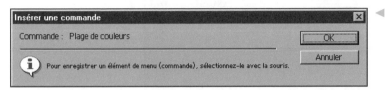

Contrôle qualité du script

Avant que le script ne fonctionne parfaitement, faites différents essais avec des formes variées. Les scripts se comportent comme des programmes : il faut un certain temps pour que l'exécution se fasse sans aucun problème. Évitez de ce fait d'accéder à des calques à partir de leur nom. Plus le script est neutre et moins il y a de risque de bogue.

14.2. Éditer automatiquement plusieurs images

Si le script est enregistré, vous pourrez l'appliquer à des images très différentes. Pour éditer plusieurs images avec le même script, activez la commande **Fichier/Automatisation/Traitement par lots**. Dans la boîte de dialogue suivante, vous trouverez un certain nombre de fonctions définissant le script à employer et les noms à affecter (Fig. 14.20).

Astuce

Automatisations complémentaires

Dans le menu **Fichier/Automatisation**, vous trouverez quelques fonctions prédéfinies d'automatisation, servant par exemple à créer des galeries web. Essayez, elles valent le déplacement !

Créer des droplets

La fonction **Fichier/Automatisation/Créer une application droplet** ouvre une boîte de dialogue très similaire à la précédente. La différence est que cette fonction crée un fichier exécutable. Ce fichier démarre Photoshop automatiquement et exécute le script concerné.

Elle est particulièrement pratique si vous déposez un raccourci vers ce fichier exécutable sur le Bureau de Windows. Vous pourrez ainsi glisser les fichiers à traiter dans l'Explorateur de Windows sur ce raccourci et ainsi démarrer l'opération (Fig. 14.21).

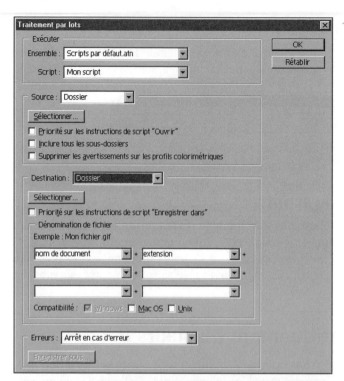

◄ **Fig. 14.20 :**
*Le traitement
par lots*

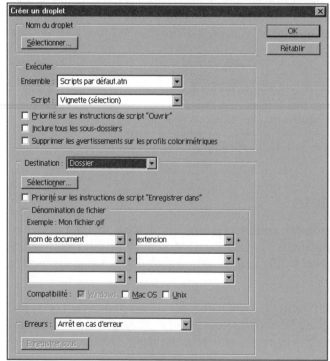

◄ **Fig. 14.21 :**
*La création
d'une application
droplet*

Chapitre 15

Des filtres de peinture et de design abstrait

III

D ans ce chapitre, nous allons vous présenter les filtres bitmap de Photoshop à partir de quelques images exemples. Nous vous donnerons à cette occasion les paramètres permettant d'obtenir les meilleurs résultats.

15.1. Créer un document adapté

Les filtres ne sont accessibles qu'avec une image bitmap. Dans le cas contraire, toutes les commandes du menu sont grisées. Comme document, nous avons construit une image contenant divers éléments représentatifs des images Photoshop.

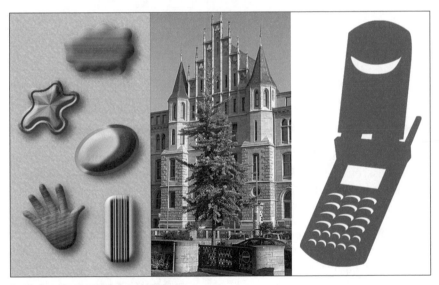

▲ **Fig. 15.1** : *Le document utilisé (Filtre.psd)*

Comme les filtres ne sont applicables qu'à des images bitmap, nous avons créé ce sujet à partir de trois images. Vous êtes surpris ? Il est vrai que dans la partie gauche, par exemple, se trouvent des objets affectés de styles. Et pourtant il s'agit bien d'une véritable image bitmap. Regardez comment elle a été construite.

Les différents éléments

Pour créer des images individuelles, les étapes suivantes sont nécessaires :

1. Construisez diverses formes de base. Appliquez-y différents styles. Ces objets sont pour l'instant encore éditables et donc inadaptés aux filtres bitmap.

Nous avons importé une photo et une forme EPS et nous avons regroupé tous les calques dans un dossier.

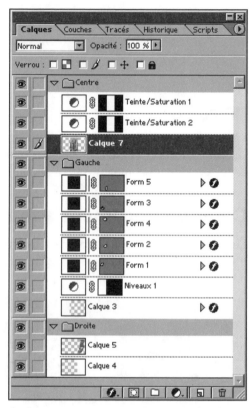

▲ **Fig. 15.2** : *Un nouveau dossier*

2. Activez la commande **Calque/Fusionner le groupe de calques**. Cette fonction peut aussi être déclenchée par la combinaison de touches ⌈Ctrl⌉+⌈E⌉. Répétez l'opération pour les autres extraits de l'image.

Il reste en final trois calques de données uniquement composés d'informations de pixels, les filtres sont donc applicables. En revanche, une édition des formes n'est plus possible.

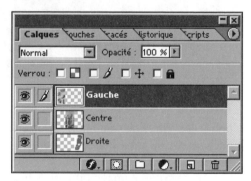

▲ **Fig. 15.3** : *Les calques fusionnés*
(Filtre1.psd)

15.2. Une foule de filtres pour des résultats hautement créatifs

Venons-en à la partie intéressante de ce chapitre : les filtres de Photoshop. Ces filtres permettent d'embellir, de déformer, de transformer, d'optimiser les images, d'en faire des tableaux ou des dessins. Toutes ces fonctions sont rassemblées en plusieurs groupes dans le menu **Filtre**.

Dans ce menu sont également proposés les filtres plug-in, c'est-à-dire sous forme de modules externes, que vous avez installés. Tous ces filtres sont organisés par thème.

Leur choix est donc assez facile. Si vous ouvrez par exemple le sous-dossier *Artistiques*, vous trouverez dans le sous-menu tous les filtres transformant l'image en dessin ou peinture, par exemple en aquarelle.

Des images selon Van Gogh ou Picasso

Le groupe **Artistiques** propose 15 filtres permettant de simuler différentes techniques de peinture. Les pixels de l'image sont mélangés selon diverses techniques. Ces filtres sont tous fondés sur des formules mathématiques, ce qui explique que le résultat n'est pas toujours très "naturel", car il est trop régulier.

Aquarelle

Les trois paramètres contrôlent l'effet du filtre. Les pixels changent d'emplacement et se regroupent par zones, générant ainsi un effet de taches. Les valeurs 9 pour *Détail*, 1 pour *Ombres* et 3 pour *Texture* donnent de bons résultats. Nous avons appliqué ce filtre à l'image située à gauche et à l'image centrale.

Des valeurs trop faibles pour *Détail* génèrent un contour double sur les motifs graphiques, comme le montre l'image droite. Les valeurs utilisées pour cette image sont celles de la boîte de dialogue.

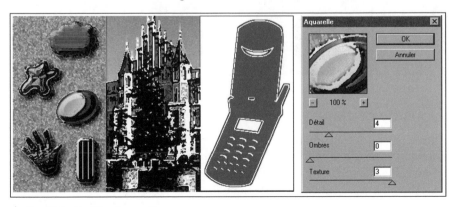

▲ **Fig. 15.4 :** *Le filtre Aquarelle*

Barbouillage

Ce filtre offre de nombreuses possibilités, mais n'apporte pas grand-chose de neuf. Il crée des zones de couleur comme beaucoup d'autres filtres.

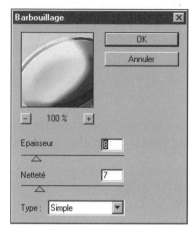

◀ **Fig. 15.5 :**
Le filtre
Barbouillage

Contour postérisé

Ce filtre recherche et accentue les contrastes de l'image. Les motifs simples lui conviennent bien. Ses possibilités en ce qui concerne son application à des photos sont limitées, l'effet est difficilement manipulable. Les motifs en noir et blanc ne sont pas adaptés à ce filtre, ils n'ont pas besoin de contours supplémentaires.

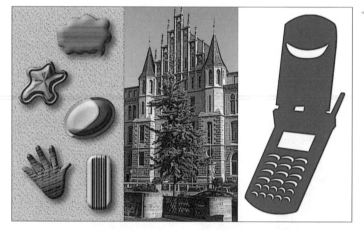

◀ **Fig. 15.6 :**
Le filtre Contour
postérisé, avec
les valeurs 2/1/6

Crayons de couleur

Ce filtre répartit les traits du motif original sur un fond dont la couleur est gérée par l'option *Clarté du papier*. La valeur 50 correspond à du papier blanc et 0 à du papier noir. Plus la valeur de l'option *Pression* est élevée, plus le nombre de traits est important. Essayez les valeurs 10, 15 et 50.

Couteau à palette

Ce filtre crée des zones de couleur dont le contour est irrégulier. Comme beaucoup de filtres utilisent des valeurs tonales bien distinctes, vous noterez l'apparition de bords dentelés entre les zones de couleur. En augmentant la valeur du paramètre *Adoucissement*, les bords sont légèrement lissés.

Découpage

Ce filtre mérite plusieurs expérimentations. Il crée des zones importantes de même valeur colorimétrique. Vous pouvez définir le nombre de couleurs avec le paramètre *Niveaux*. L'image est considérablement simplifiée, elle se compose de nombreux bords droits, comme s'il s'agissait d'un collage de pièces préalablement découpées dans des papiers de couleur. Vous pouvez contrôler le degré d'abstraction à l'aide des paramètres *Simplicité* et *Fidélité*. Essayez par exemple les valeurs 8, 4 et 2. Vous constaterez que le meilleur résultat est obtenu avec l'image située au centre. Plus le motif contient de grandes zones uniformes, plus l'effet est intéressant. Avec un dégradé, le motif est transformé en une série de bandes de différentes couleurs. En revanche, le motif situé à droite n'est pas adapté à ce filtre, le résultat est à peine visible.

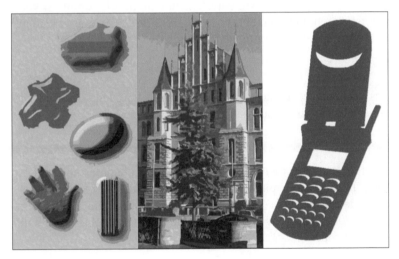

▲ **Fig. 15.7** : *Le filtre Découpage*

Emballage plastique

Ce filtre fonctionne un peu comme le filtre *Eclairage*. L'image obtenue a une apparence plastifiée. Il donne d'excellents résultats avec des motifs simples.

Sur les surfaces en noir et blanc, il produit un effet d'estampage, semblable à celui des plaques minéralogiques. Vous pouvez paramétrer l'intensité de l'effet, la fidélité des détails et le lissage. Pour l'illustration, nous avons employé les valeurs 20, 15, 7.

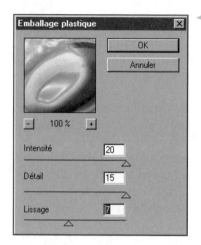

◀ **Fig. 15.8 :**
Le filtre Emballage plastique

Eponge

Avec ce filtre Eponge, l'image se couvre entièrement d'un motif, comme si vous aviez utilisé une éponge pour tamponner la couleur. La taille de l'éponge et le motif sont réglables et le filtre offre une option de lissage.

Etalement

Ce filtre étire les couleurs de l'image en traits fins. La longueur des traits, la luminosité de l'image et l'intensité du contraste sont réglables.

Fresque

Le filtre *Fresque* crée des zones de même couleur, en effilochant les bords. Il est parfait pour des motifs simples. Le paramètre *texture* détermine le type de contour. Plus cette valeur est élevée, plus les contours sont marqués. La largeur des contours est définie par *Epaisseur*. Le curseur *Détail* permet de régler la fidélité aux détails de l'image. Essayez les valeurs 0, 0, 2.

Grain photo

Ce filtre insère des points au hasard et permet de donner du grain à l'image. Le nombre de points insérés est réglable par le paramètre *Grain*. Les deux autres curseurs servent à régler la luminosité et l'intensité du contraste (Fig. 15.9).

Pinceau à sec

Ce filtre est très proche du précédent, les paramètres sont les mêmes. En revanche, les contours sont plus clairs et les bords moins effilochés.

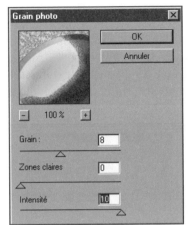

◄ **Fig. 15.9 :**
  Le filtre Grain photo

Néon

Cet effet affecte aux motifs un halo lumineux, avec des dégradés de couleur. Il est particulièrement intéressant avec des motifs en noir et blanc. Les couleurs peuvent être changées en cliquant sur la pastille de couleur. Voici les valeurs que nous avons employées.

◄ **Fig. 15.10 :**
  Les paramètres du filtre Néon

Pour obtenir une image sur un fond clair, nous avons ensuite inversé les couleurs par la commande **Image/Réglages/Négatif**. Voici les résultats.

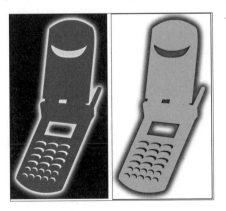

◄ **Fig. 15.11 :**
  Le filtre Néon (Neon1.psd)

Pastels

Ce filtre regroupe diverses fonctions. Les pixels sont déplacés, mais le déplacement est contrôlé par une texture. Grâce au paramètre *Lumière*, vous pouvez piloter l'angle d'éclairage de la texture. Nous reviendrons en détail sur les textures, les paramètres utilisés sont ceux de l'illustration suivante. Le filtre s'applique à tous les motifs, quel qu'en soit le genre. N'hésitez pas à expérimenter différentes valeurs.

▲ **Fig. 15.12** : *Le filtre Pastels*

Sous couche

Ce filtre équivaut au filtre *Pastels*, mais le déplacement des pixels est réalisé différemment. La texture se place sous l'image, le résultat est moins précis. Le filtre simule la peinture à l'huile.

Filtres Atténuation

Cette catégorie comprend six filtres permettant de rendre une image floue. Nous avons utilisé à plusieurs reprises dans les chapitres précédents le flou gaussien. Les voici tous en détail.

Flou directionnel

Ce filtre permet de simuler un objet en mouvement. Vous avez certainement déjà rencontré cet effet : en photo, le photographe suit le mouvement de son sujet et l'arrière-plan devient flou. En principe, ce filtre est appliqué à une zone masquée de l'image, il n'a aucun intérêt s'il est appliqué à l'intégralité de l'image.

Flou gaussien

Ce filtre a été utilisé à de nombreuses reprises. Les valeurs du paramètre *Rayon* sont comprises entre 0,1 et 250.

Vous pouvez utiliser ce filtre pour créer des fonds doux. Avec un rayon très faible, il peut aussi servir à éliminer le moiré sur les images numérisées, à condition d'appliquer ensuite le filtre *Accentuation*.

Flou radial

Ce filtre crée un flou circulaire ou en forme de zoom. Vous obtenez ainsi le même effet qu'avec un appareil photo lorsque vous modifiez la focale du zoom au moment du déclenchement.

Vous pouvez définir le centre de l'effet en cliquant dans la zone *Centre*. Vous disposez de trois niveaux de qualité. Même si le calcul est nettement plus long, nous vous conseillons la qualité *Supérieure*.

Le mode *Rotation* simule une rotation de l'appareil photo au moment de la prise de vue. Le calcul de ce mode est très long. Des valeurs allant jusqu'à 1 suffisent pour d'importantes déformations.

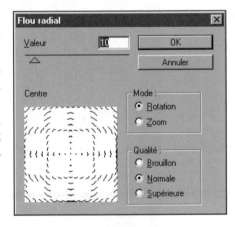

◄ **Fig. 15.13 :**
*Les options
du Flou radial*

Optimisé

Ce filtre représente les surfaces de manière stylisée et/ou accentue les contours. Une liste déroulante propose trois niveaux de qualité. Optez systématiquement pour la meilleure qualité. Appliquez ce filtre de préférence à des images peu contrastées, présentant néanmoins des zones bien délimitées.

Flou, Plus flou

Ces deux filtres adoucissent plus ou moins l'image. Ils ne possèdent aucune option. Vous n'avez aucune raison de les préférer au filtre *Flou gaussien*, sauf si sa boîte de dialogue vous décourage. La seule façon de contrôler ces effets est de répéter le filtre à plusieurs reprises.

Filtres Bruit

Cette catégorie comprend quatre filtres, mais n'en attendez pas des miracles, ils n'ont rien de passionnant.

Ajout de bruit

Nous avons déjà utilisé ce filtre à plusieurs reprises pour créer des motifs. Il peut aussi servir à donner aux images une apparence granuleuse. C'est ce même grain que vous observez en photo, si vous agrandissez l'image à partir d'une pellicule très sensible.

Le filtre ajoute à l'image des pixels isolés, très contrastés les uns par rapport aux autres. Vous pouvez aussi l'appliquer à un calque spécifique et fusionner ensuite ce calque avec d'autres images, en jouant de différents modes de fusion.

C'est l'option *Quantité* qui définit l'importance du grain. Dans l'image suivante, nous avons utilisé la valeur 15. Pour l'agencement des pixels individuels, le filtre propose deux options. Si les points de couleurs ne doivent pas fausser les couleurs de l'image, activez l'option *Uniforme* : elle permet de conserver les couleurs originales.

◀ **Fig. 15.14 :**
Une image granuleuse

Anti poussière

Le nom de ce filtre est intéressant, il laisse entrevoir un miracle. Mais comme le miracle n'est pas au rendez-vous, vous pouvez sans problème oublier ce filtre. Il recherche dans l'image les pixels qui détonnent fortement par rapport aux pixels adjacents. Il ajuste alors ces points selon leur environnement immédiat. Mais comme de si petites zones de couleur peuvent aussi être des détails de l'image, vous risquez de perdre ces détails. Utilisez plutôt l'outil Tampon pour retoucher l'image, le résultat est beaucoup plus sûr.

Flou intérieur

Ce filtre élimine les pixels très contrastés de l'image, mais il ne propose aucune option et agit sans aucun contrôle sur l'image. Mieux vaut renoncer à l'employer.

Médiane

Ce filtre examine les valeurs de luminosité des pixels adjacents. Les valeurs sont interpolées si une différence d'une certaine importance est détectée.

Vous l'utiliserez pour améliorer une image granuleuse en employant des valeurs faibles, de l'ordre de 1 ou 2 pixels.

Utilisez des valeurs supérieures pour obtenir des effets, par exemple une impression de tableau. Avec une valeur de 5 pixels, nous avons obtenu le résultat de l'image située à gauche. Appliquez ensuite le filtre *Accentuation*. Dans l'image droite, nous avons appliqué le filtre deux fois de suite.

◀ **Fig. 15.15 :**
Un tableau ?

Les filtres Contours

Ces huit filtres fonctionnent de la même manière que les filtres du groupe *Artistiques*. Leur principe général est de déplacer les couleurs plutôt que de les amalgamer.

Aérographe

Ce filtre produit une image mouchetée où les pixels s'écartent les uns des autres. Plus le paramètre *Rayon* est élevé, plus l'effet est important. L'option *Lissage* agglutine les pixels dispersés, elle compense en réalité la valeur de rayon, sans l'annuler totalement.

Pour un résultat intéressant, essayez les valeurs 25 pour *Rayon* et 2 pour *Lissage*. Ce filtre permet de créer des arrière-plans souvent intéressants. Avec des motifs noir et blanc, le filtre est en mesure de livrer des textures utilisables ensuite dans d'autres filtres.

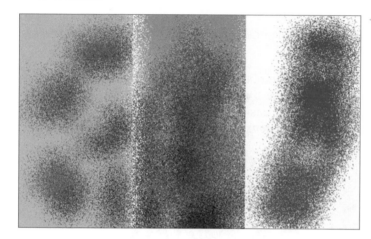

◀ **Fig. 15.16 :**
Le filtre Aérographe avec les valeurs 25, 2

Contours accentués

Les contours de l'image sont accentués. L'image paraît aplatie, comme peinte. Outre l'épaisseur des contours, vous pouvez aussi régler la couleur. Plus la valeur de l'option *Luminosité* est faible, plus le contour est foncé et accentué. Testez par exemple les valeurs 1, 20, 10 sur une photo.

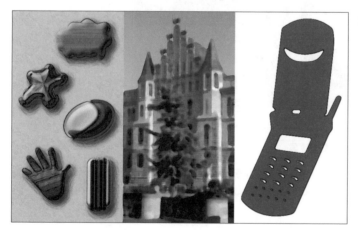

◀ **Fig. 15.17 :**
Le filtre Contours accentués avec les valeurs 1, 20, 10

Contour encré

Le paramètre *Longueur* détermine l'importance du contour retracé. Là encore, vous pouvez régler l'intensité des tons clairs et foncés. Les valeurs 1, 0, 0 donnent de bons résultats.

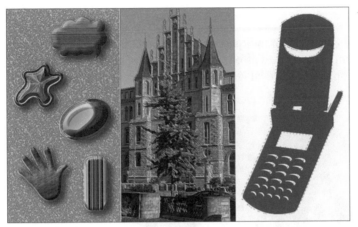

◀ **Fig. 15.18 :**
Le filtre Contour encré

Croisillons

Ce filtre est beaucoup plus intéressant que *Diagonales*. Il produit des effets de bonne qualité, surtout avec des photos. Les couleurs sont étirées en traits, donnant l'impression que l'image a été dessinée avec des crayons de couleur.

Utilisez une valeur moyenne pour l'option *Netteté*, par exemple 6, sinon l'image n'est plus identifiable. Pour *Intensité*, en revanche, choisissez la valeur maximale, 3. Le paramètre *Longueur* détermine la longueur des traits.

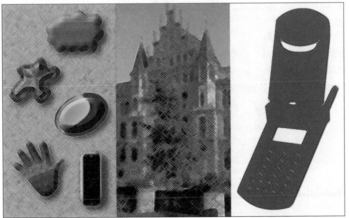

◀ **Fig. 15.19 :**
Le filtre Croisillons

Diagonale

Ce filtre déplace les pixels en diagonale dans les deux directions. Le paramètre *Balance* détermine le sens du déplacement. Vous pouvez aussi influer sur la longueur des traits et leur netteté.

Effet pointilliste

Les pixels sont décalés de la valeur indiquée dans l'option *Longueur*. Le paramètre *Rayon* détermine l'importance de l'effet. Sur la liste déroulante, vous pouvez choisir quatre directions pour le décalage. Ce filtre est intéressant aussi avec des motifs en noir et blanc.

◄ **Fig. 15.20 :**
Le filtre Effet pointilliste

Noir et blanc

Ce filtre ajoute des traits noirs et blancs à l'image. Le curseur *Balance* contrôle l'épaisseur des traits, alors que les curseurs *Noir* et *Blanc* permettent de régler le contraste de l'image.

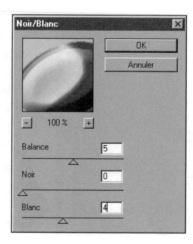

◄ **Fig. 15.21 :**
Le filtre Noir et blanc

Sumi-e

Ce filtre n'a pas grand intérêt, il ajoute des traits noirs aux endroits très contrastés. À vous de paramétrer l'épaisseur des traits. Plus la valeur de l'option *Pression* est élevée, plus le résultat est foncé. Vous pouvez aussi régler le contraste.

Filtres Déformation

Les 12 filtres de ce groupe produisent des effets saisissants. Vous serez surpris de découvrir tout ce qu'ils permettent de tirer d'une image. Ils déforment l'image en déplaçant les pixels.

Cisaillement

Vous pouvez modifier la courbe qui se trouve dans la partie inférieure de cette boîte de dialogue à l'aide de la souris. La forme de la courbe détermine le type de déformation sur l'image. Vous avez également la possibilité d'indiquer la manière de traiter les vides occasionnés par la transformation. Ce filtre est applicable à des textes.

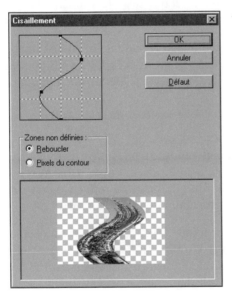

◀ **Fig. 15.22 :**
Les options du filtre Cisaillement

Contraction

Ce filtre simule une bulle (valeurs négatives) ou une dépression (valeurs positives) au centre de l'image et déforme les parties environnantes. Dans la boîte de dialogue, un quadrillage schématise la déformation.

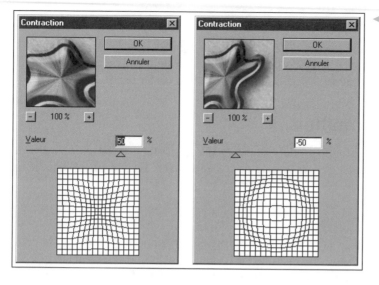

◄ **Fig. 15.23 :**
*Les options
du filtre
Contraction*

Coordonnées polaires

Bien que ce filtre ne dispose que de deux options et que ses effets soient discrets, il permet d'obtenir des résultats spectaculaires.

Les deux options permettent de convertir une image rectangulaire en une image ronde ou inversement. Si vous avez préparé une sélection appropriée, vous pouvez ainsi transformer un texte en ligne en texte circulaire grâce à l'option *Rectangulaire en polaire*.

Dispersion

Ce filtre déforme l'image en se fondant sur la luminosité d'une image de référence. Vous devez sélectionner cette image dans la boîte de dialogue **Charger** qui apparaît lorsque vous validez les options du filtre. L'image de référence doit être enregistrée en format Photoshop et ne doit être composée que d'un fond.

Nous savons qu'un pixel possède une valeur tonale. Plus cette valeur est élevée, plus le pixel est lumineux dans l'image RVB. Ce filtre utilise cette valeur tonale pour décaler l'image. Tous les pixels dont la valeur tonale est supérieure à 128 (un gris à 50 %) sont décalés dans le sens positif, alors que ceux de valeur tonale inférieure à 128 le sont dans le sens négatif.

Lueur diffuse

Il ne s'agit pas en réalité d'un filtre de déformation, il ajoute simplement dans l'image des pixels de la couleur d'arrière-plan. Il s'apparente plutôt à un filtre *Bruit*. L'effet n'a pas grand intérêt.

◀ **Fig. 15.24 :**
Les options du filtre Lueur diffuse

Océan

Ce filtre travaille de la même façon que le précédent, avec possibilité d'influer sur l'intervalle et la hauteur des vagues.

Onde

Dans la boîte de dialogue de ce filtre, vous pouvez définir de nombreuses options pour contrôler la déformation de l'image : *Nombre de générateurs*, *Longueur d'onde*, *Amplitude* et *Echelle*. La forme est également variable. Le filtre perd beaucoup de son intérêt du fait de sa complexité. Essayez de nombreuses combinaisons de paramètres si vous envisagez de vous familiariser avec ce filtre.

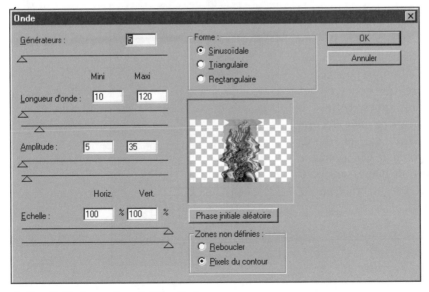

▲ **Fig. 15.25 :** *Les options du filtre Onde*

Ondulation

Ce filtre provoque une déformation en forme de vague. Vous définirez l'importance des vagues à l'aide du curseur ou en saisissant une valeur comprise en -999 et +999. Leur nombre est déterminé par les entrées de la liste *Fréquence*.

▲ **Fig. 15.26** : *Les options du filtre Ondulation*

Sphérisation

Avec ce filtre, l'image semble tendue sur une boule ou un cylindre. De nombreuses possibilités permettent de découvrir et de générer des effets très intéressants.

Le type d'effet *Normal* tend la sélection sur une sphère. Si la sélection est rectangulaire, les angles sont ignorés. Il vaut mieux tracer une sélection ronde ou elliptique pour cet effet. En ce qui concerne les deux autres types d'effets, il faut en revanche une sélection rectangulaire, car les bords sont arrondis. Un domaine d'application intéressant pour cet effet est la création de "loupes".

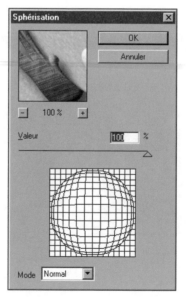

◀ **Fig. 15.27** :
Les options du filtre Sphérisation

Tourbillon

Les choses sont plus intéressante avec le filtre *Tourbillon*. Ce filtre enroule la sélection en spirale. Le contrôle s'effectue avec une valeur allant de -999 à +999. La mesure est en degrés, ce qui signifie que vous pouvez faire pivoter les pixels sur près de trois tours en appliquant le filtre une seule fois. En tapant des valeurs positives ou négatives, la spirale tourne dans le sens des aiguilles d'une montre ou dans le sens inverse.

◀ **Fig. 15.28 :**
Les options de Tourbillon

Verre

Vous disposez de quatre textures pour simuler une surface en verre à l'aide de ce filtre Verre. Vous pouvez en outre charger n'importe quelle texture personnalisée et vous en servir comme texture de surface.

Le paramètre *Lissage* détermine l'importance de l'effet. Plus la valeur est élevée, plus l'effet a tendance à s'estomper. La valeur de l'option *Déformation* peut varier de 0 à 20.

Le curseur *Echelle* détermine la taille du motif de la texture. Si l'option *Inverser* est active, ce sont les parties claires qui figurent en creux et les zones sombres en saillies.

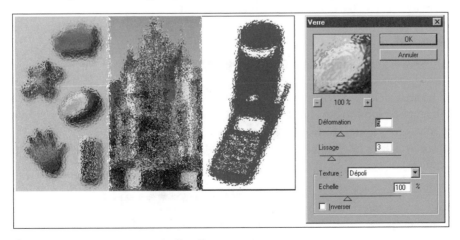

▲ **Fig. 15.29 :** *Les paramètres du filtre Verre*

Zig Zag

Ce filtre produit le même effet qu'une pierre jetée dans l'eau. Il est possible de définir le nombre de vagues ainsi que leur importance. Il existe en outre trois types de propagation. Lorsqu'il est appliqué avec des valeurs faibles, comme dans l'illustration suivante, les vagues sont difficiles à discerner, mais l'image est déformée.

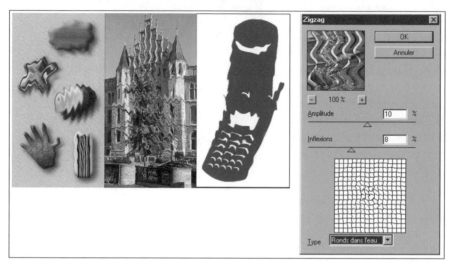

▲ **Fig. 15.30** : *Le filtre avec les valeurs employées*

Filtres Esquisse

Cette vaste catégorie est composée de 14 filtres. Si certains filtres ne produisent pas les effets que l'on pourrait en escompter, les effets sont malgré tout souvent intéressants. Ces filtres ont pour but d'augmenter fortement le contraste de l'image pour donner à cette dernière l'apparence d'un dessin.

Bas-relief

Ce filtre ressemble au filtre *Estampage*, les saillies et les creux sont calculés à partir des valeurs de luminosité. Il nécessite un original fortement contrasté pour donner un résultat correct.

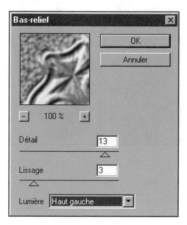

◀ **Fig. 15.31** :
Les options du filtre Bas-relief

Avec ces valeurs, nous avons obtenu ceci.

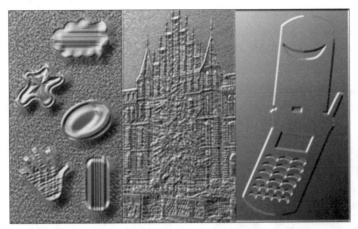

◀ **Fig. 15.32 :**
Le résultat

Chrome

Ce filtre donne une image passablement mouvementée. Même en laissant le curseur *Détail* sur la plus grande valeur possible, c'est-à-dire 10, vous reconnaîtrez difficilement le sujet de départ. En principe, vous fusionnerez ce résultat avec l'original.

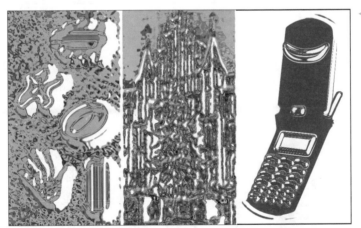

◀ **Fig. 15.33 :**
Le filtre Chrome avec les valeurs 10, 2

Contour déchiré

À vrai dire, le nom de ce filtre est mal choisi, car les contours ne sont nullement déchirés. Ils sont tout au plus diffus et l'effet n'est pas esthétique.

Craie, Fusain

Inutile de vous présenter une illustration : on dirait un dessin à la craie.

Crayon Conté

Après application de ce filtre, l'image paraît dessinée. Ce filtre est efficace avec tous les types de motifs. Il s'applique également à une texture que vous pouvez sélectionner sur une liste déroulante. Pour notre exemple, nous avons activé comme texture l'option *Grès* et nous avons placé l'éclairage en haut à gauche.

▲ **Fig. 15.34** : *Crayon Conté*

Fusain

Là encore, le filtre n'est pas très satisfaisant. Le caractère artificiel de l'image informatique est trop présent.

◄ **Fig. 15.35 :**
Le filtre Fusain :
à gauche avec
les valeurs 7, 5,
50, au milieu
avec les valeurs
1, 5, 50 et à
droite avec les
valeurs 5, 5, 50

Papier gaufré

Encore une variante du filtre *Estampage*. Outre le relief, il présente une texture granuleuse. Vous pouvez régler les options *Balance*, *Granularité* et *Relief*. La couleur du résultat est influencée par les couleurs de premier plan et d'arrière-plan.

Astuce

Utiliser les options de réglage

La colorisation peut également être réalisée par la suite, avec un calque de réglage *Teinte/Saturation*.

▲ **Fig. 15.36** : *Le filtre Papier gaufré*

Papier humide

C'est le seul filtre de cette catégorie à conserver les couleurs d'origine de l'image. Il étire les couleurs verticalement et horizontalement. Outre la luminosité et le contraste, vous pouvez aussi régler la longueur des traits.

Photocopie

Nous ne savons pas comment se présentent habituellement vos photocopies. Les nôtres ne ressemblent pas aux images obtenues avec ce filtre. Il dégage les contours de l'image et l'effet est surtout intéressant avec des motifs autres que des dégradés (Fig. 15.37).

Plâtre

Pour terminer ce groupe, voici une variante intéressante du filtre *Estampage*. Il utilise les fonctions d'éclairage et de coloration avec la couleur de premier plan.

Il n'est pas très spectaculaire avec des photos. Essayez les valeurs 16, 2, *Haut gauche* (Fig. 15.38).

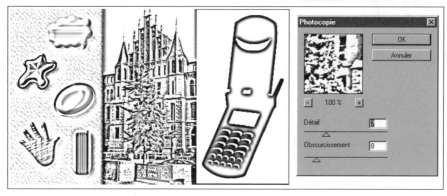

▲ **Fig. 15.37** : *Le filtre Photocopie*

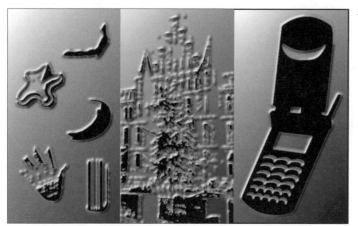

◄ **Fig. 15.38** :
Le filtre Plâtre

Astuce

De nombreuses variations

Comme tous ces filtres font appel aux couleurs de premier plan et
d'arrière-plan, les variations sont infinies.

Plume calligraphique

Ce filtre correspond par certains traits à son homologue couleur *Mezzo-tinto* de la
catégorie *Pixellisation*. Les traits peuvent cependant être orientés dans les différentes
directions et leur longueur est variable. L'option *Clair/Foncé* règle la luminosité du
résultat. Plus la valeur est faible, plus l'image semble claire (Fig. 15.39).

Réticulation

Ce filtre transforme l'image en un motif de points. Pour nos exemples, seule l'image
située à droite donne un résultat acceptable (Fig. 15.40).

◀ **Fig. 15.39 :**
Le filtre Plume calligraphique

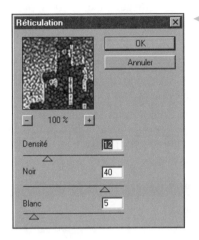

◀ **Fig. 15.40 :**
Les options de Réticulation

Tampon

Ce filtre ne donne pas de résultat extraordinaire. Il sépare les couleurs selon la luminosité. En fonction de la valeur de l'option *Lissage*, le filtre conserve ou non les nuances intermédiaires.

Trame de demi-teinte

Ce filtre correspond par certains traits à son homologue couleur *Mezzo-tinto* de la catégorie *Pixellisation*. Il propose trois types de trames. Nous avons utilisé la trame *Segments* avec des valeurs de 1 pour la taille et de 25 pour le contraste.

◀ **Fig. 15.41 :**
Trame de demi-teinte

Filtres Esthétiques

Ces trois filtres permettent de souligner les contours d'une image ou de regrouper des pixels en une surface. Ces filtres présentent diverses boîtes de dialogue permettant la définition de paramètres.

Carrelage

L'image se décompose en un certain nombre de carreaux dont vous pouvez définir le type dans la boîte de dialogue. La deuxième zone de saisie permet d'indiquer la valeur de l'espacement entre les carreaux.

Vous pouvez également spécifier la manière de remplir les zones transparentes résultant du décalage.

◄ **Fig. 15.42 :**
Les options du filtre Carrelage

Contour lumineux

Ce filtre est la version négative du filtre *Tracé des contours*. L'avantage est que vous pouvez régler l'épaisseur du contour et la luminosité.

L'option *Lissage* permet de définir la précision du contour. Plus la valeur est faible, plus le résultat correspond à l'original. À l'inverse, plus la valeur est élevée, plus le résultat est abstrait. En voici les options.

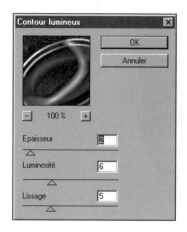

◄ **Fig. 15.43 :**
Les options du filtre Contour lumineux

Voici à quoi aboutissent ces valeurs.

◀ **Fig. 15.44 :**
Le résultat

Courbe de niveau

Ce filtre engendre des contours en couleur d'une épaisseur de 1 pixel. Dans la zone de saisie *Niveau*, vous pouvez demander de ne considérer que les pixels au-delà d'une certaine valeur tonale. Vous pouvez également choisir de ne tenir compte des valeurs situées au-dessous ou au-dessus du niveau indiqué.

Diffusion

Ce filtre rend les contours de l'image irréguliers, comme si la couleur de chaque zone diffusait vers les zones voisines. L'importance de l'effet n'est pas réglable, le filtre n'est doté que de trois options. Il n'a donc pas grand intérêt. Répétez l'application pour accentuer les effets.

Estampage

Ce filtre a un grave inconvénient : ses nombreuses applications ont un peu terni son originalité.

Il produit les effets les plus intéressants sur des images bien contrastées, en noir et blanc par exemple.

Dans la boîte de dialogue, vous définirez l'angle d'éclairage. La valeur 135° correspond à l'éclairage naturel, avec la source placée en haut à gauche. Vous pouvez aussi régler la hauteur du relief et l'importance de l'effet. Essayez par exemple les valeurs 3, 100.

Par défaut le filtre engendre un estampage en saillie sur 50 % de gris. Les bords supérieur et gauche sont par conséquent lumineux. Vous pouvez cependant obtenir aisément une image en creux, en créant tout simplement le négatif. Le gris moyen n'est pas modifié, mais les bords sont inversés. En voici le résultat.

◀ **Fig. 15.45 :**
À gauche le filtre Estampage, à droite le négatif de l'image gauche

Extrusion

Vous ne pouvez appliquer ce filtre qu'à un calque, avec une sélection sur l'image, le filtre est grisé. Il partage l'image en zones qui sont ensuite disposées les unes par rapport aux autres avec un effet de relief variable. Deux options sont disponibles pour structurer la surface. Si l'option *Cubes* est active, la case *Faces frontales opaques* est disponible.

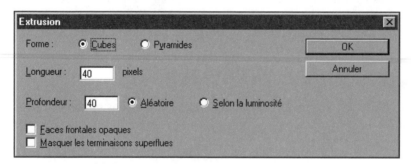

▲ **Fig. 15.46 :** *Les options du filtre Extrusion*

Si cette case est désactivée, le motif de l'image est reproduit sur la face avant des blocs comme dans l'image droite de l'illustration suivante. L'image gauche montre le résultat lorsque cette option est active. Si l'option *Selon luminosité* est cochée, la hauteur des blocs dépend de leur luminosité. Plus ils sont lumineux, plus ils paraissent hauts. Les blocs incomplets en bordure d'image sont ignorés si la case *Masquer les terminaisons superflues* est cochée. Dans l'image centrale, nous avons activé l'option *Pyramides*.

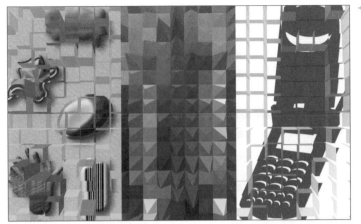

◄ **Fig. 15.47 :**
*Trois variantes
du filtre Extrusion*

Solarisation

Pour bien comprendre ce que produit ce filtre , le plus simple est de jeter un coup d'œil à l'illustration. Les teintes claires sont inversées, les teintes sombres restent en place.

◄ **Fig. 15.48 :**
*Le filtre
Solarisation*

Soufflerie

Ce filtre déplace les pixels dans le sens horizontal, de la droite vers la gauche ou inversement, selon l'option activée dans le champ *Provenance*. Vous pouvez régler l'importance de l'effet à l'aide des options de la rubrique *Effet*. Ce filtre est intéressant si vous voulez générer un fond d'image. Accentuez-en assez fortement le contraste, puis appliquez le filtre à plusieurs reprises. Pour le reste, il s'agit d'une fonction sans grand intérêt.

Tracé des contours

Ce filtre trace les contours de l'image sur un fond blanc. Ces motifs vous seront utiles si vous voulez obtenir un modèle pour colorier une image. Les motifs en noir et blanc se prêtent particulièrement bien à ce filtre.

Essayez par exemple de fusionner le résultat de ce filtre avec l'image originale, en activant le mode de fusion *Incrustation* ou *Produit*. N'hésitez pas à expérimenter avec ce filtre, les effets sont très intéressants.

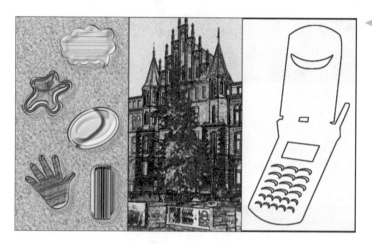

◀ **Fig. 15.49 :**
Le filtre Tracé des contours

Filtres Pixellisation

Ces sept filtres reprennent le même principe que les filtres de texture, sauf qu'ici aucun contour ne délimite les zones créées.

Cristallisation

Ce filtre engendre une mosaïque dont le maillage peut être défini entre 3 et 300 pixels.

Demi-teintes couleur

Ce filtre simule la conversion en demi-teintes en vue d'une impression. L'image est alors constituée uniquement de points ronds dont la taille est déterminée par la luminosité de l'image. Vous pouvez définir l'angle de trame pour chaque couleur et indiquer la taille du point de trame (Fig. 15.50).

Facettes

Aucune option n'est proposée. Il regroupe les pixels, mais l'effet obtenu par une application unique est peu important. Utilisé seul, ce filtre n'est pas convaincant.

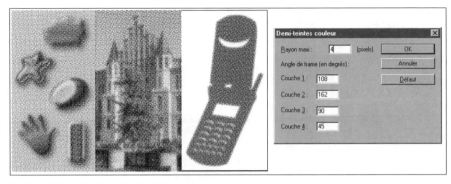

▲ **Fig. 15.50** : *Le filtre Demi-teintes couleur*

Fragmentation

Ce filtre ne propose aucune option. Le résultat ressemble à une photo prise en mouvement. Il déplace les pixels de manière à doubler les contours.

Mezzo-tinto

La liste déroulante de la boîte de dialogue rassemble dix filtres différents qui permettent de rendre la surface granuleuse, avec des points, des tirets ou des lignes plus longues. Il est parfait pour créer des arrière-plans à partir de dégradés.

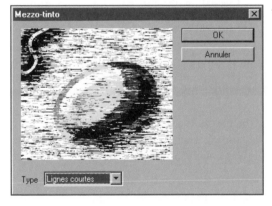

◄ **Fig. 15.51** :
Les options du filtre

Astuce

Aperçu défaillant

La prévisualisation de ce filtre n'est pas très efficace, car elle ne peut être déplacée. Vous ne pourrez pas non plus agrandir ou réduire l'extrait affiché. La boîte de dialogue montre toujours le centre de l'image à l'échelle 1:1.

Avec les options de l'illustration précédente, nous avons obtenu le résultat suivant.

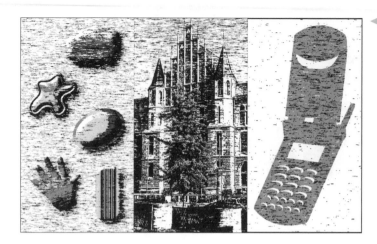

◀ **Fig. 15.52 :**
*Le filtre
Mezzo-tinto à
l'œuvre*

Pointillisme

Voici encore un effet qui regroupe les pixels en zones de même couleur. L'effet est celui de pastilles disposées sur un fond de la couleur d'arrière-plan.

Filtres Rendu

Ce groupe est constitué de six filtres qui recalculent le contenu de l'image, opération appelée *rendering* en anglais. Les effets obtenus sont très sophistiqués.

Eclairage

Ce filtre est particulièrement intéressant. Il simule une source lumineuse éclairant la scène. Vous pouvez exploiter différents paramètres pour régler au mieux l'effet de lumière.

Vous avez le choix entre trois types différents d'éclairage et vous pouvez faire varier la couleur et l'intensité de la source. Sur la liste déroulante *Texture*, sélectionnez une texture enregistrée sur une couche alpha pour simuler une surface en relief.

Vous pouvez enregistrer tous les paramètres de la boîte de dialogue. Chaque jeu de paramètres est stocké dans un fichier dans le dossier *Plug-Ins/Filters/Lightning Styles*. Tous les fichiers de ce dossier sont lus au démarrage de Photoshop. Ces jeux de paramètres peuvent être renommés dans l'Explorateur de Windows.

La boîte de dialogue propose une zone de prévisualisation surdimensionnée. En fonction du type de lampe, cet aperçu présente des points, des lignes et des cercles. Les cercles matérialisent les trois types de lampes, ces derniers étant sélectionnés dans la zone de liste *Type*. Dans la partie droite de la boîte de dialogue, diverses options permettent de modifier les paramètres de la lampe choisie.

L'option *Texture* permet de donner de la profondeur à l'image. Sélectionnez une couche de couleur ou une couche alpha de l'image en guise de texture. Par défaut, toutes les parties claires de l'image sont mises en relief, les zones sombres restant plates.

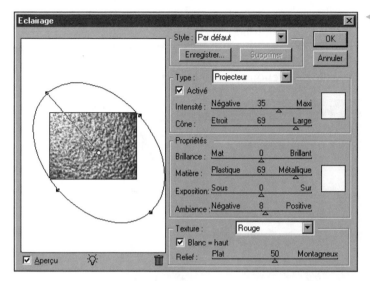

◀ **Fig. 15.53 :**
*Le filtre
Eclairage*

Halo : effet de contre-jour

Ce filtre simule les reflets que vous pouvez observer sur les photos prises à contre-jour. Ces reflets sont dus à la structure des éléments d'optique de l'appareil photo et changent en fonction de l'objectif utilisé. Dans la boîte de dialogue du filtre, la zone *Luminosité* peut recevoir une valeur comprise entre 10 et 300 %. La croix figurant dans la zone de prévisualisation indique l'emplacement de la source lumineuse. Cliquez à n'importe quel endroit de l'image pour modifier cet emplacement.

Sous la zone de prévisua-
lisation se trouvent trois
options correspondant à
trois types d'objectifs.
Les effets changent selon
l'objectif utilisé.

◀ **Fig. 15.54 :**
*Les options
du filtre Halo*

Nuages par différence

Les deux filtres *Nuages* ont le même rôle : ils génèrent un motif de nuages à partir des couleurs de premier plan et d'arrière-plan de l'image. Si vous maintenez la touche [Maj] enfoncée lors de l'activation du filtre *Nuages*, vous obtenez une variante plus claire, presque comme un négatif. Vous pouvez employer ce filtre comme base pour la conception d'un fond.

Il est difficile de justifier l'existence du filtre *Nuages par différence*, il est presque identique à *Nuages*. La seule distinction est l'emploi du mode de fusion *Différence*.

◀ **Fig. 15.55 :**
Les filtres Nuages et Nuages par différence

Texture

Voici encore un filtre redondant. Il permet de charger une texture enregistrée sur le calque actif ou dans la couche active. Son seul avantage est que l'image ainsi chargée est automatiquement adaptée à la taille de l'image actuelle.

Si l'image est trop grande, des parties sont coupées. Si elle est trop petite, elle est répétée jusqu'à ce que la surface soit intégralement remplie. Cette adaptation automatique de la taille de l'image importée à la taille du document justifie peut-être la place de ce filtre dans la catégorie *Rendu*.

Transformation 3D : des images en 3D

L'idée de transformer des images 2D en images 3D est séduisante, mais la tâche est quasi impossible, même pour ce filtre. Les images bitmap restent des images en 2D et cette fonction n'y changera rien.

Dans l'aide de Photoshop, ce filtre est expliqué à partir d'une boîte de dialogue, et l'on serait tenté de croire qu'il est capable de faire des miracles. Mais dans la pratique, le résultat n'est pas à la hauteur des espérances : vous toucherez rapidement aux limites.

Pour nos essais, nous avons choisi un motif de bâtiment, dont deux côtés sont visibles. Nous allons lui appliquer le filtre.

◀ **Fig. 15.56 :**
Le document de départ (Batiment.tif)

1. Une boîte de dialogue complexe apparaît à l'activation du filtre *Transformation 3D*. Vous y trouverez trois types fondamentaux d'objets 3D : le parallélépipède, la sphère et le cylindre. Les trois boutons ne sont actifs que si vous avez décidé de construire un cylindre.

2. Votre rôle consiste à définir une structure filaire représentant le motif avec la plus grande précision possible. Le travail est très délicat. Dans l'illustration suivante, nous avons spécifié un parallélépipède sur la zone de prévisualisation. Nous allons maintenant tenter de l'ajuster au motif.

▲ **Fig. 15.57 :** *La boîte de dialogue Transformation 3D*

Astuce

Impossible d'enregistrer les structures

La forme que vous avez construite à grand-peine ne peut pas être enregistrée. Vous devrez la recréer à chaque ouverture de la boîte de dialogue. Inutile par conséquent de vous lancer dans la construction de structures complexes.

3. Le parallélépipède est tracé approximativement. Il faut maintenant l'affiner. Sa forme est modifiable en agissant sur les poignées. L'outil Sélection directe doit être actif. Nous commençons par le côté droit.

4. Lorsque vous agissez sur le côté gauche, il se peut qu'une ligne rouge s'affiche, signalant que la perspective n'est pas encore correcte. Modifiez la forme de manière à ce que le parallélépipède soit toujours visible.

5. Voici à peu près à quoi vous devez aboutir pour ce parallélépipède. La perspective n'est pas encore exacte, elle ne correspond pas aux lignes du bâtiment.

▲ **Fig. 15.58** : *Une perspective approximative*

6. La correction de la perspective s'opère dans la zone de saisie *Zone de visualisation*, à droite de la boîte de dialogue. Vous déplacerez en quelque sorte l'objectif de votre caméra virtuelle.

Un objectif de type grand angle (valeurs faibles) génère une déformation plus importante qu'un téléobjectif (valeurs élevées). Après avoir adapté cette valeur, la structure coïncide avec les lignes du bâtiment.

7. Les deux boutons de l'avant-dernière rangée permettent de déplacer et de faire pivoter la structure. Le premier sert au déplacement.

Éloigner la caméra

Si l'échelle d'affichage est trop grande, vous avez la possibilité d'éloigner la caméra de la scène en saisissant une valeur plus élevée dans le champ *Caméra mobile*. En reculant la caméra, le champ est plus large.

8. Déplacez le motif et tournez-le à votre guise. Lors des rotations, vous remarquerez que le filtre n'est pas réellement efficace. Si vous visualisez le dessus, le dessous ou l'arrière du bâtiment, vous ne trouverez qu'une surface monochrome.

Le bouton **Options** ouvre une autre boîte de dialogue permettant de paramétrer la qualité du rééchantillonnage. Plus elle est élevée, plus le calcul dure longtemps. Vous pouvez aussi afficher l'arrière-plan. Nous avions désactivé cette option : la structure apparaît sur un fond noir.

9. Avec ces paramètres, nous avons obtenu le résultat final, qui démontre bien que l'effet 3D n'est pas au rendez-vous. Observez par exemple le toit du bâtiment. L'erreur de perspective est flagrante sur la partie avant. On ne retrouve aucune des caractéristiques habituelles des objets 3D.

Avec ce filtre, vous pourrez tout au plus corriger quelques défauts de perspective, encore que son emploi nous semble trop long et trop fastidieux.

◄ **Fig. 15.59 :**
*L'objet terminé
(Batiment1.tif)*

Filtres Renforcement

Ce groupe se compose de quatre filtres.

Accentuation

Ce filtre travaille selon un principe tout à fait différent. C'est le plus performant de sa catégorie. Vous pouvez modifier différentes valeurs dans une boîte de dialogue et contrôler ainsi le style et l'importance de l'effet.

Ce filtre est fondé sur une opération réalisée autrefois dans les laboratoires photo : la combinaison d'une version floue du négatif avec le négatif original, afin de rendre les contours plus nets.

◀ **Fig. 15.60 :**
Le filtre
Accentuation

L'option *Gain* règle la netteté de 1 à 500 %. Les valeurs comprises entre 100 et 150 % sont en général suffisantes. Pour des fichiers volumineux, il faudra parfois recourir à des valeurs plus importantes, alors qu'avec de petites images les valeurs seront moins élevées.

Le deuxième paramètre, *Rayon*, détermine le nombre de pixels situés près du contour que la modification doit prendre en compte. Pour des images de résolution importantes, choisissez un rayon de 2 ou 3 pixels. Pour les autres, conservez la valeur par défaut de 1 pixel.

La valeur dans le champ *Seuil* détermine la différence de luminosité que doivent présenter les pixels adjacents pour être pris en compte dans la modification du contraste, d'où l'accentuation de la netteté.

Contour plus net

Ce filtre ne produit d'effets qu'aux endroits où les pixels très contrastés se trouvent placés les uns à côté des autres, c'est-à-dire les contours. Les zones de couleur sont inchangées. Sur certains motifs, vous ne constaterez que très peu de différence avant et après le filtre. Répétez dans ce cas le filtre jusqu'à arriver au résultat souhaité.

Plus net, Encore plus net

Ces deux filtres accentuent la netteté de l'image. Vous ne pouvez définir aucune option. Le filtre *Plus net* équivaut presque au filtre *Contours plus nets* lorsqu'il n'est appliqué qu'une seule fois. La différence devient plus sensible si vous l'utilisez à répétition.

Filtres Textures

Ces six filtres ajoutent une texture à l'image.

Craquelure

Ce filtre applique à l'image une texture dont le relief varie en fonction des valeurs de luminosité. Plus le modèle est contrasté, plus l'effet est important.

◀ **Fig. 15.61 :**
Le filtre Craquelure avec les valeurs 15, 9 et 4

Effet Mosaïque

À l'instar du filtre *Placage de texture*, ce filtre applique un motif à l'image. Il convient également bien aux images en noir et blanc, comme dans l'illustration suivante.

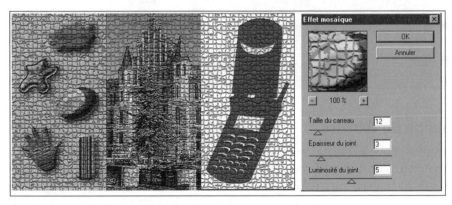

▲ **Fig. 15.62 :** *Un effet de mosaïque et les valeurs correspondantes*

Grain

Ce filtre est une variante plus complète du filtre *Ajout de bruit*. Il propose davantage d'options. Sur la liste *Type*, vous pouvez choisir parmi une dizaine de grains.

L'intensité et le contraste sont réglables : plus vous augmentez le contraste, plus l'effet est important.

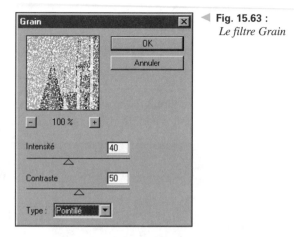

◀ **Fig. 15.63 :**
Le filtre Grain

Patchwork

Ce filtre engendre des rectangles de même dimension, dont le relief varie selon la luminosité de l'image. Ce filtre est applicable à n'importe quel motif.

◀ **Fig. 15.64 :**
Le filtre Patchwork avec les valeurs 4, 25

Placage de texture

Ce filtre applique à l'image une texture prédéfinie ou permet de charger en tant que texture un fichier au format Photoshop. Dans le champ *Echelle*, vous pouvez régler la finesse de la texture et par *Relief* l'importance du relief. La liste *Lumière* propose huit angles d'éclairage : pour des effets naturels, sélectionnez *Haut gauche*.

Lorsque l'option *Inverser* est active les parties claires de la texture s'affichent en creux et les zones sombres en saillie. Pour vos textures personnalisées, utilisez des images en noir et blanc bien contrastées.

Nous avons testé trois textures différentes. Dans l'image gauche, nous avons activé l'option *Sac* dans le champ *Texture*, pour l'image centrale il s'agit de *Toile* et pour la dernière l'option *Grès*. Les autres valeurs sont identiques.

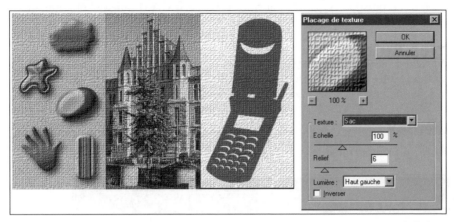

▲ **Fig. 15.65** : *Les résultats du filtre Placage de texture*

Vitrail

La couleur du plomb est la couleur de premier plan active. Vous pouvez contrôler la largeur du plomb ainsi que la taille des éléments. Le paramètre *Luminosité* a une influence sur les nuances de couleur.

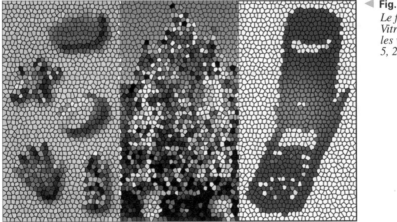

◄ **Fig. 15.66** : *Le filtre Vitrail avec les valeurs 5, 2, 3*

Filtres Vidéo

Le filtre *Désentrelacement* supprime de l'image une ligne sur deux. Vous pouvez ainsi éliminer les lignes entrelacées qui figurent parfois sur les images numériques obtenues par un arrêt sur image dans une vidéo. Comme lors d'un agrandissement, vous pouvez remplacer les pixels par *Duplication* ou *Interpolation*.

Le deuxième filtre, *Couleurs NTSC*, supprime de l'image les couleurs sursaturées qui ne sont pas admises pour les images de télévision. Ce filtre est important si vos images doivent passer à la télévision américaine. En Europe, en revanche, il n'a aucun intérêt, puisque ce sont les normes PAL et SECAM qui sont en vigueur.

Filtres Autres

Le dernier sous-menu offre quelques filtres complémentaires et une fonction permettant de créer vos propres filtres.

DitherBox

Ce filtre agit sur le tramage de l'image.

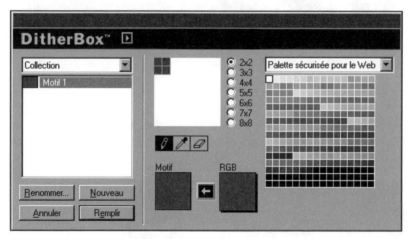

▲ **Fig. 15.67** : *Le filtre DitherBox*

Maximum, Minimum

Ces deux filtres agrandissent les zones claires ou foncées de l'image, ils ne s'appliquent pas à des images normales.

Vous pouvez cependant trouver des applications utiles lors du travail avec des couches. Lorsque vous voulez modifier la taille des sélections, vous utilisez en général la commande **Sélection/Modifier**. Ces deux filtres permettent d'agrandir soit les parties claires, soit les parties sombres d'une couche. Les nuances existantes ne sont pas détruites.

Dans les boîtes de dialogue des filtres, vous pouvez définir un rayon entre 1 et 10 pixels. Si vous souhaitez agrandir la sélection, vous devez appliquer le filtre une seconde fois.

Notre conseil : oubliez ces filtres et utilisez les fonctions de sélection !

Autre

Si vous n'avez pas trouvé votre bonheur sur cette longue liste de filtres, celui-ci peut peut-être vous intéresser. La commande **Autre** vous permet de tester une infinité de variantes de filtres personnalisés. Dans une boîte de dialogue, vous disposez d'une matrice de 5 x 5 que vous pouvez remplir de valeurs positives et négatives.

Astuce

Valeurs admises

Ne sont acceptées que les valeurs entre -999 et 999. Sous cette matrice, deux champs permettent de spécifier des valeurs *Diviseur* et *Décalage*. Vous pouvez ainsi calculer facilement le nombre d'effets que permet d'obtenir ce filtre.

Le filtre modifie les valeurs de luminosité au moyen d'un modèle mathématique. La valeur est déterminée à partir des pixels environnants. Le filtre ressemble en cela aux additions et aux soustractions de couches.

La zone de saisie au centre de la matrice représente le pixel à évaluer. La valeur tapée dans cette zone est multipliée par la luminosité du pixel. Elle peut être comprise entre -999 et +999.

Tapez des valeurs dans toutes les zones de saisie concernées par le filtre. Si vous tapez une valeur dans le champ *Diviseur*, la somme des valeurs de luminosité des pixels sur lesquels porte le calcul est divisée par cette valeur. La valeur que vous entrez dans le champ *Décalage* est une constante qui s'ajoutera au quotient ainsi obtenu. Nous en resterons là pour l'aspect mathématique du fonctionnement de ce filtre.

Dans la pratique, cela signifie que ce filtre permet de copier presque tous les autres filtres. L'expérimentation est encore la meilleure façon de trouver les valeurs adéquates. Activez l'option *Aperçu* et observez l'effet obtenu lors de la saisie de nouvelles valeurs. Vous pouvez enregistrer des jeux de paramètres dans un fichier ACF.

Voici un exemple de résultat obtenu avec ce filtre (Fig. 15.68).

Passe-haut

Ce filtre modifie le contraste d'une image d'une manière différente de celle à laquelle vous êtes habitué. Les contours ne sont pas modifiés, les zones claires et foncées s'adaptent les unes aux autres. En augmentant progressivement les valeurs, le résultat ne change pas fondamentalement. La valeur maximale de 250 pixels de rayon demande un temps de traitement important, même avec un ordinateur très puissant. De plus elle n'apporte pas de résultat spectaculaire. Nous vous conseillons de ne pas dépasser une valeur de rayon de 25 pixels.

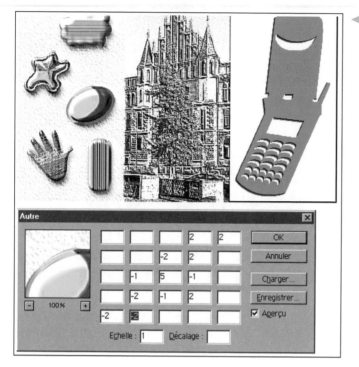

◀ **Fig. 15.68 :**
Le filtre Autre

Translation

Cette fonction n'a en réalité pas sa place parmi les filtres. Il s'agit plutôt d'une commande de transformation. Elle permet de déplacer avec précision le calque actif.

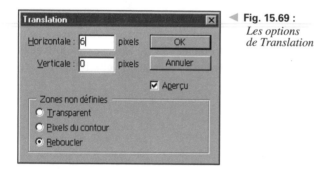

◀ **Fig. 15.69 :**
*Les options
de Translation*

15.3. Encore plus de filtres : les modules externes

Photoshop offre de nombreux filtres intéressants, vous l'avez constaté tout au long de ce chapitre. Vous n'en avez pas assez ? Pas de problème : la collection de filtres peut être étendue presque sans limites.

Beaucoup de développeurs proposent des modules externes compatibles avec Photoshop. L'installation de ces filtres est un jeu d'enfant : il suffit de les copier dans le dossier des modules externes de Photoshop. Au prochain démarrage, les filtres complémentaires seront disponibles.

Les filtres Nik

Les développeurs de filtres sont nombreux. Citons, à titre d'exemple, la série Andromeda.

Nous allons vous présenter ici les filtres de la Société Nik. Des informations détaillées vous attendent sur le site http://www.tech-nik.com. Nous verrons en détails deux séries : Nik Sharpener et Nik Color Efex. Elles contiennent toutes deux des filtres particulièrement intéressants. Après copie des filtres dans le dossier *Modules externes* de Photoshop, vous trouverez de nouvelles entrées dans le menu **Filtre**.

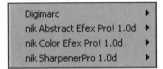

◀ **Fig. 15.70 :**
*Les filtres
complémentaires*

Nik Sharpener Pro

Les filtres d'accentuation de Photoshop ne vous donnent pas satisfaction ? Essayez ceux de Nik. La série Nik Sharpener existe en deux versions. Nik Sharpener Pro ! ne vous sera pas nécessaire si vous utilisez Photoshop pour créer des images web, car dans ce cas vous n'aurez pas affaire aux modes CMJN ou L*A*B*. Nik Sharpener Pro : est une collection très spécialisée et... chère.

L'intérêt de ces filtres est le grand nombre d'options permettant de piloter les effets. Notez cependant que le plus souvent, vous n'en aurez pas besoin, car les paramètres par défaut livrent d'excellents résultats. Voici l'interface de ce module.

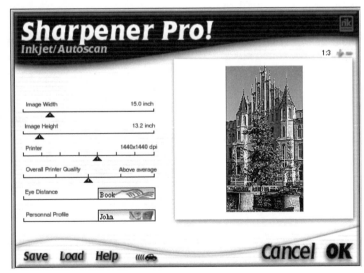

▲ **Fig. 15.71 :** *Nik Sharpener*

Le module analyse automatiquement l'image et détermine les valeurs optimales d'accentuation. La taille et la résolution de l'image sont prises en compte, tout comme le périphérique de sortie. Les paramètres peuvent être ajustés si les valeurs proposées ne vous conviennent pas.

Astuce

> **Aperçu**
>
> L'aperçu sert à l'orientation. Mais le résultat ne peut être véritablement évalué qu'à partir d'une impression de l'image.

Nik Color Efex Pro !

Cette collection est tout aussi intéressante. Elle existe aussi en deux versions. La version professionnelle (la plus chère) n'est à nouveau nécessaire que pour des travaux d'impression. Lors de la conception de ces filtres, les développeurs se sont fondés sur les techniques des anciens photographes, qui emportaient au cours de leurs déplacements des foules de filtres de toutes sortes.

Les filtres sont organisés en deux catégories. Le menu Nik Color Efex Prop ! propose ces filtres tels que les utilisaient les photographes tradition- nels. L'un des plus con- nus est le filtre *Polarisation*, permettant d'augmenter la brillance. Vous y trouverez aussi de nombreux filtres de dégradés, pour mettre par exemple en relief des parties de ciel dans l'image.

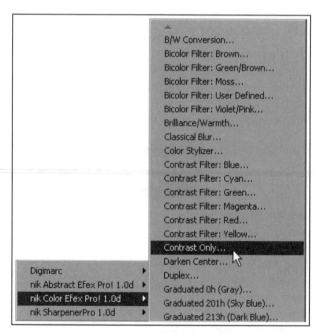

▲ **Fig. 15.72** : *Les filtres Nik Color Efex*

Le filtre *B/W Conversion* est un autre point fort de cette collection : il transforme les images en images noir et blanc. Il n'est cependant pas aussi simple d'emploi que les filtres correspondants des programmes de retouche d'images. Grâce à ses nombreuses options, il permet une conversion optimale.

Transformation d'image avec Nik Color Efex Prop !

Nous allons vous présenter les autres catégories de la collection Nik Color Efex Prop. Elles ne concernent pas l'optimisation des images, mais leur transformation, comme les filtres artistiques ou esthétiques de Photoshop. Ces filtres sont présentés dans un sous-menu à part : **Nik Abstract Efex Pro** !. Avec ces neuf filtres, les résultats sont souvent intéressants et amusants.

Commençons avec la commande **Pop Art**. Les images rappellent un peu les œuvres de Warhol.

Les résultats sont très colorés, le motif de départ n'étant plus que très vaguement discernable. En voici les options.

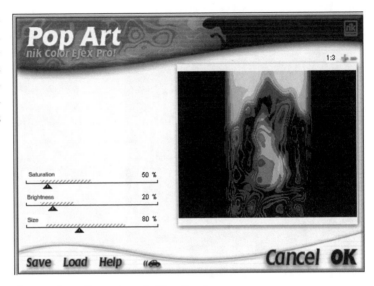

▲ **Fig. 15.73** : *Les options du filtre Pop Art*

Le filtre sépare les couleurs de l'image et crée des zones de couleur.

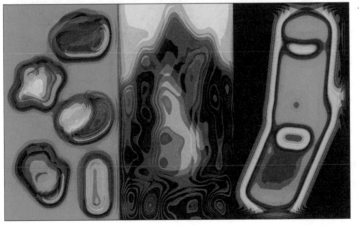

◀ **Fig. 15.74** :
*Le résultat
du filtre Pop Art*

Le filtre *Solarisation* de ce menu est également intéressant. Il transforme les couleurs de l'image par divers procédés, plusieurs méthodes vous sont proposées pour cela.

Astuce

Paramètres réutilisables

Si vous modifiez les paramètres par défaut, vous pouvez enregistrer votre jeu de paramètres et le réutiliser. Cliquez sur le bouton **Save** : le jeu de paramètres est stocké dans un fichier NIC. Le bouton **Load** permet de recharger ces fichiers.

Voici le résultat obtenu. Très avant-gardiste, non ?

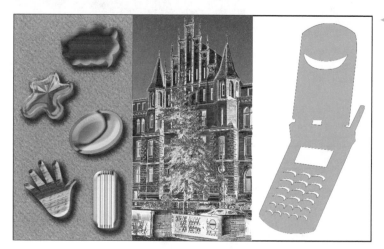

◀ **Fig. 15.75 :**
Le résultat

Le dernier filtre que nous vous présenterons ici s'appelle *Weird Dreams*. Il permet d'obtenir des images franchement "sauvages".

Avec le curseur *Blur*, vous définissez la quantité de détails que vous souhaitez conserver dans votre image. Plus la valeur est élevée, moins vous reconnaîtrez l'image de départ. Cliquez dans l'aperçu de l'option des couleurs : elle permet de choisir parmi six modèles.

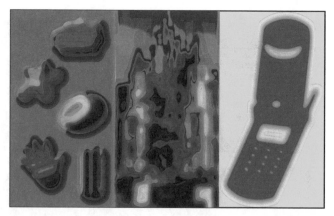

▲ **Fig. 15.76 :** *Le résultat du filtre Weird Dreams*

Résumé

Nous avons fait le tour de tous les filtres de Photoshop. Vous pouvez aller encore plus loin en combinant entre eux plusieurs de ces filtres. Votre créativité ne connaît pratiquement pas de limite. Il suffit d'essayer, d'expérimenter : vous serez parfois surpris du résultat, parfois amusé, et vous passerez certainement un bon moment.

Chapitre 16

Imprimer dans Photoshop

N

os œuvres d'art sont achevées, le moment est venu de les imprimer sur papier ou sur film.

16.1. Les options d'impression

Vous accédez aux options d'impression par la commande **Fichier/Format d'impression**. Les fichiers peuvent être imprimés sur tous les périphériques pour lesquels vous disposez d'un pilote.

Voici les options proposées par la boîte de dialogue.

◀ **Fig. 16.1 :**
*Les options
de configuration
de l'imprimante*

Les premières options de cette boîte correspondent aux options habituelles de Windows. Elles servent à configurer l'imprimante sélectionnée.

Les paramètres spécifiques à Photoshop commencent sous le trait de séparation horizontal. Ce sont eux qui nous intéressent ici.

Le bouton Trames : linéature, angle et forme

Nous avons déjà largement abordé les problèmes spécifiques à l'impression d'images bitmap et le principe des trames de demi-teintes.

La boîte de dialogue ci-dessous permet de paramétrer la linéature ainsi que l'angle de trame pour chaque couleur. Vous pouvez également faire varier la forme de la trame.

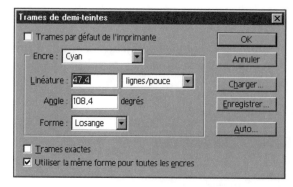

◀ **Fig. 16.2 :**
La boîte de dialogue
Trames de demi-teintes

Si vous souhaitez réutiliser par la suite les paramètres modifiés, vous pouvez les enregistrer en leur attribuant une extension AHS. Ils seront ensuite réactivés par le bouton **Charger**.

En principe, vous conserverez les paramètres par défaut, sauf si vous avez de bonnes raisons d'en changer.

Vous ne pouvez activer l'option *Trames exactes* que si votre périphérique prend en charge PostScript Level 2.

Le bouton Auto : configuration automatique de la trame optimale

Lorsque vous imprimez des extraits en couleur, vous pouvez indiquer la résolution du périphérique ainsi que la linéature dans les zones de saisie appropriées. Si vous cliquez sur le bouton **Auto**, Photoshop calcule automatiquement l'intervalle et l'angle de trame idéaux, puis les affiche dans les champs.

Fig. 16.3 :
Trames automatiques

Les deux boutons situés au-dessus du bouton **Auto** changent de libellé lorsque vous appuyez sur la touche [Alt]. Vous pouvez alors enregistrer les paramètres courants en tant que valeur par défaut grâce au bouton **-> Défaut**, qui vient remplacer le bouton **Enregistrer**. Le bouton **<- Défaut** (à la place de **Charger**), charge les valeurs par défaut.

Le bouton Transfert : régler les niveaux

Ce bouton sert à régler les niveaux comme vous avez l'habitude de le faire avec la courbe. Ces réglages peuvent être nécessaires selon l'imprimante utilisée pour éviter que l'image ne soit faussée. Les imprimantes laser noir et blanc, par exemple, ont tendance à imprimer l'ombre d'une image dans des tons trop foncés. Ce paramètre permet de remédier à cette situation.

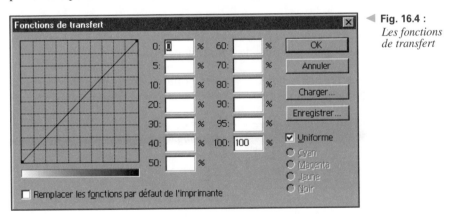

Fig. 16.4 :
Les fonctions de transfert

Pour déterminer les valeurs à utiliser, il faut mesurer le résultat obtenu à l'aide d'un densitomètre. Tout le reste doit être expérimenté.

Astuce

Enregistrer les valeurs

Les valeurs modifiées peuvent être enregistrées dans un fichier ATF.

Le bouton Fond : couleurs de fond spéciales

Si vous souhaitez imprimer une couleur particulière pour le fond, cliquez sur ce bouton. Le sélecteur de couleur apparaît et permet de choisir la couleur en question.

Seules les parties de l'image laissant entrevoir le fond par transparence (motif à damier) sont concernées par ce paramètre.

Le bouton Cadre : définir l'épaisseur du cadre

Indiquez l'épaisseur du cadre dans cette boîte de dialogue. Le cadre est imprimé en noir.

◀ **Fig. 16.5 :**
Définir un cadre

Le bouton Marge : ne pas imprimer jusqu'au bord

Si vous ne souhaitez pas imprimer votre page jusqu'au bord, vous pouvez spécifier une marge à l'aide de cette fonction. Les traits de coupe sont placés à ces endroits. La valeur maximale est d'un peu plus de 3 millimètres.

Vous devrez également, bien entendu, activer l'option *Traits de coupe* si vous souhaitez que cette marge soit visible.

◀ **Fig. 16.6 :**
Les marges

Les options

Outre les boutons, le programme met à votre disposition toute une série d'options de configuration de l'impression.

Légende

Lorsque cette option est cochée, les informations saisies dans la boîte de dialogue de la commande **Fichier/Informations** sont imprimées en police Helvetica, en taille 9 points.

Gamme de nuances

Lorsque cette option est active, une gamme de 11 nuances de gris est imprimée. Les niveaux sont échelonnés par pas de 10 %, de 0 % à 100 %.

S'il s'agit d'extraits en couleur CMJN, la gamme de gris s'imprime sur le bord gauche et une gamme de couleurs sur le bord droit de chaque échantillon.

Repères de montage

Cette option imprime les repères de montage autour de l'image. Ce type de paramètre est surtout utilisé pour les extraits en couleur et des images en mode Bichromie.

Traits de coupe

L'option *Trait de coupe (coins)* imprime des traits de coupe indiquant les parties à massicoter. Ils apparaissent aux angles des pages. L'option *Trait de coupe (milieu)* imprime les repères indiquant où la page doit être pliée. Ils apparaissent au milieu de chaque bord de page.

Nom

Vous pouvez spécifier ici que les noms de fichier et de couche soient imprimés.

Négatif

Cette option permet éventuellement de faire l'économie de la commande **Image/Réglages/Négatif**.

Emulsion verso

La face imprimable d'un film d'impression se trouve normalement sur le dessus. Si vous grattez cette face avec un objet dur, l'image sera détériorée. Cette option doit être activée si la face imprimable se trouve dessous, ce qui est rarement le cas.

Interpolation

Si vous voulez imprimer une image présentant une résolution trop faible, cette option peut apporter une amélioration, à condition que votre imprimante maîtrise PostScript Level 2.

Imprimer : les options spécifiques à l'impression

Sélectionnez la commande **Fichier/Imprimer** ou activez la combinaison de touches Ctrl+P pour démarrer l'impression. Dans la boîte de dialogue qui s'affiche, vous pouvez spécifier la résolution ainsi que le modèle colorimétrique.

Vous pouvez aussi définir les options spécifiques de l'imprimante, par exemple le nombre de copies ou de pages à imprimer.

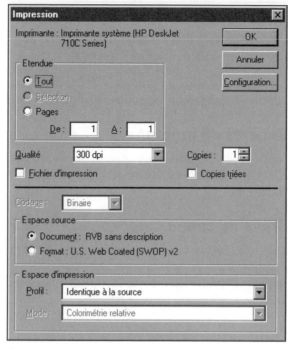

▲ **Fig. 16.7** : *Les options d'impression*

Les options d'impression

Une nouveauté : la commande **Fichier/Format d'impression**, activable également par [Alt]+[Ctrl]+[P]. Elle permet de régler en détail la taille de l'impression de l'image sur le document.

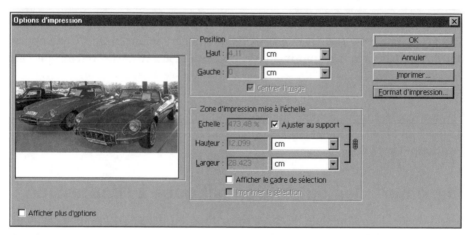

▲ **Fig. 16.8** : *L'aperçu avant impression*

Chapitre 17

Annexes

▼ Tab. 17.2 : Les raccourcis d'outils

Raccourci clavier d'outil	Outil
V	Déplacement
W	Baguette magique
X	Permuter couleur de premier plan et d'arrière-plan
Y	Forme d'historique ou Forme d'historique artistique
Z	Zoom

▼ Tab. 17.3 : Commandes d'affichage

Commandes d'affichage	Fonction
/	Active ou désactive le masque de couche en tant que "rubylith"
Alt+Ctrl+0	Affichage à 100 %
Ctrl+0 glisser	Palette Navigation : agrandit une zone spécifiée de l'image
Ctrl+[+]/[-]	Zoom avant ou zoom arrière
Ctrl+0	Agrandit l'image à la taille de l'écran
Ctrl+Espace / Alt+Espace	Loupe+ ou Loupe-
Ctrl+Page préc / Page suiv	Déplacer l'affichage sur la bordure gauche ou droite
Espace	Déplace l'extrait de l'image
Maj+Page préc / Page suiv	Fait défiler vers le haut ou le bas par pas de 10 unités
Maj+Retour arrière	Applique un pourcentage d'agrandissement ou de réduction et conserve la case de zoom active
Origine / Fin	Déplace l'affichage vers l'angle supérieur gauche ou l'angle inférieur droit
Page préc / Page suiv	Fait défiler vers le haut ou le bas d'un écran

▼ Tab. 17.4 : Commandes de sélection

Commandes de sélection	Fonction
Espace	Rectangle ou ellipse de sélection : déplace la zone de sélection durant la sélection
Alt	Tous les outils de sélection : soustraire de la sélection existante
Maj	Tous les outils de sélection : ajouter à la sélection existante
Alt+Maj	Tous les outils de sélection : intersection
Maj	Contraindre un carré ou un cercle de sélection
Alt	Créer la sélection à partir du centre
Alt+Maj	Contraindre un carré ou un cercle de sélection en partant du centre
Alt+ glisser	Passer du Lasso magnétique au Lasso
Alt+ clic	Passer du Lasso magnétique au Lasso polygonal
Alt+ glisser	Créer une copie et la déplacer avec l'outil Déplacement

17.1. Le CD-Rom

Tout ce qui est important dans ce livre vous est livré sur le CD-Rom d'accompagnement. Ce CD contient des sous-dossiers classés par chapitre dans lesquels sont stockés les documents utilisés dans les divers exercices, ainsi que quelques fichiers complémentaires, par exemple les courbes dont il est fait état dans le chapitre *Retouches d'images professionnelles* ou encore le dégradé du chapitre *Montage : création d'une composition d'images.*

Faites bien attention à la palette **Calques**. Les noms des calques vous permettront d'identifier les contenus. Certains calques risquent d'être masqués. Reportez-vous à l'exercice concerné pour vous y retrouver.

Jetez également un coup d'œil à la palette **Couches**. Elle contient les masques de couche utilisés. En revanche, vous ne trouverez pas beaucoup de tracés.

17.2. Les raccourcis clavier de Photoshop

▼ Tab. 17.1 : Liste des commandes de menus

Raccourci clavier	Commande
Ctrl+H	**Affichage/Afficher les extras**
Ctrl+R	**Affichage/Afficher les règles**
Alt+Ctrl+0	**Affichage/Afficher/Grille**
Ctrl+0	**Affichage/Afficher/Repères**
Maj+Ctrl+H	**Affichage/Afficher/Tracé cible**
Ctrl+[+]	**Affichage/Agrandir**
Ctrl+Y	**Affichage/Couleurs de l'épreuve**
Maj+Ctrl+Y	**Affichage/Couleurs non imprimables**
Ctrl+[#]	**Affichage/Magnétisme**
Ctrl+[-]	**Affichage/Réduire**
Ctrl+0	**Affichage/Taille écran**

▼ Tab. 17.1 : Liste des commandes de menus

Raccourci clavier	Commande
Alt+Ctrl+0	Affichage/Taille réelle des pixels
Alt+Ctrl+ü	Affichage/Verrouiller les repères
F1	Aide/Sommaire
Ctrl+G	Calque/Associer au calque précédent
Maj+Ctrl+G	Calque/Dissocier
Ctrl+E	Calque/Fusionner les calques
Maj+Ctrl+E	Calque/Fusionner les calques visibles
Maj+Ctrl+N	Calque/Nouveau/Calque
Ctrl+J	Calque/Nouveau/Calque par copier
Maj+Ctrl+J	Calque/Nouveau/Calque par Couper
Alt+Ctrl+Z	Edition/Aller vers l'arrière
Maj+Ctrl+Z	Edition/Aller vers l'avant
Ctrl+Z	Edition/Annuler
Maj+Ctrl+F	Edition/Atténuer
Ctrl+V	Edition/Coller
Maj+Ctrl+V	Edition/Coller dedans
Ctrl+C	Edition/Copier
Maj+Ctrl+C	Edition/Copier avec fusion
Maj+Ctrl+K	Edition/Couleurs
Ctrl+X	Edition/Couper
Ctrl+K	Edition/Préférences/Général
Ctrl+T	Edition/Transformation manuelle
Maj+Ctrl+W	Fenêtre/Tout fermer
Ctrl+S	Fichier/Enregistrer
Alt+Ctrl+Maj+S	Fichier/Enregistrer pour le Web
Ctrl+Maj+S	Fichier/Enregistrer sous
Ctrl+W	Fichier/Fermer
Maj+Ctrl+P	Fichier/Format d'impression
Ctrl+P	Fichier/Imprimer
Ctrl+N	Fichier/Nouveau
Alt+Ctrl+P	Fichier/Options d'impression
Ctrl+O	Fichier/Ouvrir
Alt+Ctrl+O	Fichier/Ouvrir sous
Ctrl+Q	Fichier/Quitter
Maj+Ctrl+M	Fichier/Sauter à/Adobe ImageReady3.0
Ctrl+F	Filtre/Filtre précédent
Alt+Ctrl+X	Image/Extraire
Maj+Ctrl+X	Image/Fluidité
Ctrl+B	Image/Réglages/Balance des couleurs

▼ Tab. 17.1 : Liste des commandes de menus

Raccourci clavier	Commande
Alt+Maj+Ctrl+L	Image/Réglages/Contraste automatique
Ctrl+M	Image/Réglages/Courbe
Maj+Ctrl+U	Image/Réglages/Désaturation
Ctrl+I	Image/Réglages/Négatif
Ctrl+L	Image/Réglages/Niveaux
Maj+Ctrl+L	Image/Réglages/Niveaux automatiques
Ctrl+U	Image/Réglages/Teinte/Saturation
Alt+Ctrl+D	Sélection/Contours adoucis
Ctrl+D	Sélection/Désélectionner
Maj+Ctrl+I	Sélection/Intervertir
Maj+Ctrl+D	Sélection/Resélectionner
Ctrl+A	Sélection/Tout sélectionner

▼ Tab. 17.2 : Les raccourcis d'outils

Raccourci clavier d'outil	Outil
A	Sélection directe ou Sélection d'élément de tracé
B	Pinceau ou Crayon
C	Recadrage
Ctrl+Maj+M	Sauter à ImageReady
D	Couleur de premier plan et d'arrière-plan par défaut
E	Gomme, Gomme magique ou Gomme d'arrière-plan
F	Bascule entre *Fenêtres standard*, *Plein écran avec menus* et *Plein écran sans menus*
G	Dégradé ou Pot de peinture
H	Main
I	Pipette, Echantillonnage de couleur ou Mesure
J	Aérographe
K	Tranche ou Sélection de tranche
L	Lasso, Lasso magnétique ou Lasso polygonal
M	Rectangle de sélection ou Ellipse de sélection
N	Annotation ou Annotation audio
O	Densité + , Densité- ou Eponge
P	Plume ou Plume libre
Q	Bascule entre *Mode Standard* et *Mode Masque*
R	Goutte d'eau, Netteté ou Doigt
S	Tampon de duplication ou Tampon de motif
T	Texte
U	Rectangle, Rectangle arrondi, Ellipse, Polygone, Trait, ou Forme personnalisée

17.1. Le CD-Rom

Tout ce qui est important dans ce livre vous est livré sur le CD-Rom d'accompagnement. Ce CD contient des sous-dossiers classés par chapitre dans lesquels sont stockés les documents utilisés dans les divers exercices, ainsi que quelques fichiers complémentaires, par exemple les courbes dont il est fait état dans le chapitre *Retouches d'images professionnelles* ou encore le dégradé du chapitre *Montage : création d'une composition d'images.*

Faites bien attention à la palette **Calques**. Les noms des calques vous permettront d'identifier les contenus. Certains calques risquent d'être masqués. Reportez-vous à l'exercice concerné pour vous y retrouver.

Jetez également un coup d'œil à la palette **Couches**. Elle contient les masques de couche utilisés. En revanche, vous ne trouverez pas beaucoup de tracés.

17.2. Les raccourcis clavier de Photoshop

▼ Tab. 17.1 : Liste des commandes de menus	
Raccourci clavier	**Commande**
Ctrl+H	Affichage/Afficher les extras
Ctrl+R	Affichage/Afficher les règles
Alt+Ctrl+'	Affichage/Afficher/Grille
Ctrl+'	Affichage/Afficher/Repères
Maj+Ctrl+H	Affichage/Afficher/Tracé cible
Ctrl++	Affichage/Agrandir
Ctrl+Y	Affichage/Couleurs de l'épreuve
Maj+Ctrl+Y	Affichage/Couleurs non imprimables
Ctrl+#	Affichage/Magnétisme
Ctrl+-	Affichage/Réduire
Ctrl+0	Affichage/Taille écran

▼ Tab. 17.1 : Liste des commandes de menus

Raccourci clavier	Commande
Alt+Ctrl+0	Affichage/Taille réelle des pixels
Alt+Ctrl+ü	Affichage/Verrouiller les repères
F1	Aide/Sommaire
Ctrl+G	Calque/Associer au calque précédent
Maj+Ctrl+G	Calque/Dissocier
Ctrl+E	Calque/Fusionner les calques
Maj+Ctrl+E	Calque/Fusionner les calques visibles
Maj+Ctrl+N	Calque/Nouveau/Calque
Ctrl+J	Calque/Nouveau/Calque par copier
Maj+Ctrl+J	Calque/Nouveau/Calque par Couper
Alt+Ctrl+Z	Edition/Aller vers l'arrière
Maj+Ctrl+Z	Edition/Aller vers l'avant
Ctrl+Z	Edition/Annuler
Maj+Ctrl+F	Edition/Atténuer
Ctrl+V	Edition/Coller
Maj+Ctrl+V	Edition/Coller dedans
Ctrl+C	Edition/Copier
Maj+Ctrl+C	Edition/Copier avec fusion
Maj+Ctrl+K	Edition/Couleurs
Ctrl+X	Edition/Couper
Ctrl+K	Edition/Préférences/Général
Ctrl+T	Edition/Transformation manuelle
Maj+Ctrl+W	Fenêtre/Tout fermer
Ctrl+S	Fichier/Enregistrer
Alt+Ctrl+Maj+S	Fichier/Enregistrer pour le Web
Ctrl+Maj+S	Fichier/Enregistrer sous
Ctrl+W	Fichier/Fermer
Maj+Ctrl+P	Fichier/Format d'impression
Ctrl+P	Fichier/Imprimer
Ctrl+N	Fichier/Nouveau
Alt+Ctrl+P	Fichier/Options d'impression
Ctrl+O	Fichier/Ouvrir
Alt+Ctrl+O	Fichier/Ouvrir sous
Ctrl+Q	Fichier/Quitter
Maj+Ctrl+M	Fichier/Sauter à/Adobe ImageReady3.0
Ctrl+F	Filtre/Filtre précédent
Alt+Ctrl+X	Image/Extraire
Maj+Ctrl+X	Image/Fluidité
Ctrl+B	Image/Réglages/Balance des couleurs

▼ Tab. 17.1 : Liste des commandes de menus

Raccourci clavier	Commande
[Alt]+[Maj]+[Ctrl]+[L]	Image/Réglages/Contraste automatique
[Ctrl]+[M]	Image/Réglages/Courbe
[Maj]+[Ctrl]+[U]	Image/Réglages/Désaturation
[Ctrl]+[I]	Image/Réglages/Négatif
[Ctrl]+[L]	Image/Réglages/Niveaux
[Maj]+[Ctrl]+[L]	Image/Réglages/Niveaux automatiques
[Ctrl]+[U]	Image/Réglages/Teinte/Saturation
[Alt]+[Ctrl]+[D]	Sélection/Contours adoucis
[Ctrl]+[D]	Sélection/Désélectionner
[Maj]+[Ctrl]+[I]	Sélection/Intervertir
[Maj]+[Ctrl]+[D]	Sélection/Resélectionner
[Ctrl]+[A]	Sélection/Tout sélectionner

▼ Tab. 17.2 : Les raccourcis d'outils

Raccourci clavier d'outil	Outil
[A]	Sélection directe ou Sélection d'élément de tracé
[B]	Pinceau ou Crayon
[C]	Recadrage
[Ctrl]+[Maj]+[M]	Sauter à ImageReady
[D]	Couleur de premier plan et d'arrière-plan par défaut
[E]	Gomme, Gomme magique ou Gomme d'arrière-plan
[F]	Bascule entre *Fenêtres standard*, *Plein écran avec menus* et *Plein écran sans menus*
[G]	Dégradé ou Pot de peinture
[H]	Main
[I]	Pipette, Echantillonnage de couleur ou Mesure
[J]	Aérographe
[K]	Tranche ou Sélection de tranche
[L]	Lasso, Lasso magnétique ou Lasso polygonal
[M]	Rectangle de sélection ou Ellipse de sélection
[N]	Annotation ou Annotation audio
[O]	Densité + , Densité- ou Eponge
[P]	Plume ou Plume libre
[Q]	Bascule entre *Mode Standard* et *Mode Masque*
[R]	Goutte d'eau, Netteté ou Doigt
[S]	Tampon de duplication ou Tampon de motif
[T]	Texte
[U]	Rectangle, Rectangle arrondi, Ellipse, Polygone, Trait, ou Forme personnalisée

▼ Tab. 17.2 : Les raccourcis d'outils

Raccourci clavier d'outil	Outil
[V]	Déplacement
[W]	Baguette magique
[X]	Permuter couleur de premier plan et d'arrière-plan
[Y]	Forme d'historique ou Forme d'historique artistique
[Z]	Zoom

▼ Tab. 17.3 : Commandes d'affichage

Commandes d'affichage	Fonction
[/]	Active ou désactive le masque de couche en tant que "rubylith"
[Alt]+[Ctrl]+[0]	Affichage à 100 %
[Ctrl]+[]glisser	Palette Navigation : agrandit une zone spécifiée de l'image
[Ctrl]+[+]/[-]	Zoom avant ou zoom arrière
[Ctrl]+[0]	Agrandit l'image à la taille de l'écran
[Ctrl]+[Espace]/[Alt]+[Espace]	Loupe+ ou Loupe-
[Ctrl]+[Page préc]/[Page suiv]	Déplacer l'affichage sur la bordure gauche ou droite
[Espace]	Déplace l'extrait de l'image
[Maj]+[Page préc]/[Page suiv]	Fait défiler vers le haut ou le bas par pas de 10 unités
[Maj]+[Retour arrière]	Applique un pourcentage d'agrandissement ou de réduction et conserve la case de zoom active
[Origine]/[Fin]	Déplace l'affichage vers l'angle supérieur gauche ou l'angle inférieur droit
[Page préc]/[Page suiv]	Fait défiler vers le haut ou le bas d'un écran

▼ Tab. 17.4 : Commandes de sélection

Commandes de sélection	Fonction
[Espace]	Rectangle ou ellipse de sélection : déplace la zone de sélection durant la sélection
[Alt]	Tous les outils de sélection : soustraire de la sélection existante
[Maj]	Tous les outils de sélection : ajouter à la sélection existante
[Alt]+[Maj]	Tous les outils de sélection : intersection
[Maj]	Contraindre un carré ou un cercle de sélection
[Alt]	Créer la sélection à partir du centre
[Alt]+[Maj]	Contraindre un carré ou un cercle de sélection en partant du centre
[Alt]+ glisser	Passer du Lasso magnétique au Lasso
[Alt]+ clic	Passer du Lasso magnétique au Lasso polygonal
[Alt]+ glisser	Créer une copie et la déplacer avec l'outil Déplacement